权威·前沿·原创

皮书系列为
"十二五""十三五""十四五"国家重点图书出版规划项目

BLUE BOOK

智 库 成 果 出 版 与 传 播 平 台

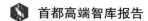北京市哲学社会科学研究基地智库报告系列丛书

首都高端智库报告

京津冀蓝皮书
BLUE BOOK OF BEIJING-TIANJIN-HEBEI

京津冀发展报告（2022）

ANNUAL REPORT ON BEIJING-TIANJIN-HEBEI METROPOLITAN REGION
DEVELOPMENT (2022)

数字经济助推区域协同发展

首都经济贸易大学特大城市经济社会发展研究院
叶堂林　李国梁 等／著

社会科学文献出版社
SOCIAL SCIENCES ACADEMIC PRESS (CHINA)

图书在版编目（CIP）数据

京津冀发展报告 .2022：数字经济助推区域协同发
展/叶堂林等著 . --北京：社会科学文献出版社，
2022.6
　（京津冀蓝皮书）
　ISBN 978-7-5228-0252-7

　Ⅰ.①京…　Ⅱ.①叶…　Ⅲ.①区域经济发展-研究报
告-华北地区-2022　Ⅳ.①F127.2

中国版本图书馆 CIP 数据核字（2022）第 100123 号

京津冀蓝皮书
京津冀发展报告（2022）
——数字经济助推区域协同发展

著　　者/叶堂林　李国梁 等

出 版 人/王利民
组稿编辑/恽　薇
责任编辑/冯咏梅　孔庆梅
责任印制/王京美

出　　版/社会科学文献出版社·经济与管理分社（010）59367226
　　　　　地址：北京市北三环中路甲 29 号院华龙大厦　邮编：100029
　　　　　网址：www.ssap.com.cn
发　　行/社会科学文献出版社（010）59367028
印　　装/天津千鹤文化传播有限公司

规　　格/开　本：787mm×1092mm　1/16
　　　　　印　张：25.75　字　数：386 千字
版　　次/2022 年 6 月第 1 版　2022 年 6 月第 1 次印刷
书　　号/ISBN 978-7-5228-0252-7
定　　价/168.00 元

读者服务电话：4008918866

京津冀蓝皮书编委会

文　魁　首都经济贸易大学教授、博士生导师，京津冀蓝皮书编委会主任

祝尔娟　首都经济贸易大学教授、博士生导师，京津冀蓝皮书编委会副主任

韩宪洲　首都经济贸易大学党委书记、教授

付志峰　首都经济贸易大学校长、教授、博士生导师

徐　芳　首都经济贸易大学党委副书记、教授、博士生导师

王永贵　首都经济贸易大学副校长、教授、博士生导师

吴　惠　首都经济贸易大学党委副书记、研究员

丁立宏　首都经济贸易大学副校长、教授

孙昊哲　首都经济贸易大学副校长、研究员

王传生　首都经济贸易大学副校长、教授、博士生导师

陈彩群　首都经济贸易大学纪委书记、高级经济师

杨开忠　国际欧亚科学院院士，中国社会科学院生态文明研究所党委书记、教授、博士生导师

刘伯正　北京市发展和改革委员会党组成员、一级巡视员，北京市推进京津冀协同发展领导小组办公室副主任

朱柏成　北京市社会科学院院长、研究员

柯文进　北京市政协经济委员会原主任、教授、博士生导师

申建军　北京市政协科技委员会原主任、教授

杨仁全　北京市昌平区人民政府副区长

魏后凯　中国社会科学院农村发展研究所所长、研究员、博士生导师

肖金成　国家发展和改革委员会国土开发与地区经济研究所原所长、研究员、博士生导师

孙久文　中国人民大学教授、博士生导师

李国平　北京大学首都发展研究院院长、教授、博士生导师

方创琳　国际欧亚科学院院士，中国科学院地理科学与资源研究所研究员、博士生导师

刘秉镰　南开大学经济与社会发展研究院院长，京津冀协同发展专家咨询委员会委员、教授、博士生导师

赵　弘　北京市社会科学院原副院长、研究员

连玉明　北京国际城市发展研究院院长、研究员

武义青　河北经贸大学副校长、教授、博士生导师

姚东旭　首都经济贸易大学科研处处长、教授、博士生导师

张国山　首都经济贸易大学城市经济与公共管理学院院长、教授

祝合良　北京工业大学经济与管理学院教授、博士生导师

刘智勇　首都经济贸易大学城市经济与公共管理学院副院长、教授

叶堂林　首都经济贸易大学特大城市经济社会发展研究院（首都高端智库）执行副院长、教授、博士生导师

张　贵　南开大学教授、博士生导师

张耀军　中国人民大学应用经济学院副院长、教授、博士生导师

主要编撰者简介

叶堂林　经济学博士，首都经济贸易大学特大城市经济社会发展研究院（首都高端智库）执行副院长，特大城市经济社会发展研究省部共建协同创新中心（国家级研究平台）执行副主任，教授、博士生导师，北京市经济社会发展政策研究基地（北京市重点哲社基地）首席专家，"长城学者"特聘教授，国家社科基金重大项目首席专家，京津冀蓝皮书主编。主要研究领域为区域经济、京津冀协同发展等。主持完成国家社科基金重大项目、北京市社会科学基金重大项目、北京市重大决策咨询项目、北京市社会科学基金重点项目、北京市自然科学基金项目等省部级以上课题20余项，主持委办局委托及横向课题30余项，出版专著20余部，发表论文100余篇，获"优秀皮书奖"一等奖6次、二等奖2次。6项研究成果获中央领导肯定性批示，10余项研究成果获省部级领导肯定性批示，4项研究成果获省部级采纳。先后获评首都经济贸易大学优秀中青年骨干教师、北京市属市管高等学校中青年骨干、优秀主讲教师、后备学科带头人、首批经贸学者等。主要社会兼职包括中国区域科学协会常务理事、全国经济地理研究会京津冀协同发展专业委员会主任委员、国家社科基金重大项目评审专家、河北省政府参事室特约研究员、中国科学院雄安创新研究院特聘研究员、保定市决策咨询委员会委员、北京市自然科学基金评审专家、北京市科委入库专家等。

摘　要

数字经济已成为经合组织、世界互联网大会、二十国集团峰会等全球治理平台和对话机制的重要政策议题。数字经济对世界经济格局产生了深刻的影响，尤其是对传统产业生产效率的促进作用超越了一般意义上技术变革的范畴，各国经济发展过程中都积极探索数字化转型路径，发达国家正依托自身的先发优势和技术优势率先抢占数字经济发展新高地。在数字经济领域进行超前谋划和超前布局，有利于在未来阶段形成国家竞争新优势。国家层面高度重视数字经济的发展建设，2016 年 7 月，《国家信息化发展战略纲要》明确提出将信息化贯穿我国现代化进程始终，加快释放信息化发展的巨大潜能，以信息化驱动现代化，建设网络强国。党的十九大报告提出要发展数字经济，建设"数字中国"。《中华人民共和国国民经济和社会发展第十四个五年规划和 2035 年远景目标纲要》提出要激活数据要素潜能，以数字化转型整体驱动生产方式、生活方式和治理方式变革。

作为国家重要区域协调发展战略的空间载体，数字时代背景下京津冀城市群如何有效利用数字经济赋能区域协同发展，进而推动京津冀协同发展向更高水平迈进？本报告在系统梳理数字经济理论、区位理论和治理理论等相关理论文献的基础上，发现传统区位理论和治理理论难以适应数字时代的发展需求，因此在总报告中从理论层面探究数字经济如何推动区域协同发展，结合京津冀协同发展的重点领域和实际需求找寻数字经济应用场景，在专题报告中对数字经济应用于京津冀协同发展的进展与成效进行分析，同时探究数字经济在助推京津冀协同发展水平提升过程中面临的现实问题，围绕具体

问题有针对性地给出了相应解决路径。本报告由 2 个总报告、8 个专题报告、3 个区域报告共 13 个报告组成。

本报告的主要建树如下。

（1）对数字经济的内涵与特征进行系统梳理，分析数字经济推动区域协同发展的内在机理，并结合京津冀实际情况找寻数字经济在京津冀协同发展过程中的具体应用场景。研究发现：数字时代信息资源（数据）成为一种新的生产要素，在一定程度上弱化了要素流通的时空约束，这为解决区域发展不平衡不充分的主要矛盾提供了理论基础；数字技术的应用可以从全流程优化京津冀原有的区域合作机制，形成系统化、规范化的区域协同治理平台；大数据可作为区域协同发展过程中新的共享资源，有助于缓解区域间在一些关键合作领域的信息不对称局面，从更广的视野出发考虑区域协同发展问题；数字经济本身具有一定的生态整合能力，围绕数字经济可以衍生出多条创新链，为三地的创新协同提供融合载体；数字经济可以营造城乡无差别的虚拟消费场所，有效挖掘与释放农村居民的消费潜力；数字技术可以实现生产环节的柔性化变革，更好地匹配与适应需求侧变化，实现降本增效；数字经济模式有利于支撑全国碳交易市场构建，形成企业碳减排的市场化激励机制。

（2）对京津冀、长三角、珠三角三大城市群的数字经济发展趋势进行比较分析。研究发现：2010~2020 年，京津冀城市群数字服务业在营企业注册资本始终居东部三大城市群首位，北京优势地位显著；与长三角、珠三角城市群相比，京津冀城市群数字信息传输业发展具有明显优势；2016~2020 年，京津冀城市群数字信息传输业、数字技术服务业、数字应用服务业创新产出整体呈上升态势，其中数字技术服务业实用新型专利数居首位。面临的主要问题为京津冀城市群内数字经济发展空间结构不均衡。基于此，提出以下对策建议：持续推动中小微企业数字化转型，提升数字化水平；引导关键核心技术颠覆式创新，充分发挥创新在数字经济发展中的重要驱动作用；充分发挥京津冀三地优势，推进京津冀城市群数字经济协同发展；加强数字技术方面人才的培育与引进，打造数字经济人才高地。

（3）对京津冀数字经济创新发展及区域时空格局演化进行研究，具体通过构建超效率 SBM-DEA 模型和 Malmquist 指数对京津冀各地的数字经济创新发展效率进行测算，同时通过构建全局 Moran 指数对城市群数字经济效率的空间相关性进行分析。研究发现：城市群内数字经济创新发展效率呈现上升趋势，整体以京津为核心呈"核心高、外围低"的空间分布格局；技术进步推动京津两地的数字经济创新发展效率提升，技术改善成为河北数字经济创新发展效率提升的主要方式；城市群内数字经济创新发展效率的空间相关性逐渐弱化，分布形态开始从"低低集聚"向"低高混合"演进。面临的主要问题为：数字经济发展遭遇"瓶颈"，基础研究存在"短板"；数字经济区域创新环境发展不均衡，创新要素短缺；工业数字化转型放缓，产业核心竞争力不足；等等。基于此，提出以下对策建议：突破数字经济关键技术，打造雄安新区数字创新平台；提高创新要素利用效率，深化数字经济创新资源开放共享；扶持战略性重点产业，促进数字经济"双链"融合发展；积极建设国家实验室，强化国家战略科技力量；等等。

（4）对数字经济平台型企业助推京津冀产业高质量发展的成效进行研究，具体分析京津冀数字经济平台型企业的发展情况。研究发现：京津冀的互联网平台经济空间发展均衡度明显提升，河北在规模及增速方面取得显著成效，2010~2020 年河北的互联网平台型企业累计注册资本占城市群的比重提升了 33.07 个百分点；京津冀的互联网生产服务平台占全国的比重持续提升，天津和河北的重要制造业集聚区域互联网生产服务平台集聚态势显著。为了探究京津冀的数字经济发展尤其是互联网平台是否对区域产业发展效率起到明显的带动作用，通过构建门槛回归模型进行实证分析，发现当京津冀的平台型企业规模超过 14.09 亿元时，其对区域内产业发展的全要素生产率提升起到显著的促进作用。面临的主要问题为：京津冀的互联网平台发展速度整体低于全国平均水平，在全国中的占比呈下降趋势；北京、天津、石家庄和保定的互联网平台注册资本规模达到了门槛值，剩余城市的互联网平台发展尚未形成一定规模，目前还难以通过本地的互联网平台显著地促进区域产业发展效率提升。基于此，提出以下对策建议：充分发挥头部平台企业的

行业引领作用；加强数字经济平台体系建设；实行差异化发展；推进数字经济协同治理；等等。

（5）对数字经济助推京津冀城市群消费升级的进展与成效进行研究，并对京津冀城乡居民的收入水平和消费能力进行具体分析。研究发现：2010~2020年，京津冀三地农村居民的收入增速快于城镇居民，同时三地农村居民的消费支出增速也明显快于城镇居民，农村居民的消费购买力和消费意愿显著提升，具备消费升级的潜力空间。面临的主要问题为：城镇地区的数字经济发展对居民消费弹性的扩大效应大于农村地区，城乡之间的消费观念、新基础设施建设水平等现实差异仍然制约着农村居民消费潜力的释放。基于此，提出以下对策建议：支持数字要素驱动产业发展，进一步优化提升线上消费场景业态与品质；补齐京津冀范围内乡村地区的数字基建短板，为数字经济驱动消费潜力释放提供基础设施保障；加强农村居民点的物流配送渠道建设，打通农村居民物流配送"最后几公里"，提升农村居民线上消费的便利度；等等。

（6）对构建京津冀"2+11"数字城市协同发展格局的进展与成效进行研究，从数字经济发展基础、发展规模、发展环境三个维度对京津冀城市群内各城市的数字经济发展水平进行综合"体检"。研究发现：京津冀城市群内各城市的数字经济发展水平整体呈上升态势；北京在京津冀城市群内的数字经济发展水平较高，可以引领京津冀区域乃至全国范围率先参照北京模式高标准建设一批数字城市先行示范区。面临的主要问题为：天津数字经济发展水平虽高于河北各城市，但与北京的差距依然显著，还未能有效充当起京津冀城市群范围内的第二个核心极点；河北各城市与京津两地存在数字经济发展鸿沟。基于此，提出以下对策建议：北京应继续推进全球数字标杆城市建设工作，同时加强对津冀两地的带动作用；天津应结合自身高端制造优势，围绕高端制造业布局工业互联网平台和智能制造工厂，形成区域内第二个数字经济核心城市；河北应找准数字城市建设的薄弱环节，重点投入建设资源补齐数字经济发展的基础设施短板；等等。

（7）对北京打造全球数字经济标杆城市的进展与成效进行研究，通过选取国内典型的数字经济发展较好的城市进行横向比较，具体从数字经济发展基础、发展规模和发展活力三个维度进行分析。研究发现：与国内典型城市相比，北京的数字经济发展水平整体处于国内领先位置，2020 年，按数字经济发展水平从高到低排名依次为北京、上海、成都、深圳、杭州、重庆、广州、武汉、南京、青岛、宁波、天津；自 2015 年党的十八届五中全会提出"国家大数据战略"以来，北京历年的数字经济发展水平均处于国内首位；北京数字经济发展规模和活力具有领先优势，尤其是数字经济服务业发展处于领先水平；北京打造全球数字经济标杆城市具备较好的基础条件。面临的主要问题为：北京数字经济服务业规模不断壮大，但结构有待优化；数字经济应用领域和数字要素驱动领域规模优势显著，但数字产品服务业尚有提升空间；北京的数据开放程度仍有待提升，在 2020 年 16 个省级行政单位排名中北京列第 7 位。基于此，提出以下对策建议：充分挖掘数字产品服务业和互联网金融行业发展潜力，优化数字经济产业结构；提升北京的数据开放程度；等等。

（8）对数字经济助推京津冀城市群低碳转型的进展与成效进行研究，为了探究京津冀城市群内数字经济的发展是否对碳排放量的减少起到促进作用，通过构建回归模型进行具体分析。研究发现：城市群内数字经济服务业与碳排放量之间存在显著的负相关关系，数字经济服务业发展规模每提升1%，相应地，城市群内整体碳排放量下降 3.047%，数字经济的推广应用对京津冀城市群碳减排具有显著的促进作用。面临的主要问题为：京津冀城市群整体碳排放量呈上升趋势，且碳排放呈现明显的空间不均衡特点，2020年河北碳排放量占京津冀碳排放总量的比重为 61%；京津冀的碳排放强度整体高于全国平均水平，河北传统产业的生产活动对化石能源的消耗强度较高。基于此，提出以下对策建议：加快京津冀城市群数字技术协同创新，提高能源利用效率；促进城市群数字技术与传统生产相融合，推动产业低碳化转型；借助数字技术整合区域碳交易市场；等等。

（9）对数字经济驱动京津冀绿色经济效率的进展与成效进行研究，从要素结构重置、催生新业态、产业转型升级和降污减排四个方面构建数字经济影响绿色经济效率的作用机制。在立足京津冀地区数字经济"核心—外围"格局、绿色经济效率"北京为核心、东高外围低"特征的现状分析基础上，通过构建空间杜宾模型进行研究。研究发现：数字经济对京津冀绿色经济效率的作用过程具有时间维度上的倒"U"形特征和空间维度上的溢出效应；信息化、城镇化、财富积累、产业升级与数字经济发展存在内在关联，这些因素均显著影响京津冀的绿色经济效率。面临的主要问题为：京津冀地区政府支出、研发支出和技术创新对绿色经济的促进作用相对不足，尚未形成数字经济的产业链连接格局。基于此，提出以下对策建议：有序发展数字经济；培育数字经济龙头企业；构建京津冀数字经济链；加大绿色创新研发投入；扩大数字经济减排效应；等等。

（10）对数字经济推动京津冀政府治理方式变革和治理效率提升的路径进行研究，从数字治理角度分析京津冀政府数字治理现状，并从协同发展目标角度分析政府数字治理对京津冀协同发展的促进作用。研究发现：京津冀三地已编制出台相关规划；从职能机构设置的角度，三地先后在原有部门的基础上通过优化调整设置了新的数据管理职能机构；在政府线上服务平台建设方面，2019年，京津冀区域政务服务"一网通办"专区入驻国家政务服务平台，逐步实现共有事项全程网办。面临的主要问题为：与我国其他省份相比，京津冀三地大数据管理部门行政位阶相对较低、行政职能相对单一、数字治理指挥联动能力受限；京津冀三地的政府公共数据开放平台建设存在地域间的脱节现象，尚未形成支撑数据协同开放共享的连片发展格局。基于此，提出以下对策建议：建立京津冀政府数字治理的协调推进机制；建立京津冀一体化数据资源统筹机制；建立京津冀数字协作治理的监督评估机制；等等。

（11）对北京发展数字经济的进展及成效进行研究。研究发现：北京数字经济政策先行先试走在全国前列，先后发布了《北京市促进数字经济创新发展行动纲要（2020~2022年）》《北京市关于加快建设全球数字经济标杆城市的实施方案》《北京市平台经济领域反垄断合规指引》等政策规划；北京数字经济规模不断壮大，数字经济服务业发展势头强劲，尤其是软件和信息服务业领跑全国；制造业数字化转型成效显著，电子信息制造业呈现稳步提升态势，工业数字化不断转型升级；数字基础设施建设步伐加快，在新基建的引领作用下，5G建设实现提速，促使网络通信产业快速发展；数字经济创新发展动力强劲，许多传统的数字经济产业增速下降，新兴数字经济产业增速加快。面临的主要问题为：在全球数字经济治理体系中的主导力和影响力不足；数字人才供给有待加大，全球高端数字人才集聚力有待提升。基于此，提出以下对策建议：依托"两区"建设大力提升北京在全球数字经济治理体系中的地位；积极培育一批世界一流数字经济企业；吸引集聚国内外数字经济相关人才；等等。

（12）对天津发展数字经济的进展及成效进行研究。研究发现：数字经济政策环境不断改善，政策出台密度较大，先后出台《天津市加快推进智能科技产业发展总体行动计划》、《天津市关于加快推进智能科技产业发展的若干政策》、"十大专项行动"计划打包政策、《天津市人工智能"七链"精准创新行动计划（2018~2020年）》、《天津市加快数字化发展三年行动方案（2021~2023年）》等；数字经济平台建设持续完善，"以会兴业"对数字平台建设的促进效果显著；新型基础设施建设快速发展，已经在全市城镇和重点行业范围内实现5G全覆盖，移动宽带下载速率从全国的第11位跃居全国前3位；产业体系日趋完备，已经形成以信息技术应用创新、大数据与云计算、人工智能等为代表的9大特色优势产业；数字经济融合应用持续拓展，围绕智慧政务、智慧医疗等领域已成功打造188个应用场景。面临的主要问题为：数字技术领域关键核心技术基础薄弱，创新成果转化率较低；数字经济专业人才供给不足，前沿型人才和跨界融合人才存在较大缺口；缺乏覆盖全流程、全产业链的数据系统，导致数据资源分散。基于此，提出以下对策建议：夯实关键技术支撑，尤其是加大对拥有自主知识产权的关键核心技术研究的支持力度；围绕具体的数字技术商业化项目，由政府相关部门牵头成立该项目的数字技术特别工作组，推动数字技术成果的转化应用；注重数字经济类技术和管理型人才的引进与培育，立足天津发展数字经济的人才缺口领域建立柔性化的人才吸引政策；等等。

（13）对河北发展数字经济的进展及成效进行研究。研究发现：近年来河北数字经济表现为产业发展态势良好，对经济增长的贡献稳步提升；产业数字化步伐明显加快，关键工序数控化率由2015年的49.2%提高到2020年的55.3%，连续5年高于全国平均水平3.5个百分点以上；数字试验区建设初具雏形，张家口、承德等地市大数据示范区初步建成，京津冀大数据综合试验区建设稳步推进；数字政务平台建设基本形成，实现省、市、县和乡四级全覆盖，省级垂直系统与一体化平台建设基本完成；数字新基础设施建设有序推进，全省11个地级市主城区、雄安新区、北京冬奥会张家口赛区率先实现5G网络全覆盖。存在的主要问题为：数字经济产业层次不高，产业发展空间不均衡。基于此，提出以下对策建议：加快构建以"政产学研用"协同创新联盟为载体的河北数字经济产业创新体系；优化河北省内各城市间的数字经济产业分工格局，进一步提升石家庄中国国际数字经济博览会的业态品质和区域影响力，依托张家口的绿色能源优势打造大数据绿色存储示范区，结合秦皇岛的康养产业打造大数据医药健康产业基地；等等。

本报告是京津冀三地作者通力合作的智慧成果。作者为来自首都经济贸易大学、中国社会科学院、南开大学、河北经贸大学、天津行政学院等单位的专家学者。本报告为北京市社会科学基金重点项目"京津冀发展报告（2022）——数字经济助推区域协同发展"（21JCB056）、北京市自然科学基金面上项目"京津冀创新驱动发展战略的实施路径研究——基于社会资本、区域创新及创新效率的视角"（9212002）的阶段性成果，也是北京市经济社会发展政策研究基地以及首都经济贸易大学特大城市经济社会发展研究院（首都高端智库）、特大城市经济社会发展研究省部共建协同创新中心（国家级研究平台）的资助成果。

关键词： 京津冀 数字经济 协同发展

目 录 ⟍⟩

Ⅰ 总报告

Ⅱ 专题报告

Ⅲ 区域报告

皮书数据库阅读**使用指南**

总 报 告

General Reports

B.1

数字经济助推京津冀协同发展
向更高水平迈进研究*

叶堂林　李国梁**

摘　要： 本报告从理论层面对数字经济的内涵与特征进行系统梳理，发现传统区位理论和治理理论难以适应数字时代的发展需求，在将数字经济的特征与国家新发展理念和重大战略布局以及京津冀协同发展重点领域的现实需求相结合的过程中，找寻数字经济在京津冀协同发展中的具体应用场景。通过对数字经济在京津冀协同发展中的应用进展与趋势分析发现：京津冀城市群的数字经济空间

* 本报告为北京市社会科学基金重点项目"京津冀发展报告（2022）——数字经济助推区域协同发展"（21JCB056）、北京市自然科学基金面上项目"京津冀创新驱动发展战略的实施路径研究——基于社会资本、区域创新及创新效率的视角"（9212002）的阶段性成果。本研究获北京市经济社会发展政策研究基地资助。

** 叶堂林，经济学博士，首都经济贸易大学特大城市经济社会发展研究院（首都高端智库）执行副院长，特大城市经济社会发展研究省部共建协同创新中心（国家级研究平台）执行副主任，教授、博士生导师，研究方向为区域经济、京津冀协同发展；李国梁，首都经济贸易大学城市经济与公共管理学院博士研究生，研究方向为区域经济。

发展均衡水平整体低于长三角和珠三角城市群；技术进步推动京津两地的数字经济创新发展效率提升，技术改善成为河北数字经济创新发展效率提升的主要方式；数字经济的推广应用对京津冀城市群碳减排具有显著的促进作用；互联网平台对京津冀居民消费水平提升起到显著的促进作用；京津冀部分地区的互联网生产服务平台已初步形成规模效应，对区域产业发展的全要素生产率提升起到显著的促进作用；京津冀三地相继成立了大数据管理部门，并搭建了相应的网上政务服务平台。同时，从问题找寻的角度发现，部分领域的数字发展鸿沟影响了京津冀城市群数字协同发展格局的构建；城市群内数字经济类技术成果集中在北京，但空间溢出效应尚不显著；河北大部分城市的互联网平台还未形成规模效应；京津冀城市群尚未形成明显的政府数据开放共享空间发展格局；等等。基于此，本报告提出以下对策建议：依托数字城市建设努力缩小区域间的数字发展鸿沟，为构建京津冀"2+11"数字城市协同发展格局提供有效支撑；发挥北京的平台优势和科技创新优势，为津冀两地持续输送数字经济发展的创新动能；围绕优势领域发掘河北各城市的数字经济潜力，为产业高质量发展提供赋能平台；推动京津冀各地政府数据开放平台的建设进展，为跨区域协同治理的重点领域提供新的解决方案；等等。

关键词： 京津冀　数字经济　协同发展

一　研究背景与研究意义

（一）综观全球——数字经济推动全球经济社会发展深刻变革，成为世界经济格局重塑过程中各国抢占的新高地

数字经济对世界经济格局产生了深刻的影响，各国在经济发展过程中都

积极探索数字化转型路径，发达国家依托自身的先发优势和技术优势率先抢占数字经济发展新高地。数字经济规模占 GDP 比重在 2008 年金融危机之后持续提升，成为全球经济增长的重要拉动力。其中，2020 年德国数字经济规模占 GDP 比重为 60% 左右，与美国同处于全球数字经济发展的第一梯队，英国、法国、意大利、日本处于全球数字经济发展的第二梯队，中国①、俄罗斯、印度、墨西哥等发展中国家处于全球数字经济发展的第三梯队（章志萍，2021）。数字经济对传统产业生产效率的促进作用超越了一般意义上技术变革的范畴，进入 21 世纪以来，应用数字技术的行业生产效率整体提升 3.5 个百分点，而没有应用数字技术的行业生产效率仅提升 0.5 个百分点。数字经济已连续数年在全球重要治理平台中被广泛讨论，2016 年 G20 杭州峰会首次将数字经济与新工业革命、创新、结构性改革一起列为创新增长的四项举措。在数字经济领域进行超前谋划和超前布局，有利于在未来阶段形成国家竞争新优势。

（二）审视国内——顶层设计层面充分体现了对数字经济的重视，逐步依托潜在优势有序释放信息时代的要素红利

国家层面高度重视数字经济的发展建设，积极引导数字经济在各领域中的实践运用。2016 年 7 月，《国家信息化发展战略纲要》明确提出将信息化贯穿我国现代化进程始终，加快释放信息化发展的巨大潜能，以信息化驱动现代化，建设网络强国。党的十九大报告提出要发展数字经济，建设"数字中国"。《中华人民共和国国民经济和社会发展第十四个五年规划和 2035 年远景目标纲要》提出要激活数据要素潜能，以数字化转型整体驱动生产方式、生活方式和治理方式变革。充分发挥海量数据和丰富应用场景优势，促进数字技术与实体经济深度融合，赋能传统产业转型升级。中国的数字经济发展具备网民优势、后发优势和制度优势，拥有全球最大的互联网用户群体，拥有一批能够准确把握中国互联网用户潜在需求、有效开发数字经济应用场景的世界级平台企业，同时还拥有强大的政策和制度保

---

① 2020 年中国数字经济规模达到 39.2 万亿元，占 GDP 比重为 38.6%。

障，确保了数字经济的基础设施建设，这为未来中国的数字经济发展奠定了扎实基础。

（三）聚焦京津冀——数字经济具有良好的跨领域"兼容性"，成为推动京津冀协同发展向更高水平迈进的新动力

数字经济将是未来京津冀三地实现融合发展的重要突破口，对于北京建设国际一流和谐宜居之都，以及津冀两地产业转型升级等均具有重要战略意义。从北京的角度来看，数字经济为空气污染、交通拥堵等"大城市病"提供了新的解决方案，同时对北京的服务业高端化提供了有力支撑，北京也在积极建设"全球数字经济标杆城市"，旨在成为全球数据要素配置枢纽高地，为区域发展注入新的要素动能。从天津的角度来看，数字经济不仅在公共服务和交通出行领域稳步推广，而且在产业领域尤其是制造业领域深度布局，依托"工业云"平台建设助推高端装备制造业进一步向智能制造转型，同时基于数字技术应用支撑天津在"一带一路"对外开放格局中的"智慧港口"建设。从河北的角度来看，数字经济与传统产业结合有利于提升绿色GDP在经济产出中的占比，在"碳中和"国际低碳发展背景下，为河北部分高污染、高能耗产业的转型发展提供新的路径支持，对平衡河北经济发展与环境保护之间的关系意义重大。从京津冀城市群的角度来看，数字经济是为京津冀三地产业发展梯度过大、产业兼容性不足这一产业协同现实难题开出的一剂"药方"。依托数字经济在不同产业间良好的兼容性与串联性，深度挖掘京津冀三地数字经济的潜在联结点，搭建京津冀三地大数据合作共享平台，对推动京津冀协同发展向更高层次迈进具有重要的现实意义。

二　研究思路与分析框架

（一）研究思路

对京津冀如何依托数字经济助推区域协同发展迈向更高水平进行研究，

应该紧紧扣住几个核心问题：首先是从理论上对数字经济的本质及特征进行准确把握，摸清数字经济如何推动区域经济社会发展方式实现转变；其次是在区域经济社会发展方式转变过程中，数字经济能够在哪些具体领域助力区域协同发展，尤其是能否对京津冀协同发展的重点领域（如产业、创新、生态等）起到促进作用。基于这个整体思路，本报告将具体的研究问题设置在对应的研究专题中进行系统分析。

（二）分析框架

本报告由 2 个总报告、8 个专题报告和 3 个区域报告构成，研究框架由理论层、应用层、保障层 3 个层次构成。在理论层，依托 2 个总报告回答"什么是数字经济""数字经济能够给区域协同发展带来什么""城市群数字经济发展的特征与趋势如何"几个关键问题。总报告 1 对本报告的整体研究思路进行阐述，对数字经济的内涵与特征进行准确把握是分析数字经济助推区域协同发展迈向更高水平的前提，通过文献回顾从理论上剖析数字经济的本质与内涵，并结合数字经济的特征分析数字经济能够给区域经济社会发展带来哪些新的变革。更进一步，结合京津冀的实际情况，分析数字经济在京津冀协同发展过程中有哪些关键的应用场景，以及应采取哪些关键举措推动数字经济在这些应用场景中落地生根。总报告 2 从横向维度分析比较东部三大城市群的数字经济发展趋势。产业高质量发展平台数据显示，截至 2022 年 3 月 3 日，珠三角城市群的互联网与云计算、大数据服务在营企业数为 78437 家（占全国的比重为 16.49%），长三角城市群的互联网与云计算、大数据服务在营企业数为 67781 家（占全国的比重为 14.25%），京津冀城市群的互联网与云计算、大数据服务在营企业数为 23308 家（占全国的比重为 4.90%）①，对东部三大城市群的数字经济产业发展态势进行横向分析与比较，有助于京津冀城市群找寻自身数字经济发展布局中存在的问题与短板。

---

① 数据来源于产业高质量发展平台，http://ihd.wanvdata.cn/#/view_ cydt/index。

在应用层，将数字经济的内在特征与国家新发展理念和重大战略布局相结合，与京津冀协同发展的重点领域相结合，找寻到协同创新、产业升级、消费升级、低碳发展、数字治理等具体的应用场景，在专题报告3~8中分析论述京津冀如何依托这些关键应用场景发展布局数字经济。具体来看，创新驱动是国家重大发展战略，专题报告3围绕创新驱动这一应用场景，基于京津冀城市群内创新驱动作用下数字经济时空格局演化的角度进行分析；京津冀协同发展过程中产业升级对强化城市群自身"造血"功能意义重大，专题报告4围绕产业升级这一应用场景，基于数字平台在整合数据要素过程中的关键作用，重点分析京津冀城市群能否依托数字平台建设促进区域产业全要素生产率显著提升；"双循环"新发展格局构建过程中强调激活内需市场潜力的重要性，专题报告5围绕消费升级这一应用场景，重点从需求侧角度研究数字经济推动消费升级的内在机理与具体路径，考察数字经济发展能否有效激活京津冀的消费升级潜力，进而推动京津冀城市群更好地融入"双循环"新发展格局当中；推动"碳中和"是京津冀生态协同的重要举措，专题报告8围绕低碳发展这一应用场景，分析京津冀的传统产业如何依托数字技术实现低碳化和集约化；习近平总书记提出"绿水青山就是金山银山"的重要理念，同时生态建设也是京津冀协同发展的重要领域，专题报告9围绕绿色发展这一应用场景，对京津冀区域内数字经济与绿色经济效率之间的因果关系进行探究，考察京津冀的数字经济发展能否显著促进区域内的生产方式向绿色化演进；"十四五"规划中提出加强数字政府建设，提升公共服务和社会治理等数字化、智能化水平，专题报告10围绕数字治理这一应用场景，分析京津冀各地政府如何依托数字技术实现治理方式变革，以及如何开发利用好宝贵的数据资源为政府治理和决策效率提升提供有效支撑。

在保障层，发展数字经济离不开新基础设施保障（硬环境），也离不开本地为数字经济类企业创造良好的投资营商环境（软环境），数字城市建设是提升数字经济发展软硬环境水平的重要推动力。从城市群层面来看，区域内需要有一个起引领示范作用的数字经济标杆城市辐射带动周边区域，形成城市群内协同联动的数字城市发展布局。在京津冀区域范围内，北京作为全国的首都，拥有津冀两地在发展数字经济过程中难以比拟的优势，北京拥有全国规模最大的 MCN① 企业，2020 年北京的 MCN 企业占全国的比重为 17.8%，紧随其后的广东和上海的 MCN 企业占比分别为 13.81% 和 8.82%。② MCN 企业以其良好的兼容性和延展性成为新经济与新业态的重要生长土壤，在空间溢出效应的影响下，有利于带动周边津冀两地的数字经济发展，将北京打造成为全球数字经济标杆城市可视为京津冀数字经济发展中的"点睛之笔"。基于此，专题报告 6 从发展基础、发展规模、发展环境三个维度对城市群内各城市的数字经济发展水平进行多维"体检"，找寻城市群内数字经济发展的"高地"和"洼地"，为构建京津冀"2+11"城市的数字经济空间发展格局提供参考；专题报告 7 重点围绕北京如何依托自身优势打造全球数字经济标杆城市进行研究。区域报告 11、12、13 则从北京、天津和河北如何发展数字经济的视角展开分析。每个报告从区域自身如何谋划布局数字经济（区域顶层设计）、数字经济发展取得了哪些显著成效，以及数字经济发展面临哪些现实难点问题的角度展开深入分析。

研究框架见图 1。

三 数字经济如何推动京津冀协同发展迈向更高水平

本部分首先对数字经济的内涵及特征进行必要的理论分析，其次基于数字经济的内在特征找寻其在区域协同发展过程中可以起到哪些关键作用，最后结合京津冀的实际情况具体分析数字经济能够给京津冀协同发展带来哪些重要影响。

---

① MCN 模式源于国外成熟的网红经济运作，其本质是一个多频道网络的产品形态，将 PGC（专业生产内容）内容联合起来，在资本的有力支持下，保障内容的持续输出，从而实现商业的稳定变现。目前，中国 MCN 产业主要有 7 类业态，以内容生产和运营业态为基础内核，以营销业态、电商业态、经纪业态、社群/知识付费业态和 IP 授权业态为变现外延，组合式谋求差异化发展。

② 数据来源于前瞻产业研究院。

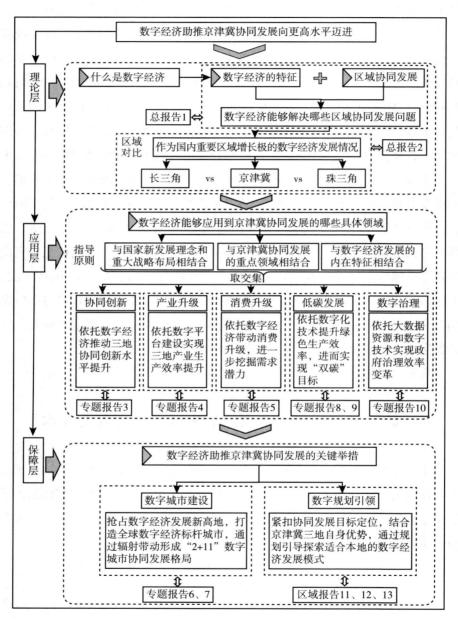

图1　研究框架

（一）数字经济的基本内涵与主要特征

美国学者 Tapscott（1996）较早提出了数字经济的概念，随后，国内外权威机构相应发布了各自对数字经济内涵的理解。OECD（2014）认为，数字技术的变革催生了包括物联网、大数据、区块链和人工智能在内的数字化生态系统，这一系统的活动构成了数字经济。2016 年 G20 杭州峰会发布的《二十国集团数字经济发展与合作倡议》指出，数字经济是以数字化的知识和信息为生产要素，以现代信息网络为载体，采用信息通信技术提升经济活动效率和优化产业结构的一系列经济活动。中国信息通信研究院（2021）提出，数字经济是以数字化的知识和信息为关键生产要素，以数字技术为核心驱动力，以现代信息网络为重要载体，通过数字技术与实体经济深度融合，不断提高数字化、网络化、智能化水平，加速重构经济发展与治理模式的新型经济形态。

数字经济的特征主要体现在以下几个方面：一是从规模、范围、状态的角度看，数字经济具有小规模扩张（低成本化）、全景式范围（标准化）和时间动态演化（动态化）的特征；二是从所有权、资产和经济价值的角度看，数字经济具有"软"资本化和价值移动化两个特征；三是从关系、市场和结构的角度看，数字经济具有边缘智能化、平台和生态系统、失去场所三个特征，整体表现为分散式结构。①

综上所述，可以认为数字经济的发展必须以布局数字技术类新基础设施为物理载体，以对数据资源的整合和高效利用为重要抓手，以数字技术向多领域融合渗透为突破方向。

（二）传统区位理论和治理理论难以适应数字时代的发展需求

数字技术的出现对区域经济中的传统区位理论产生了较大影响。在传统

---

① "OECD Digital Economy Outlook", https：//www. oecd. org/internet/oecd – digital – economy-outlook-2017-9789264276284-en. htm.

的区位理论中，生产环节的要素和半成品的运输在很大程度上受到空间因素的影响，在运输成本约束下，上下游生产环节基本在一定的空间范围内形成区位关联。传统的生产区位理论更多的是解决工业时代"在哪生产"的经典问题，进入信息化时代，以信息技术为纽带，将信息资源（数据）作为一种新的生产要素，不同区域之间可以跨越较远的空间距离实现远程信息互动，在一定程度上弱化了地理空间距离的约束。国内学者研究发现，随着数字经济时代的到来，数字经济在与原有经济活动部门的融合过程中克服了传统经济活动"空间格局不经济"的根本障碍（杨开忠等，2021），新空间经济学有效回答了数字时代背景下"在哪生产"的重要理论问题。

数字治理的出现有效解决了传统治理理论难以解释的现代化治理问题。信息化时代下，数字技术正逐渐向各领域延伸并成为国家治理工具的重要组成部分。从农业社会和工业社会向信息社会的演进过程中，数字技术的应用正在推动政府治理实现效率变革和质量变革。农业社会是一种信息传递低级形态社会（戴长征、鲍静，2017），对信息的控制即产生了治理权威，该社会形态下的信息互动频率较低，难以形成用于指导生产生活和政治决策的有效信息。工业社会是一种信息传递中级形态社会，统治层和管理层仍然能够在一定程度上具有控制信息的能力，但是没有更宽泛领域内驾驭和使用数据资源的能力。信息社会是一种信息传递高级形态社会，互联网普及催生了新的社会形态，高频的信息交流形成了更为丰富的大数据资源，政府对信息资源充分挖掘利用的能力是现代化治理能力的重要体现。因此，数字治理理论是一种从传统治理理论中演化出的适应数字时代治理需求的理论。

（三）数字经济对区域发展的带动效应

数字经济能够提高各生产环节的匹配效率，在整合供应链和产业链的过程中实现区域经济"降本增效"。在数字信息技术支持下，生产者能够获取消费者的需求数据以更好地按照市场供需规律来进行资源精准配置。数字化平台可以提升从研发设计到最终产品流通的全流程效率，实现上中下游间的有机融合。从这个角度来看，区域协同发展过程中产业协同的关键在于各地的产业能够发挥各自比较优势，同时需要依托一个链式结构将各地的优势产业串联起来，在串联各环节的过程中实现原有产业的价值增值和效率提升，数字经济平台型企业依托大数据要素可以精准识别关键的生产信息，是整合各生产环节的关键载体。因此，培育壮大数字经济平台型企业有助于推动区域产业发展效率提升。

数字经济能够通过物联网、大数据技术及时感知用户需求变化，并通过柔性化生产方式的应用推动传统制造业升级，形成一定的范围经济。数字经济借助物联网、互联网等物理系统，可以突破时间和空间的界限，实现人机交互，并在这个过程中形成有效的交互信息，以产品关联的形式刺激用户需求升级，使得一些传统制造业在数字经济的助力下形成范围经济。例如，小米智能家居产品通过物联网技术实时感知产品使用情况，形成用户关于智能家居产品的偏好及行为习惯数据，为产品优化升级与精准制造提供宝贵的数据分析资源，同时可将关联产品的使用状况向用户反馈，通过打造产品生态系统增强用户黏性，刺激用户消费升级。

数字经济发展过程中形成的大数据可以为区域协同发展提供新的共享资源，同时依托数字技术的运用可以远程搭建跨区域协同治理平台。区域协同的一个重要表现就是区域间能够实现核心资源的开放共享，数据资源的有效互联有助于缓解区域间在一些关键合作领域的信息不对称局面，有助于区域间打破"一亩三分地"的思维定式，从更广的视野出发考虑区域发展问题。同时，以物联网、5G等为代表的新基础设施建设能够为各领域的远程协同合作提供物理支撑，将数字技术应用到具体的区域合作领域，可以从全流程优化原有的区域合作机制，形成系统化、规范化的区域协同治理平台。

（四）数字经济在京津冀协同发展中的应用场景

结合上述理论分析，数字经济可通过形成规模经济、范围经济的形式强化区域经济发展优势；能够依托大数据分析技术和物联网技术及时感知需求侧的变化，通过打造场景消费新模式助推需求升级；通过数字技术支撑供给侧实现生产流程的柔性化变革，整体降低产业链和供应链的长期成本，实现

区域内产业链提质增效；可以为区域协同提供新的共享资源，有助于搭建宽范围、多领域、高效率、成体系的跨区域协同治理平台。将理论联系实际来审视数字经济如何助推京津冀协同发展，具体可以从以下几个方面来考虑。

一是数字经济可以推动京津冀协同创新效率提升。数字经济重构了生产者与消费者之间的关系，更加注重引领消费时尚的新表达形式，通过新的消费场景刺激新需求，通过研发和生产环节的供给侧变革适应需求变化。京津冀城市群的协同创新强调北京应发挥国际科技创新中心科技资源富集的优势，利用自身在数字经济方面的良好基础，辐射带动津冀两地融入京津冀产业链与创新链融合的大格局当中。结合数字经济自身的特点来看，数字经济本身具有一定的生态整合能力，围绕数字经济可以衍生出多条创新链，这些创新链中总能在中后端找寻到津冀两地能够嵌入的具体环节。从另一个角度来看，在创新活动过程中，信息资源的集成和碰撞对创新成果的产生至关重要，数字经济能够加速信息资源的高频碰撞，进而通过强化知识溢出渠道的方式促进创新扩散（OECD，2014），京津冀的数字经济基础设施建设能够在未来有效支撑起城市群内更高频的信息资源流通互换，这对提升整个京津冀城市群的协同创新效率意义重大。

二是数字经济可以推动京津冀实现消费业态升级。在数字时代背景下，消费者的网络社交活动对获取消费时尚信息和突出消费个性至关重要。消费已成为社交的副产物（任保平等，2022），数字经济已经从多领域占据社交空间。从城乡视角来看，互联网的推广普及使得农村居民也可以通过便捷的渠道及时获得与城市居民相同的线上消费体验，有助于释放农村消费潜力。从不同年龄层次的视角来看，阿里研究院2020年发布的《后疫情时代的老年人数字生活》报告提出，我国老龄化过程中呈现"边富边老"的特征，抖音和微信等社交媒体在老年群体中的渗透率越来越高，数字经济对老年群体的消费潜力释放起到了关键作用。从不同发展区位的视角来看，《2019中国互联网消费生态大数据报告》提出，目前我国数字经济发展有助于消费市场由一、二线城市向三线及以下城市下沉，三线及以下城市的消费增速明显快于一、二线城市。综上所述，在京津冀城市群内，数字经济可以通过推动城乡居民消费升级、推动老年群体消费升级、推动三线及以下城市消费升级等多种途径有效释放城市群的需求潜力。

三是数字经济可以推动京津冀产业发展质量提升。工业互联网平台是工业领域的数字经济新形态，依托数字技术尤其是云平台打通了各生产制造业和生产性服务业保障环节，实现了供需效率提升，最终赋能产业升级（李燕，2019）。数字技术的应用能够记录产、供、销各环节的有效信息，形成有利于优化生产活动的决策数据。汇聚供需两侧多种资源的平台型企业则是直接推动产业升级的核心载体，根据中国信息通信研究院发布的数据，截至2019年底，我国数字平台型企业的总价值高达2.35万亿美元，其中价值在10亿美元以上的数字平台型企业已达193家。从全球范围来看，各国充分意识到数字技术赋能传统产业升级这一发展趋势，如德国提出了"工业4.0"的概念。结合京津冀城市群来看，天津正结合自身的高端制造业优势积极谋划布局智能制造，河北也成立了制造强省建设领导小组，并印发了《河北省加快智能制造发展行动方案》，推动制造业的数字化和智能化转型。北京可发挥自身规模以上平台型企业富集的优势，为津冀两地的产业升级提供数字平台支撑。

四是数字经济可以推动京津冀绿色发展效率提升。一方面，数字技术有效支撑了碳市场的构建，经过10年的探索，2021年7月16日全国碳市场正式上线，在这个过程中通过数字化管理信息平台的构建将网上注册、数据报送和运营维护等多个碳市场活动环节有效整合。另一方面，数字经济中的区块链技术可以依托自身的安全性和不可逆性以低成本打破数据孤岛，可以很好地适应环保垂直管理制度，防止环境监测数据造假，目前韩国和中国等国家已开始将区块链技术应用到企业排污治理中（李少林、冯亚飞，2021）。钢铁行业是典型的"能耗大户"，如何节能减排是钢铁行业始终在探索的问题。工业互联网的出现为钢铁行业的节能减排提供了数字化解决方案，数控技术的引入，能够更加精准地把控生产投入比例，在提升投入产出效率的同时降低能源消耗和污染排放。河北的产业结构中钢铁产业占比较高，通过数字技术的应用可以减小整治钢铁产业对短期内产业生态和财政收支情况造成

的影响，实现钢铁产业等传统产业的绿色发展。

五是数字经济可以推动京津冀实现政府数字化治理。数字化治理是国家推进治理体系和治理能力现代化的重要组成内容，是运用数字技术，建立健全行政管理体系，创新服务监管方式，实现行政决策、行政执行、行政组织、行政监督等体制更加优化的新型政府治理模式。数字化治理模式可以有效提升政府内部的"条块融合"效率，提升政府系统的功能协调性（韩兆柱、杨洋，2013）。2020年7月，国家发展改革委等13个部门发布的《关于支持新业态新模式健康发展激活消费市场带动扩大就业的意见》明确提出，要不断提升数字化治理水平，结合国家智慧城市试点建设、国家区域发展战略及生产力布局，探索完善智慧城市联网应用标准，推进京津冀、长三角、粤港澳大湾区等区域一体化数字治理和服务。具体到京津冀城市群来看，政府的数字化转型有利于三地实现一些跨区域难点问题的协同治理，如跨区域生态环境侵权案件的线上远程协同和跨区域公共服务的共建共享等。

（五）数字城市建设是京津冀发展数字经济的有力支撑

将北京打造成为全球数字经济标杆城市是抢占数据要素配置枢纽的关键举措。2020年4月，中共中央、国务院印发《关于构建更加完善的要素市场化配置体制机制的意见》，把数据作为一种生产要素单独列出，对数字经济发展起到了基础性和支撑性作用。数据资源能够有效发挥作用的关键在于数据资源能够开放流通，数据价值化则是推动数据资源流通的市场化动力。目前，国内数据要素交易市场尚处于探索阶段，数据交易平台数量相对较少，在京津冀范围内仅有北京大数据交易服务平台、中关村数海大数据交易平台。北京"两区"建设过程中高标准建好大数据交易所对占据全球数据要素流通配置枢纽位置意义重大，这将成为北京打造全球数字经济标杆城市的关键支撑。

构建"2+11"数字城市协同发展格局是筑牢京津冀数字经济发展基础的重要举措。上升到区域协同角度，数字城市建设不仅需要考虑城市内部自身新基础设施的完善，而且需要考虑如何依托数字城市建设实现城市间的横向协同，缩小城市间的数字化发展差距，避免因数字鸿沟阻碍京津冀城市群数字化协同进展。结合数字技术的自身属性来看，数字技术本身具有一定的物理关联属性，利用数字孪生属性有利于实现京津冀城市群内城市间的适应性协同发展。数字孪生是一种动态的生命系统，其应用价值在于通过数据收集、挖掘、存储等技术实现不同系统间的协同和适应性演化（周瑜、刘春成，2018）。城市作为一个复杂的系统，理论上通过形成城市之间的"数字孪生"效应能够实现不同城市之间在具体领域的协同。位于京津冀的雄安新区在全国范围内首次提出"数字孪生城市"的概念，这为京津冀的"数字孪生城市"建设提供了良好开端。

四　数字经济在京津冀协同发展中的应用进展与趋势

结合理论分析部分提出的数字经济对区域协同发展的具体影响机理，本部分首先对我国三大城市群的数字经济发展趋势进行横向对比，找寻京津冀城市群相较于长三角和珠三角城市群的数字经济发展优势与短板；同时具体到区域内核心城市层面对比京津冀城市群内的核心城市北京在打造全球数字经济标杆城市过程中是否具备坚实基础，天津能否建设成为区域内另一个数字经济增长极，且与北京形成"双核联动"，并与河北其他城市形成京津冀"2+11"的数字城市协同发展格局；围绕理论分析部分提出的数字经济在京津冀协同发展中的具体应用场景，分析数字经济与协同创新、产业升级、消费升级、低碳发展、数字治理等领域的融合进展。

（一）三大城市群及重点城市间的数字经济发展趋势对比分析

1. 三大城市群产业数字化发展水平实力相当，京津冀城市群内河北的数字产业化水平相对不足

产业数字化是指传统产业依托数字技术实现价值增值和效率提升，具体包括工业互联网、车联网、智能制造、平台经济等内容，数字产业化涵盖大部分信息通信产业，二者是数字经济的重要组成部分。从产业数字化规模占

GDP 比重来看，2020 年，上海的产业数字化规模占比高达 45.1%，福建、浙江、天津、北京、山东、湖北、辽宁、重庆、广东、河北等地的产业数字化规模占比均超过 30%，其余省份的产业数字化发展水平相对不足。从数字产业化规模占 GDP 比重来看，2020 年，北京、江苏、广东的数字产业化规模占比均超过 15%，天津、上海的数字产业化规模占比超过 10%，浙江、重庆、四川、山东等地的数字产业化规模占比为 5%~10%，其余省份（包括河北）的数字产业化规模占比不足 5%。①

2. 京津冀数字服务业在营企业规模优势显著，在长三角与珠三角的努力追赶下差距逐渐缩小

数字服务业是培育壮大数字经济的重要服务保障性行业，从三大城市群的数字服务业整体规模对比来看，2020 年，京津冀城市群数字服务业在营企业注册资本居首位（23779.62 亿元），长三角城市群数字服务业在营企业注册资本居第二位（19957.03 亿元），珠三角城市群数字服务业在营企业注册资本居第三位（5406.81 亿元）。同时，京津冀城市群内的核心城市（北京）在数字服务业在营企业注册资本方面也远大于长三角和珠三角城市群内的核心城市。从增长速度对比来看，2010~2020 年，珠三角城市群以"低开高走"的形式奋力追赶，数字服务业在营企业注册资本增速排名第一（年均增长率为 27.43%），与京津冀城市群的差距从 30.54 倍缩小至 4.40 倍；长三角城市群数字服务业在营企业注册资本增速排名第二（年均增长率为 20.50%），与京津冀城市群的差距从 4.73 倍缩小至 1.19 倍；京津冀城市群数字服务业在营企业注册资本处于平稳增长态势，年均增长率为 4.98%。

3. 京津冀城市群的数字经济空间发展均衡水平整体低于长三角和珠三角城市群

运用变异系数法对城市群内各城市间的数字经济空间协调发展水平进行测度发现，京津冀城市群各城市间的数字经济发展差距虽有所缩小，但与长三角和珠三角城市群同期相比仍有一定差距。2010~2020 年，京津冀城市群

---

① 数据来源于中国信息通信研究院。

的变异系数从 3.48 下降至 2.85，长三角城市群的变异系数从 3.29 下降至 2.23，珠三角城市群的变异系数从 1.92 下降至 1.84，珠三角城市群内的数字经济发展均衡度整体处于较高水平。从另一个数据来看，按照中国信息通信研究院和紫光集团联合发布的《中国城市数字经济指数蓝皮书（2021）》，在全国范围内，数字经济一线城市共有 6 个，京津冀城市群内处于数字经济一线城市行列的仅有北京，长三角城市群内处于数字经济一线城市行列的有上海和杭州，珠三角城市群内处于数字经济一线城市行列的有广州和深圳；数字经济新一线城市共有 47 个，京津冀城市群内处于数字经济新一线城市行列的仅有天津和石家庄，长三角城市群内处于数字经济新一线城市行列的有无锡、南京、苏州、宁波、合肥、南通、金华、温州、镇江、常州、嘉兴、台州、绍兴、连云港、扬州、泰州，珠三角城市群内处于数字经济新一线城市行列的有东莞、佛山、珠海、惠州。

4. 京津冀城市群创新投入和创新成果对数字经济发展的驱动效应明显低于长三角城市群

创新已成为驱动各行业发展的动力源，从三大城市群数字经济类行业的技术成果拥有量来看，2020 年，京津冀城市群数字服务业实用新型专利数为 15614 件，长三角城市群数字服务业实用新型专利数为 25598 件，珠三角城市群数字服务业实用新型专利数为 6072 件，明显看出京津冀城市群的数字服务业实用新型专利数远远低于长三角城市群。从三大城市群创新投入对数字经济发展的驱动效应来看，京津冀城市群的 R&D 经费内部支出对数字服务业在营企业注册资本的边际影响为 0.2864（在 1% 的显著性水平下），长三角城市群的 R&D 经费内部支出对数字服务业在营企业注册资本的边际影响为 0.5856（在 1% 的显著性水平下），珠三角城市群的 R&D 经费内部支出对数字服务业在营企业注册资本的边际影响为 0.2822（不存在显著性水平）。

5. 北京市积极打造全球数字经济标杆城市，旨在引领京津冀构建"2+11"的数字城市协同发展格局

北京高标准定位数字城市发展规划。2020 年 9 月，北京市经济和信息化局发布《北京市促进数字经济创新发展行动纲要（2020~2022 年）》，提

出将推进包括 5G 信息通信网络、新一代超算中心等数据智能基础设施、人工智能在内的"基础设施保障建设工程"和"数字技术创新筑基工程"等重点工程。2021 年 7 月，中共北京市委办公厅和北京市人民政府办公厅发布《北京市关于加快建设全球数字经济标杆城市的实施方案》，提出到 2022年进一步巩固国内数字经济标杆城市地位，到 2025 年成为国际先进数字经济城市，到 2030 年建设成为全球数字经济标杆城市，打造引领全球数字经济发展的"六个高地"。

北京的数字城市建设水平居全国首位。基于发展基础、发展规模和发展环境三个重要维度对标国内的数字经济典型城市发现，北京的数字经济发展水平整体处于国内领先位置，2020 年，在对标城市当中，按数字经济发展水平从高到低排名依次为北京、上海、成都、深圳、杭州、重庆、广州、武汉、南京、青岛、宁波、天津。自 2015 年提出"国家大数据战略"以来，北京的数字经济发展水平一直处于国内首位，天津则处于第 8~10 位。北京打造全球数字经济标杆城市具备较好的基础条件，通过数字经济标杆城市建设，可以引领京津冀区域乃至全国率先参照北京模式高标准建设一批数字城市先行示范区。具体到京津冀城市群内部各城市来看，整体呈现北京"一枝独秀"的发展态势，天津及河北各城市与北京在数字经济发展方面的差距仍然较大（见图 2），天津需要持续发力，成为区域内的第二个数字经济增长极，河北各城市则需要逐渐夯实数字经济发展基础，围绕自身优势在部分领域形成数字经济发展优势，力求缩小与北京的数字化发展差距。

（二）京津冀城市群数字经济推动创新发展效率提升的进展与成效分析

1. 城市群内数字经济创新发展效率呈现上升趋势，整体以京津为核心呈"核心高、外围低"的空间分布格局

通过超效率 SBM-DEA 模型测度京津冀城市群各城市的数字经济创新发展效率，结果显示，2010~2020 年，北京、天津和河北各城市的数字经济创新发展效率整体表现为上升趋势。其中，北京和天津的数字经济创新发展效率相对较高（均大于 1），河北各城市数字经济创新发展效率的差异较大，京津冀城市群数字

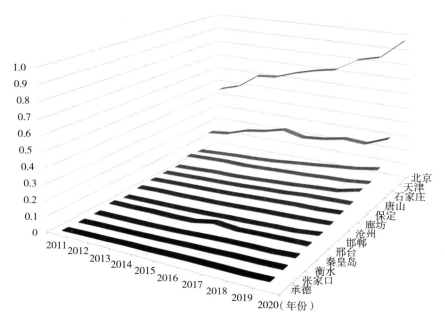

图2 京津冀各城市数字经济发展水平变化情况

经济创新发展效率呈"核心高、外围低"的空间分布格局。整体来看，2010～2020年，京津冀中部数字经济创新发展效率较为稳定，南部及北部数字经济创新发展效率波动较大，高值区主要集中在中部（北京、廊坊）、环渤海（秦皇岛、唐山、天津、沧州）、西南部（石家庄）一些经济较为发达、数字经济基础较好的城市，低值区主要集中在两侧城市（邯郸、邢台、张家口）。

2. 技术进步推动京津两地的数字经济创新发展效率提升，技术改善成为河北数字经济创新发展效率提升的主要方式

通过 Malmquist 指数方法测度京津冀城市群各城市的数字经济创新发展效率变动情况，结果显示，2010～2020年，北京、天津和河北的数字经济创新发展效率变动呈波动性收敛趋势（见图3）。更进一步地，将 Malmquist 指数拆解为 EC 指数和 TC 指数来分析，EC 指数反映的是由技术改良带来的效率提升，TC 指数反映的是由技术进步带来的效率提升，京津两地的 EC 指数均小于1、TC 指数大于1，即 TC 指数大于 EC 指数，而河北的 TC 指数小

于 EC 指数，反映了北京和天津的数字经济创新发展效率提升主要是由技术进步推动的，河北的数字经济创新发展效率提升主要是由技术改良推动的。

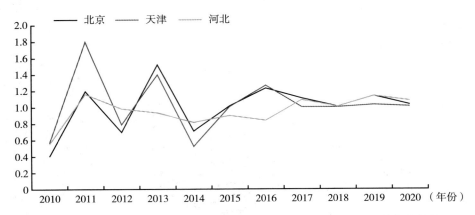

图 3　2010~2020 年京津冀地区数字经济创新发展效率的 Malmquist 指数变化情况

3. 城市群内数字经济创新发展效率的空间相关性逐渐弱化，分布形态开始从"低低集聚"向"低高混合"演进

通过全局 Moran 指数对京津冀城市群内各城市间的数字经济创新发展效率空间相关性进行分析发现，2011 年京津冀城市群数字经济创新发展效率的全局 Moran 指数为 0.254（在 5% 的显著性水平下），2015 年京津冀城市群数字经济创新发展效率的全局 Moran 指数为 0.136（在 10% 的显著性水平下），2020 年京津冀城市群数字经济创新发展效率的全局 Moran 指数为 -0.136（显著性水平消失）。这表明，在 2010 年前后，京津冀城市群内还存在数字经济创新发展效率低值区与低值区集聚的空间分布趋势，可能的原因是这一时期还未进入数字经济高速发展阶段（2015 年最早提出"国家大数据战略"），大部分区域的数字化发展水平普遍较低，因此属于"低低集聚"的整体态势，由"低低集聚"产生了全局 Moran 指数的显著高值。由于数字经济自身具有"去中心化""分散式结构"等内在特点，在随后的发展过程中（尤其是自 2015 年之后），京津冀城市群内部分区域的数字经济创新发展效率开始提升，因此这一阶段从"低低集聚"逐渐演化为"低高

混合"的整体分布形态，全局 Moran 指数在逐渐降低的同时显著性水平开始消失。当然，全局 Moran 指数要从"低高混合"向"高高集聚"演进面临很大的困难与挑战，"高高集聚"的形态说明城市群已经达到了数字经济发展效率的成熟阶段。

（三）京津冀城市群数字经济推动产业升级的进展与成效分析

1. 京津冀的互联网平台发展速度整体低于全国平均水平，在全国中的占比呈下降趋势

数字经济是一种依托平台驱动的经济发展新业态，与传统的区域经济学集聚理论不同，平台是一种数据（虚拟）要素抽象集聚的空间，虚拟要素的集聚能够为产业发展提供新的动力。从发展速度来看，2010~2020 年，全国互联网平台型企业累计注册资本从 100.24 亿元增加至 3246.09 亿元（年均增长率为 41.59%），京津冀的互联网平台型企业累计注册资本从 49.99 亿元增加至 340.53 亿元（年均增长率为 21.15%），增速整体低于全国平均水平。从规模及占比来看，京津冀的互联网平台型企业累计注册资本在全国的占比从 2010 年的 49.87%下降至 2020 年的 10.49%，下降了 39.38 个百分点。

2. 京津冀的互联网平台经济空间发展均衡度明显提升，河北在规模及增速方面取得显著成效

京津冀城市群内北京的互联网平台型企业规模最大，2010~2020 年，其互联网平台型企业累计注册资本由 45.28 亿元增加至 168.45 亿元，占城市群的比重由 90.59%下降至 49.47%，下降了 41.12 个百分点；天津的互联网平台型企业累计注册资本由 0.06 亿元增加至 27.84 亿元，占城市群的比重由 0.12%上升至 8.18%，提升了 8.06 个百分点；河北的互联网平台型企业累计注册资本由 4.64 亿元增加至 144.25 亿元，占城市群的比重由 9.29%上升至 42.36%，提升了 33.07 个百分点，其中石家庄的互联网平台经济发展势头较好，其互联网平台型企业累计注册资本由 0.3 亿元增加至 64.38 亿元，占城市群的比重由 0.60%上升至 18.91%，提升了 18.31 个百分点，环京地区的保定和廊坊的互联网平台经济发展趋势也较好。

3. 京津冀的互联网平台构成中互联网生活服务平台占比较高，发展基础相对较好

从互联网平台的构成来看，互联网平台按照行业门类可划分为互联网公共服务平台、互联网生产服务平台、互联网生活服务平台、互联网科技创新平台和其他互联网平台。2020年，在全国的互联网平台构成中，其他互联网平台占比较高（62.42%）；在京津冀城市群的互联网平台构成中，互联网生活服务平台占比较高（58.93%）。具体到城市群内部来看，北京的互联网生活服务平台占比较高（76.31%），天津的互联网生活服务平台占比较高（58.84%），石家庄的互联网科技创新平台占比较高（49.71%），廊坊的互联网生活服务平台占比较高（78.59%），秦皇岛的互联网生活服务平台占比较高（51.12%），张家口的互联网生活服务平台占比较高（94.45%），承德的互联网生活服务平台占比较高（94.00%），唐山的互联网生活服务平台占比较高（41.81%），沧州的互联网生活服务平台占比较高（50.19%），邢台的互联网科技创新平台占比较高（37.97%）（见表1）。

表1　2020年全国及京津冀各城市互联网平台的构成情况

单位：%

城市	互联网公共服务平台	互联网生产服务平台	互联网生活服务平台	互联网科技创新平台	其他互联网平台
北京	2.14	6.05	76.31	2.76	12.74
天津	4.18	23.27	58.84	7.97	5.74
石家庄	0.16	4.07	31.65	49.71	14.42
保定	0.43	0.07	15.17	4.98	79.35
廊坊	0.08	3.95	78.59	0.68	16.71
秦皇岛	0.00	43.76	51.12	0.66	4.46
张家口	0.02	0.43	94.45	2.64	2.46
承德	0.16	3.04	94.00	0.61	2.19
唐山	0.82	34.24	41.81	11.32	11.81
衡水	0.14	13.12	31.08	13.97	41.69
沧州	3.98	1.22	50.19	6.12	38.49
邢台	3.56	18.54	19.31	37.97	20.62

续表

城市	互联网公共服务平台	互联网生产服务平台	互联网生活服务平台	互联网科技创新平台	其他互联网平台
邯郸	1.33	14.12	21.16	15.59	47.80
京津冀	1.59	6.98	58.93	12.92	19.59
全国	2.93	9.31	11.99	13.35	62.42

资料来源：龙信企业大数据平台。

4. 京津冀的互联网生产服务平台占全国的比重持续提升，天津和河北的重要制造业集聚区域互联网生产服务平台集聚态势显著

从对区域产业促进作用最为直接的互联网生产服务平台发展情况来看，2010 年，京津冀城市群的互联网生产服务平台发展基础较为薄弱，注册资本为 0.05 亿元，占全国的比重为 0.21%，仅天津拥有互联网生产服务平台。经过 10 年的发展，2020 年京津冀城市群的互联网生产服务平台注册资本达到 23.77 亿元，占全国的比重提升至 7.86%。具体到城市群内部来看，2020 年，北京的互联网生产服务平台注册资本为 10.19 亿元，占京津冀的比重为 42.88%；天津的互联网生产服务平台注册资本为 6.48 亿元，占京津冀的比重为 27.26%；河北的互联网生产服务平台注册资本为 7.10 亿元，占京津冀的比重为 29.86%。

5. 京津冀的互联网平台已初步形成规模效应，对区域产业发展的全要素生产率提升起到显著的促进作用

为了探究京津冀的数字经济发展尤其是互联网平台是否对区域产业发展效率起到明显的带动作用，通过构建门槛回归模型进行分析发现，当京津冀的平台型企业规模超过 14.09 亿元时，其对区域内产业发展的全要素生产率提升起到显著的促进作用（在 1% 的显著性水平下），低于这一规模时，平台型企业对全要素生产率提升的促进作用未能显现。进一步研究发现，2020 年，京津冀城市群内平台型企业集聚规模达到这一门槛值的区域有北京（168.45 亿元）、天津（27.84 亿元）、石家庄（64.38 亿元）和保定（32.36 亿元）。

（四）京津冀城市群数字经济助推消费升级的进展与成效分析

1. 京津冀城市群内北京和天津两地的互联网广告服务业规模较大，河北各城市的互联网广告服务业发展相对不足

互联网广告服务是数字经济中助推区域消费潜力有效释放的一个重要影响因素。在数字时代背景下，能否利用线上传媒渠道在居民普遍使用的社交软件上投放代入感强的消费场景，对激活区域的消费市场至关重要。通过查阅龙信企业大数据平台中的互联网广告服务业注册资本数据，对京津冀城市群各城市的互联网广告服务业发展情况进行分析发现，2010~2020 年，京津冀城市群的互联网广告服务业累计注册资本从 2.11 亿元增加至 96.11 亿元。具体到区域层面来看，2020 年，天津的互联网广告服务业发展规模优势显著，其互联网广告服务业累计注册资本占京津冀的比重为 38.66%，北京的互联网广告服务业累计注册资本占京津冀的比重为 33.23%，相比之下，河北各城市的互联网广告服务业累计注册资本占京津冀的比重相对较低，其中石家庄占比为 9.26%，保定占比为 8.48%，其余城市占比均不足 5%（见图 4）。

2. 北京的互联网零售业规模优势较为显著，京津冀城市群内互联网零售业的空间分布不均衡现象较为突出

数字时代背景下，互联网零售业为居民打造多样化的线上消费场景，增加了居民可选商品门类，一方面，通过提升居民需求匹配度刺激居民消费；另一方面，线上消费可以不受时间和空间的限制，有效利用"碎片化"时间刺激居民消费潜力释放。2008~2020 年，中国网络零售市场交易规模由 1300 亿元增加至 103200 亿元（年均增长率为 43.98%），网络零售占社会消费品零售总额的比重由 1.17%上升至 26.33%。① 通过查阅龙信企业大数据平台中的互联网零售业注册资本数据，对京津冀城市群各城市的互联网零售业发展情况进行分析发现，2010~2020 年，京津冀城市群的互联网零售业累计注册资本从 81.44 亿元增加至 1089.92 亿元，增长态势迅猛。具体到区域

---

① 数据来源于网经社电子商务研究中心、《中国统计年鉴》。

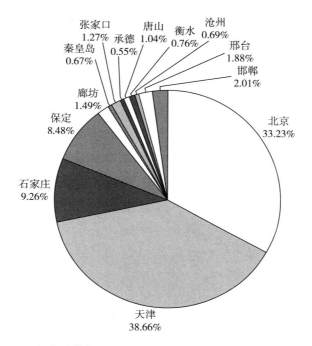

图4 2020年京津冀各城市互联网广告服务业累计注册资本占比情况

层面来看，2020年，北京的互联网零售业累计注册资本占京津冀的比重为68.09%，高出排在第2位的天津46.73个百分点，成为区域内互联网零售企业高度集聚区，相比之下，河北各城市的互联网零售业累计注册资本占京津冀的比重均不足5%（见图5）。

3. 京津冀的互联网生活服务平台发展起步较晚，石家庄的互联网生活服务平台规模优势显著

互联网生活服务平台是一种定位于生活性服务业的线上商业模式，可以在一定程度上改变居民接受服务消费的传统模式，如可通过平台预约护工、钟点工、各类专业技术人员等，还可以在平台上完成租房、缴纳水电费等。平台自身的优势在于可以通过数字技术整合需求端和劳务供给端，有效降低消费者在线下找寻服务人员的成本，进而刺激居民的服务消费。通过查阅龙信企业大数据平台中的互联网生活服务平台注册资本数据，对京津冀城市群

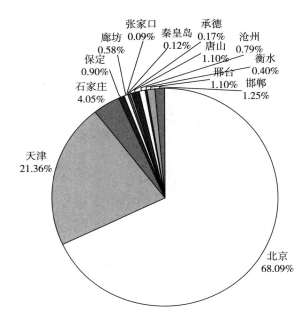

图5　2020年京津冀各城市互联网零售业累计注册资本占比情况

各城市的互联网生活服务平台发展情况进行分析发现，2013年之前京津冀城市群内没有一家本地互联网生活服务平台，2013年京津冀城市群内北京开始拥有第一家互联网生活服务平台，到了2020年，京津冀的互联网生活服务平台累计注册资本为4.40亿元。具体到区域层面来看，2020年，石家庄的互联网生活服务平台累计注册资本占京津冀的比重为73.47%，行业的区域集中度相对较高，优势地位较为显著；相比之下，排在第2位的北京的互联网生活服务平台累计注册资本占京津冀的比重为13.05%；天津排在第4位，其互联网生活服务平台累计注册资本占京津冀的比重为3.23%（见图6）。

4. 互联网平台对京津冀居民消费水平提升起到了显著的促进作用

为了探究京津冀的互联网平台究竟能否对区域内的居民消费水平起到显著的促进作用，通过构建回归分析模型进行研究发现，在京津冀范围内的各城市样本中，有互联网平台区域的城镇居民人均消费支出比没有互联网平台

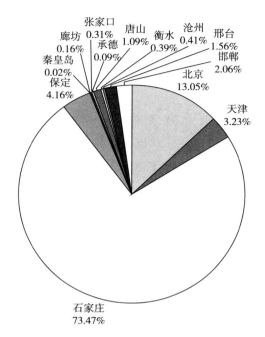

图 6　2020 年京津冀各城市互联网生活服务平台累计注册资本规模占比情况

区域的城镇居民人均消费支出高出 6.4%（在 5% 的显著性水平下）；有互联网批发零售业区域的城镇居民人均消费支出比没有互联网批发零售业区域的城镇居民人均消费支出高出 5.5%（在 10% 的显著性水平下）；有数字内容与媒体业区域的城镇居民人均消费支出比没有数字内容与媒体业区域的城镇居民人均消费支出高出 2.7%（在 5% 的显著性水平下）。从对农村居民消费的影响来看，数字经济中仅互联网批发零售业对农村居民的消费提升起到了显著的促进作用，在有互联网批发零售业区域的农村居民人均消费支出比没有互联网批发零售业区域的农村居民人均消费支出高出 5.9%（在 10% 的显著性水平下）。总体上，数字经济对京津冀城镇居民的消费水平提升起到了显著的促进作用，对京津冀农村居民消费水平提升的作用稍小一些，可能的原因是京津冀农村地区支撑数字经济发展的新基础设施建设相对滞后，难以充分保障多种数字经济业态对农村居民消费的促进作用。

（五）京津冀城市群数字经济推动低碳发展的进展与成效分析

1. 京津冀城市群整体碳排放量呈上升趋势，且碳排放呈现明显的空间不均衡特点

2009~2020 年，京津冀城市群整体的碳排放量从 2.66 亿吨增加至 6.01 亿吨，年均增长率为 7.69%。2020 年，河北碳排放量占京津冀碳排放总量的比重为 61.0%，比 2009 年提高了 20.7 个百分点；北京碳排放量占京津冀碳排放总量的比重为 23.8%，比 2009 年降低了 11.2 个百分点；天津碳排放量占京津冀碳排放总量的比重为 15.2%，比 2009 年降低了 9.5 个百分点。京津两地目前基本实现碳达峰。河北的唐山、石家庄、邯郸 3 个城市的碳排放量之和占河北碳排放总量的比重近一半。

2. 京津冀城市群的碳排放强度整体高于全国平均水平，河北的生产活动对化石能源的消耗强度较高

2019 年，全国的平均碳排放强度为 0.66 吨/万元，京津冀城市群的整体碳排放强度为 0.71 吨/万元，高于全国平均水平。具体到城市层面来看，仅北京的碳排放强度（0.42 吨/万元）低于全国平均水平，天津的碳排放强度（0.66 吨/万元）与全国平均水平持平，河北各城市的碳排放强度均高于全国平均水平。从河北的能源消耗结构来看，第二产业占 74.73%，生活消费占 12.59%，第三产业占 10.96%，第一产业占 1.72%。在工业能源消耗中，河北的工业能源消耗以黑色金属冶炼及压延加工业，电力、热力生产和供应业，非金属矿物制品业，化学原料和化学制品制造业，石油、煤炭及其他燃料加工业，煤炭开采和洗选业六大高能耗行业为主，这六大行业的能源消耗量之和占河北工业能源消耗总量的比重高达 92.08%。

3. 数字经济的推广应用对京津冀城市群碳减排具有显著的促进作用

数字技术在产业领域的应用主要通过以下两个路径实现碳减排：一是数字技术的应用可以实现传统产业生产流程的数控化，数控化带来精准生产，可以有效优化投入产出比，在维持原有产出水平的情况下实现更少的生产投入，尤其是能源投入；二是数字技术的应用有助于构建全国碳交易市场，使得碳排放指标可以在企业之间形成交易，激励企业通过生产方式变革实现碳减排目标，数字技术可以有效实现各交易所之间的碳交易数据实时互通。为了探究京津冀城市群内数字经济的发展能否对碳排放量的减少起到促进作用，通过构建回归模型进行具体分析，研究发现城市群内数字服务业对碳排放量的边际弹性为-3.047（在5%的显著性水平下），说明数字服务业发展规模每提升1%，城市群内整体碳排放量相应地下降3.047%。

（六）京津冀城市群政府数字化改革的进展与成效分析

1. 京津冀三地相继成立了大数据管理部门，并搭建了相应的网上政务服务平台

线上治理是构建现代化治理体系的重要内容，大数据管理部门是政府数字治理的主体，在统筹协调、技术支撑等方面发挥了重要作用。从京津冀各城市的政府线上治理组织机构建设情况来看，北京率先在京津冀范围内开展数字化政府组织机构调整，2018年，在北京市经济和信息化局基础上成立了"北京市大数据管理局"，负责统筹政务数据和相关社会治理数据等大数据管理工作。2019年，天津依托原大数据管理中心，整合形成隶属中共天津市委网络安全和信息化委员会办公室的新的大数据管理中心，负责全市的信息化建设、数据资源管理等工作。河北省大数据中心归属河北省委网信办管理，负责全省的大数据发展基础性研究、政务数据和社会数据的监测与管理，以及相关数据平台建设工作。从网上政务服务平台建设情况来看，2019年，京津冀区域政务服务"一网通办"专区入驻国家政务服务平台，服务区域范围覆盖北京、天津、河北（含雄安新区）。三地也分别搭建了北京市政务服务网、天津网上办事大厅以及河北政务服务网。

2. 京津冀城市群的政府数据开放程度相对不足，京津两地与河北各城市的政府开放数据平台建设尚未形成集中连片格局

在数字时代背景下，数据要素已成为驱动发展方式变革的核心资源，区域间政府数据的开放共享是促进区域协同发展的重要举措。复旦大学数字与移动治理实验室的数据显示，2017~2021年，全国地级及以上政府数据开放

平台由 20 个增加至 193 个，政府数据开放的进展明显加快。从政府数据开放的空间格局来看，包括浙江、四川、广东、山东和广西在内的区域下辖城市已经联结成政府数据开放平台最为密集的地带，东部地区的浙江、江苏、山东、广东、福建，中部地区的安徽、湖北、湖南，以及西南地区的贵州等省份的政府开放数据平台也呈现连片趋势。然而，可以明显发现京津冀范围内仅北京、天津和承德的政府开放数据联结起来，2012 年北京市政务数据资源网上线，2019 年天津市信息资源统一开放平台上线，其他城市的政府数据开放进程仍然滞后，导致京津冀城市群存在政府开放数据"孤岛效应"。从政府数据开放平台建设情况来看，2019 年在 16 个省份的排名中，京津两地分别为第 4 名和第 7 名；2020 年在 16 个省份的排名中，京津两地排名有所下滑，分别为第 7 名和第 8 名。①

3. 政府积极引导市场力量参与京津冀线上公共服务平台建设，但河北互联网公共服务平台发展规模相对较小

互联网公共服务平台是数字技术推动公共服务领域效率提升的重要载体，能够依托自身优势优化办事流程、创新服务方式、简化办理程序，解决了企业与公众办事的难点和堵点问题。查阅龙信企业大数据平台中的互联网公共服务平台注册资本数据，对京津冀城市群的互联网公共服务平台发展情况进行分析发现，2010 年，京津冀互联网公共服务平台注册资本仅为 0.006 亿元（占全国的比重为 0.18%），京津冀范围内仅有石家庄率先探索互联网公共服务平台建设；到了 2020 年，京津冀互联网公共服务平台注册资本发展到 5.414 亿元（占全国的比重提升至 5.69%），发展效果显著。其中，2020 年，北京的互联网公共服务平台注册资本为 3.61 亿元（占京津冀的比重为 66.68%），天津的互联网公共服务平台注册资本为 1.16 亿元（占京津冀的比重为 21.50%），河北各城市的互联网公共服务平台注册资本均不足 1 亿元（占京津冀的比重均低于 3%）。

---

① 复旦大学数字与移动治理实验室：《2021 年度中国地方政府数据开放报告——城市》，2022 年 1 月。

五　主要问题与对策建议

（一）主要问题

1. 部分领域的数字发展鸿沟影响了京津冀城市群数字协同发展格局的构建

京津冀三地的数字化发展水平仍存在一定差距，具体表现在以下几个方面。一是城市群内数字城市发展水平参差不齐。与长三角和珠三角城市群对比来看，2020 年，全国范围内共有数字经济一线城市 6 个，其中长三角城市群内有 2 个，珠三角城市群内有 2 个，京津冀城市群内有 1 个，剩余 1 个城市不在三大城市群内；全国范围内共有 47 个数字经济新一线城市，其中长三角城市群内有 16 个，珠三角城市群内有 4 个，京津冀城市群内仅有 2 个。二是数字产业化领域存在发展鸿沟。2020 年，北京的数字产业化规模占 GDP 的比重超过 15%，天津的数字产业化规模占 GDP 的比重超过 10%，河北的数字产业化规模占 GDP 的比重不到 5%。三是产业数字化发展的空间分布不均衡。2020 年，北京的互联网零售业累计注册资本占京津冀城市群的比重为 68.09%，高出天津 46.73 个百分点，高出河北 57.54 个百分点。上述问题成为构建京津冀 "2+11" 数字城市协同发展格局的主要障碍。

2. 京津冀城市群内数字经济类技术成果集中在北京，但空间溢出效应尚不显著

数字经济类技术成果的空间分布不均衡。从京津冀城市群各城市的数字经济技术成果持有量来看，2020 年，北京的数字经济类产业专利申请授权量为 162824 件，占京津冀城市群数字经济类产业专利申请授权总量的 49.98%；计算机软著数为 79402 项，占京津冀城市群计算机软著总数的 63.50%。天津的数字经济类产业专利申请授权数为 75434 件，占京津冀城市群数字经济类产业专利申请授权总量的 23.15%；计算机软著数为 16051 项，占京津冀城市群计算机软著总数的 12.84%。从京津冀城市群各城市的

数字经济创新发展效率来看，通过测算 2011 年、2015 年、2020 年的全局 Moran 指数发现，京津冀城市群内各地间数字经济创新发展效率的空间相关性逐年弱化，显著性水平有所降低，目前数字经济创新高地对周边区域的空间溢出效应尚不显著。

3. 城乡差距在一定程度上限制了数字经济对农村居民消费潜力的释放效应

从京津冀居民人均收入变化来看，查阅国家统计局官网数据发现，2010～2020 年，北京城镇居民人均收入的年均增长率为 8.93%，农村居民人均收入的年均增长率为 9.31%；天津城镇居民人均收入的年均增长率为 7.03%，农村居民人均收入的年均增长率为 10.16%；河北城镇居民人均收入的年均增长率为 5.42%，农村居民人均收入的年均增长率为 10.60%。从中可以明显看出，农村居民的收入增速快于城镇居民，农村居民的消费购买力显著提升。从居民的人均消费支出变化来看，2010～2020 年，北京城镇居民人均消费支出的年均增长率为 5.69%，农村居民人均消费支出的年均增长率为 8.49%；天津城镇居民人均消费支出的年均增长率为 6.15%，农村居民人均消费支出的年均增长率为 10.74%；河北城镇居民人均消费支出的年均增长率为 7.42%，农村居民人均消费支出的年均增长率为 10.58%。从中也可以明显看出，农村居民的消费增速快于城镇居民。通过实证分析发现，城镇地区的数字经济发展对居民消费弹性的扩大效应大于农村地区，反映出城乡之间的消费观念差距、新基础设施建设水平差距等现实因素仍然制约着农村居民消费潜力的释放。

4. 河北大部分城市的互联网平台还未形成规模效应，其规模尚未达到有效推动区域产业高质量发展的门槛阈值

专题报告通过门槛回归分析表明数字经济有效助推区域产业发展质量提升存在一个关于互联网平台发展规模的阈值，但就京津冀城市群各城市的互联网平台实际发展情况来看，截至 2020 年，北京的互联网平台注册资本为 168.45 亿元，天津的互联网平台注册资本为 27.84 亿元，石家庄的互联网平台注册资本为 64.38 亿元，保定的互联网平台注册资本为 32.36 亿元，仅这几个城市的互联网平台注册资本就达到了门槛值，剩余的唐山、廊坊、沧州、衡水、秦皇岛、承德、张家口、邯郸、邢台等城市的互联网平台发展尚未形成一定规模，目前还难以通过本地的互联网平台显著促进区域产业发展效率提升。

5. 京津冀城市群尚未形成明显的政府数据开放共享空间发展格局

虽然京津冀三地政府积极努力地搭建了政府网上服务平台，也通过机构调整设置了专门分管大数据管理工作的职能机构，但政府间的横向数据开放平台建设仍然滞后，仅北京、天津以及河北的 1 个城市搭建了政府数据开放平台，其余城市尚未搭建起政府数据开放平台。长期来看，三地政府数据开放平台建设的时空脱节将影响京津冀协同发展的诸多领域，比如在一些需要三地政府及专门职能部门联合监测的生态、交通等领域，仅实现了信息互联，只能体现为数据开放的初级协同阶段。依托数字经济助推京津冀协同发展向更深层次迈进，需要从重点领域数据要素的深度开放入手，探索建立区域内各城市间的数据开放共享协同机制。

（二）对策建议

1. 依托数字城市建设努力缩小区域间的数字发展鸿沟，为构建京津冀"2+11"数字城市协同发展格局提供有效支撑

北京应继续推进全球数字经济标杆城市建设工作，成为引领京津冀乃至全国的数字经济重要辐射地，具体应依托"两区"建设，高标准建设北京国际大数据交易所，争取行业领域的话语权，成为对接国际国内两个数据要素市场的重要枢纽；天津应结合自身高端制造优势，围绕高端制造业布局工业互联网平台和智能制造工厂，同时依托数字技术建设智慧港口，推动自身港口服务业的转型升级，形成区域内第 2 个数字经济核心城市；河北应总结雄安新区的"数字孪生城市"建设经验，进一步提升城市间的新基础设施互联水平，"由点及面"形成局部的数字城市协同发展试点区域，找准数字城市建设的薄弱环节，重点投入建设资源，补齐数字经济发展的基础设施短板，缩小城市间的数字发展鸿沟，为京津冀范围内所有城市的数字化协同发展筑牢底层基础。

2. 发挥北京的平台优势和科技创新优势，为津冀两地持续输送数字经济发展的创新动能

一方面，北京应发挥自身数字经济平台高度集聚的优势，通过政策引导等方式推动数字经济平台型企业为津冀两地的产业升级、低碳发展等提供有效支撑。具体应与津冀两地协调如何调动政策工具，鼓励在京数字经济平台型企业为津冀两地的经济社会转型赋能。另一方面，从科技创新支撑的角度，北京应通过改革完善现有的科技成果转化机制，推动自身数字技术方面的专利成果流向津冀两地，增强津冀两地数字经济的创新驱动力，激发津冀两地数字经济类企业的发展活力；探索京津冀三地数字经济类人才的交流机制，推动北京数字技术人才及数字经济商业管理人才更多地面向津冀两地的企业进行交流合作。

3. 补齐京津冀范围内乡村地区的数字基建短板，为数字经济驱动消费潜力释放提供基础设施保障

一是京津冀三地政府应协调三大通信运营商加大人口密集农村地区 5G 基站的覆盖力度，为数字技术在农村地区的其他应用提供基础保障；二是应将大数据分析技术引入刺激农村居民消费升级的过程中，结合居民消费大数据分析农村居民的消费行为习惯，围绕农村居民的消费特点，创造符合该特点的消费场景，精准推送新的消费产品；三是应加强农村居民点的物流配送渠道建设，通过政策引导物流公司提升农村地区的快递收发点密度，打通农村居民物流配送"最后几公里"，提高农村居民线上消费的便利度。

4. 围绕优势领域发掘河北各城市的数字经济潜力，为产业高质量发展提供赋能平台

一是河北的重要高能耗产业集聚地区应积极探索面向京津冀乃至全国的数字平台型企业精准招商模式，比如可以组织相关人员调研本地高能耗企业在数字化转型过程中的具体需求，通过"企业 to 企业"见面会等形式为本地企业线下筛选数字化服务供应商；二是河北也应重视孵化培养本地的数字化转型服务供应企业，具体可通过考察北京的数字化产业孵化园区，吸收借鉴北京打造有利于数字化企业生存发展的投资营商环境的经验，结合河北自身可以调动的资源，打造 3~5 个专门定位于为传统产业转型升级提供数字化服务的产业示范区，在丰富自身数字经济生态的同时强化区域内传统产业转型升级的驱动力。

5. 推动京津冀各地政府数据开放平台的建设进展，为跨区域协同治理的重点领域提供新的解决方案

一是京津冀协同发展的统筹领导部门应出台相关政策，从更高层面推动京津冀各地政府的数字开放平台建设工作，形成上层推动力，具体可重点探索如何建立行政级别较高的跨区域数据资源管理平台，解决北京、天津和河北各城市数据管理职能机构行政级别不高带来的数据协同难题；二是北京和天津应主动与河北各城市对接，重视政府数据开放平台协同共建对京津冀协同发展向纵深推进的重要意义；三是三地应围绕生态、交通等重点领域进行数据开放共享的前期筹备工作，如具体围绕生态领域的生态确权、跨区域生态司法审判取证、生态监测数据区块链建设等进行探索，为数字经济助推京津冀协同发展向更高水平迈进开好头、起好步。

参考文献

［1］戴长征、鲍静：《数字政府治理——基于社会形态演变进程的考察》，《中国行政管理》2017 年第 9 期。

［2］韩兆柱、杨洋：《整体性治理理论研究及应用》，《教学与研究》2013 年第 6 期。

［3］李少林、冯亚飞：《区块链如何推动制造业绿色发展？——基于环保重点城市的准自然实验》，《中国环境科学》2021 年第 3 期。

［4］李燕：《工业互联网平台发展的制约因素与推进策略》，《改革》2019 年第 10 期。

［5］任保平、杜宇翔、裴昂：《数字经济背景下中国消费新变化：态势、特征及路径》，《消费经济》2022 年第 1 期。

［6］杨开忠、王媛玉、胡校：《推动东北振兴取得新突破的空间经济基础》，《经济纵横》2021 年第 10 期。

［7］章志萍编译《〈2020 年全球竞争力报告〉：如何有效促进全球经济转型》，社会

科学报网站，2021 年 1 月 22 日，http：//shekebao. com. cn/detail/8/21265。

［8］ 中国信息通信研究院：《中国数字经济发展白皮书》，2021 年 4 月。

［9］ 周瑜、刘春成：《雄安新区建设数字孪生城市的逻辑与创新》，《城市发展研究》2018 年第 10 期。

［10］ OECD，*Measuring the Digital Economy：A New Perspective*，Paris：OECD Publishing，2014.

［11］ Tapscott，D.，*The Digital Economy：Promise and Peril in the Age of Networked Intelligence*，McGraw-Hill Publisher，1996.

B.2
东部三大城市群数字经济发展模式
及成效比较研究[*]

叶堂林 刘 莹[**]

摘 要： 发展数字经济已成为世界各国驱动经济发展的重要选择，也是构建国内国际双循环新发展格局的关键所在，因此研究东部三大城市群数字经济发展具有较大的现实意义。本报告从总量、结构、差距、创新四个方面对东部三大城市群数字经济发展的情况进行对比分析，通过构建面板回归模型进一步对这些城市群数字经济的影响因素进行分析。研究发现：京津冀城市群数字服务业在营企业注册资本居东部三大城市群首位，北京优势地位显著；与长三角、珠三角城市群相比，京津冀城市群数字信息传输业发展具有明显优势，城市间数字经济发展不均衡问题凸显；京津冀城市群数字服务业创新产出处于较高水平，其中数字技术服务业实用新型专利数居首位；产业结构情况、创新发展水平与政府支持程度是影响京津冀城市群数字经济发展水平的关键因素。在此基础上，本报告提出持续推动中小微企业数字化转型、引导关键核心技术颠覆式创新、充分发挥京津冀三地优势、加强数字技术方面人才的培育与引进等促进京津

---

* 本报告为北京市社会科学基金重点项目"京津冀发展报告（2022）——数字经济助推区域协同发展"（21JCB056）、北京市自然科学基金面上项目"京津冀创新驱动发展战略的实施路径研究——基于社会资本、区域创新及创新效率的视角"（9212002）的阶段性成果。

** 叶堂林，经济学博士，首都经济贸易大学特大城市经济社会发展研究院（首都高端智库）执行副院长，特大城市经济社会发展研究省部共建协同创新中心（国家级研究平台）执行副主任，教授、博士生导师，研究方向为区域经济、京津冀协同发展；刘莹，首都经济贸易大学硕士研究生，研究方向为区域经济。

冀城市群数字经济发展的对策建议。

关键词： 城市群　数字经济　数字产业

一　研究背景与研究意义

（一）发展数字经济已成为世界各国驱动经济发展的重要选择

当前，全球数字经济发展规模不断扩大。2019 年，全球数字经济规模达 31.8 万亿美元，平均名义增速为 5.4%，高于同期全球 GDP 名义增速 3.1 个百分点（苏敏、夏杰长，2020），在世界经济增速逐渐放缓的背景下，数字经济依旧呈现较快的增长态势，是驱动国家经济发展的重要引擎。数字经济已成为当前各国最大限度减少疫情负面影响与促进经济转型发展的共同选择。在此背景下，许多发达国家积极探索适合本国国情的数字经济发展战略，制定了多项支持数字经济发展的政策。例如，2010 年，法国颁布《数字法国 2020》，依托数字产业不断提升国家的经济竞争力；2014 年，新加坡出台"智慧国家 2025"计划，进一步加强了信息技术在公共服务领域的应用；2017 年，英国政府颁布《英国数字战略》，从数字基础设施建设、创新发展、政府数字化转型等方面提出数字经济发展的七大战略。

（二）数字经济是构建我国经济双循环发展新格局的关键所在

一方面，数字经济可以较好地实现供需之间的精准匹配。数字经济可以有效激活国内消费市场潜力，推动居民消费选择多元化，在扩大内需与促进消费的同时，还能够促进形成广泛的有效供给，优化供给侧的结构和质量。此外，数字经济可以较好地提升供需双方信息匹配与对接的效率，充分发掘和释放现有资源的潜在价值。另一方面，数字经济在畅通国际循环等方面发挥了重要作用。在当前抗击新冠肺炎疫情的严峻形势下，数字经济有效提升了我国宏观经济的韧性和强度，降低了因全球产业链、供应链循环受阻而带来的不利影响。此外，数字经济的迅速发展将改变原有的全球分工结构和比较优势，对我国形成参与国际合作竞争新优势、增强对外开放的主动性具有重要的推动作用。

（三）东部三大城市群是我国数字经济发展的重要载体

东部三大城市群集聚了丰富的数字资源，龙信企业大数据平台显示，2020 年，京津冀、长三角、珠三角三大城市群数字服务业在营企业注册资本共计 49143.46 亿元，约占全国（102023.32 亿元）的 48.17%，是我国数字经济发展的重要载体。其中，京津冀城市群具有一定的数字基础设施建设优势，集聚了众多数字经济发展领域的头部企业，主要聚焦数字技术、数字内容以及行业应用等方面的发展；长三角城市群在数字经济总量以及增速方面均领先于全国，拥有上海、杭州、苏州等国内数字经济发展领先城市；珠三角城市群的数字经济基础雄厚，2019 年广东数字经济规模达 4.9 万亿元，同比增速为 13.3%，数字政府建设取得良好成效，数字经济发展前景广阔。

综上所述，发展数字经济已成为世界各国驱动经济发展的重要选择，是构建国内国际双循环新发展格局的关键所在，因此研究东部三大城市群数字经济发展具有较大的现实意义。本报告从总量、结构、差距、创新四个方面对东部三大城市群数字经济发展的情况进行对比分析，通过构建面板回归模型进一步对东部三大城市群数字经济的影响因素进行分析，在此基础上提出数字经济发展的对策建议。

二 理论基础与分析框架

（一）理论基础

关于数字经济内涵的研究。数字经济的概念最早来自发达国家，1996年，Tapscott（1996）首次提出数字经济的概念，认为数字经济是建立在信

息数字化和知识基础之上的一系列经济活动。《二十国集团领导人杭州峰会公报》提出，数字经济是指以使用数字化的知识和信息作为关键生产要素、以现代信息网络作为重要载体、以信息通信技术的有效使用作为效率提升和经济结构优化的重要推动力的一系列经济活动。①

关于数字经济测度方法的研究。当前，学者对城市数字经济发展情况进行了大量的实际测度，所采取的方法主要包括构建评价指标体系与选取数字经济相关指标作为代理变量两种。在评价指标体系的构建方面，郭炳南等（2022）运用熵值法，从互联网普及率、相关业务产出、行业从业人员数量、移动电话普及率、数字金融发展五个方面对京津冀、长三角、珠三角等十大城市群数字经济发展水平进行测度。王娟娟和佘干军（2021）从数字基础、数字产业和数字环境三个维度出发，构建了包含23个指标的数字经济评价体系，对我国2015~2019年的数字经济发展情况进行实证研究。在代理变量的选取方面，毛丰付和张帆（2021）基于工商企业注册数据，从数字经济核心产业中数字经济企业进入率和退出率两个方面入手，对省级层面的数字经济发展情况进行分析。任晓刚等（2022）选取互联网普及率作为数字经济发展的代理变量，对数字经济发展如何促进要素市场化并最终引起区域差距变化进行研究。

关于数字经济影响因素的研究。数字经济的发展受到多种因素影响，刘军等（2020）运用空间自回归模型，从经济增长水平、外资依存度、政府干预度、人力资本水平、居民工资水平、产业结构水平等角度对数字经济的影响进行分析。焦帅涛和孙秋碧（2021）通过实证分析得出，经济增长水平、产业结构高级化、政府行为、人力资本、贸易开放度、城镇化等均会对各地区的数字经济发展起到显著的促进作用，并且这一促进作用存在一定的区际差异。王彬燕等（2018）通过实证分析得出，中国数字经济发展存在一定的区际差异，且政府对科学技术方面的投入、信息化基础与潜力等指标

---

① 《二十国集团数字经济发展与合作倡议》，中华人民共和国国家互联网信息办公室网站，2016年9月29日，http://www.cac.gov.cn/2016-09/29/c_ 1119648520. htm。

是造成该差异的主要原因。

综上所述，近年来国内外学者从数字经济内涵、数字经济测度方法、数字经济影响因素等方面对数字经济进行了许多研究，并且取得了一定的成果，具有很高的学术价值，但数字经济内涵界定的不同导致测算结果存在一定差异，不利于准确把握各地区数字经济发展趋势。因此，为更准确地反映数字经济的实际含义，本报告按照国家统计局发布的《数字经济及其核心产业统计分类（2021）》，从微观企业活动的角度入手，选取龙信企业大数据平台中数字经济相关产业在营企业注册资本指标，相对精准地描述各城市数字经济的发展情况，主要从以下两个方面进行分析：一是从总量、结构、差距、创新四个方面对东部三大城市群数字经济发展的情况进行对比分析；二是探究东部三大城市群数字经济发展的影响因素，为后文对策建议的提出提供依据。

本报告的分析框架见图1。

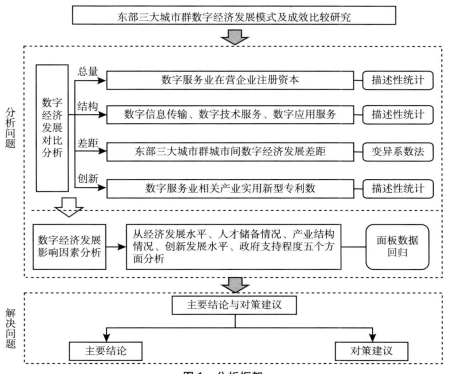

图1 分析框架

京津冀蓝皮书

（二）研究对象的选取与数据来源

在研究对象的选取方面，本报告以京津冀、长三角、珠三角城市群为研究对象，其中包括京津冀城市群 13 个城市、长三角城市群 26 个城市、珠三角城市群 9 个城市，具体包含城市见表 1。在指标的选取方面，本报告从微观企业活动的角度入手，通过选取数字经济相关产业在营企业注册资本反映各城市数字经济的发展情况，选取数字经济相关产业实用新型专利数反映各城市数字经济的创新产出情况，所选取的数据均来自龙信企业大数据平台。

表 1　所选取城市群范围

城市群	包含城市
京津冀城市群（13 个）	北京、天津、石家庄、唐山、秦皇岛、邯郸、邢台、保定、张家口、承德、沧州、廊坊、衡水
长三角城市群（26 个）	上海、南京、无锡、常州、苏州、南通、盐城、扬州、镇江、泰州、杭州、宁波、嘉兴、湖州、绍兴、金华、舟山、台州、合肥、芜湖、马鞍山、铜陵、安庆、滁州、池州、宣城
珠三角城市群（9 个）	广州、深圳、珠海、佛山、惠州、东莞、中山、江门、肇庆

资料来源：根据相关资料整理所得。

三　东部三大城市群数字经济发展现状分析

本部分基于龙信企业大数据平台中数字服务业发展的相关数据，从总量、结构、差距、创新四个方面对东部三大城市群数字经济发展的情况进行对比分析，为后文对策建议的提出提供依据。

（一）数字服务业的范围界定与行业分类

在数字服务业的界定方面，按照国家统计局发布的《数字经济及其核心产业统计分类（2021）》，本报告界定的数字服务业主要包括电信广播电视和卫星传输服务、软件开发、信息技术服务、数字产品维修、互联网相关服务、

互联网平台、互联网批发零售、互联网金融、数字内容与媒体。在数字服务业的行业分类方面，本报告将数字服务业分为三类，具体为数字信息传输业（包括电信、广播电视和卫星传输服务业）、数字技术服务业（包括软件开发业、信息技术服务业、数字产品维修业）和数字应用服务业（包括互联网相关服务业、互联网平台业、互联网批发零售业、互联网金融业、数字内容与媒体业）。

（二）东部三大城市群整体数字服务业在营企业发展现状

京津冀城市群数字服务业在营企业注册资本居东部三大城市群首位，与长三角、珠三角城市群相比增速略显不足。2010~2020年，京津冀城市群数字服务业在营企业注册资本从14623.25亿元增加至23779.62亿元，居第一位，年均增长率为4.98%，与长三角、珠三角城市群相比增速略显不足；长三角城市群数字服务业在营企业注册资本从3091.55亿元增加至19957.03亿元，居第二位，年均增长率为20.50%；珠三角城市群数字服务业在营企业注册资本从478.86亿元增加至5406.81亿元，居第三位，年均增长率高达27.43%。从差距来看，长三角、珠三角城市群与京津冀城市群数字服务业在营企业注册资本的差距呈缩小态势，2010~2020年，长三角城市群数字服务业在营企业注册资本与京津冀城市群的差距由4.73倍缩小至1.19倍，珠三角城市群数字服务业在营企业注册资本与京津冀城市群的差距由30.54倍缩小至4.40倍（见图2）。

（三）东部三大城市群数字服务业在营企业发展现状

京津冀城市群各城市数字服务业在营企业注册资本差距较大，北京优势地位显著。2020年，京津冀城市群数字服务业在营企业注册资本从高到低依次为北京（19143.18亿元）、天津（1489.02亿元）、石家庄（1052.70亿元）、保定（536.80亿元）、廊坊（295.77亿元）、唐山（295.13亿元）、邯郸（218.65亿元）、张家口（181.38亿元）、秦皇岛（154.37亿元）、邢台（150.68亿元）、沧州（97.76亿元）、衡水（82.27亿元）、承德（81.92亿元）（见图3）。从数字服务业在营企业注册资本变化来看，2010~2020年，京津冀城市群数字服务业在营企业注册资本整体呈上升态

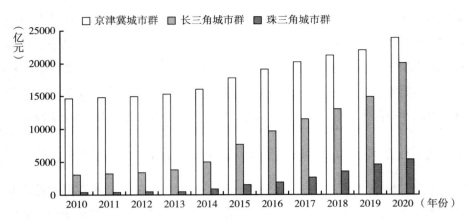

图2　2010～2020年东部三大城市群数字服务业在营企业注册资本

资料来源：根据龙信企业大数据平台整理所得。

势。其中，北京从14168.17亿元增加至19143.18亿元，居第一位，年均增长率为3.06%，具有绝对的领先优势；天津从165.32亿元增加至1489.02亿元，居第二位，年均增长率为24.58%；河北各城市数字服务业在营企业注册资本变化幅度相对较小，与北京存在较大差距。

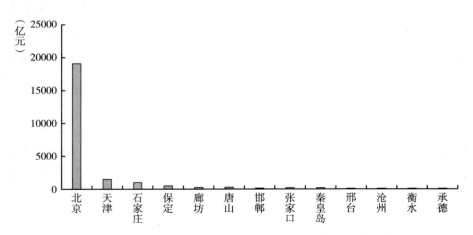

图3　2020年京津冀城市群各城市数字服务业在营企业注册资本

资料来源：根据龙信企业大数据平台整理所得。

长三角城市群数字服务业发展态势较好，杭州居首位。2020 年，长三角城市群数字服务业在营企业注册资本排名前十位的城市依次为杭州（8558.79 亿元）、上海（2753.50 亿元）、南通（1645.51 亿元）、合肥（1625.75 亿元）、宁波（1000.72 亿元）、金华（707.31 亿元）、嘉兴（440.08 亿元）、南京（425.87 亿元）、苏州（415.22 亿元）、湖州（410.02 亿元）（见图 4）。从数字服务业在营企业注册资本变化来看，2010~2020 年，长三角城市群数字服务业在营企业注册资本整体呈上升态势。其中，杭州从 1939.50 亿元增加至 8558.79 亿元，始终居第一位，年均增长率为 16.00%；上海从 602.65 亿元增加至 2753.50 亿元，始终居第二位，年均增长率为 16.41%；南通从 2.15 亿元增加至 1645.51 亿元，年均增长率为 94.26%；合肥从 229.10 亿元增加至 1625.75 亿元，年均增长率为 21.65%；宁波从 102.96 亿元增加至 1000.72 亿元，年均增长率为 25.53%。以上城市具有一定的数字经济发展基础，能够较好地培育数字金融、数字消费等数字赋能产业，是长三角城市群数字经济发展的重要空间载体。

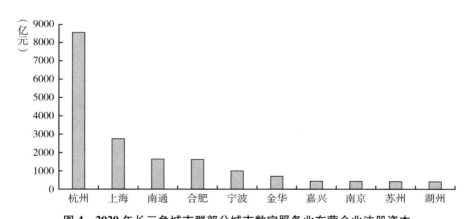

图 4　2020 年长三角城市群部分城市数字服务业在营企业注册资本

资料来源：根据龙信企业大数据平台整理所得。

珠三角城市群形成了以深圳、广州为引领的数字经济发展格局，整体增长速度较快。2020 年，珠三角城市群数字服务业在营企业注册资本从高到低依次为深圳（2948.37亿元）、广州（2069.75亿元）、东莞（102.45亿元）、佛山（95.00亿元）、珠海（82.65亿元）、惠州（50.40亿元）、中山（29.57亿元）、江门（15.60亿元）、肇庆（13.01亿元），深圳和广州的数字服务业在营企业注册资本显著高于其他城市，引领带动作用较强（见图5）。从数字服务业在营企业注册资本变化来看，2010～2020年，珠三角城市群数字服务业在营企业注册资本整体呈上升态势。其中，深圳从132.28亿元增加至2948.37亿元，年均增长率为36.40%；广州从299.19亿元增加至2069.75亿元，年均增长率为21.34%；东莞从6.23亿元增加至102.45亿元，年均增长率为32.31%；佛山从15.48亿元增加至95.00亿元，年均增长率为19.89%；珠海从6.57亿元增加至82.65亿元，年均增长率为28.82%。珠三角城市群整体增长速度较快。

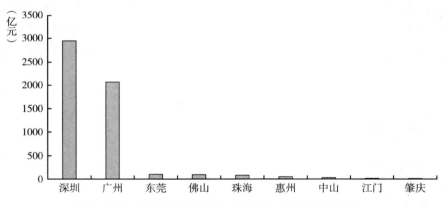

图5　2020年珠三角城市群数字服务业在营企业注册资本

资料来源：根据龙信企业大数据平台整理所得。

（四）东部三大城市群数字服务业发展结构分析

京津冀城市群数字信息传输业发展具有显著优势，北京居首位。2010～2020年，京津冀城市群数字信息传输业、数字技术服务业、数字应用服务业整体呈上升态势。其中，数字信息传输业在营企业注册资本从12994.31亿元增加至14468.25亿元，居第一位，年均增长率为1.08%。2020年北京

（14379.99 亿元）的占比为 99.39%，这主要是由于电信、广播电视和卫星传输服务相关行业的企业总部大多在北京，因此北京的数字信息传输业发展具有显著优势。数字技术服务业在营企业注册资本从 972.93 亿元增加至5973.82 亿元，居第二位，年均增长率为 19.90%。数字应用服务业在营企业注册资本从 656.00 亿元增加至 3337.55 亿元，居第三位，年均增长率为17.67%（见图 6）。

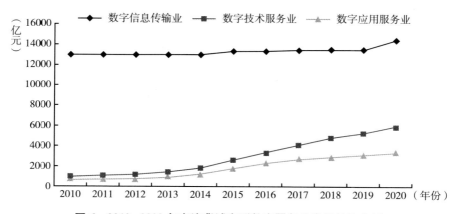

图 6　2010～2020 年京津冀城市群数字服务业发展结构分析

资料来源：根据龙信企业大数据平台整理所得。

长三角城市群数字技术服务业发展始终占据首位，数字应用服务业增长速度较快。2010～2020 年，长三角城市群数字信息传输业、数字技术服务业、数字应用服务业整体呈上升态势。其中，数字信息传输业在营企业注册资本从 396.73 亿元增加至 419.93 亿元，年均增长率为 0.57%，整体波动幅度较小。数字技术服务业在营企业注册资本从 2416.25 亿元增加至 13904.71亿元，始终居第一位，年均增长率为 19.12%，2020 年分别高于数字应用服务业 8272.32 亿元、数字信息传输业 13484.78 亿元，其中信息技术服务业（8104.97 亿元）是长三角城市群数字技术服务业中在营企业注册资本最高的行业，其余依次为软件开发业（5788.13 亿元）和数字产品维修业（11.60 亿元）。数字应用服务业在营企业注册资本从 278.57 亿元增加至

5632.39 亿元，年均增长率为 35.08%，2014 年后在营企业注册资本增长幅度较大，并逐年拉大与数字信息传输业之间的差距（见图7）。

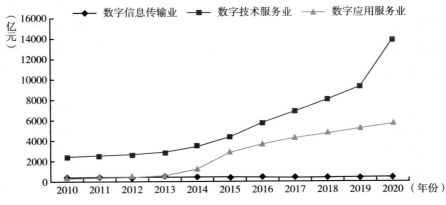

图7 2010~2020 年长三角城市群数字服务业发展结构分析

资料来源：根据龙信企业大数据平台整理所得。

珠三角城市群数字技术服务业发展始终保持显著优势，数字应用服务业增速大幅提升。2010~2020 年，珠三角城市群数字信息传输业、数字技术服务业、数字应用服务业整体呈上升态势。其中，数字信息传输业在营企业注册资本从 66.76 亿元增加至 239.58 亿元，年均增长率为 13.63%。数字技术服务业在营企业注册资本从 350.63 亿元增加至 3207.50 亿元，始终居第一位，年均增长率为 24.78%，2020 年分别高于数字应用服务业 1247.77 亿元、数字信息传输业 2967.92 亿元。数字应用服务业在营企业注册资本从 61.46 亿元增加至 1959.73 亿元，年均增长率为 41.37%，2010~2015 年与数字信息传输业变化趋势相似，2016 年后增速大幅提升，与数字技术服务业之间的差距不断缩小（见图8）。

（五）东部三大城市群数字经济发展差距分析

本部分运用变异系数法对东部三大城市群各城市数字经济发展的偏离程度进行测度，该数值越大，表示城市间数字经济发展的差异越大。参考滕堂

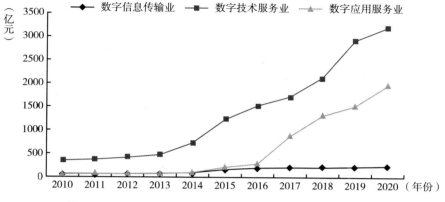

图8 2010~2020年珠三角城市群数字服务业发展结构分析

资料来源：根据龙信企业大数据平台整理所得。

伟和方文婷（2017）的研究，变异系数用公式表示为：

$$CV = \frac{1}{\bar{x}} \sqrt{\sum_{i=1}^{n} \frac{(x_i - \bar{x})^2}{n}}$$

其中，CV 表示变异系数，n 为样本数，x_i 为样本 i 的属性值，$\bar{x}$ 为全样本平均值。

东部三大城市群各城市数字经济发展差距整体呈下降态势，与长三角、珠三角城市群相比，京津冀城市群各城市间数字经济发展不均衡问题凸显。从变异系数值来看，京津冀城市群各城市间数字经济发展差距较大。2010~2020年，京津冀城市群数字经济发展变异系数从3.48下降至2.85，整体下降了18.10%，变异系数整体高于长三角与珠三角城市群，城市间数字经济发展差距较大；长三角城市群数字经济发展变异系数从3.29下降至2.23，整体下降了32.22%，各城市数字经济发展逐渐走向均衡；珠三角城市群数字经济发展变异系数从1.92下降至1.84（2015年达到最低值1.72），整体下降了4.17%，各城市数字经济发展差异化程度相对较低。从变异系数变化情况来看，东部三大城市群各城市数字经济发展差距整体呈加速缩小态势，但京津冀城市群差距缩小速度相对缓慢。2010~2020年，京津冀城市群各城市数字经济发展差距缩小速度整体低于长三角与珠三角城市群。以2020年为例，京津冀城市群数字经济发展变异系数与2019年相比下降了1.38%，分别低于长三角城市群（2.19%）0.81个百分点、珠三角城市群（2.13%）0.75个百分点（见表2）。

表2 2010~2020年东部三大城市群数字经济发展变异系数及其变化情况

年份	京津冀城市群		长三角城市群		珠三角城市群	
	变异系数	与上一年相比降低（%）	变异系数	与上一年相比降低（%）	变异系数	与上一年相比降低（%）
2010	3.48	—	3.29	—	1.92	—
2011	3.46	0.57	3.23	1.82	1.88	2.08
2012	3.44	0.58	3.16	2.17	1.85	1.60
2013	3.39	1.45	3.05	3.48	1.78	3.78
2014	3.33	1.77	2.80	8.20	1.73	2.81
2015	3.23	3.00	2.67	4.64	1.72	0.58
2016	3.14	2.79	2.59	3.00	1.77	−2.91
2017	3.06	2.55	2.47	4.63	1.93	−9.04
2018	2.98	2.61	2.39	3.24	1.99	−3.11
2019	2.89	3.02	2.28	4.60	1.88	5.53
2020	2.85	1.38	2.23	2.19	1.84	2.13

资料来源：根据龙信企业大数据平台计算所得。

（六）东部三大城市群数字服务业创新产出整体情况

东部三大城市群数字服务业创新产出均处于较高水平，杭州具有领先优势，北京居第二位。从三大城市群整体来看，2020年，京津冀城市群数字服务业实用新型专利数为15614件，长三角城市群为25598件，珠三角城市群为6072件，东部三大城市群数字服务业创新产出均处于较高水平。从三大城市群内部来看，京津冀城市群数字服务业实用新型专利数居前三位的城市依次为北京（占比为54.44%）、天津（占比为23.97%）、石家庄（8.17%）；长三角城市群数字服务业实用新型专利数居前三位的城市依次为杭州（占比为48.14%）、合肥（占比为11.44%）、宁波（占比为

7.75%），其中杭州在三大城市群各城市中居首位；珠三角城市群数字服务业实用新型专利数居前三位的城市依次为深圳（占比为 54.46%）、广州（占比为 37.10%）、佛山（占比为 3.57%）（见表3）。

表3　2020 年东部三大城市群数字服务业实用新型专利数

单位：件

京津冀城市群		长三角城市群				珠三角城市群	
城市	实用新型专利数	城市	实用新型专利数	城市	实用新型专利数	城市	实用新型专利数
北京	8501	杭州	12323	池州	198	深圳	3307
天津	3742	合肥	2929	无锡	181	广州	2253
石家庄	1275	宁波	1983	舟山	102	佛山	217
唐山	804	上海	1407	安庆	98	东莞	140
廊坊	377	金华	985	扬州	77	中山	93
保定	348	湖州	977	镇江	76	江门	35
秦皇岛	144	嘉兴	932	滁州	68	珠海	14
邯郸	119	绍兴	855	宣城	61	惠州	13
沧州	96	芜湖	557	盐城	58	肇庆	0
张家口	89	南京	552	南通	56		
邢台	53	苏州	545	常州	53		
衡水	42	台州	264	铜陵	34		
承德	24	马鞍山	211	泰州	16		
合计	15614	合计	25598			合计	6072

注：金华因数据缺失，故用长三角城市群实用新型专利数平均值代替。
资料来源：根据龙信企业大数据平台整理所得。

（七）东部三大城市群数字服务业创新产出结构分析

京津冀城市群数字技术服务业实用新型专利数居首位，其中软件开发业创新产出具有显著优势。2016~2020 年，京津冀城市群数字信息传输业、数字技术服务业、数字应用服务业创新产出整体呈上升态势。其中，数字信息传输业实用新型专利数从 828 件增加至 1538 件，年均增长率为 16.74%，2020 年数字信息传输业居前三位的城市依次为北京（1346 件）、石家庄

（59件）和唐山（28件）。数字技术服务业实用新型专利数从5706件增加至12774件，始终居第一位，年均增长率为22.32%，2020年在数字技术服务业内部行业中实用新型专利数从高到低依次为软件开发业（10883件）、信息技术服务业（1870件）、数字产品维修业（21件）。数字应用服务业实用新型专利数从584件增加至1302件，年均增长率为22.19%，2020年在数字应用服务业内部行业中实用新型专利数从高到低依次为互联网相关服务业（748件）、互联网平台业（280件）、互联网批发零售业（250件）、数字内容与媒体业（20件）与互联网金融业（4件）（见图9）。

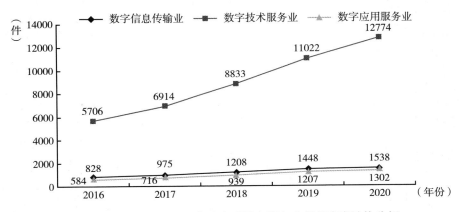

图9　2016～2020年京津冀城市群数字服务业创新产出结构分析

资料来源：根据龙信企业大数据平台整理所得。

长三角城市群数字技术服务业实用新型专利数居第一位，数字应用服务业近年来增长速度较快。2016～2020年，长三角城市群数字信息传输业、数字技术服务业、数字应用服务业创新产出整体呈上升态势。其中，数字信息传输业实用新型专利数从367件增加至658件，年均增长率为15.72%，2020年数字信息传输业居前三位的城市依次为上海（323件）、合肥（136件）和杭州（126件）。数字技术服务业实用新型专利数从9116件增加至22762件，年均增长率为25.70%，2020年在数字技术服务业内部行业中实用新型专利数从高到低依次为软件开发业（12798件）、信息技术服务业（9890 件）、数字产品维修业（74 件）。数字应用服务业实用新型专利数从 622 件增加至 2178 件，年均增长率为 36.79%，2020 年在数字应用服务业内部行业中实用新型专利数从高到低依次为互联网相关服务业（1367件）、互联网批发零售业（653 件）、互联网平台业（68 件）、互联网金融业（66 件）和数字内容与媒体业（24 件）（见图 10）。

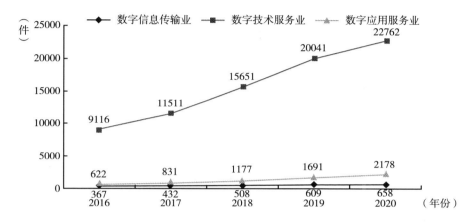

图 10 2016~2020 年长三角城市群数字服务业创新产出结构分析

注：金华因数据缺失，故用长三角城市群实用新型专利数平均值代替。
资料来源：根据龙信企业大数据平台整理所得。

珠三角城市群数字技术服务业创新产出具有显著优势，各行业整体增长速度较快。2016~2020 年，珠三角城市群数字信息传输业、数字技术服务业、数字应用服务业创新产出整体呈上升态势。其中，数字信息传输业实用新型专利数从 140 件增加至 304 件，年均增长率为 21.39%，2020 年数字信息传输业居前三位的城市依次为深圳（226 件）、广州（58 件）和东莞（16 件）；数字技术服务业实用新型专利数从 1551 件增加至 5282 件，年均增长率为 35.85%；数字应用服务业实用新型专利数从 56 件增加至 486 件，年均增长率为 71.64%，2020 年互联网相关服务业实用新型专利数为 454 件，是数字应用服务业中实用新型专利数占比最高的行业，占比为 93.42%（见图 11）。

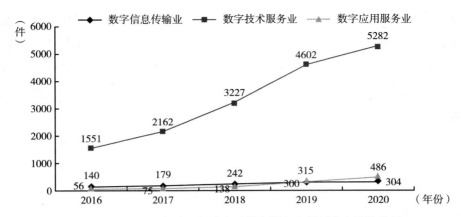

图11 2016～2020年珠三角城市群数字服务业创新产出结构分析

资料来源：根据龙信企业大数据平台整理所得。

四 东部三大城市群数字经济发展影响因素分析

在对我国东部三大城市群数字经济发展对比分析的基础上，本部分通过构建面板回归模型，从经济发展水平、人才储备情况、产业结构情况、创新发展水平、政府支持程度五个方面入手，进一步对东部三大城市群数字经济发展水平的影响因素进行分析。

（一）指标选取与变量说明

通过对已有文献的梳理与总结，本报告选用数字服务业在营企业注册资本来反映东部三大城市群数字经济发展水平。在解释变量的选取方面，经济发展水平能够充分反映城市群的综合实力，对数字经济发展具有一定的支撑作用，因此本报告选取人均GDP反映城市的经济发展水平；人力资本是数字经济发展的重要基础，影响着数字经济的长期可持续发展，因此本报告选取普通高等学校在校学生数反映城市的人才储备情况；从产业结构优化的角度看，从资本密集型产业向知识密集型产业转化的过程会对数字经济产生影响，因此本报告选取第三产业增加值占GDP比重反映城市的产业结构情况；

创新环境的改善会对数字经济的发展起到推进作用，因此本报告选取 R&D 经费内部支出反映城市的创新发展水平；数字经济的发展离不开政府相关政策的扶持与帮助，因此本报告选取地方政府科学技术支出占 GDP 比重反映各城市的政府支持程度。变量说明见表 4。

表 4　变量说明

类别	变量名称	变量符号	变量定义
被解释变量	数字经济发展水平	Dig	数字服务业在营企业注册资本
解释变量	经济发展水平	$Pgdp$	人均 GDP
解释变量	人才储备情况	$Pers$	普通高等学校在校学生数
解释变量	产业结构情况	Ind	第三产业增加值占 GDP 比重
解释变量	创新发展水平	$Tech$	R&D 经费内部支出
解释变量	政府支持程度	Gov	地方政府科学技术支出占 GDP 比重

本报告所选取的数据来自 2011~2020 年各城市统计年鉴、《中国城市统计年鉴》以及龙信企业大数据平台，对于城市部分指标所缺失的数据，主要采用计算年均增长率的方法代替。

（二）模型构建

由于本报告研究 2010~2019 年东部三大城市群数字经济发展水平的影响因素，相关数据涉及横截面和时间序列两个维度，因此本报告选取面板数据回归模型，具体回归方程如下：

$$\ln Dig_{it} = \beta_c + \beta_1 \ln Pgdp_{it} + \beta_2 \ln Pers_{it} + \beta_3 \ln Ind_{it} + \beta_4 \ln Tech_{it} + \beta_5 \ln Gov_{it} + \mu_i + \varepsilon_{it}$$

其中，i 为地区，t 为年份，β_1 至 β_5 为各影响因素的创新产出弹性，μ_i 表示 i 地区不可观测的个体固定效应，ε_{it} 为随机扰动项。为消除异方差的影响，将各变量取对数处理。

（三）实证分析

在进行面板数据回归分析之前，本报告首先进行多重共线性检验。结果

显示，京津冀、长三角和珠三角城市群的 VIF 值均值分别为 3.77、3.10 和
5.13。同时，三大城市群变量的 VIF 值都小于 10，即以上 5 个解释变量不
存在多重共线性问题，可以进行面板数据的回归（见表 5）。

表 5　东部三大城市群多重共线性检验结果

京津冀城市群			长三角城市群			珠三角城市群		
变量	VIF	1/VIF	变量	VIF	1/VIF	变量	VIF	1/VIF
ln$Tech$	5.84	0.1713	ln$Tech$	6.19	0.1614	ln$Pgdp$	8.31	0.1203
lnGov	4.66	0.2144	ln$Pgdp$	3.39	0.2950	ln$Tech$	5.37	0.1863
ln$Pers$	3.23	0.3094	ln$Pers$	2.96	0.3375	lnInd	4.77	0.2095
ln$Pgdp$	2.66	0.3755	lnInd	1.79	0.5588	ln$Pers$	3.78	0.2643
lnInd	2.47	0.4051	lnGov	1.17	0.8559	lnGov	3.41	0.2936
均值	3.77	—	均值	3.10	—	均值	5.13	—

资料来源：根据 stata15.0 计算所得。

选择正确的面板数据回归模型，可以显著降低实际情况与模型估计结果
的偏差，使参数估计的结果更加真实有效。利用软件 stata15.0 得出的京津
冀、长三角和珠三角城市群的 F 检验与 Hausman 检验结果见表 6。

表 6　东部三大城市群 F 检验与 Hausman 检验结果

城市群	F 检验		Hausman 检验		所选模型
	F 统计量	P 值	F 统计量	P 值	
京津冀城市群	7.88	0.0000	11.11	0.0850	随机效应模型
长三角城市群	46.37	0.0000	35.52	0.0000	固定效应模型
珠三角城市群	15.94	0.0000	38.84	0.0000	固定效应模型

资料来源：根据 stata15.0 计算所得。

京津冀、长三角和珠三角城市群的 F 统计量分别为 7.88、46.37 和
15.94，P 值均为 0.0000<0.05，即拒绝模型为混合回归模型的原假设。经
过 Hausman 检验，京津冀城市群的 F 统计量为 11.11，P 值为 0.0850>0.05，

故选择随机效应模型进行分析；长三角、珠三角城市群的 F 统计量分别为 35.52、38.84，P 值均为 0.0000<0.05，故选择固定效应模型进行分析。

根据 F 检验与 Hausman 检验的结果，京津冀、长三角和珠三角城市群的面板数据回归结果见表 7。

表 7　东部三大城市群面板数据回归结果

变量	京津冀城市群	长三角城市群	珠三角城市群
经济发展水平 （$\ln Pgdp$）	−0.0257 （0.1788）	2.0924 *** （0.2976）	2.1599 *** （0.7933）
人才储备情况 （$\ln Pers$）	0.0575 （0.1158）	0.1966 （0.3097）	−0.1316 （0.2423）
产业结构情况 （$\ln Ind$）	3.8950 *** （0.3604）	1.9021 *** （0.3878）	−0.6159 （0.7640）
创新发展水平 （$\ln Tech$）	0.2864 *** （0.1098）	0.5856 *** （0.1719）	0.2822 （0.3523）
政府支持程度 （$\ln Gov$）	2.8927 *** （0.8700）	−0.6357 （0.4968）	1.3830 *** （0.3628）
_cons	−11.7648 *** （2.0452）	−29.6053 *** （2.8659）	−20.3769 （7.6976）

注：*** 表示在1%的水平下显著。
资料来源：根据 stata15.0 计算所得。

从京津冀城市群来看，产业结构情况、创新发展水平和政府支持程度是影响其数字经济发展水平的关键因素。数字服务业在营企业注册资本（$\ln Dig$）在 1% 的显著性水平下受到第三产业增加值占 GDP 比重（$\ln Ind$）、R&D 经费内部支出（$\ln Tech$）和地方政府科学技术支出占 GDP 比重（$\ln Gov$）的正向影响，回归系数分别为 3.8950、0.2864 和 2.8927。这表明产业结构的高端化、创新发展水平的提高以及政府对数字经济的扶持将有助于京津冀城市群数字经济发展水平的提升。

从长三角城市群来看，经济发展水平、产业结构情况和创新发展水平是影响其数字经济发展水平的关键因素。数字服务业在营企业注册资本

（lnDig）在 1% 的显著性水平下受到人均 GDP（ln$Pgdp$）、第三产业增加值占 GDP 比重（lnInd）和 R&D 经费内部支出（ln$Tech$）的正向影响，回归系数分别为 2.0924、1.9021 和 0.5856。这表明城市经济发展水平的提高、产业结构的高端化以及创新发展水平的提高将有助于长三角城市群数字经济发展水平的提升。

从珠三角城市群来看，经济发展水平和政府支持程度是影响其数字经济发展水平的关键因素。数字服务业在营企业注册资本（lnDig）在 1% 的显著性水平下受到人均 GDP（ln$Pgdp$）和地方政府科学技术支出占 GDP 比重（lnGov）的正向影响，回归系数分别为 2.1599 和 1.3830。这表明城市经济发展水平的提高和政府对数字经济的扶持将有助于珠三角城市群数字经济发展水平的提升。

五　主要结论及对策建议

（一）主要结论

一是京津冀城市群数字服务业在营企业注册资本居东部三大城市群首位，北京优势地位显著。2020 年，京津冀城市群数字服务业在营企业注册资本共计 23779.62 亿元，居东部三大城市群首位，分别高于长三角城市群（19957.03 亿元）3822.59 亿元、珠三角城市群（5406.81 亿元）18372.81 亿元。其中，居前三位的城市依次为北京（19143.18 亿元）、天津（1489.02 亿元）、石家庄（1052.70 亿元），北京优势地位显著，且高于杭州（8558.79 亿元）、深圳（2948.37 亿元）、上海（2753.50 亿元）等国内重点城市。

二是京津冀城市群数字信息传输业发展具有显著优势。2020 年，京津冀城市群数字信息传输业在营企业注册资本为 14468.25 亿元，占比为 60.8%，分别高于长三角城市群（2.1%）58.7 个百分点、珠三角城市群（4.4%）56.4 个百分点，数字信息传输业发展具有显著优势，北京集聚了较多电信、广播电视和卫星传输服务相关行业的企业总部；京津冀城市群数字技术服务业在营企业注册资本为5973.82亿元，占比为25.1%，分别低于长三角城市群（69.7%）44.6个百分点、珠三角城市群（59.3%）34.2个百分点；京津冀城市群数字应用服务业在营企业注册资本为3337.55亿元，占比为14.0%，分别低于长三角城市群（28.2%）14.2个百分点、珠三角城市群（36.2%）22.2个百分点。

三是京津冀城市群各城市间数字经济发展不均衡问题凸显，且与长三角、珠三角城市群相比差距缩小速度较为缓慢。2020年，京津冀城市群数字经济发展变异系数为2.85，长三角城市群为2.23，珠三角城市群为1.84，与长三角、珠三角城市群相比，京津冀城市群各城市数字经济发展较不均衡。近年来发展差距整体呈缩小态势，2010~2020年，京津冀城市群数字经济发展变异系数从3.48下降至2.85，城市间数字经济发展差距逐渐缩小，但与长三角、珠三角城市群相比仍需进一步加快河北薄弱城市的数字经济建设，缩小与京津之间的发展差距。

四是京津冀城市群数字服务业创新产出处于较高水平，其中数字技术服务业实用新型专利数居首位。2020年，京津冀城市群数字服务业实用新型专利数为15614件，低于长三角城市群（25598件）9984件，高于珠三角城市群（6072件）9542件。其中，北京数字服务业实用新型专利数为8501件，在三大城市群各城市中居第二位，低于长三角城市群中居第一位的城市杭州（12323件）3822件，高于珠三角城市群中居第一位的城市深圳（3307件）5194件。从创新产出结构来看，2020年，京津冀城市群数字信息传输业、数字技术服务业、数字应用服务业实用新型专利数分别为1538件、12774件、1302件，数字技术服务业实用新型专利数居首位，但与长三角城市群相比（22762件）仍存在一定的发展空间。

五是产业结构情况、创新发展水平和政府支持程度是影响京津冀城市群数字经济发展水平的主要因素。回归结果显示，以上三项解释变量在1%的显著性水平下对京津冀城市群数字经济发展水平均具有显著影响，并且回归系数绝对值较高。与长三角、珠三角城市群相同的是，由于人力资本在数字经济发展中更加强调其专业性，因此单纯的人才储备并不会对城市群数字经济发展水平产生显著影响。同时，由于经济发展水平不同，京津冀城市群数字经济发展水平的影响因素与其他两大城市群存在一定差异。与长三角城市群相比，政府支持程度对京津冀城市群的影响较为显著，这可能是由于北京是全国的政治中心，政府的宏观调控能力更强，更易受到多项数字经济先行先试改革的影响；与珠三角城市群相比，产业结构情况、创新发展水平对京津冀城市群的影响较为显著，京津冀城市群应在不断改善的创新环境下，有效利用政府对数字经济发展的扶持政策，促进创业结构优化升级，形成良好的数字经济发展环境。

（二）对策建议

一是持续推动中小微企业数字化转型，提升数字化水平。通过数字化转型促进中心建设，运用行政手段帮助中小微企业加快数字化转型步伐，针对中小微企业的转型需求，提供数字化转型普惠服务；鼓励各类数字经济主体结合中小微企业的发展特点，共享开放数据化生产资料，开发适合其发展需要的数字化产品与体系；鼓励通过政府购买服务的形式，让中小微企业以较为优惠的价格使用发展数字经济所必需的数据开发平台、基础软件、云计算服务等，为中小微企业发展提供资助。

二是引导关键核心技术颠覆式创新，充分发挥创新在数字经济发展中的重要驱动作用。数字经济的竞争力应建立在核心技术的基础之上，因此要找准城市数字经济发展的技术薄弱环节，引导关键核心技术颠覆式创新；鼓励建设科技创新资源云服务平台，通过产学研结合，充分开放高校、科研院所、企业等主体的科研仪器设备、科技数据、发明专利、科技产品等科技创新资源，实现设备共享、数据资源共享、创新创业基础条件共享，全面推动城市群整体技术进步。

三是充分发挥京津冀三地优势，推进京津冀城市群数字经济协同发展。京津冀三地应结合自身数字经济发展特点和优势，形成优势互补的数字经济协同发展格局。例如，北京应充分发挥自身优势与辐射带动作用，激发数字经济发展创新活力，加快突破关键核心技术，助推京津冀城市群数字经济发展；天津应提升引进与吸收北京数字经济发展先进技术的能力，充分发挥京津冀数字经济协同发展的桥梁与纽带作用；河北应不断加强与京津两地数字经济的合作与共享，促进传统产业转型升级，推动京津冀数字经济向更高水平迈进。

四是加强数字技术方面人才的培育与引进，打造数字经济人才高地。在人才培育方面，应鼓励高校设置数字经济相关专业课程，提升人力资本对城市群数字经济发展的支撑能力；深入贯彻"做中学"的培育理念，加强知识技能培训，尽可能地接近企业需求和项目实际情况，从而培养出更具数字化思维的专业人才。在人才引进方面，应重点引进在数字经济领域拥有突出研究成果以及具有突出管理才能的专业人才，通过建立有效的引进管理机制，为数字经济人才提供资金支持以及就业、医疗、住房等方面的优厚待遇，吸引并留住人才。

参考文献

［1］ 郭炳南、王宇、张浩：《数字经济发展水平的区域差异、分布动态及收敛性——基于中国十大城市群的实证研究》，《金融与经济》2022 年第 1 期。

［2］ 焦帅涛、孙秋碧：《我国数字经济发展测度及其影响因素研究》，《调研世界》2021 年第 7 期。

［3］ 刘军、杨渊鋆、张三峰：《中国数字经济测度与驱动因素研究》，《上海经济研究》2020 年第 6 期。

［4］ 毛丰付、张帆：《中国地区数字经济的演变：1994～2018》，《数量经济技术经济研究》2021 年第 7 期。

［5］ 任晓刚、李冠楠、王锐：《数字经济发展、要素市场化与区域差距变化》，《中国流通经济》2022 年第 1 期。

［6］ 苏敏、夏杰长：《数字经济赋能双循环的机理和路径》，《开放导报》2020 年第 6 期。

［7］ 滕堂伟、方文婷：《新长三角城市群创新空间格局演化与机理》，《经济地理》2017 年第 4 期。

［8］王彬燕、田俊峰、程利莎、浩飞龙、韩翰、王士君:《中国数字经济空间分异及影响因素》,《地理科学》2018 年第 6 期。

［9］王娟娟、佘干军:《我国数字经济发展水平测度与区域比较》,《中国流通经济》2021 年第 8 期。

［10］Tapscott, D., *The Digital Economy*: *Promise and Peril in the Age of Networked Intelligence*, McGraw-Hill Publisher, 1996.

专题报告
Special Reports

B.3

京津冀数字经济创新发展
及区域时空格局演化[*]

张 贵 蔡 盈[**]

摘　要： 本报告选取京津冀地区 2009～2020 年的数据，采用超效率 SBM-DEA 模型和 Malmquist 指数方法对三地数字经济创新发展效率进行测度，基于测度结果对区域数字经济创新发展情况进行时空演化分析。结果表明，总体上，数字经济创新发展水平与地区经济发展水平有较强的相关性，三地的数字经济创新发展效率在近十年呈现波动性上升趋势；从空间演化方面来看，京津冀中部地区数字经济创新发展效率较为稳定，南北两侧数字经济创新发展效率变动剧烈；从空间关联方面来看，随

---

　* 本报告为国家社科基金重大招标项目"雄安新区创新生态系统构建机制与路径研究"（18ZDA044）的阶段性成果。
　** 张贵，博士，南开大学教授、博士生导师，京津冀协同发展研究院秘书长，研究方向为京津冀区域经济、创新生态、战略性新兴产业；蔡盈，南开大学经济与社会发展研究院硕士研究生，研究方向为区域经济。

着时间的推移，京津冀数字经济创新发展效率的空间正相关性逐渐减弱。基于此，本报告总结出目前京津冀数字经济创新发展存在的问题，同时提出了京津冀数字经济创新发展的重点任务及对策：突破数字经济关键技术，打造雄安新区数字创新平台；提高创新要素利用效率，深化数字经济创新资源开放共享；扶持战略性重点产业，促进数字经济"双链"融合发展；积极建设国家实验室，强化国家战略科技力量；加快协同创新机制构建，完善数字经济体制配套环境。

关键词： 数字经济　创新发展效率　协同创新

　　以计算机、网络和通信等为代表的现代信息革命催生了数字经济。2021 年 7 月，中国互联网协会发布的《中国互联网发展报告（2021）》指出，2020 年中国数字经济规模达到 39.2 万亿元，占 GDP 比重达 38.6%，数字经济在国民经济中的地位进一步提升。创新是引领发展的第一动力，党的十九大报告多次提及创新的重要性，强调通过创新发展为建设数字强国、智慧社会提供有力支撑。数字经济本身就是新技术应用的产物，可以催生新模式、新业态，推动经济走向形态更高级、分工更合理、产出更有效的阶段，集中体现了创新的内在要求。近年来，我国数字技术创新取得重大进步，创新成果在经济社会各行业落地生根，产品创新、服务创新、商业模式创新等不断涌现，深刻体现了数字技术创新的主引擎作用。

　　数字经济对带动人类社会生产方式更新、生产关系改变、经济结构再塑造，以及推进各行业技术更新换代、加快区域创新发展等具有重要意义。在我国各大城市群建设中，京津冀城市群作为我国经济第三增长极，是我国区域经济的示范点，为推进其成为世界一流的创新城市群，亟须数字经济的支持。随着生产要素质量和成本的不断提高，经济增长逐渐受限，必须让数字经济成为驱动京津冀城市群创新发展的新引擎。因此，通过数字经济激发京津冀产业创新，是推动京津冀城市群突破发展瓶颈、走具有自身发展特色的自主创新道路的关键途径。

一 数字经济创新发展的基本理论

（一）数字经济创新的内涵

数字经济是一种区别于农业经济、工业经济的新经济形态，它是将数字化的知识和信息在现代信息网络平台上传输、分享、重新配置，进而提高经济发展效率和优化经济结构的一系列经济活动。数字产业化和产业数字化是数字经济的核心，代表了数字经济发展的方向。数字经济以传统产业和战略性新兴产业共建融合为基础，利用数字技术对产品进行升级，推动产业供给侧和需求侧优化，从而实现产业降本增效、增加产业收入和升级产业模式，进而提升生产效率。

创新理论最早可以追溯到英国古典政治经济学代表亚当·斯密的《国富论》。该书中"某些机械的发明"对经济增长促进作用的阐述可以间接地看作"创新"的作用。新古典学派运用新古典生产函数证明了经济增长率取决于资本和劳动的增长率、资本和劳动的产出弹性以及技术创新。熊彼特将创新理论总结为"一个概念、两个模式、三种观点"，强调创新是对技术和经济的有序整合，创新是一个经济学意义上的概念，并指出创新与发明之间的关系。从一般意义上来说，创新是一种基础的概念化过程，包括线性式的创新，即产品、方法、市场、原材料等的更新与改变，多体现于企业内创新，经历设计—开发—生产—销售这一线性过程，属于狭义创新的范畴。就广义而言，创新代表一种能够对外界环境造成冲击和影响的变革，可称为提出一种新思想，做出一项新科学发现，变革出一种新的组织形式、政策机制、制度框架以及相关的发明创造活动（程立茹，2013）。同时，随着研究领域的不断深入，从技术创新行为整合到制度、文化、组织的协同，在此基

础上，创新的模式、范围和形式等不断演化，衍生出了新的创新理论。

创新是社会进步的灵魂，核心技术是创新驱动的关键，数字信息技术是核心技术的重要组成部分。目前，国内外研究中对数字经济创新内涵的解释较少。在数字经济条件下，张昕蔚（2019）提出创新从最初的线性模式转变为网络模式，创新活动从企业内部简单的资源整合转变为创新主体与创新环境相互优化的技术创新行为，同时其创新过程还推进至资源配置、生产组织的变革，使得与新技术范式更加配套。数字经济除了引起创新模式的变革外，还对创新成果产生了较显著的影响。李雪等（2021）通过实证研究表明，数字经济的发展状况与地区创新绩效呈显著的正相关关系，其中很重要的原因就是人力资本的积累和研发资本的加快投入。随后，熊励和蔡雪莲（2020）将其完善化，提出数字经济的发展通过基本要素投入和劳动力要素素养显著促进了技术创新的进程，通过新型基础设施和数字技术应用推动了产品创新。进一步，张森等（2020）首次提出数字经济创新的概念，指出数字经济创新有广义和狭义之分，其中广义的数字经济创新指的是数字经济所带来的生产力和生产关系的一切变革活动，而狭义的数字经济创新则指与数字经济新理念、新模式、新形态等有关的一系列发明创造活动。基于以上分析，本报告认为数字经济创新是指对创新性要素进行有序整合，进而打破创新主体间的壁垒，促进创新主体内部"数字化的知识和信息"这一关键要素的有效流动，通过现代信息网络，实现区域效率提升与经济结构优化。数字经济创新强调系统内部资源、要素的有序整合以及充分释放和融合，扫除障碍，实现放大效益的协同合作。数字经济创新呈现三个特征。一是集成性。创新主体依靠现代化信息网络技术搭建起综合了多种创新资源的共享平台，多方创新主体进行多样化协作。二是动态性。线上开源社区打破了封闭式创新模式下的信息共享壁垒，极大地促进了创新数据与信息的自由流动和开放共享，使众多创新要素在各领域、各行业和各区域间实现无障碍流动与扩散。三是网络性。数字经济创新基于一种具有技术创新特征的网络组织，创新主体和要素通过知识交流、协作研发而相互联系，形成网络上的多节点，技术创新网络是保证数字经济中知识、信息顺畅运行的关键（陈敬武等，2018）。

（二）数字经济创新体系

数字经济创新是生产力和生产关系的双重创新，根据中国信息通信研究院发布的相关报告，数字经济包含创新技术体系、创新组织体系、创新服务体系和创新治理体系四大创新体系（见图1）。

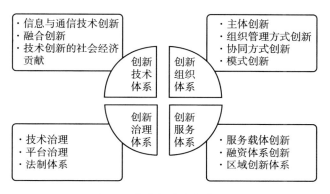

图1　数字经济创新体系

资料来源：中国信息通信研究院。

创新技术体系主要包含信息与通信技术（ICT）创新、融合创新、技术创新的社会经济贡献等内容。具体来说，信息与通信技术创新是指信息与通信领域的新技术、新产品、新服务，如5G、物联网、智能网络、云计算、IPv6、区块链、边缘计算、人工智能等。融合创新是指信息与通信技术与其他产业融合产生的新技术、新应用。技术创新的社会经济贡献是指数字经济创新驱动对经济社会的影响，具体包括全要素生产率提升、交易成本下降、就业民生改善等问题（龚勇，2020）。

创新组织体系主要包含主体创新、组织管理方式创新、协同方式创新、模式创新等内容。具体来说，主体创新是指从事创新活动的人或组织机构的变化，包括个人、企业、高校、科研院所、平台等。组织管理方式创新是指创新主体内部组织管理方式的变化（李立维等，2016），如层级制、平台制、横向一体化、业务外包等新的组织管理方式。协同方式创新是指创新主

体间竞争与合作方式的变化，包括"产、学、研"合作，以及产业链、创新链和创新网络。模式创新是指以开放式创新、共享经济、平台经济、众创、众包为代表的新模式、新业态。

创新服务体系是指数字经济的服务与支撑环境，包括服务载体创新、融资体系创新、区域创新体系等（中国信息通信研究院，2022）。具体来说，服务载体创新是指提供创新服务的各类载体的变化，包括创新平台、基地、孵化器、众创空间和产业集群等。融资体系创新是指数字经济创新的融资情况及新变化，主要包括企业投融资、互联网金融和创投基金等。区域创新体系是指区域支持数字经济创新的方式及举措，包括区域创新情况、产业政策、服务支撑政策等。

创新治理体系包括促进数字经济创新的技术治理、平台治理和法制体系等（徐晨等，2017）。具体来说，技术治理涉及技术进步引发的新治理难题，主要包括人工智能技术与就业、数据共享与隐私保护、数据资产确权等。平台治理主要针对互联网平台带来的监管难题，涉及平台监管、恶性竞争、网络安全等问题。法制体系则是指数字经济创新带来的法制问题，主要包括互联网行业立法、网络空间治理等。

（三）数字经济创新体系的演化特征及趋势

随着新一代网络信息技术的创新突破，数字产业创新转型的步伐逐渐加快，使得经济增长从低起点向高水平稳健超越，数字经济创新体系加快形成，其演化特征体现为以下几个方面。

一是创新组织呈现跨行业融合发展趋势。在传统模式下，创新主要以企业、高校、科研院所等实体性组织为核心，创新的对接、协同、合作都基于线下实体空间，创新人员的组织边界可以清楚界定。在数字经济范式下，越来越多的个人、创业团队等可以通过线上平台或虚拟化的网络空间进行研发合作与成果交易，创新主体边界日渐模糊（杨新臣，2021），跨行业融合发展成为新趋势。近年来，互联网众创平台支持个人或创业团队通过接入互联网开放平台开展创业或创新活动，极大地降低了社会大众从事创业和创新活动的门槛，带动网络化平台成为重要创新主体。

二是创新资源呈现开放共享发展趋势。在传统模式下，创新资源与创新合作模式受制于区域、组织边界的影响，更多地通过"政、产、学、研、用"合作的方式进行，信息交互量有限，合作范围小。例如，在开源模式下，从阿帕奇网页服务器到安卓智能终端操作系统，从云计算操作系统到大数据平台，创新得以在更为开放的网络架构上进行，创新成果在共享中实现价值倍增。

三是创新方式呈现网络化多向发展趋势。在传统模式下，供需双方的产品或服务对接需要经过中间商、服务中介等诸多产业链环节，创新链条长、时效性久，而且方向单一，难以形成实时用户反馈机制。在数字经济模式下，互联网直接联通了供需双方的创新资源，减少了供应商和客户之间的信息共享障碍，快速匹配供应和需求，实现了平台替代或最小化中介的效果（张同斌等，2016）。近年来，我国大量涌现的共享经济平台正是瞄准了中介服务中利润率较高的市场，利用信息化、网络化手段，创新平台具有网络生态属性，创新方式呈现双向或多向发展态势。

四是创新领域呈现大范围弱关系趋势。作为创新节点的机构之间、机构与外部环境之间存在或强或弱的网络关系。在传统模式下，企业创新主要依托信任度高、互动频繁的合作伙伴，联系范围小、关系强度高。在数字经济情景下，各方在创新平台上低成本接触，并且通过积极创新在平台上获取价值，促使企业可供选择的关系范围得到扩展，单个合作伙伴间的互动频率大幅降低，为企业建立创新合作的弱关系提供了良好机遇。弱关系被证明是信息传递的有效路径，有助于为企业提供更多获得创新信息和创新资源的机会。很多大企业意识到了通过互联网平台在全世界范围内直接获取用户需求与创意信息的重要性，不断提高企业建立弱关系的能力（赵立斌、张莉莉，2020）。

新体系的形成过程是相对于旧体系的破坏性重构过程而言的，在网络效应、分工、协同等理论的基础上，新体系蔓延至传统领域，新生力量不断改进传统产业（许云林等，2019）。全社会优质资源向新生领域大量汇聚，创

新持续涌现，加之经济生态体系内部特征逐步演化，新的数字经济创新体系逐步形成并呈现以下特征：一是数字技术呈指数级进步，与制造、能源等技术加速交叉融合，引领技术群体性突破；二是数据资源日益重要，数据驱动的创新正在向经济各领域扩展；三是创新主体活力进一步迸发，"政、产、学、研、用"等各类主体广泛参与的开放创新网络加快形成，产业体系持续升级；四是新一代信息网络快速更迭，信息通信产业竞争力不断提升，数字经济的发展基础日益坚实；五是数字技术与实体经济融合持续深化，推动新产业、新模式、新业态不断涌现。

历史经验表明，现代化强国无一不是科技强国、创新强国。面对新一轮科技产业变革与数字经济浪潮，我国必须发挥创新的主引擎作用，只有在技术创新与数字化应用中持续探索，才能在激烈的国际竞争中赢得主导优势。未来，我国应进一步提升与人工智能、工业互联网等相关的原始创新能力，真正发挥创新的主引擎作用，推动数字经济发展由数量和规模扩张向质量和效益提升转变。

二 京津冀数字经济创新发展效率测度

（一）研究方法

1. 数字经济创新发展效率

目前，采用 DEA 测算效率的方法众多，往往是根据研究目的进行选择。本报告参考李妍（2021）的研究，以京津冀 13 个城市为基本决策单元，采用超效率 SBM-DEA 模型和 Malmquist 指数方法，把产出作为导向，通过构造每一期的最佳实践前沿来度量各个决策单元的数字经济创新发展效率，SBM 超效率模型如下：

$$\min\rho_{se} = \frac{1 + \dfrac{1}{m}\sum_{i=1}^{m} s_i^- / x_{ik}}{1 - \dfrac{1}{s}\sum_{r=1}^{s} s_r^+ / y_{rk}}$$

$$\text{s. t.} \quad \sum_{j=i,j\neq k}^{n} x_{ij}\lambda_j - s_i^- \leqslant x_{ik}$$

$$\sum_{j=i,j\neq k}^{n} y_{rj}\lambda_j + s_r^+ \geqslant y_{rk}$$

$$\lambda, s^-, s^+ \geqslant 0$$

$$i=1,2,\cdots,m; r=1,2,\cdots,q; j=1,2,\cdots,n(j\neq k)$$

模型中，n 为基本决策单元数量，m 为基本决策单元投入项数量，q 为基本决策单元产出项数量，x_{ik} 表示投入向量，y_{rk} 表示产出向量，s^+ 表示产出的不足，s^- 表示投入的冗余。

Malmquist 生产率指数由 Malmquist 于 1953 年首先提出，后由 Caves 等作为生产率指数予以使用。当被评价的决策单元的数据为包含多个时间点观测值的面板数据时，进一步采用 Malmquist 指数方法对效率的变动情况进行分析（白俊红，2016），指数定义如下：

$$M_j(t,s) = \left[\frac{\beta_t(x_j^s, y_j^s)\beta_s(x_j^s, y_j^s)}{\beta_t(x_j^t, y_j^t)\beta_s(x_j^t, y_j^t)} \right]^{1/2}$$

其中，$\beta_t(x_j^t, y_j^t)$、$\beta_s(x_j^t, y_j^t)$ 代表 j 在 t 时期的效率，$\beta_t(x_j^s, y_j^s)$、$\beta_s(x_j^s, y_j^s)$ 代表 j 在 s 时期的效率。

2. 数字经济创新发展空间关联

数字经济创新发展效率可能具有空间相关性的特征。如果某个地区具有较低的数字经济创新发展效率，那么空间临近地区可能会受到空间效应的影响，从而也会有与之相近的效率。为了检验区域数字经济创新发展效率是否存在空间相关性，目前研究通常借助 Moran 指数来衡量，Moran 指数又分为全局 Moran 指数和局部 Moran 指数。全局 Moran 指数可以体现出空间集聚是否存在，局部 Moran 指数则可以进一步地表明哪个区域出现了空间集聚（王钺、刘秉镰，2017）。全局 Moran 指数计算方式如下：

$$Moran's\ I = \frac{\sum_{i=1}^{n}\sum_{j=i}^{n} w_{ij}(x_i - \bar{x})(x_j - \bar{x})}{S^2 \sum_{i=1}^{n}\sum_{j=1}^{n} w_{ij}}$$

Moran's I 指数揭示了经济行为的全局空间相关性，取值范围为［-1，1］。该指数位于［0，1］区间表示经济行为空间正自相关，且指数越大正自相关性越强；该指数位于［-1，0］区间则表示经济行为空间负自相关，且指数绝对值越大负自相关性越强。

局部 Moran 指数计算方式如下：

$$I_i = \frac{x_i - \bar{x}}{S^2} \sum_{j=1}^{n} w_{ij}(x_j - \bar{x})$$

两式中 n 为空间单元数量，本报告中 $n=13$；x_i 和 x_j 分别表示第 i 空间单元和第 j 空间单元的数字经济创新发展效率值，$\bar{x} = \frac{1}{n} \sum_{i=1}^{n} x_i$ 指的是所有空间单元数字经济创新发展效率的平均值；$S^2 = \frac{1}{n} \sum_{i=1}^{n} (x_i - \bar{x})^2$ 表示 13 个城市数字经济创新发展效率值的方差；w_{ij} 为空间权重矩阵。

在 Moran 指数的计算中，本报告用地理邻接标准对 w_{ij} 赋值，$w_{ij} = \begin{cases} 1, & i \text{ 和 } j \text{ 空间邻接} \\ 0, & i \text{ 和 } j \text{ 空间不邻接} \end{cases}$，以此来定义空间单元的邻接关系（白俊红等，2008）。

（二）指标选取与数据来源

2021 年 6 月，国家统计局发布了《数字经济及其核心产业统计分类（2021）》，将数字经济产业范围确定为数字产品制造业、数字产品服务业、数字技术应用业、数字要素驱动业和数字化效率提升业 5 个大类。其中，前 4 个大类即数字产业化部分，主要包括计算机、通信和其他电子设备制造业，电信、广播电视和卫星传输服务业，互联网和相关服务业，信息传输、软件和信息技术服务业等；第 5 大类为产业数字化部分。鉴于数据的完整性、可比性、可操作性，本报告所选数据的时间跨度为 2009～2020 年，京津冀数字经济创新发展效率评价体系见表 1。

表 1　京津冀数字经济创新发展效率评价体系

一级指标	二级指标	指标意义
数字经济 创新投入	企业注册资本额	创新主体投入
	固定资本投入	资本投入
	从业人员数量	劳动力投入
	中国数字普惠金融指数	金融投入
	国际互联网用户数	网络化投入
数字经济 创新产出	实用新型专利数	创新产出
	计算机软著数	创新产出
	人均 GDP	地区整体产出水平

在数字经济创新投入方面，为更全面地反映数字经济创新活动的特点，本报告综合考虑创新主体投入、创新要素投入、创新环境投入三个方面。创新主体投入以数字技术应用业和数字要素驱动业中企业注册资本额表示，数据来源于龙信企业大数据平台；资本投入和劳动力投入是最基本的创新要素投入，由于无法获取到《数字经济及其核心产业统计分类（2021）》中所有行业相关数据，因此以计算机、通信和其他电子设备制造业以及信息传输、软件和信息技术服务业固定资本投入作为资本要素的替代变量，以计算机、通信和其他电子设备制造业以及信息传输、软件和信息技术服务业从业人员数量作为劳动力要素的替代变量，数据来源于《中国城市统计年鉴》《中国固定资产投资统计年鉴》《中国第三产业统计年鉴》《北京统计年鉴》《天津市国民经济和社会发展统计公报》以及各城市统计局网站；创新环境投入考虑金融投入和网络化投入，分别用中国数字普惠金融指数（赵涛等，2020）和国际互联网用户数进行表征，相关数据来源于北京大学数字金融研究中心和《中国城市统计年鉴》。目前，中国数字普惠金融指数已发布2011~2020年中国城市数据，对于2009年和2010年数据本报告采用回归拟合方法补齐。

在数字经济创新产出方面，基于数据的可得性和方法的合理性，本报告

通过三种数据来衡量数字经济创新产出：一是数字产品制造业、数字技术应用业和数字要素驱动业实用新型专利数（武晓婷、张恪渝，2021）；二是数字技术应用业和数字要素驱动业计算机软著数；三是反映总体经济发展状况的人均GDP。数据来源于龙信企业大数据平台、中国专利信息中心、《中国城市统计年鉴》和各城市统计局网站。

三　京津冀数字经济创新发展效率评价分析

（一）京津冀数字经济创新发展效率对比分析

在进行效率测度时，需要对规模报酬情况做出假设。因为各城市的生产情况不同，当CRS（规模报酬不变）和VRS（规模报酬可变）假设下测度出的结果存在差异时，基于VRS假设下的结果更有效，本报告基于VRS假设下测度出的2010~2020年京津冀各城市数字经济创新发展效率值见表2。

表2　2010~2020年京津冀各城市数字经济创新发展效率值

城市	2010年	2011年	2012年	2013年	2014年	2015年	2016年	2017年	2018年	2019年	2020年
保定	0.295	0.525	1.054	0.782	0.490	0.404	0.306	0.270	0.253	0.345	0.449
北京	0.802	0.959	0.669	1.018	0.723	0.735	0.904	1.034	1.042	1.073	1.107
沧州	0.541	1.002	0.743	0.640	0.445	0.679	0.580	0.337	0.730	0.566	0.538
承德	1.522	1.529	1.008	1.002	0.769	0.280	0.160	0.170	0.197	0.234	0.247
邯郸	0.116	0.122	0.166	0.226	0.221	0.227	0.152	0.148	0.202	0.274	0.341
衡水	0.218	1.000	1.049	0.112	0.103	0.094	0.114	0.300	0.380	1.044	1.010
廊坊	0.366	0.440	0.388	0.280	0.284	1.162	0.498	0.406	0.836	1.010	1.073
秦皇岛	1.058	1.221	1.189	0.934	0.607	0.740	1.113	1.423	0.911	1.067	1.027
石家庄	0.581	0.305	0.315	0.557	0.664	0.644	0.584	0.607	0.566	0.634	1.080
唐山	0.304	1.158	1.046	1.023	1.004	0.730	0.623	1.034	1.011	0.964	1.282
天津	0.570	1.025	0.810	1.133	0.591	0.595	0.932	0.906	0.907	1.031	1.042
邢台	0.209	0.284	0.250	0.232	0.148	0.079	0.201	0.360	0.291	0.394	1.036
张家口	0.220	0.185	0.245	0.250	0.128	0.102	0.047	0.042	0.110	0.245	0.369

图2刻画了2010~2020年京津冀三地数字经济创新发展效率走势。由图2可知，2015年之前，三地数字经济创新发展效率波动幅度较大。从城市层面

来看，2013年数字经济创新发展效率由高到低位列前五的城市依次为天津（1.133）、唐山（1.023）、北京（1.018）、承德（1.002）、秦皇岛（0.934）。数字经济创新发展水平与地区经济发展水平有较强的相关性。其中，北京的信息化程度、创新活跃度高，数字经济规模远超天津、河北两地，一直处于数字经济发展的第一梯队；天津的发展态势良好，2013年在各项投入基本不变的情况下，实用新型专利数同比增长34.4%，计算机软著数同比增长36.1%，人均GDP同比增长53.6%，数字经济创新发展效率大幅提升；河北各城市之间数字经济发展效率存在较大差距，以发展较好的唐山为例，2013年人均GDP居全省第一位，约为石家庄的2倍，同时创新产出也远高于其他城市。2015年之后，京津冀数字经济创新发展效率呈现较为稳定的上升态势。从城市层面看，2020年数字经济创新发展效率由高到低位列前五的城市依次为唐山（1.282）、北京（1.107）、石家庄（1.080）、廊坊（1.073）、天津（1.042），近年来各城市的数字经济创新发展效率均有一定程度的提高，除了各地政府密集出台数字经济发展规划这一原因外，企业的主体作用凸显也是关键因素。在数字技术融合创新的引领下，企业的创业创新活力被充分释放，企业在技术研发、技术转移、技术交易中的主体地位显著增强。例如，2015~2020年，石家庄数字技术应用业和数字要素驱动业相关企业注册资本额约为2015年的3倍，创新主体大幅增加，进而推动创新产出井喷式增长。

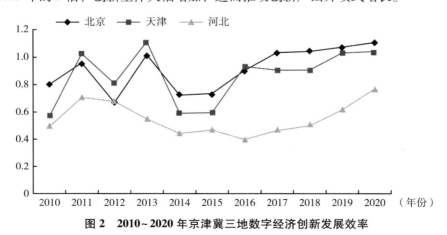

图2　2010~2020年京津冀三地数字经济创新发展效率

Malmquist 指数（以下简称 M 指数）常用于衡量效率的变动。表 3 报告了 2010～2020 年京津冀各城市数字经济创新发展效率的 M 指数、EC 指数及 TC 指数，其中 EC 指数代表技术效率改善，TC 指数代表技术进步，两者都由 M 指数分解而来（白积洋，2012）。2010～2020 年，京津冀三地 M 指数由高到低依次为天津（1.036）、北京（1.006）、河北（0.954），京津两地的数字经济发展效率较高，并且平均增速也较快。对于 EC 指数和 TC 指数，京津两地的 EC 指数均小于 1、TC 指数大于 1，即 TC 指数大于 EC 指数，而河北的 TC 指数小于 EC 指数，这意味着北京和天津的数字经济创新发展效率主要依靠技术进步来改善，相比之下，河北则更多依靠技术效率来改善，三地的科技资源差距较大是主要原因。截至 2020 年中，北京拥有普通高等院校 92 所，其中"211"高校 26 所，占全国的比例接近 1/4，研究与开发机构 383 个，国家重点实验室 79 个①，占全国的比例为 31.1%，数字经济创新发展效率的提升更多强调技术进步。河北是北方重要的经济体，创新能力也在逐渐提升，但与北京相比，各方面的创新资源显得相对不足，因此数字经济创新发展效率的提升更多依赖技术效率改善。2016～2020 年，京津冀三地 M 指数由高到低依次为北京（1.103）、天津（1.062）、河北（1.030）。对于 EC 指数和 TC 指数，三地 TC 指数均大于 1，EC 指数均小于 1，即 TC 指数大于 EC 指数。相较于 2010～2020 年，京津冀数字经济创新发展效率增速明显提升，各行各业不断提升自身数字创新能力，数字化转型进入更加成熟的阶段。

表 3　2010～2020 年京津冀数字经济创新发展效率的
M 指数、EC 指数及 TC 指数

指数	地区	2010 年	2011 年	2012 年	2013 年	2014 年	2015 年	2016 年	2017 年	2018 年	2019 年	2020 年
M 指数	北京	0.403	1.196	0.697	1.522	0.710	1.016	1.231	1.109	1.008	1.137	1.032
	天津	0.565	1.800	0.790	1.399	0.522	1.007	1.266	1.002	1.001	1.029	1.010
	河北	0.552	1.161	0.983	0.934	0.816	0.899	0.839	1.089	1.008	1.136	1.080

---

① 国家重点实验室数据为 2016 年，来自科技部《2016 年国家重点实验室年度报告》，2016 年之后未发布过。

指数	地区	2010年	2011年	2012年	2013年	2014年	2015年	2016年	2017年	2018年	2019年	2020年
EC指数	北京	0.692	0.787	0.959	0.990	1.140	1.102	0.682	1.003	1.034	1.241	0.862
	天津	0.985	1.067	0.975	0.967	0.833	0.926	1.018	1.003	0.996	0.995	0.985
	河北	1.142	1.136	1.376	1.195	1.019	0.851	0.988	0.967	1.030	0.946	0.997
TC指数	北京	0.583	1.520	0.727	1.537	0.623	0.922	1.804	0.999	1.013	0.916	1.051
	天津	0.574	1.687	0.810	1.447	0.627	1.087	1.243	1.072	1.005	1.195	1.026
	河北	0.553	1.244	0.921	1.007	0.965	1.333	0.904	1.170	0.995	1.228	1.097

（二）京津冀数字经济创新发展效率空间趋势分析

1. 京津冀数字经济创新发展效率空间演化分析

2010年，京津冀数字经济创新发展效率呈现"北高南低"的空间分布格局。高值区主要以中部的北京、天津和廊坊，以及北部的承德、秦皇岛等城市为代表，低值区主要是南部的邯郸、邢台、衡水等城市。2020年，京津冀数字经济创新发展效率呈现"中间高、两侧低"的空间分布格局，高值区较为集中，低值区两侧分散。高值区依托中部的北京、天津、唐山、秦皇岛、廊坊以及河北省会城市石家庄呈"东北—西南"方位的带状空间分布，而原先处于效率高值区的张家口、承德等城市逐渐远离最优前沿面，由较高效率城市变为低效率城市。整体来看，2010~2020年，京津冀中部数字经济创新发展效率较为稳定，南部及北部数字经济创新发展效率波动较大，高值区主要集中在中部（北京、廊坊）、环渤海（秦皇岛、唐山、天津、沧州）、西南部（石家庄）一些经济较为发达、数字经济基础较好的城市，低值区主要集中在两侧城市（邯郸、邢台、张家口）。

2. 京津冀数字经济创新发展效率空间关联分析

根据前文公式，结合空间权重矩阵，计算京津冀数字经济创新发展效率的全局Moran指数及各城市数字经济创新发展效率的局部Moran指数，结果见表4。从表4可以看出，全局层面，2011年、2015年、2020年全局Moran's指数依次为0.254、0.136、−0.136，且分别表现为在5%的置信水

表4 2010~2020年京津冀及各城市数字经济创新发展效率的 Moran 指数

指数	地区或城市	2010年	2011年	2012年	2013年	2014年	2015年	2016年	2017年	2018年	2019年	2020年
全局Moran指数	京津冀	0.101	0.254**	0.070	0.256**	0.159*	0.136*	1.231	-0.017	0.005	-0.105	-0.136
局部Moran指数	北京	0.133	-0.010	-0.002	0.179	-0.076	0.026	-0.338	-0.539*	-0.471	-0.369	-0.430
	天津	0.058	0.379*	0.081	0.635**	0.266	0.214	0.302	0.120	0.577**	0.258	0.063
	石家庄	-0.109	0.339	-0.284	0.144	-0.582	-0.447	-0.255	-0.091	0.014	0.038	0.035
	唐山	-0.773*	1.07**	0.889**	1.20***	1.29***	0.094	0.330	0.862**	0.394	0.227	-0.167
	秦皇岛	1.396***	1.442***	1.341**	0.903*	0.733	0.018	-0.487	0.321	0.098	-0.278	-0.089
	邯郸	0.857	1.514**	1.790**	1.248**	1.123	1.135*	0.801	0.428	0.936	1.018	-0.861
	邢台	0.459	0.662*	0.608*	1.025**	0.645*	0.738**	0.478	0.206	0.479	0.081	-0.009
	保定	0.105	0.119	-0.343	-0.182	-0.017	-0.067	0.036	0.142	-0.111	-0.229	-0.143
	张家口	-0.710*	-0.742*	-0.776*	-897*	-0.870*	0.098	0.082	0.150	0.311	0.499	0.788**
	承德	0.452*	0.641**	0.264	0.698**	0.538**	-0.180	-0.693**	-0.772**	-0.757**	-0.745**	-0.701**
	沧州	-0.019	-0.004	0.061	-0.004	0.044	0.120	-0.014	0.087	0.031	-0.176	-0.178
	廊坊	-0.030	-0.204	-0.310	0.715*	-0.225	0.702**	0.036	-0.077	0.383	0.198	-0.067
	衡水	0.239	-0.286	-0.275	0.310	0.193	0.187	0.194	0.214	0.194	-0.616	-0.064

注：***、**、*分别表示在1%、5%、10%的水平下显著。

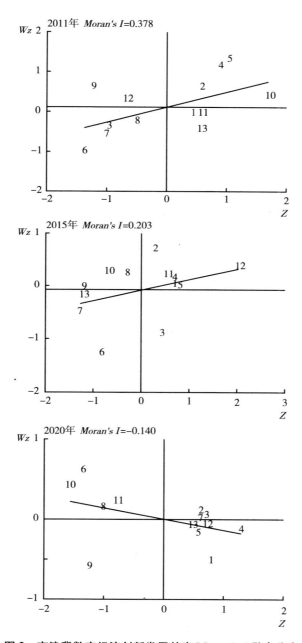

图 3 京津冀数字经济创新发展效率 Moran's I 散点分布

平下显著、10%的置信水平下显著、不显著，这表明京津冀数字经济创新发展效率的空间自相关性随时间推移发生了变动。2011~2015年，京津冀数字经济创新发展效率存在较显著的空间正相关，即体现出"数字经济创新发展效率高值地区被高值地区包围"或"数字经济创新发展效率低值地区被低值地区包围"的空间集聚特征，其他年份均未体现出显著的空间相关性。局部层面，张家口和承德在多数年份表现出显著的相关性，北京在多数年份不存在局部空间相关性，其他城市以2015年为界，在前后两个时期表现出不同的显著性。

分别对2011年、2015年和2020年京津冀数字经济创新发展效率进行局部空间自相关性分析，结果见图3。根据图3，2011年散点多分布在第一象限和第三象限，即以"高高集聚"和"低低集聚"为主，2015年是一个重要的时间点，2015年以后位于第二象限的散点明显增多，"低高混合"更为普遍，表明京津冀数字经济创新发展的空间溢出效应有所下降，2020年京津冀数字经济创新发展的空间效应进一步降低，局部空间相关性减弱。近年来数字经济的蓬勃发展，使得实体经济成本降低、效率提高，供需精准匹配，京津冀发展水平较高的城市，如北京，同国内其他较发达城市在网络化平台支撑下联系更加紧密，城市内传统产业加速向数字化、网络化、智能化转型，与京津冀地区发展水平较低城市的差距更加明显。

四 京津冀数字经济创新发展存在的问题

（一）数字经济发展遭遇"瓶颈"，基础研究存在"短板"

从我国各大城市群数字经济规模来看，2020年，长三角城市群的数字经济规模最大，为10.83万亿元；珠三角城市群次之，规模为5.23万亿元；京津冀城市群3.91万亿元的数字经济规模略小；成渝地区双城经济圈的数字经济发展相对较慢，规模仅为2.60万亿元（见图4）。由此可见，数字经济发展状况与地区经济发展水平呈现明显的正相关。从数字经济规模占GDP比重来看，2020年，长三角城市群的数字经济规模占GDP比重最高，达到 52.83%；珠三角城市群占比略低，为 51.23%；京津冀城市群和成渝地区双城经济圈的数字经济规模占 GDP 比重分别为 45.47% 和 38.12%。从数字经济内部结构，即产业数字化规模占数字经济规模比重来看，2020 年，产业数字化在区域数字经济发展中仍然占据主导地位，成渝地区双城经济圈的产业数字化规模占比最高，达到 79.23%；京津冀城市群紧随其后，达到 76.73%；而网络通信产业发达城市，如深圳、上海所处的珠三角和长三角城市群的产业数字化规模占比略低，分别为 66.73% 和 74.33%（见图 5）。总的来看，京津冀城市群数字经济发展与国内其他重点城市群相比并不突出，还有较大的提升空间，推动数字经济创新持续进步的关键就是提高基础研究水平。

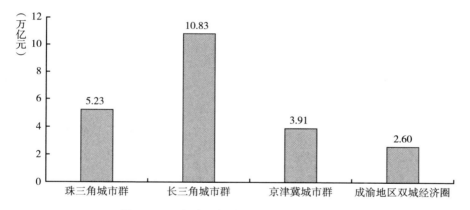

图 4　2020 年我国各大城市群数字经济规模

资料来源：中国信息通信研究院。

基础研究是创新体系的源头。《北京统计年鉴 2021》《天津统计年鉴 2021》《河北统计年鉴 2021》数据显示，2020 年，北京 R&D 经费内部支出中企业、科研机构和高等学校的经费支出分别为 1008.03 亿元、1006.27 亿元和 262.37 亿元，占比分别为 44.28%、44.20% 和 11.52%。其中，科研机构在基础研究、应用研究和试验发展三类活动中的经费支出分别为 266.38 亿元、336.25 亿元和 403.63 亿元；高等学校在三类活动中的经费支出分别

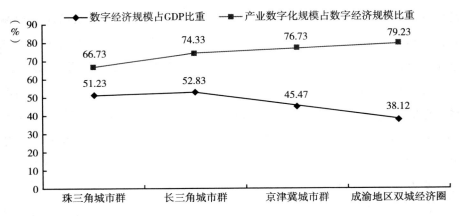

图5　2020年我国各大城市群数字经济发展情况

资料来源：中国信息通信研究院。

为88.41亿元、152.49亿元和21.47亿元；企业在三类活动中的经费支出分别为8.70亿元、52.58亿元和946.80亿元，基础研究经费占比极低，主要用于试验发展。天津R&D经费内部支出共485.01亿元，其中企业R&D经费支出中用于基础研究、应用研究和试验发展的经费分别为0.54亿元、8.98亿元和352.35亿元。河北R&D经费内部支出中用于基础研究、应用研究和试验发展的经费分别为15.55亿元、56.19亿元和562.63亿元，占比分别为2.45%、8.86%和88.69%。从以上数据来看，京津冀三地的研发活动都偏重于应用研究和试验发展，基础研究极为薄弱，这主要源于基础研究短期收益不明朗，并且基础研究以高等学校和科研机构为主，企业对基础研究的重视程度不够。基础研究的薄弱使得京津冀缺乏对重要技术领域战略方向的把控能力，技术创新亦步亦趋；缺乏全产业链系统布局的体系化创新，集成电路与操作系统等核心技术的研发和应用存在一定程度的脱节，无法形成有竞争力的产业创新生态。

（二）数字经济区域创新环境发展不均衡，创新要素短缺

总体来讲，京津冀的创新主体比较丰富，创新环境比较有优势，但是区域内部各城市的创新能力差距较大。北京是全国的政治中心，是我国最重要

的科技创新源，数字技术应用业和数字要素驱动业中企业注册资本额较大，同时网络化水平与金融发展水平远比天津和河北要高。天津和河北是北方重要的经济体，创新能力也在逐渐提升，但与北京相比数字经济创新主体投入显得相对不足，创新环境也有很大的优化空间。以金融发展水平为例，根据2020年中国数字普惠金融指数，北京的指数得分为311.96，天津的指数得分为276.75，而河北11个城市中指数得分最高的是廊坊（273.63），最低的是承德（239.72），全省平均指数得分为250.46，与京津两地差距较大，相比之下，长三角各城市的金融发展水平更为均衡，协同共促作用更加明显。

人才是创新要素的核心组成部分，各领域数字化进程的加快使得对熟练掌握数字技术、善于创新、精益求精的数字化人才产生大量需求。目前京津冀数字化应用型人才较为稀缺，主要原因包括以下几个方面。一是城乡之间、城市不同社会阶层之间存在"数字鸿沟"，信息化建设推进进度不平衡，一些农村地区、贫困地区中小学的信息化基础设施不完善，信息化教育师资力量薄弱，知识结构、教学方法、教育观念等较为落后，无法适应数字化基础教育的要求。二是一些特殊群体，如中老年人、农民、进城务工人员的受教育程度不高。传统制造业中一些从业者接受数字技术较慢，甚至对新技术存在畏难情绪，很难通过短期培训提升数字化知识储备和技能水平。三是现行教育体系与培养数字化人才需求尚有较大差距，高校受传统专业设置局限，学科调整滞后，对跨领域、复合型的数字化人才专业设置缺乏前瞻研究和长期规划，师资力量薄弱，专业水平不高，难以适应信息技术快速发展对创新型、跨领域、高技术人才的需求，职业院校与企业协同不足，与企业技能人才需求脱节，学生岗位适应性差，需要进行"零起点培训"，企业不堪重负。四是企业支持在职培训动力不足，部分企业对数字化人才重使用、轻培训、支持少，甚至寄希望于高薪挖人，也有企业担心工人技能提升后会跳槽或要求增加工资，进而给企业带来损失，对在职培训态度谨慎。

以上原因使得京津冀乃至全国数字化人才存在巨大缺口，对数字化转型形成了较大制约，同时数字化人才不平衡分布的特征也给数字创新造成了负面影响。首先，传统行业中小型企业招人、留人难，相较于金融、计算机等

领域，一些传统行业吸纳高学历人才没有优势。同时，"重学历、轻技能、重理论、轻操作，重装备、轻技工"的观念未曾扭转，传统行业一线工人的工作强度大，工作苦、脏、累，但工资和福利待遇远低于专业技术人员和管理人员，从而影响了数字化技能人才的流入。其次，国有企业数字化人才占比较高，而一些中小民营企业的工资福利制度不完善，管理不规范，对数字化人才的吸引力较弱，很难引进和留住人才。最后，由于京津冀各城市在就业岗位、基础设施等方面差别较大，大量数字化人才倾向于往更发达的地区集聚，北京的"极化效应"十分明显，而天津和河北吸引数字化人才较为困难。此外，天津和河北的民营科技型企业在工作薪酬、福利补贴、生活保障等方面缺乏吸引力，导致该地企业即使引进人才后，也难留住人才。

（三）工业数字化转型放缓，产业核心竞争力不足

京津冀三地政府一直高度重视核心技术的应用与核心竞争力的培育，多次强调应掌握互联网发展主动权，保障互联网安全。但是，京津冀三地工业数字化转型仍存在多方面的障碍。

1. 关键核心技术缺失

首先，智能装备呈现高端失势局面，长期难以改变。例如，智能装备的典型代表高档数控机床的发展受制于核心零部件和数控系统技术落后等诸多问题，使得当地企业整机领域的基础局限于低端环节，高端产品严重依赖进口。其次，工业软件仍处于全球产业生态边缘和中下游位置。天津、河北两地的工业基础和应用软件技术与国内领先水平差距较大，多数领域的技术仍处于国内第二、第三梯队。工业互联网平台是未来高端制造的关键核心技术，国外的通用电气、西门子、博世等企业，以及国内的卡奥斯、徐工信息等平台都已经加快布局，津冀两地的企业与它们的差距有持续拉大的趋势，这将会制约京津冀工业数字化完整生态体系的构建，使得各层级工业能力缺失，数字经济创新发展受限。

2. 产业支撑能力不足

一是前沿核心领域创新投入效率低下。针对石墨烯、量子计算、虚拟现

实、人工智能等新方向，不同部门陆续出台了多个有关技术、产业、应用的战略和规划，但是由于分头管理、缺乏衔接、区域资金投入"碎片化"等原因，前沿领域的重复投入、无效投入、投入缺失等现象普遍存在。

二是工业企业数字化创新能力不足。落后工业企业的数字化转型意识弱、基础差。京津冀制造业企业数字化发展不平衡，尽管有部分企业已经达到很高的水平，但大部分企业，特别是广大中小型企业仍然处于发展数字化的阶段。先进工业企业的数字化转型短期收益不明朗、试错风险大。

三是广大中小型企业信息化基础不足。京津冀地区制造业企业发展不平衡，大部分中小型企业仍然处于发展阶段，中小型企业信息化发展滞后，管理理念、制度和方式较为落后，经营者对信息化建设的重要性认识不到位，信息化建设投入不足、成效不佳。

3. 国际竞争激烈，外部压力增大

在数字经济创新发展方面，美国、德国等发达国家由于基础较好，已经抢占了一定的先机，同时加快了新技术、新产品、新标准在中国的布局，试图借我国工业数字化转型升级之机，主导新的技术体系和市场格局。

（四）数据资源合理配置困难，数据使用效率有待提高

创新的来源是知识。自20世纪50年代起，学者们普遍认为人类的大部分知识以非数据化、高度个人化的经验存在与传承，而数据与信息只是人类知识存量的冰山一角。20世纪90年代，日本的崛起进一步印证了将一线员工的个人经验转化为可以量化的技术产品、服务和工艺流程改进，可以极大地提升企业的创新能力。当前，数据与信息已从冰山一角发展为无处不在，人类95%以上的信息以数字格式存储、传输和使用。数据取代劳动力、资本等要素成为新经济的核心生产要素，并成为创新的重要驱动力。京津冀存在数据使用效率低下的情况，主要表现在两个方面。一是数据资源协同共享受阻。由于数据共享需要多方支持，而不同行政主体间的关系错综复杂，并且相关部门常将本地区数据视为"地区私有资产"，所以京津冀三地之间的数据共享仍然不够深入，数据资源在区域内流动不畅，制约了三地跨行政区

域创新合作体系的形成。二是数据质量问题。目前京津冀各城市之间、城市内部不同部门之间存在数据标准不统一、数据代码不相同、信息不对称等问题，不仅影响了数据的开放与共享，而且降低了数据的使用效率，还有可能加剧供给层面的数字鸿沟。数据质量问题成为制约数字经济创新发展的重要问题。

五　京津冀数字经济创新发展的对策建议

京津冀数字经济创新发展面临互联网与新工业革命交汇的历史机遇，要从核心技术突破、创新要素集聚、产业数字化转型、国家实验室建设和协同创新机制构建等方面入手，发挥数字化引领创新的重要作用，塑造技术、生产、资源配置全面创新格局，打造各类主体广泛参与的数字经济创新体系。

（一）突破数字经济关键技术，打造雄安新区数字创新平台

雄安新区肩负着打造京津冀世界级城市群新经济增长极的重任，也是协同三地创新发展的最重要一环。针对基础研究的薄弱部分，京津冀应以雄安新区为平台，加大对数字经济关键技术的投入扶持力度。为发挥雄安新区对京津冀数字经济创新发展的推动作用，要注意吸引、集聚数字经济创新资源，作为雄安新区创新发展的重要前提和基础，其吸引速度和集聚规模直接关系到创新驱动发展功能的实现与示范带动能力的提升。对此，一是吸引、集聚一批与雄安新区发展相适应的数字化人才，特别是领军人才和创新团队。二是吸引、集聚一批科技研发机构和高校，这是集聚数字化创新人才的最佳途径，也是提升创新能力的核心载体。三是吸引、集聚一批科技创新服务机构，包括科技金融、科技企业孵化器、众创空间等科技中介服务机构。在此基础上，对入驻雄安新区的科创型企业、研发机构等进行全方位筛选，通过各种政策有意识地引导创新主体"结合、集聚"。四是围绕数字经济重点产业，即人工智能、生物医药和新能源汽车等产业，支持京津冀联合攻关研究院共建，以雄安新区为承载地，建立一批集研发、产业化、企业运营于

一体的新型科研机构（冯建平、郭伟，2014）。最终，通过雄安新区内部的数字化科创平台，促使京津冀三地之间形成有序循环的知识和信息资源共享，在三地建立一致性的数字经济创新激励制度，并且通过设立分校区、研发机构分部等使得京津与雄安新区有效对接。

（二）提高创新要素利用效率，深化数字经济创新资源开放共享

创新要素是数字经济创新发展的核心，是数字经济的"石油"。面对当前的国内外经济发展态势，必须保证区域内创新要素的充分自由流动与优化配置，进一步加快创新要素市场化流动机制的建立。首先，共享共用数字经济创新资源平台。促进京津冀关键信息资源，特别是关键科技项目数据库、成果数据库、人才数据库和专家数据库等的共建共享。进一步提高科研基础设施、科学仪器设备、科学数据平台、科技文献、知识产权和标准等各类创新资源的共享共用和服务能力。其次，继续推进科技创新联盟建设，促进京津冀三地的企业、行业协会和科研院所共同建立产业、科技、大学、园区、产权保护等多种形式的创新联盟，以联盟为纽带，促进重点实验室、工程技术研究中心、博士后流动站、企业技术开发中心的合作。最后，联合开展国际数字产业合作交流。充分利用国际交流合作平台，包括技术转移服务协作网络、驻外科技外交官服务平台等，推动国际数字创新要素资源，如优质数据资源、专家资源、技术信息资源等共享。此外，还要建立创新资源开放共享的服务绩效考评机制。

（三）扶持战略性重点产业，促进数字经济"双链"融合发展

数字经济创新体系的构建，需要以产业结构高度化和专业化为支撑。在当前复杂的国际经济发展态势下，京津冀地区需要进一步加大对高新技术产业的扶持力度，大力提升高新技术产业的自主创新能力，具体措施如下。第一，大幅增加对高新技术产业的资本投入数量，构建完善的高新技术产业融资机制，进一步提高京津冀地区高新技术企业的创新研发水平，逐步增强本地区高新技术产业对周边地区的辐射和带动能力，促进区域协调发展。第

二，正确分析国际经济发展态势对京津冀协同发展产生的影响，尽快制定相应的支持政策，加快构建高新技术企业的培育机制，进一步提升京津冀地区高新技术产业的环境适应能力。第三，加快京津冀地区的产业结构转型升级步伐，促进产业之间的联系与渗透，进一步推动高新技术产业与传统产业的融合以及数字经济与传统产业的融合，加快产业数字化转型。

在推动数字产业化进程中，发展移动互联网、物流快递、新能源汽车、高端装备制造等战略性新兴产业，既是京津冀地区产业结构转型的主要方向，也是京津冀地区数字经济创新发展的必由之路。因此，在"十四五"时期，面对日益复杂的国际经济发展态势，京津冀地区必须尽快突破战略性新兴产业的关键核心技术，加快自主创新的步伐，早日摆脱对发达国家的技术依赖，具体措施如下。第一，加快实施京津冀地区数字产品制造业、数字产品服务业、数字技术应用业、数字要素驱动业的进口替代战略，强化生物、航空航天、芯片、计算机等领域的自主研发，并在战略性新兴产业领域建立产学研创新研究的市场化机制和技术创新的科研综合体，进一步挖掘和激发战略性新兴产业创新研发的内在动力。第二，以协同发展为长期目标，加快京津冀地区数字资源信息共享平台的构建，并尽快推动三地高端创新资源要素的整合与集聚，大力推进京津冀科技成果的转化，加强京津冀科技成果服务体系的互联互通，真正实现三地企业科技合作的协同发展。第三，以多方面、多层次的政策措施，加大三地对省外高校、科研机构、科技企业的吸引力度，提高京津冀现有战略性新兴产业的科技水平，形成国内协同发展的区域增长极。尤其是北京应在主动适应世界百年未有之大变局和中央赋予北京重大任务的基础上，主动提速、主动求变，实现原始创新、集成创新和引进技术再创新的结合，尽快取得突破未来"卡脖子"的关键核心技术的主动权，抢占数字经济创新的制高点。

基于战略性重点产业的发展进一步培育产业链生态体系，推动产业链与创新链双向融合，加快数字经济产业生态的构建。首先，打造若干世界级数字经济产业集群，探索共建一批新型研究院、产业园区和"飞地经济"，探索组建区域性的数字经济产业园区联盟，把各园区整合形成一个不同层次、功能多样、优势互补的园区网络，形成"点—链—线—集群—园区—网络"的产业合作格局。其次，开展京津冀数字经济产业转移对接活动，避免招商引资形成恶性竞争。此外，津冀数字经济产业园区可以采取以商招商、产业链招商、创新链招商、以市场换产业等策略从北京引进一批关联产业项目，实现就近配套、成果转化或市场化应用。

（四）积极建设国家实验室，强化国家战略科技力量

强化国家战略科技力量是指在关系到国家安全、国家发展的重要科技领域，从"国家战略"高度，集中全国力量提升我国在重要科技领域的创新发展能力。目前，以重大基础设施集群为载体的国家实验室、国家重点实验室、国家技术创新中心等成为国家战略科技力量的关键组成部分。其中，国家实验室是支持科技强国建设、承担国家重点科研任务的基础创新载体，是维护国家安全的关键平台，是促进国家发展的重要研发机构，在国家战略科技力量中居于"引领"地位。从国际角度来看，科技革命促使创新中心和产业中心共同转移，形成了世界级产业集群，如美国硅谷高新技术产业集群、英国伦敦生物医药产业集群等（郑伟，2020）。基于此，北京要对标硅谷、旧金山等国家实验室所在地的国际一流创新型城区，总结国家实验室建设经验和启示，通过吸收、消化、再创新形成符合我国实际的优秀建设模式；天津、河北要依托所在地高校、科研机构的优势学科，力争在"十四五"期间高标准完成国家实验室的筹建。

（五）加快协同创新机制构建，完善数字经济体制配套环境

一方面，在京津冀数字经济协同创新发展过程中，存在较大的地区间行政壁垒，难以形成多层次、多联系、网络化的区域协同创新机制。因此，为了促进国内外数字型创新企业在京津冀地区落地生根和发展壮大，必须加强京津冀的整体协同创新工作，从顶层设计方面研究、规划和制定京津冀三地数字经济协同创新发展战略，加快建立京津冀三地数字经济协同创新机制，尽快形成京津冀数字经济协同创新发展的良好环境。另一方面，从京津冀一

体化的大区域战略视角，进一步发挥京津冀协同发展领导小组的重要作用，有效推动京津冀地方政府间沟通、合作、协商和谈判的常态化，协同推进京津冀地区创新环境基础设施建设和创新投入研发工作，建立京津冀数字经济协同创新成果产出共享机制和创新信息互通机制，从而推动京津冀数字经济协同创新发展。

参考文献

［1］ 白积洋：《中国文化产业投资效率的实证检验》，《广西财经学院学报》2012 年第 5 期。

［2］ 白俊红：《中国区域创新效率的测度与实证研究》，南京师范大学出版社，2016。

［3］ 白俊红、江可申、李婧、田泽永：《中国区域创新生产率变动的实证分析——基于 Malmquist 生产率指数》，《系统工程》2008 年第 7 期。

［4］ 陈敬武、段鲜鲜、贾芸菲：《京津冀技术转移网络分析——基于专利合作的视角》，《河北工业大学学报》（社会科学版）2018 年第 4 期。

［5］ 程立茹：《互联网经济下企业价值网络创新研究》，《中国工业经济》2013 年第 9 期。

［6］ 冯建平、郭伟：《三地共建国际科技合作平台》，《河北日报》2014 年 4 月 21 日。

［7］ 龚勇：《数字经济发展与企业变革》，中国商业出版社，2020。

［8］ 李立维、张海峰、张伟等编著《洞悉"互联网＋"：风已至·势必行》，人民邮电出版社，2016。

［9］ 李雪、吴福象、竺李乐：《数字经济与区域创新绩效》，《山西财经大学学报》2021 年第 5 期。

［10］ 李妍：《中国数字经济产出效率的地区差异及动态演变》，《数量经济技术经济研究》2021 年第 2 期。

［11］ 王钺、刘秉镰：《创新要素的流动为何如此重要？——基于全要素生产率的视角》，《中国软科学》2017 年第 8 期。

［12］ 武晓婷、张恪渝：《数字经济产业与制造业融合测度——基于投入产出视角》，《中国流通经济》2021 年第 11 期。

［13］ 熊励、蔡雪莲：《数字经济对区域创新能力提升的影响效应——基于长三角城市群的实证研究》，《华东经济管理》2020 年第 12 期。

［14］徐晨、吴大华、唐兴伦主编《数字经济：新经济　新治理　新发展》，经济日报出版社，2017。

［15］许云林、赵茜、陈昱琦、戴超、刘剑：《重庆市数字经济发展与展望》，《农村经济与科技》2019 年第 2 期。

［16］杨新臣：《数字经济重塑经济新动力》，电子工业出版社，2021。

［17］张森、温军、刘红：《数字经济创新探究：一个综合视角》，《经济学家》2020 年第 2 期。

［18］张同斌、李金凯、高铁梅：《技术差距变动、研发资源驱动与技术进步效应》，《中国人口·资源与环境》2016 年第 1 期。

［19］张昕蔚：《数字经济条件下的创新模式演化研究》，《经济学家》2019 年第 7 期。

［20］赵立斌、张莉莉：《数字经济概论》，科学出版社，2020。

［21］赵涛、张智、梁上坤：《数字经济、创业活跃度与高质量发展——来自中国城市的经验证据》，《管理世界》2020 年第 10 期。

［22］郑伟：《美国关税重置计划之背景、影响与中国的应对》，《国际经济评论》2020 年第 6 期。

［23］中国信息通信研究院：《数字经济概论：理论、实践与战略》，人民邮电出版社，2022。

B.4
京津冀数字经济平台型企业
助推区域高质量发展研究[*]

叶堂林　刘哲伟[**]

摘　要： 数字经济平台是新的生产力组织方式，奠定了整个数字经济产业发展的基础。本报告通过构建处理效应模型和门限回归模型，分析了数字经济平台型企业对区域高质量发展的影响程度。研究发现，京津冀数字经济平台型企业规模在近几年迅速壮大，但面临在数字经济产业中比重过低的问题；以北京为核心的"一超三强"的发展格局初步形成，各城市数字经济平台比较优势来源的差异化逐渐凸显；数字经济平台型企业能够有效放大数字经济产业对区域高质量发展的促进作用，但是只有在规模超过14.09亿元时才能更好地发挥这一作用，而多数城市尚未达到这一规模。基于此，本报告从头部企业培育、数字经济平台体系建设、差异化发展和推进数字经济协同治理等角度提出对策建议。

关键词： 数字经济　高质量发展　数字产业　平台型企业

---

* 本报告为北京市社会科学基金重点项目"京津冀发展报告（2022）——数字经济助推区域协同发展"（21JCB056）、北京市自然科学基金面上项目"京津冀创新驱动发展战略的实施路径研究——基于社会资本、区域创新及创新效率的视角"（9212002）的阶段性成果。

** 叶堂林，经济学博士，首都经济贸易大学特大城市经济社会发展研究院（首都高端智库）执行副院长，特大城市经济社会发展研究省部共建协同创新中心（国家级研究平台）执行副主任，教授、博士生导师，研究方向为区域经济、京津冀协同发展；刘哲伟，首都经济贸易大学城市经济与公共管理学院博士研究生，研究方向为区域经济。

一　研究背景与意义

（一）综观全球——数字经济是各主要国家经济社会发展的新赛道

2021 年末，全球互联网巨头 Facebook 更名为 Meta 轰动全球，元宇宙进入一般公众视野。从当今全球范围内数字经济形势看，未来数字经济将持续快速发展，各国数字经济竞争加剧。一方面，各主要国家将数字经济视为经济动能切换的突破口。从 2009 年美国"信息高速公路"重新启动开始，欧盟各国、日本和澳大利亚等全球主要经济体陆续针对数字经济推出国家发展战略。2016 年，G20 杭州峰会发布了《G20 数字经济发展与合作倡议》，标志着将数字经济作为国家经济发展的新引擎已经成为各国共识。美国、日本、德国、英国等发达国家的数字经济占比均已超过 45%。另一方面，数字经济的外延不断扩大引发各国话语权争夺。云计算、大数据、人工智能等层出不穷，各国在数字经济领域的竞争已经从基础型拓展到包括技术型、资源型等在内的多个领域，各国在数字经济领域的竞争已经不仅仅是某一跨国企业、单一技术或者单一产业的竞争，更多的是融合了基础设施、技术标准、跨界融合、网络协同等多个领域综合创新实力的竞争，掌握数字流量的数字经济平台是竞争的重要战场。

（二）审视国内——数字经济平台成为发展效率变革的重要依托

数字经济平台是新的生产力组织方式，是经济发展的新动能。随着我国互联网的普及，"接入鸿沟"逐渐消除，使得人之间、企业之间、生产流程之间都能够通过互联网随时连接起来，平台型企业作为这一连接过程的枢纽，已经广泛分布在电商、社交媒体、工业互联网等领域，通过提高其服务效率，能够有效地将社会生产过程中离散的人、财、物连接起来，为大规模的协作奠定了坚实的基础。我国数字经济平台型企业飞速发展，根据中国信息通信研究院的数据，2019 年底，我国价值超 10 亿美元的数

字经济平台型企业数量由 2015 年的 67 家增加至 193 家，其中 18 家平台型企业规模超过 100 亿美元；平台型企业总规模由 2015 年的 7957 亿美元增加至 2.35 万亿美元，占全球数字经济平台总价值的 22.5%，年均复合增长率达 31.1%，已经成为我国数字经济发展不可忽视的力量。① 在抗击新冠肺炎疫情过程中，数字经济平台型企业依托数字技术优势和平台优势，通过信息聚合、数据共享，对全社会资源调配、物资流转、网上办公等起到了重要的支撑作用。

（三）聚焦京津冀——京津冀在数字经济平台建设方面已经做出重要尝试

2021 年 5 月，京津冀三地联合成立的数字经济联盟将数字经济相关领域、金融领域的重要企业以及高等院校、科研院所、社团组织等组织机构涵盖在内，搭建了一个包括数字经济发展各种要素在内的综合性大平台，在数字经济协同发展方面做出了重要尝试。这一意义重大的举动，离不开京津冀充沛的数字经济资源的支撑。在北京，2019 年其数字经济增加值占 GDP 比重超过 50%，在全国居首位，规模在百亿元以上的数字经济企业有 18 家，对京津冀数字经济的发展具有示范引领作用；在天津，拥有国家超级计算天津中心等科研机构，其在数据分析、数据挖掘以及数据安全等领域的优势为京津冀数字经济发展提供了有力保障；在河北，中国国际数字经济博览会永久落户河北，意味着京津冀拥有了全国数字经济发展的国家级平台和全球数字经济交流的世界级平台。随着《全国一体化大数据中心协同创新体系算力枢纽实施方案》《新型数据中心发展三年行动计划（2021～2023 年）》等相继发布，京津冀的数字经济基础设施建设在全国同样具有比较优势，这些优势筑牢了京津冀数字经济平台发展的基础。

---

① 《全球及中国平台经济发展态势分析：2019 年全球平台经济继续保持快速增长》，产业信息网，2020 年 12 月 29 日，https://www.chyxx.com/industry/202012/919697.html。

二 分析框架

（一）研究现状

数字经济作为创新的产物，对区域高质量发展的影响已经得到了各界的重视。在学术界，学者们从不同角度对数字经济影响区域高质量发展的机理进行了探究。在宏观层面，数字经济能够有效提高资源配置效率。作为新的生产要素，数据能够有效克服传统生产要素在促进经济增长中的边际生产力递减限制和资源数量束缚（杨汝岱，2018）。数据要素与劳动、资本的有机结合，能够优化生产、流通、分配等过程中的要素投入方式，放大各类要素资源的利用效率。在产业层面，数字经济能够催生新业态。无论是数字产业化还是产业数字化，数字技术已经被广泛应用于各个行业，在与传统行业的结合中，数字经济正在不断改变各产业的运行逻辑，使得产业边界日益模糊（王娟，2019），各产业逐渐呈现相互交融的特征，碰撞衍生出多样化的数字经济业态，如数字支付、电子商务、元宇宙等。新业态的出现会极大地推动知识密集型、技术密集型产业的发展，从而推动产业结构不断向高级化迈进，助推经济实现高质量发展。在微观层面，数字经济能够激发微观主体的发展活力。在企业层面，数字经济通过改变生产关系和经营方式提升了企业的智能化水平。同时，借助数字经济的低边际成本特征，企业能够长期享受经营成本和生产成本边际下降带来的益处，从而产生相较于原有生产经营方式的超额收益，有利于激发全社会的创业热情。在消费者层面，数字经济衍生出的元宇宙等新业态使得线上消费的形式多样化，消费行为也逐渐丰富。在数字经济环境下，不仅可以实现实物产品的跨时空消费，而且可以实现文化娱乐等虚拟产品的消费，从而增强了消费对经济高质量发展的基础性作用。

但是还应该注意到，在经济社会中，无时无刻不在产生海量的数据，尤其是随着技术的发展，数据的复杂性、系统性和多样性也在飞速提升，将原

生的数据通过采集、清洗、处理、分析等转化为可以直接为生产和发展服务的数据要素成为数字经济快速发展重要的依托。研究发现，数字经济平台型企业是这一行为最主要的载体。平台型企业作为上下游以及供需双方重要的沟通桥梁，能够有效实现规模化的数据采集处理，避免数据量不足带来的局限性。同时，平台型企业拥有大量的客户资源，使得其有能力推动各个客户的脱敏数据库实现内部交互以放大数据的利用价值，对相关行业生产效率的提升产生直接的促进效应，从产业层面推动经济实现高质量发展。2021 年国家统计局发布的《数字经济及其核心产业统计分类（2021）》将数字经济平台划分为互联网科技创新平台、互联网生活服务平台、互联网生产服务平台、互联网公共服务平台以及其他互联网平台五类，为本报告提供了较好的切入点。

（二）关键问题与研究思路

数字经济是一种生态型经济，数据要素可分割性增强极大地推动了专业化分工的发展，逐渐构成了包括数据形成端、数据存储端、数据挖掘端、数据分析端、数据产品端等在内的丰富的生态价值分工链，各环节发挥自身的比较优势以实现整个数据要素开发的"降本增效"。而数字经济平台型企业基于自身较强的数据资源整合能力，正逐步放大互联网的乘数效应，成为吸引其他数字经济类企业布局的重要主体，促进了区域生产效率的提升，助力区域实现高质量发展。基于此，本报告主要探究以下问题：一是京津冀整体的数字经济平台型企业规模与增速如何；二是各地数字经济平台型企业的发展特征是否具有区域异质性；三是数字经济平台型企业能否有效提高区域全要素生产率，是否存在一个明显的规模门槛，从而在促进本地高质量发展过程中起到差异化的作用。最后，结合研究结论对京津冀数字经济平台型企业在促进高质量发展过程中的主要问题进行归纳总结，并有针对性地提出对策建议。

三　发展趋势分析

（一）京津冀数字经济平台型企业规模迅速壮大，互联网科技创新平台发展速度最快

京津冀数字经济平台型企业规模不断扩大，2013 年成为发展的转折点。从规模看，2000~2020 年，京津冀数字经济平台型企业规模从 36.26 亿元增加至 340.53 亿元，年均增长率达 11.85%，远高于数字经济产业整体年均增长率（3.97%），这初步说明数字经济平台型企业对数字经济产业的发展具有重要的推动作用（见图 1）。从数字经济平台型企业规模的变动可以明显看出，2013 年前后，其发展态势具有显著差异。2000~2012 年，数字经济平台型企业规模整体变动较小，年均增长率仅为 3.27%；而 2013~2020 年，数字经济平台型企业规模从 75.23 亿元迅速增加至 340.53 亿元，年均增长率高达 24.07%。从占比看，2013 年以前，数字经济平台型企业规模占京津冀数字经济产业规模的比重维持在 0.3% 左右。2013 年，这一比重突破0.4%，直至 2020 年已达 1.29%。这一比重的明显变化反映了平台型企业

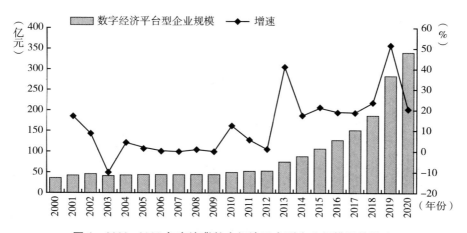

图 1　2000~2020 年京津冀数字经济平台型企业规模及其增速

资料来源：龙信企业大数据平台。

在数字经济发展过程中的重要性日益凸显，能够将更大的影响力和作用力映射在全产业的发展上。

互联网科技创新平台成为现行统计口径下京津冀发展最快的数字经济平台。从平台结构看，2013～2020年，互联网科技创新平台与互联网生活服务平台规模占京津冀数字经济平台总规模的比重上升最为明显（见图2）。图3展示了2017～2020年互联网科技创新平台型企业、互联网生活服务平台型企业、互联网公共服务平台型企业以及互联网生产服务平台型企业结构。具体来看，互联网科技创新平台型企业发展势头最为迅猛，2017～2020年，其规模从0.13亿元扩大至66.70亿元，实现年均700.56%的增长，占京津冀全部数字经济平台型企业规模的比重从0.09%上升至19.59%，极大地带动了整个数字经济平台型企业的发展；互联网生活服务平台型企业规模从1.12亿元增加至43.98亿元，在数字经济平台统计口径的四个发展方向中规模排在第二位，实现了年均239.90%的增长，占京津冀全部数字经济平台型企业规模的比重从0.74%上升至12.92%；互联网生产服务平台型企业规模从0.81亿元增加至23.77亿元，实现了年均208.45%的增长，占京津冀全部数字经济平台型企业规模的比重从0.63%上升至6.98%；互联

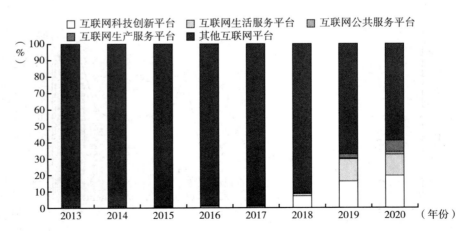

图2　2013～2020年京津冀各类型数字经济平台结构

资料来源：龙信企业大数据平台。

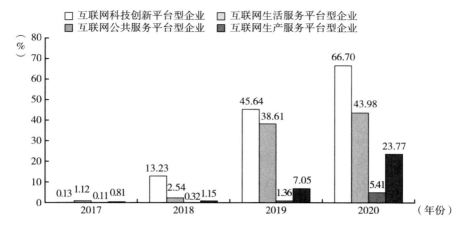

图3　2017～2020年京津冀除"其他互联网平台"外的数字经济平台型企业结构

资料来源：龙信企业大数据平台。

网公共服务平台型企业规模从 0.11 亿元增加至 5.41 亿元，年均增长 266.38%，占京津冀全部数字经济平台型企业规模的比重从 0.07% 上升至 1.59%，其发展速度虽然较快，但是其规模与其他类型的平台相比还有较大的差距。

（二）以北京为核心的"一超三强"发展格局初步形成，各城市结构性差异凸显

北京的数字经济平台型企业规模最大但增速较慢，京津冀已初步形成以北京为核心的"一超三强"发展格局。从数字经济平台型企业规模看，2013 年，北京的数字经济平台型企业规模为 66.23 亿元，居京津冀各城市首位。廊坊、天津、石家庄分列其后，规模分别为 4.77 亿元、1.41 亿元、1.27 亿元，其余各城市的数字经济平台型企业规模较小。2020 年，京津冀各城市的平台型企业规模扩张非常明显，原有的发展格局已经被重塑，形成了较为明显的梯度发展格局。北京的数字经济平台型企业规模增加至 168.45 亿元，石家庄排在第二位，规模为 64.38 亿元，其次是保定（32.36 亿元）、天津（27.84 亿元），其他城市的数字经济平台型企业规模与以上城市相比具有较大差距，除

廊坊（12.69亿元）外，其他城市的数字经济平台型企业规模均未超过10亿元（见图4）。从各城市的发展速度看，2013~2020年，沧州的数字经济平台型企业规模发展速度最快，实现了年均128.78%的增幅。其次是邯郸（109.48%）、保定（102.72%）、邢台（95.63%）、承德（84.58%）、石家庄（75.21%）、张家口（62.12%）①、天津（53.13%）、衡水（34.59%）、唐山（28.66%）、秦皇岛（19.37%）、廊坊（15.00%）以及北京（14.27%）。值得注意的是，虽然北京的数字经济平台型企业规模最大，但是其增速在13个城市中最慢，而保定和石家庄基本实现了规模和增速的"双高"，天津无论是在规模还是在增速方面都已经被保定、石家庄超越。

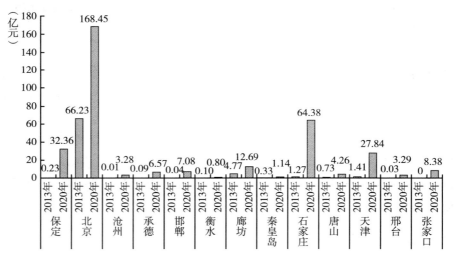

图4　2013年与2020年京津冀各城市数字经济平台型企业规模对比

资料来源：龙信企业大数据平台。

石家庄、保定、承德等城市的数字经济平台型企业在其数字经济产业中的占比提升最为明显，各城市数字经济发展的结构性差异凸显。2013年，廊坊的数字经济平台型企业在其数字经济产业中的占比最高，为5.78%，

---

① 2013年张家口尚不存在数字经济平台型企业，其年均增长率按2014~2020年数据计算。

其次是唐山（1.69%）、秦皇岛（0.86%）、承德（0.66%）、衡水（0.60%）、保定（0.53%）、北京（0.44%）、石家庄（0.40%）、天津（0.27%）、邢台（0.14%）、邯郸（0.12%）、沧州（0.06%），多数城市的占比低于1%。2020年，各城市的数字经济平台型企业在其数字经济产业中的占比发生了较大变化，占比最高的是承德，为5.73%，其次是保定（4.88%），接下来依次是石家庄（4.75%）、张家口（3.91%）、廊坊（3.40%）、邯郸（2.37%）、沧州（2.26%）、邢台（1.63%）、天津（1.54%）、唐山（1.28%）、北京（0.82%）、衡水（0.75%）、秦皇岛（0.39%）（见图5）。可以看出，2020年除廊坊、秦皇岛和唐山外，其余城市的数字经济平台型企业在其数字经济产业中的占比都得到了较大提升，数字经济平台得到了更好的发展。

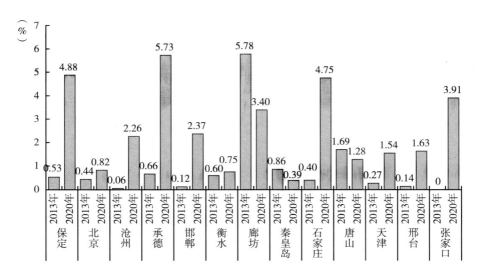

图5 2013年与2020年京津冀各城市数字经济平台型企业规模占比

资料来源：龙信企业大数据平台。

（三）不同类型数字经济平台型企业在各地的发展态势存在较大差异

天津的互联网生产服务平台型企业兼具规模优势和结构优势，初步形成

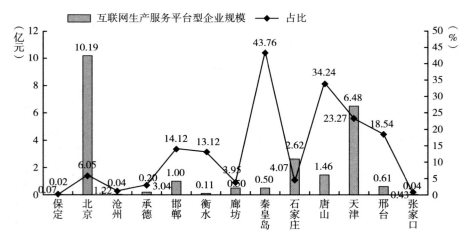

了以京津为中心的"双强"发展格局。从互联网生产服务平台型企业规模看，2020年，北京的互联网生产服务平台型企业规模最大，为10.19亿元，其次是天津（6.48亿元），石家庄排在第三位，但是其规模为2.62亿元，与京津相比具有较大的差距。在其他城市中，保定的互联网生产服务平台型企业规模最小，为0.02亿元，与其较大的数字经济平台型企业规模形成了鲜明对比。从互联网生产服务平台型企业规模占各城市全部数字经济平台型企业规模的比重看，秦皇岛、唐山、天津和邢台4个城市的占比较高，分别为43.76%、34.24%、23.27%和18.54%，除天津外，其余3个城市的互联网生产服务平台型企业发育不足（见图6）。数字经济平台型企业规模较大的北京、石家庄和保定等城市，其互联网生产服务平台型企业规模占比不高，分别为6.05%、4.07%和0.07%。其他城市无论是在规模还是在结构方面，尚不具备较大的存量优势。

图6　2020年京津冀各城市互联网生产服务平台型企业规模及其占比

资料来源：龙信企业大数据平台。

石家庄的互联网生活服务平台"一枝独秀"，其他城市与石家庄具有较大差距。从互联网生活服务平台型企业规模看，2020年，石家庄遥遥领先，规模为32.00亿元，远超其他城市。北京、天津、保定、邢台和邯郸的互联网生

京津冀数字经济平台型企业助推区域高质量发展研究

活服务平台型企业规模均超过 1 亿元，组成了互联网生活服务平台发展的第二梯队；其他城市的规模不足 1 亿元，共同组成了第三梯队。从互联网生活服务平台型企业规模占各城市全部数字经济平台型企业规模的比重看，石家庄的占比最高，为 49.71%。除石家庄之外，占比超过 10% 的仅有邢台（37.97%）、邯郸（15.59%）、衡水（13.97%）、唐山（11.32%）4 个城市，其余城市的占比大多在 5% 以下（见图 7）。可以看出，京津冀互联网生活服务平台型企业主要集中在石家庄。而数字经济平台型企业规模较大的北京、保定、天津等城市在生活服务导向的数字经济平台方面优势不明显。

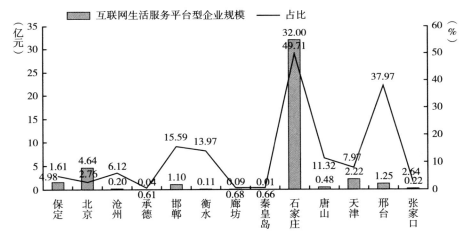

图 7　2020 年京津冀各城市互联网生活服务平台型企业规模及其占比

资料来源：龙信企业大数据平台。

保定、北京、石家庄的互联网科技创新平台规模具有突出优势，构成了京津冀互联网科技创新平台发展的核心。从互联网科技创新平台型企业规模看，2020 年，保定的互联网科技创新平台型企业规模最大，为 25.68 亿元，北京也具有明显的规模优势，为 21.46 亿元，组成了互联网科技创新平台发展的第一梯队；石家庄的规模为 9.28 亿元，排在第三位，形成了第二梯队；除邯郸（3.39 亿元）、廊坊（2.12 亿元）外的其他城市的互联网科技创新平台型企业规模均不足 2 亿元。天津的互联网科技创新平

103

台型企业规模为 1.60 亿元，排在第六位。从互联网科技创新平台型企业规模占各城市全部数字经济平台型企业规模的比重看，保定的占比最高，为 79.35%，其次是邯郸（47.80%）、衡水（41.69%）、沧州（38.49%）等城市。北京的占比为 12.74%，低于石家庄（14.42%），高于天津（5.74%）（见图 8）。

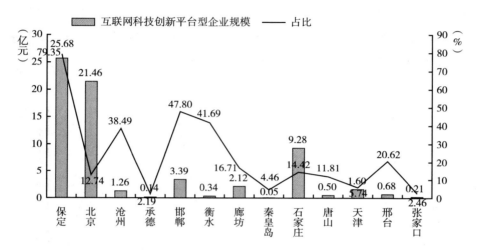

图 8 2020 年京津冀各城市互联网科技创新平台型企业规模及其占比

资料来源：龙信企业大数据平台。

互联网公共服务平台呈现普遍的规模与占比双低的特征，京津两地的规模相对较大。从规模看，2020 年，京津冀互联网公共服务平台型企业主要分布在北京与天津。其中，北京的规模最大，为 3.61 亿元，天津的规模为 1.16 亿元，而排在第三位的保定，其规模仅为 0.14 亿元，差距较大。沧州（0.13 亿元）、邢台（0.12 亿元）、石家庄（0.10 亿元）、邯郸（0.09 亿元）的规模为 0.1 亿元左右，承德、衡水、廊坊、秦皇岛、张家口的规模甚至不足百万元。从占比看，天津的互联网公共服务平台型企业规模占其全部数字经济平台型企业规模的比重最高，为 4.18%；其次是沧州（3.97%）、邢台（3.56%）。北京的占比为 2.14%，排在第四位，其余城市的占比大多不足 0.5%（见图 9）。

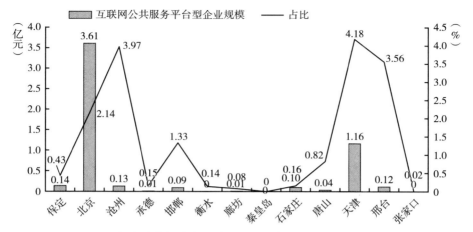

图 9 2020 年京津冀各城市互联网公共服务平台型企业规模及其占比

资料来源：龙信企业大数据平台。

其他互联网平台是北京数字经济平台比较优势的主要来源，2020 年多数城市的其他互联网平台型企业规模较 2018 年有不同程度的缩小。从规模看，2020 年，北京的其他互联网平台型企业规模最大，为 128.54 亿元，高于其他所有城市的总和，成为北京数字经济平台比较优势的主要来源。其次是石家庄、天津，其规模分别为 20.37 亿元、16.38 亿元。在其他城市中，除廊坊（9.97 亿元）、张家口（7.91 亿元）外，多数城市的规模不足 2 亿元。从其他互联网平台型企业规模占各城市全部数字经济平台型企业规模的比重看，张家口的占比最高，为 94.45%，承德（94.00%）的占比也超过了 90%。廊坊（78.59%）、北京（76.31%）的占比超过 70%，天津（58.84%）、秦皇岛（51.12%）、沧州（50.19%）的占比超过 50%，唐山（41.80%）、石家庄（31.65%）、衡水（31.08%）的占比超过 30%，其他城市的占比均不足 30%（见图 10）。从规模变化看，2018～2020 年，仅天津、北京、石家庄、沧州、邯郸的其他互联网平台型企业规模实现增长，分别增加 14.08 亿元、9.59 亿元、9.49 亿元、0.58 亿元、0.21 亿元，其他城市的其他互联网平台型企业规模出现不同程度的缩小，秦皇岛的缩小幅度最大，减少 0.31 亿元，年均减少 19.18%。

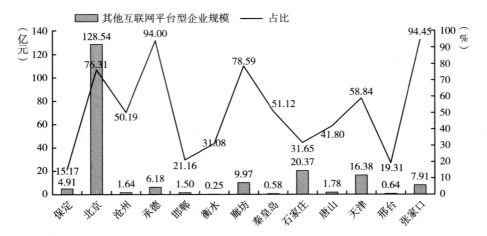

图 10　2020 年京津冀各城市其他互联网平台型企业规模及其占比

资料来源：龙信企业大数据平台。

四　平台型企业与高质量发展的实证分析

在对京津冀数字经济平台型企业发展现状和结构特征进行分析的基础上，本部分重点分析京津冀数字经济平台型企业能否有效发挥对数字经济产业生态的整合效应，以提升全要素生产率，推动区域实现高质量发展，以及这一过程是否具有较为严格的发生条件。基于此，下面依据实证结果分析平台型企业与高质量发展之间的关系以及可能存在的门槛效应。

（一）模型设定与数据来源

1.处理效应模型

为了研究数字经济平台型企业对高质量发展的影响，借鉴程虹和李唐（2017）的方法，设定本报告的处理效应回归模型。选取城市是否拥有互联网平台型企业作为虚拟变量进行处理效应检验，如果城市 i 在 t 年拥有至少 1 家互联网平台型企业，那么 $plat = 1$，否则 $plat = 0$。建立如下模型：

$$TFP_{it} = \beta_0 + \beta_1 Register_{it} + \beta_2 Utili_{it} + \beta_3 Numemplo_{it} + \beta_4 human_{it} +$$
$$\beta_5 diversity_{it} + \gamma_1 plat_{it} + \varepsilon_{it} \tag{1}$$

$$plat_{it} = I(Intproserplat_{it}, \delta_t + \mu_i) \tag{2}$$

其中，TFP_{it} 为被解释变量，具体含义是本地区的全行业全要素生产率，反映的是地区产业生产效率水平。$plat_{it}$ 为处理变量，$Intproserplat_{it}$ 表示城市 i 在 t 年的互联网平台型企业注册资本额。$Register_{it}$ 的具体含义是本地区数字经济类行业的存续企业注册资本额。$Numemplo_{it}$ 的具体含义是全行业从业人员数。$human_{it}$ 的具体含义是每万人口在校生数量，反映的是本地区的人力资本水平。$diversity_{it}$ 的具体含义是本地区的数字经济细分行业数量，反映的是本地区的数字经济生态发育度。$Utili_{it}$ 的具体含义是数字经济平台型企业的实用新型专利数。δ_t 表示时间固定效应，μ_i 表示城市 i 不随时间变化的个体固定效应，ε_{it} 为随机扰动项。

2. 门槛效应模型

本报告场景中的门槛回归模型为：

$$TFP_{it} = \gamma_1 Register_{it}I(Intproserplat_{it} \leq \varphi) + \gamma_2 Register_{it}I(Intproserplat_{it} > \varphi) +$$
$$\beta_1 Numemplo_{it} + \beta_2 human_{it} + GDP_{it} + diversity_{it} + Utili_{it} + Actu_{it} + \delta_t + \mu_i + \varepsilon_{it} \tag{3}$$

其中，$Register_{it}$ 为核心解释变量，$Intproserplat_{it}$ 是分组变量（门槛变量）。GDP 为地区生产总值。$Actu_{it}$ 的具体含义是实际利用外商投资额。$Utili_{it}$ 的具体含义是数字经济产业累计实用新型专利数。γ_1 是 $Register_{it}$（$Register_{it} \leq \varphi$）对 TFP_{it} 的估计系数，γ_2 是 $Register_{it}$（$Register_{it} > \varphi$）对 TFP_{it} 的估计系数，当 $Register_{it} \leq \varphi$ 时，$I = 1$，否则 $I = 0$。δ_t 表示时间固定效应，μ_i 表示城市 i 不随时间变化的个体固定效应，ε_{it} 为随机扰动项。

3. 数据来源

被解释变量全要素生产率运用两步一致估计法（OP 法）计算所得，其中涉及地区生产总值、实际利用外商投资额以及年末单位从业人员数，这三项指标数据来源于《中国城市统计年鉴》。核心解释变量数字经济规模数据来源于龙信企业大数据平台。分组变量 *Intproserplat* 和控制变量数字经济细分行业数量数据是在查阅整理龙信企业大数据平台相关细分行业数据的基础上，分别将各城市对应年份的互联网平台型企业注册资本额和企业所属数字经济细分行业类别分类汇总得出。控制变量数字经济产业实用新型专利数数据来源于龙信企业大数据平台。

（二）数字经济平台型企业与高质量发展实证研究

平台型企业对推动区域高质量发展具有显著的促进作用，还可通过辐射带动作用提升区域全要素生产率。本部分将有互联网平台型企业的城市设为实验组，没有互联网平台型企业的城市设为对照组，为了检验结果的稳健性，选取普通最小二乘法（OLS）、处理效应极大似然估计法以及处理效应两步法等回归方法对比结果的一致性。表 1 中的模型（1）汇报了基于 OLS 的回归结果，模型（2）汇报了处理效应极大似然估计法的回归结果，模型（3）汇报了处理效应两步法的回归结果。通过比较不同方法下的回归结果可以发现，互联网平台虚拟变量与全要素生产率之间至少在 5% 的显著性水平下呈正相关关系，这充分证明了互联网平台型企业是整合数字经济生态和资源的关键载体，有互联网平台型企业的区域能够放大数字经济对区域全要素生产率的提升作用，从而推动区域高质量发展。

表 1　平台型企业对数字经济生态的整合效应

变量	模型（1）	模型（2）	模型（3）
互联网平台虚拟变量	0.485 *** （0.069）	1.132 ** （0.446）	2.900 *** （0.362）
互联网平台型企业规模		0.187 ** （0.094）	0.233 ** （0.094）
控制变量	Yes	Yes	Yes
样本量	260	260	260
拟合优度	0.560		0.034

注：***、** 分别表示在 1%、5% 的水平下显著，括号内为标准误；回归结果由 stata15 汇报。

（三）平台型企业提升区域全要素生产率的门槛效应分析

平台型企业在提升区域全要素生产率的过程中存在阈值，规模超过这一阈值才能有效地发挥提升作用。表2汇报了以互联网平台型企业规模为门槛变量的门槛值估计结果。回归结果表明，只存在单一门槛，门槛估计值为14.09亿元。基于这一门槛值，表3中的模型（4）汇报了低于门槛值的互联网平台型企业对全要素生产率的作用，模型（5）汇报了高于门槛值的互联网平台型企业对全要素生产率的作用，模型（6）汇报了不区分规模时采用固定效应的面板回归结果。研究发现，低于门槛值的平台型企业与全要素生产率之间不能在10%的显著性水平下呈正相关关系，而当平台型企业规模超过门槛值时，其与全要素生产率之间在1%的显著性水平下呈正相关关系，这说明只有在平台型企业规模超过门槛值后才能对区域全要素生产率的提升起到促进作用。2020年，只有北京、石家庄、保定和天津4个城市的平台型企业规模超过这一门槛值，廊坊逐渐接近门槛值，其他城市还有较大的差距。拉长时间看，2000～2020年，平台型企业规模超过14.09亿元的同样只有北京、石家庄、保定和天津4个城市，而且主要集中在北京，这说明北京的数字经济平台型企业发展成熟度较高，能够有效提升当地全要素生产率，从而提升高质量发展的水平。

表2　平台型企业规模的门槛值估计结果和置信区间

门槛变量	门槛数	门槛估计值	95%置信区间	p值
互联网平台型企业规模	单一	14.09	［12.71,18.89］	0.04
	双重	42.39	［39.27,42.90］	0.76

注：回归结果由stata15汇报。

表3　不同规模下平台型企业与高质量发展回归估计结果

变量	模型（4）	模型（5）	模型（6）
数字经济规模	0.193 (0.177)	6.492 *** (0.001)	0.350 ** (0.176)

续表

变量	模型（4）	模型（5）	模型（6）
控制变量	Yes	Yes	Yes
样本量	237	23	260
拟合优度	0.823	0.987	0.825

注：***、** 分别表示在 1%、5% 的水平下显著，括号内为标准误；回归结果由 stata15 汇报。

五 研究结论与对策建议

（一）主要结论

（1）京津冀数字经济平台型企业规模在近几年迅速壮大，但面临在数字经济产业结构中占比过低的问题。2000~2020 年，京津冀数字经济平台型企业的发展经历了两个重要的时间节点。一是 2013 年以后数字经济平台型企业规模迅速发展壮大，从 2013 年的 75.23 亿元增加至 2020 年的 340.53 亿元，实现年均 24.07% 的增长，高于同期数字经济产业的增幅，也远高于 2000~2012 年的年均增幅（3.27%）。二是 2017 年以来，不同类型的数字经济平台之间出现了明显的分化现象，科技创新导向的数字经济平台规模和占比提升最为迅速，公共服务导向的数字经济平台规模和占比远低于其他专业化方向的平台。在数字经济产业结构方面，2013~2020 年，京津冀数字经济平台型企业在其数字经济产业中的占比仅仅从 0.46% 上升至 1.29%。数字经济平台型企业占比过低会制约数字经济产业快速发展过程中数字资源整合利用能力的发挥，这也成为京津冀数字经济发展面临的一个主要问题。

（2）以北京为核心的"一超三强"发展格局初步形成，各城市数字经济平台比较优势来源存在较大差异。从数字经济平台型企业规模看，2020 年北京以 168.45 亿元的规模遥遥领先于排在其后的石家庄（64.38 亿元）、保定（32.36 亿元）和天津（27.84 亿元）等城市，除廊坊外，其余城市的数字经济平台型企业规模均未超过 10 亿元，形成了以北京为核心的"一超三强"发展格局。研究发现，在沧州、邯郸、张家口等数字经济平台型企业规模较小的城市中，数字经济平台型企业在其数字经济产业中的占比相对较高。整体上看，北京、保定、石家庄、天津已经成为数字经济平台型企业发展的重点城市。与此同时，这些城市的数字经济平台具有比较优势的领域逐步凸显，北京的数字经济平台在规模上具有比较优势的领域集中在互联网科技创新平台和其他互联网平台，这在一定程度上反映出北京数字经济平台的多样性；保定的比较优势集中在互联网科技创新平台；石家庄的比较优势集中在互联网生活服务平台；天津的比较优势集中在互联网生产服务平台和其他互联网平台。值得注意的是，除北京和天津外，所有城市的互联网公共服务平台规模都不足 0.2 亿元。

（3）数字经济产业能够有效提升区域高质量发展水平，但数字经济平台型企业需要超过一定规模才能放大这一促进效应。通过回归分析发现，数字经济平台型企业能够放大数字经济产业对提升本地全要素生产率的影响，但是这一机制只有在数字经济平台型企业规模超过 14.09 亿元这一阈值后才能显著地发挥作用，整体数字经济平台型企业规模较小的城市受平台型企业自身服务效率和能力的限制无法有效地发挥这一作用。从京津冀全局看，2020 年只有北京、石家庄、保定和天津 4 个城市的平台型企业规模超过了这一阈值，其他城市的规模远低于这一标准。这意味着截至 2020 年，仅有北京、石家庄、保定和天津 4 个城市能够在更大程度上享受数字经济平台的红利。

（二）对策建议

1. 持续育强培优，充分发挥京津冀头部平台企业的行业引领作用

一是要聚焦重点、精准扶持，通过开展营收百强和高成长百强的评定工作，摸清京津冀大型数字经济平台型企业经营现状，建立京津冀骨干型数字经济平台型企业档案，实施"一企一策"，出台鼓励企业增加研发投入的政策措施，对于产业链牵引带动作用明显的头部企业，在项目、载体、人才等方面给予打包式组合扶持。支持全国大型数字经济平台型企业在京津冀设立

全国性总部、运营中心。二是对于不同类型的头部平台型企业要给予差异化引导，对于以科技创新、生产服务为导向的平台型企业，要推动其头部企业与高校、科研院所以及重点企业间开展交流与合作，鼓励建立创新联合体，打通创新链条，提高创新产出效率；对于以公共服务为导向的平台型企业，政府要针对投入成本较高、回报周期较长等发展中的共性制约问题，建立互联网公共服务平台创新合作机制。

2. 打造数字经济平台体系，推动数字经济平台向专业多样化发展

一是要培育行业级别工业互联网平台，围绕京津冀的优势产业、重点产业，鼓励重点行业企业培育互联网应用新模式、新业态，共建和推广"产业大脑"开放平台，提升中小企业的创新能力和专业化水平，打破泛工业互联网平台专业性不足引发的效率损失。二是要打造京津冀一体化的数字医养平台，借助北京丰富的医疗资源，鼓励开展互联网诊疗服务，同时建设京津冀医学影像云平台，提高云诊疗服务效率。三是要打造数字转型服务平台，解决中小微企业在数字化转型过程中产生的"不会转"的难题，协助破解"不敢转"的忧虑，同时还要培育一批第三方专业化服务机构，提升数字化转型服务市场规模和活力。四是要打造数据资源共享平台，借助北京建设国际大数据交易中心的历史机遇，鼓励和引导京津冀各平台型企业主导参与资源共享平台建设，促进各平台之间互联互通，打破"数据孤岛"，让数据在流动中发挥价值。

3. 推动京津冀数字经济平台协同治理，助力数字经济一体化发展

一是要协同制定数字经济平台发展规则，积极摸索数字经济平台发展规律，因地制宜制定实施京津冀促进数字经济平台规范健康发展的意见，弥补数字经济发展初期的规则空白和漏洞，促进数字经济平台发展规则的统一。二是要协同制定京津冀数据共享规则，充分考虑各城市因数字经济基础设施差异而产生的数据质量参差不齐的问题，做好不同数据采集标准下的协同共享，共同制定京津冀数字经济平台数据交互共享标准。提高数字经济市场管理领域的信息共享程度，推动信息互联互通。三是要加大区域联合执法力度，为解决京津冀三方管辖争议，要依托数字经济市场管理平台建设，逐步

实现违法线索互通、标准互通以及处理结果互认。四是要推动建立分工与协作有机结合的数字经济平台发展体系，北京要充分发挥数据要素充裕、数字技术领先、数字经济平台规模大的特点，主动引领京津冀数字经济平台型企业发展风向。天津要利用好港口优势，充分发挥北方跨境数字贸易生态核心区的政策优势，积极开展数字贸易平台建设，打造一流的数字服务出口平台。河北要支持雄安新区数字经济创新发展试验区、张家口怀来大数据产业基地、石家庄正定数字经济产业园等集群建设，通过数字经济园区建设，助力数字经济平台发展薄弱地区培育壮大平台规模。

参考文献

［1］程虹、李唐：《人格特征对于劳动力工资的影响效应——基于中国企业—员工匹配调查（CEES）的实证研究》，《经济研究》2017年第2期。

［2］李允尧、刘海运、黄少坚：《平台经济理论研究动态》，《经济学动态》2013年第7期。

［3］王娟：《数字经济驱动经济高质量发展：要素配置和战略选择》，《宁夏社会科学》2019年第5期。

［4］王臻：《数字经济发展与京津冀一体化协同》，《北京观察》2021年第1期。

［5］杨汝岱：《大数据与经济增长》，《财经问题研究》2018年第2期。

B.5
数字经济助推京津冀城市群
消费升级研究[*]

叶堂林　刘佳[**]

摘　要： 自我国经济步入新常态以来，数字技术与各产业加速融合，数字经济产业蓬勃发展，新业态、新模式不断涌现并且已经渗透到了居民工作、生活的方方面面，使居民消费呈现新的特征。数字要素驱动产业是数字经济核心产业中与居民消费息息相关的产业门类，是数字经济发展的基础。本报告从数字要素驱动产业的角度切入，以京津冀城市群为研究对象，探讨了数字要素驱动产业对居民消费的影响效果。研究发现，数字要素驱动产业对京津冀城乡居民消费水平产生了显著的影响。不同的细分产业对京津冀居民消费水平的影响存在差异，其中互联网批发零售和互联网平台类产业对居民消费水平的影响较大。分城乡来看，数字要素驱动产业对城镇居民消费水平的影响明显大于农村。在数字时代，构建以国内大循环为主的新发展格局，需要重视数字要素驱动产业对居民消费发挥的重要驱动作用，促进消费需求持续释放。

关键词： 京津冀城市群　数字要素驱动产业　居民消费

---

* 本报告为北京市社会科学基金重点项目"京津冀发展报告（2022）——数字经济助推区域协同发展"（21JCB056）、北京市自然科学基金面上项目"京津冀创新驱动发展战略的实施路径研究——基于社会资本、区域创新及创新效率的视角"（9212002）的阶段性成果。

** 叶堂林，经济学博士，首都经济贸易大学特大城市经济社会发展研究院（首都高端智库）执行副院长，特大城市经济社会发展研究省部共建协同创新中心（国家级研究平台）执行副主任，教授、博士生导师，研究方向为区域经济、京津冀协同发展；刘佳，首都经济贸易大学城市经济与公共管理学院博士研究生，研究方向为区域经济。

一 研究背景及意义

（一）扩大国内需求、释放消费潜力是推动我国经济持续健康发展的重要支撑

习近平总书记在 2020 年 4 月召开的中共中央政治局常务委员会上指出，在全球新冠肺炎疫情持续蔓延、外部市场需求萎缩、经济存在下行压力的形势下，要积极扩大国内需求，释放消费潜力。此外，习近平总书记在调研指导新冠肺炎疫情防控工作时也指出，要统筹做好"六稳"工作，着力稳定居民消费，发展网络消费，扩大健康类消费，推动经济社会平稳运行。在当前新冠肺炎疫情防控常态化背景下，外部市场需求萎缩，经济存在下行压力，激发内需市场消费潜能，扩大居民消费，对保持经济平稳运行具有重要意义。国家统计局数据显示，2021 年中国最终消费支出对经济增长的贡献率为 65.4%，超过了投资、出口对 GDP 增长的贡献率，经济增长已经由传统的依靠出口、投资拉动转向消费拉动，消费成为经济持续健康发展的重要支撑。

（二）数字经济及其产业已成为推动消费增长的重要引擎

伴随着新一轮科技革命与产业革命的蓬勃发展，数字技术与各产业加速融合，数字经济已成为中国经济高质量发展不可或缺的重要力量。中国信息通信研究院发布的《中国数字经济发展白皮书（2021）》数据显示，2020年中国数字经济规模达到了 39.2 万亿元，占 GDP 的比重达 38.6%，其中数字经济核心产业增加值占 GDP 的比重达到了 7.8%。以现代信息通信技术、大数据、物联网、人工智能为代表的数字经济以及数字化产业正以其新技术、新模式、新业态重构产业链、价值链，并促进产业结构升级，为中国经济社会的发展提供了强大的驱动力。数字经济已经渗透到了居民工作、生活的方方面面。其中，数字经济产业的发展使居民消费呈现新的特征，如电子商务市场规模持续扩大，数字经济基础产业和居民消费协同发展，数字消费

逐步成为居民消费新的增长点，尤其是跨境电商快速发展，以及90后、00后的数字化场景消费模式表现出巨大潜力。

数字要素驱动产业是数字经济核心产业中与居民消费息息相关的产业门类，是数字经济发展的基础，同时也是满足居民美好生活需要的重要支撑。数字要素驱动产业能有效破除时间和空间阻碍，有效提高资源的利用程度，极大地方便居民的生活，满足其多样化的消费需求。此外，数字要素驱动产业与传统业态的深度融合还有助于赋能传统产业转型升级，加速数字技术与传统商业模式的融合创新。迎接数字时代，需以"双循环"新发展格局为依托，重视数字经济对居民消费的驱动作用。

（三）发挥数字经济对居民消费的促进作用是推进京津冀高质量发展的重要举措

京津冀是中国北方经济版图中最具活力的地区，同时也拥有巨大的消费潜力。2020年京津冀GDP为86393.2亿元，占全国的比重为8.5%；社会消费品零售总额为30004.3亿元，占全国的比重达到7.6%；居民消费支出占全国的比重达到8.66%，消费市场潜力和发展空间大。京津冀作为中国区域发展中的重要一环，担负着促进经济转型、产业结构升级的重大使命。在数字经济时代背景下，京津冀应加快数字经济产业发展，推动传统产业数字化转型，提高服务业数字化水平，由点及面向消费各环节数字化转型延伸拓展，进一步促进消费市场健康发展，持续释放内需潜力，实现居民消费"增质扩容"。此外，京津冀居民消费升级对更好地推动京津冀协同发展也具有重要的现实意义。

二　文献回顾与分析框架

（一）文献回顾

随着数字技术的高速发展和推广应用，数字经济对居民消费的影响受到学术界的广泛关注，近年来学者们从不同的角度研究了数字经济对居民消费的影响。从数字媒体方面看，吴俊辉（2015）认为不断发展的新技术为现代消费文化的快速发展创造了前提条件，其中媒介技术的变迁对消费文化产生了重大的影响，包括影响文化转向，影响人们的消费观念、消费习惯和消费方式。佘世红和王玉婷（2018）重点探讨了互联网环境下网络广告与网络消费间的关系，研究发现网络广告对网络消费具有显著的正向促进作用。中国人均网络广告市场的规模、居民人均可支配收入与人均网络购物市场交易的规模存在正相关的关系。胡荣和林彬彬（2019）指出在互联网时代，新兴媒介被看作媒介的聚合体，将各式各样的信息无孔不入地进行传播，同时促进了传统消费观念向现代消费观念的转变。从数字金融方面看，张李义和涂奔（2017）指出数字金融与电子商务的共同发展使得消费方式和服务模式不断变化，产生了新的数字金融服务需求，从而促进了居民消费需求的增长。张勋等（2019）基于北京大学数字普惠金融指数与中国家庭追踪调查（CFPS）数据，得出数字经济的发展将通过促进居民消费的增长以及收入水平的提升，进而推动经济增长。何宗樾和宋旭光（2020）基于北京大学数字普惠金融指数与中国家庭追踪调查的匹配数据，通过实证的方式验证了数字金融发展驱动居民消费可能存在的内在机制：首先是数字金融为居民的支付提供便利，加速居民的消费决策，进而促进消费的增长；其次是数字金融通过降低家庭面临的不确定性，进而释放消费需求，促进消费的增长。从数字零售方面看，韩文龙（2021）认为数字化零售具备洞察消费者需要、推动供需匹配及联动再生产资源配置的潜在机制，能够有效连接生产者和消费者，加快商品流通的速度。从互联网平台方面看，吴欣桐等（2021）指出互联网平台型企业能够实现更广范围的人与人、人与物之间的互联互通。韩文龙（2021）认为在数字经济时代，平台经济的发展极大地改变了消费者的消费模式和消费习惯。消费者通过手机、电脑等移动终端接入某一平台就能够完成产品的筛选、购买、评价以及退货。平台经济的发展极大地方便了居民的日常生活，提升了资源配置和使用效率。向国成等（2021）指出互联网平台推动了传统业态生产组织方式和商业模式的变革。

综上可知，数字经济对居民消费的作用已获得学术界的普遍认可，数字经济的发展正在促使居民消费发生重大变化。在数字经济背景下，数字技术与产业融合是我国经济发展的必然趋势，产业数字化成为推动居民消费的重要动力。本报告从数字产业的视角出发，分析与居民消费紧密相关的数字要素驱动产业对京津冀居民消费的影响。

（二）分析框架

数字要素驱动产业是国家统计局发布的《数字经济及其核心产业统计分类（2021）》所界定的数字经济核心产业的重要组成部分。数字要素驱动产业属于数字要素驱动的融合型新业态，是数字技术与其他经济活动深度融合的产物（关会娟等，2020）。围绕数字要素驱动产业如何促进居民消费，本报告通过四个方面的作用机制来阐述。一是数字内容与媒体类产业能够影响居民消费观念，激发居民消费意愿。消费者行为的选择容易受到外力制约和影响，通过在媒体投放广告、进行影视宣传等方式，引起潜在消费者的注意，使潜在消费者对商品产生良好的印象，进而激发消费者的购买欲望，刺激消费者的购买行为。二是互联网金融类产业能够提升消费支付的便利性，居民可以通过手机、计算机等移动终端，依托虚拟平台进行支付，进而有利于提高居民消费频率。三是互联网批发零售类产业能够扩展消费渠道。当前居民生活节奏加快，需要更便捷的消费方式，而互联网批发零售能够满足消费者的多样化消费需求。此外，受新冠肺炎疫情冲击，传统批发零售业遇冷，互联网批发零售类产业作为一种数字技术驱动的新商业模式，可以很好地解决消费渠道单一的问题。四是互联网平台类产业能够突破传统空间等因素的制约，有助于降低搜寻成本、时间成本，促进更大范围的消费，存在较为显著的规模经济效应。互联网平台类产业是其他数字要素驱动产业发展的基础，互联网批发零售类、互联网金融类等产业的发展离不开互联网平台的支撑。基于对作用机制的分析，可以发现以数字化平台、互联网批发零售、智能支付以及线上营销等为特点的数字要素驱动产业的发展使生产者、消费者、经销商愈加紧密地联结起来，促进了数字消费、智能消费的发展，为居民消费升级提供了动力。数字要素驱动产业影响居民消费的作用机制见图1。

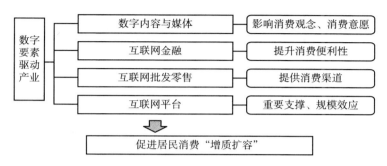

图1　数字要素驱动产业影响居民消费的作用机制

基于上述分析，本报告从以下几个方面展开：首先，对京津冀地区消费现状进行典型事实分析，从纵向和横向两个视角，从消费的规模和结构两个维度，分析消费结构的演化趋势，比较地区间消费结构差异，探索区域均衡合理发展的途径；其次，分析京津冀数字要素驱动产业的发展情况；再次，分析数字要素驱动产业对居民消费的影响，以京津冀13个城市为研究对象，通过构建计量模型，对2008~2019年京津冀地区数字要素驱动产业对城乡居民消费的影响进行实证分析，探索数字要素驱动产业对居民消费提升的影响路径；最后，基于研究结论，提出有针对性的对策建议。

三　数字要素驱动产业与居民消费现状分析

（一）京津冀居民消费水平与结构分析

1. 京津冀居民消费水平上升，存在较大的消费潜力

京津冀居民消费稳定增长。从居民人均消费支出总体趋势来看，京津冀三地均呈现上升态势，受新冠肺炎疫情影响，2020年出现小幅下降。2008~2020年，北京市居民人均消费支出由17447元增加至38903元，年均增长

率为6.91%；天津市居民人均消费支出由11641元增加至28461元，年均增长率为7.73%；河北省居民人均消费支出由6241元增加至18037元，年均增长率为9.25%（见图2）。京津冀居民消费呈现快速增长的势头。从差距来看，北京市居民人均消费支出最高，天津次之，河北最低，且三地差距呈现缩小态势。京津居民人均消费支出之比由2008年的1.50倍降至2020年的1.37倍，京冀居民人均消费支出之比由2008年的2.80倍降至2020年的2.16倍。

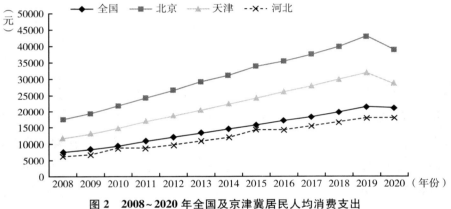

图2 2008~2020年全国及京津冀居民人均消费支出

资料来源：《中国统计年鉴》（2009~2021年）。

京津冀居民消费潜力较大。从居民人均可支配收入总体趋势来看，京津冀整体呈上升态势，2008~2020年，北京市居民人均可支配收入由24371元增加至69434元，天津市居民人均可支配收入由15444元增加至43854元，河北省居民人均可支配收入由8365元增加至27136元。从增速来看，2008~2020年京津冀三地居民人均可支配收入年均增长率分别为9.12%、9.09%、10.30%，与居民人均消费支出增速相比，居民人均可支配收入增速略高，意味着存在较强的潜在消费能力。

2. 京津冀居民消费结构升级，服务型消费支出增速较快

京津冀居民消费支出结构显著优化，服务型消费成为消费增长新引擎。从京津冀居民人均消费支出结构来看，生存型消费所占比重显著降低，发展

和享受型消费所占比重呈上升态势，成为居民消费增长的有力支撑。食品烟酒类人均消费支出在居民消费总支出中的比重大幅下降，衣着类人均消费支出在居民消费总支出中的比重呈持续下降的态势，居住类人均消费支出在居民消费总支出中的比重大幅上升，交通通信类、医疗保健类人均消费支出在居民消费总支出中的比重略有上升。

2020年北京市居民人均消费支出由高到低依次为居住类（15710.5元）、食品烟酒类（8373.9元）、交通通信类（3789.5元）、医疗保健类（3513.3元）、教育文化娱乐类（2766.0元）、生活用品及服务类（2145.8元）、衣着类（1803.5元）、其他用品及服务类（800.7元）。与2008年相比，2020年北京市居民人均消费支出排名有较大变动。其中，食品烟酒类由2008年的第一位下降至2020年的第二位，占比下降了12.28个百分点；居住类由2008年的第六位上升至2020年的第一位，占比上升了31.97个百分点；教育文化娱乐类由2008年的第二位下降至2020年的第五位；交通通信类和医疗保健类2020年排名与2008年一致，分别居第三位和第四位（见表1）。

表1　2008年、2020年京津冀居民人均消费支出

单位：元

类别	北京		天津		河北	
	2008年	2020年	2008年	2020年	2008年	2020年
食品烟酒	5094.83	8373.9	4222.68	8516.0	2015.20	4992.5
衣着	1421.66	1803.5	957.58	1711.8	594.87	1249.7
居住	1267.69	15710.5	1339.50	7035.3	864.27	4394.5
生活用品及服务	991.77	2145.8	666.09	1669.4	329.14	1171.2
交通通信	2090.48	3789.5	1302.60	3778.7	646.56	2356.9
教育文化娱乐	2156.99	2766.0	1316.49	2253.7	541.82	1799.1
医疗保健	1434.20	3513.3	1011.47	2646.0	466.35	1692.0
其他用品及服务	617.12	800.7	420.82	850.5	165.07	381.2

资料来源：《中国统计年鉴》（2009年、2021年）。

2020年天津市居民人均消费支出由高到低依次为食品烟酒类（8516.0元）、居住类（7035.3元）、交通通信类（3778.7元）、医疗保健类（2646.0元）、教育文化娱乐类（2253.7元）、衣着类（1711.8元）、生活用品及服务类（1669.4元）、其他用品及服务类（850.5元）。与2008年相比，2020年天津市居民人均消费支出结构更加优化。具体来看，食品烟酒类仍然居第一位，但所占比重下降了7.66个百分点；居住类仍然居第二位，但所占比重较2008年大幅上升了12.80个百分点；交通通信类由2008年的第四位上升至2020年的第三位；医疗保健类由2008年的第五位上升至2020年的第四位。

2020年河北省居民人均消费支出由高到低依次为食品烟酒类（4992.5元）、居住类（4394.5元）、交通通信类（2356.9元）、教育文化娱乐类（1799.1元）、医疗保健类（1692.0元）、衣着类（1249.7元）、生活用品及服务类（1171.2元）、其他用品及服务类（381.2元）。与2008年相比，2020年食品烟酒类、居住类、交通通信类居民人均消费支出依然排在前三位，但所占比重变化幅度较大。其中，食品烟酒类下降了8.16个百分点；居住类上升了8.99个百分点；交通通信类上升了1.57个百分点；教育文化娱乐类由2008年的第五位上升至2020年的第四位；医疗保健类由2008年的第六位上升至2020年的第五位。

从平均增速来看，在八类消费支出中，2008~2020年，北京市增速最快的前四类消费支出分别是居住类、医疗保健类、生活用品及服务类、交通通信类，年均增长率分别为23.34%、7.75%、6.64%、5.08%；天津市增速最快的前四类消费支出分别是居住类、交通通信类、医疗保健类、生活用品及服务类，年均增长率分别为14.82%、9.28%、8.34%、7.96%；河北省增速最快的前四类消费支出分别是居住类、交通通信类、医疗保健类、生活用品及服务类，年均增长率分别为14.51%、11.38%、11.34%、11.16%。增速的变化一方面说明了京津冀人均消费支出规模发生变化的原因，另一方面表明各项支出在未来的发展趋势。

3. 数字消费成为消费新亮点，展现强劲发展势头

互联网销售规模不断扩大，数字消费持续升温。随着现代信息网络和通信技术的发展，第五代移动通信网络应用正在快速推进，消费新业态、新模式不断涌现，数字消费日益深入居民生活的方方面面，如网络购物、直播带货、电子刊物、网络课程、视频会员、网络游戏等，数字消费市场存在巨大潜力。2008~2020 年，中国网络零售市场交易规模由 1300 亿元增加至103200 亿元，年均增长率为 43.98%。网络零售市场交易规模占社会消费品零售总额的比重也在逐年攀升，由 2008 年的 1.17% 上升至 2020 年的26.33%（见图 3），提高了 25.16 个百分点。这意味着中国的网络消费需求旺盛，互联网消费进入快速增长的阶段。可以预期，在新冠肺炎疫情防控常态化和信息技术不断发展的背景下，中国电子商务销售规模将不断扩大，数字消费在居民消费乃至整个经济社会发展中也将扮演越来越重要的角色。

图 3　2008~2020 年中国网络零售市场交易规模及其占比

资料来源：网经社电子商务研究中心、《中国统计年鉴》（2009~2021 年）。

（二）京津冀数字要素驱动产业发展分析

1. 京津冀数字要素驱动产业总体发展态势良好，其中互联网批发零售业的优势地位较为突出

京津冀数字要素驱动产业发展态势良好，规模不断扩大，在数字经济

产业中的占比稳步提升。从规模来看，2008~2020 年，京津冀数字要素驱动产业规模逐年攀升，企业注册资本额由 186.22 亿元增加至 1970.55 亿元，年均增长率达 21.73%，其中 2014~2017 年数字要素驱动产业增长速度较快。从结构来看，京津冀数字要素驱动产业企业注册资本额占数字经济产业企业注册资本额的比重逐年提升，由 2008 年的 1.30%提高至 2020年的 8.29%，提升了 6.99 个百分点（见图 4），这说明数字要素驱动产业在数字经济产业中的重要性日益凸显，成为数字经济产业发展的重要力量。

图 4　2008~2020 年京津冀数字要素驱动产业规模及其占比

资料来源：根据龙信企业大数据平台计算所得。

从具体行业来看，京津冀数字要素驱动产业各细分行业规模不断增长，其中互联网批发零售类产业呈现良好的发展势头，且一直处于较高的水平。2008~2020 年，互联网平台类产业企业注册资本额从 44.46 亿元增加至340.53 亿元，年均增长率达到 18.49%；互联网批发零售类产业企业注册资本额从 75.83 亿元迅猛增加至 1178.95 亿元，年均增长率达到 25.69%；互联网金融类产业企业注册资本额从 33.93 亿元增加至 270.46 亿元，年均增长率达到 18.88%；数字内容与媒体类产业企业注册资本额从 32.00 亿元增

加至 180.60 亿元，年均增长率达到 15.51%（见图 5）。其中，互联网平台
类、互联网金融类以及数字内容与媒体类产业增长较为平稳，互联网批发零
售类产业则呈现较为强劲的增长势头，2020 年实现年均增长率超过 20%。
增长速度快说明数字要素驱动产业发展取得了显著的成果，互联网批发零售
类产业具有良好的发展前景。

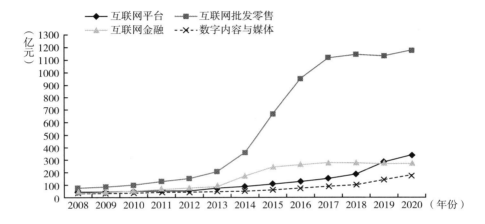

图 5　2008～2020 年京津冀数字要素驱动产业细分行业企业注册资本额

资料来源：根据龙信企业大数据平台计算所得。

从数字要素驱动产业细分行业的内部结构分析，互联网零售、其他互联
网平台和金融信息服务类产业占据数字要素驱动产业细分行业内部结构的前
三位，呈现强劲的发展势头。在互联网平台类产业中，2020 年互联网公共
服务平台、互联网生产服务平台、互联网生活服务平台、互联网科技创新平
台、其他互联网平台类企业注册资本额分别为 5.41 亿元、23.77 亿元、
43.98 亿元、66.70 亿元、200.67 亿元；在互联网批发零售类产业中，2020
年互联网批发、互联网零售类企业注册资本额分别为 89.03 亿元、1089.92
亿元；在互联网金融类产业中，2020 年金融信息服务、非金融机构支付服
务类企业注册资本额分别为 197.28 亿元、73.18 亿元；在数字内容与媒体
类产业中，2020 年互联网广告服务、电影放映、电子出版物出版、音像制

品出版类企业注册资本额分别为 96.10 亿元、61.10 亿元、7.45 亿元、15.95 亿元（见图6）。

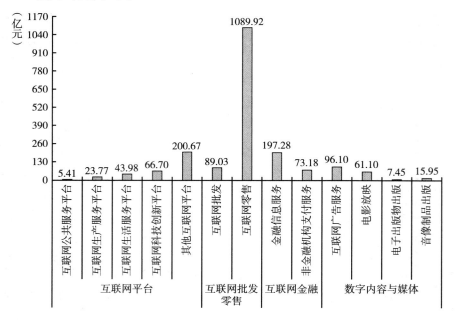

图6 2020年京津冀数字要素驱动产业细分行业内部结构

资料来源：根据龙信企业大数据平台计算所得。

2. 京津冀各城市数字要素驱动产业规模差异较大，不同发展等级城市的数字要素驱动产业结构不同

从京津冀各城市数字要素驱动产业规模来看，各城市间产业规模差异较大。2020年，数字要素驱动产业企业注册资本额排在前三位的城市是北京、天津、石家庄，企业注册资本额分别为1140.01亿元、426.67亿元、157.16亿元。秦皇岛、衡水、承德、张家口、沧州的数字要素驱动产业企业注册资本额较少，皆在20亿元以下，分别为6.11亿元、10.02亿元、10.27亿元、15.08亿元、18.96亿元。从京津冀各城市数字要素驱动产业企业注册资本额占数字经济产业企业注册资本额的比重来看，居前三位的分别是天津、沧州、邢台，占比分别为28.65%、19.39%、

17.83%（见图7）。这意味着京津冀各城市数字要素驱动产业发展存在明显的区域差异，北京、天津、石家庄发展较快，其他城市的数字要素驱动产业规模偏低。

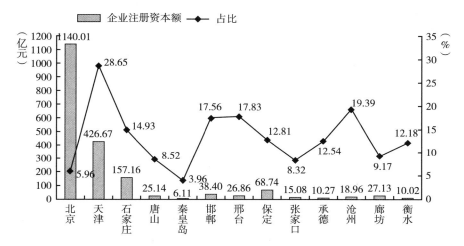

图7　2020年京津冀各城市数字要素驱动产业企业注册资本额及其占比

资料来源：根据龙信企业大数据平台计算所得。

从数字要素驱动产业结构来看，京津冀城市群内部不同发展等级城市的数字要素驱动产业结构是不同的，互联网批发零售类和互联网平台类是目前京津冀数字要素驱动产业发展的重点。2020年北京的数字要素驱动产业细分行业企业注册资本额由高到低分别为互联网批发零售类（673.25亿元）、互联网金融类（199.90亿元）、互联网平台类（168.45亿元）、数字内容与媒体类（98.41亿元），其中企业注册资本额排名第一的是排名第二的3.37倍，表明北京的互联网批发零售类产业较为发达，在数字要素驱动产业中居主导地位。在2020年天津的数字要素驱动产业细分行业企业注册资本额排名中，互联网批发零售类（336.36亿元）居第一位，数字内容与媒体类（43.11亿元）居第二位，互联网平台类（27.84亿元）和互联网金融类（19.36亿元）分别居第三、第四位。其中，企业注册资本额排名第一的是排名第二的7.80倍，排名第一的是排名第三的12.08倍，表明天津互联网批发零售类产业的驱动作用较为突出，对数字要素驱动产业发展的贡献较大。2020年石家庄的数字要素驱动产业细分行业企业注册资本额从高到低分别是互联网平台类（64.38亿元）、互联网批发零售类（55.55亿元）、互联网金融类（24.13亿元）、数字内容与媒体类（13.09亿元），其中排在第一位和第二位的企业注册资本额大体相当，表明石家庄的数字要素驱动产业结构呈现互联网平台类和互联网批发零售类双轮驱动发展的趋势。在2020年唐山、秦皇岛、邯郸、邢台、沧州的数字要素驱动产业细分行业企业注册资本额排名中，排在第一位的是互联网批发零售类，企业注册资本额分别为16.56亿元、3.19亿元、21.50亿元、21.00亿元、13.40亿元；排在第二位的是互联网平台类，企业注册资本额分别为4.26亿元、1.14亿元、7.08亿元、3.29亿元、3.28亿元。在2020年保定、张家口、承德、廊坊的数字要素驱动产业细分行业企业注册资本额排名中，排在第一位的是互联网平台类，企业注册资本额分别为32.36亿元、8.38亿元、6.57亿元、12.69亿元；排在第二位的是互联网批发零售类，企业注册资本额分别为15.34亿元、3.32亿元、1.34亿元、10.67亿元（见图8）。

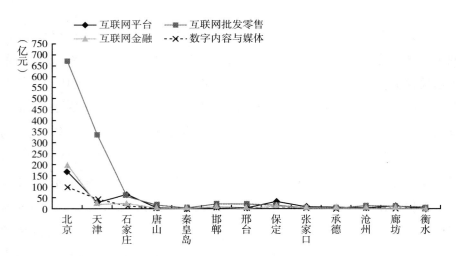

图8　2020年京津冀各城市数字要素驱动产业细分行业规模

资料来源：根据龙信企业大数据平台计算所得。

四　数字要素驱动产业与京津冀居民消费实证分析

（一）指标选取

根据前人的研究及经济事实发现，数字要素驱动产业不仅是数字产业化的重要组成部分，而且有助于促进消费水平提升。国家统计局发布的《数字经济及其核心产业统计分类（2021）》将数字要素驱动产业分为互联网平台、互联网批发零售、互联网金融、数字内容与媒体、信息基础设施建设、数据资源与产权交易、其他数字要素驱动业7个中类。基于数据的可得性以及与居民消费的关联度，本报告最终选择互联网平台、互联网批发零售、互联网金融、数字内容与媒体4个数字要素驱动产业中类。具体来看，互联网平台包含互联网生产服务平台、互联网生活服务平台、互联网科技创新平台、互联网公共服务平台以及其他互联网平台5个小类；互联网批发零售包含互联网批发、互联网零售2个小类；互联网金融包含金融信息服务、非金融机构支付服务2个小类；数字内容与媒体包含互联网广告服务1个小类。

（二）模型构建

为探寻数字要素驱动产业对京津冀居民消费水平的影响，设定如下回归模型：

$$\ln cs_{i,t} = \beta_0 + \beta_1 dum_{i,t} + \sum_k \beta_k Control_{i,t} + \mu_i + \delta_t + \varepsilon_{i,t} \tag{1}$$

其中，下标 i（$i = 1, 2, \cdots, 13$）为京津冀13个城市，t（$t = 2008$, 2009, $\cdots$, 2019）为年份。被解释变量 $cs_{i,t}$ 为城市 i 在 t 年的居民人均消费水平，用京津冀城乡居民人均消费支出来衡量，其中 Ucs 代表京津冀城镇居民人均消费水平，Rcs 代表京津冀农村居民人均消费水平。$dum_{i,t}$ 是虚拟变量，表示是否拥有数字要素驱动产业，如果城市 i 在 t 年的数字要素驱动产业企业注册资本额大于 0，则 $dum_{i,t} = 1$，否则为 0。为分析数字要素驱动产业细分行业对居民消费的影响，分别用 $dum1$ 至 $dum4$ 来代表是否拥有互联网平台类产业、互联网批发零售类产业、互联网金融类产业以及数字内容与媒体类产业，因此衍生出 4 个模型。

$Control_{i, t}$ 为由其他影响京津冀居民消费的因素组成的控制变量，结合现有文献，本报告选取经济发展水平、就业率、工业化程度、服务业发展状况、物价水平、对外开放程度以及政府作用作为控制变量。其中，GDP 代表经济发展水平，用各城市人均 GDP 来衡量，经济发展水平是影响居民消费的重要因素。Emp 代表就业率，用城镇单位年末就业人口占总人口的比例来衡量。Sec 代表工业化程度，用京津冀各城市第二产业增加值占 GDP 比重来衡量。$Tert$ 代表服务业发展状况，用京津冀各城市第三产业增加值占 GDP 比重来衡量。CPI 代表物价水平，用京津冀各城市居民消费价格指数来衡量，其中上年消费价格指数为 100，旨在剔除商品价格波动产生的影响。For 代表对外开放程度，用外商实际投资额来衡量。Gov 代表政府作用，用地方一般公共预算支出来衡量。此外，μ_i 为城市固定效应，δ_t 为年份固定效应，$\varepsilon_{i, t}$ 为随机扰动项。主要变量解释及数据说明见表 2。

表 2 主要变量解释及数据说明

变量符号	变量名称	具体指标及单位	数据来源
Ucs	城镇居民人均消费水平	城镇居民人均消费支出(元)	Wind 数据库
Rcs	农村居民人均消费水平	农村居民人均消费支出(元)	Wind 数据库
$Plat$	互联网平台类产业	企业累计注册资本额(万元)	龙信企业大数据平台
Ret	互联网批发零售类产业	企业累计注册资本额(万元)	龙信企业大数据平台
Fin	互联网金融类产业	企业累计注册资本额(万元)	龙信企业大数据平台
Ad	数字内容与媒体类产业	企业累计注册资本额(万元)	龙信企业大数据平台
GDP	经济发展水平	人均 GDP(元)	《中国城市统计年鉴》
Emp	就业率	城镇单位年末就业人口占总人口的比例(%)	《中国城市统计年鉴》
Sec	工业化程度	第二产业增加值占 GDP 比重(%)	《中国城市统计年鉴》
$Tert$	服务业发展状况	第三产业增加值占 GDP 比重(%)	《中国城市统计年鉴》
CPI	物价水平	居民消费价格指数(上年消费价格指数为 100)	各城市国民经济和社会发展统计公报
For	对外开放程度	外商实际投资额(万美元)	《中国城市统计年鉴》
Gov	政府作用	地方一般公共预算支出(万元)	《中国城市统计年鉴》

关键变量的描述统计见表3。

表3　变量描述统计

变量	观测值	均值	标准差	最小值	最大值
$\ln Ucs$	156	9.669	0.399	8.896	10.74
$\ln Rcs$	156	8.810	0.542	7.662	9.993
$\ln GDP$	156	10.63	0.553	9.569	12.01
$\ln Emp$	156	−2.331	0.647	−3.117	−0.514
$\ln Sec$	156	−0.822	0.268	−1.823	−0.508
$\ln Tert$	156	−0.862	0.260	−1.393	−0.180
$\ln CPI$	155	4.631	0.0219	4.563	4.690
$\ln For$	156	11.15	1.480	7.384	14.94
$\ln Gov$	156	15.32	1.012	13.41	18.13

注：描述性统计结果由stata15.0汇报。

（三）实证分析

利用软件stata 15.0对京津冀数字要素驱动产业与城乡居民消费水平的关系进行了回归，表4报告了数字要素驱动产业对京津冀城镇居民消费水平影响的回归结果，表5报告了数字要素驱动产业对京津冀农村居民消费水平影响的回归结果。

表4　数字要素驱动产业对京津冀城镇居民消费水平影响的回归结果

变量	（1）$Plat$	（2）Ret	（3）Fin	（4）Ad
dum	0.064**	0.055*	−0.008	0.027**
	(2.50)	(1.97)	(−0.31)	(2.63)
城市固定效应	控制	控制	控制	控制
年份固定效应	控制	控制	控制	控制
样本量	155	155	155	155
R^2	0.985	0.986	0.985	0.985

注：*、**分别表示在10%、5%的水平下显著，括号内为t统计值；回归结果由stata15.0汇报。

表5　数字要素驱动产业对京津冀农村居民消费水平影响的回归结果

变量	(1) *Plat*	(2) *Ret*	(3) *Fin*	(4) *Ad*
dum	0.030	0.059*	−0.057**	−0.055**
	(0.76)	(1.86)	(−2.39)	(−2.45)
城市固定效应	控制	控制	控制	控制
年份固定效应	控制	控制	控制	控制
样本量	155	155	155	155
R^2	0.975	0.975	0.975	0.975

注：*、** 分别表示在10%、5%的水平下显著，括号内为 t 统计值；回归结果由 stata15.0 汇报。

在表4的回归结果中，模型（1）至模型（4）对应的虚拟变量分别为互联网平台类产业、互联网批发零售类产业、互联网金融类产业、数字内容与媒体类产业。回归结果显示，互联网平台类产业［列（1）］在5%的水平下显著大于0，其经济含义为，与无互联网平台类产业的城市相比，有该产业的城市，城镇居民人均消费支出高出6.4%；互联网批发零售类产业［列（2）］对城镇居民消费产生显著的促进作用，其系数在10%的水平下显著为正，这表明互联网批发零售类产业的存在对城镇居民消费水平具有促进效应，与无互联网批发零售类产业的城市相比，有该产业的城市，城镇居民人均消费支出高出5.5%；从互联网金融类产业［列（3）］的回归结果来看，该产业与城镇居民消费水平不存在显著的正相关关系，产生这一现象的原因可能是样本数据较少；数字内容与媒体类产业［列（4）］对城镇居民消费水平的影响显著为正，与无数字内容与媒体类产业的城市相比，有该产业的城市，城镇居民人均消费支出高出2.7%。因此，数字要素驱动产业对京津冀城镇居民消费具有显著的促进效应。需要指出的是，互联网平台类产业与互联网批发零售类产业对京津冀城镇居民消费水平的影响较大。

与城镇居民消费相比，京津冀数字要素驱动产业对农村居民消费水平的影响要弱一些，这可能是因为京津冀农村地区网络基础设施建设的滞后制约了数字要素驱动产业对农村居民消费增长的促进作用。表5的回归结果显示，互联网批发零售类产业［列（2）］对京津冀农村居民消费的促进效应具有统计显著性，这表明互联网批发零售类产业的存在对农村居民消费具有促进效应，与无互联网批发零售类产业的城市相比，有该产业的城市，农村居民人均消费支出高出 5.9%。

通过比较发现，数字要素驱动产业对城镇居民消费水平的影响明显大于农村居民。从城镇居民消费层面来看，互联网平台类产业、互联网批发零售类产业、数字内容与媒体类产业与京津冀城镇居民消费水平存在显著的正相关关系，回归系数分别为 0.064、0.055、0.027。与城镇居民消费相比，仅互联网批发零售类产业与京津冀农村居民消费水平存在显著的正相关关系，回归系数为 0.059。从数字要素驱动产业细分行业来看，互联网批发零售类产业、互联网平台类产业对京津冀居民消费水平的影响较大。

五　主要结论及对策建议

（一）主要结论

基于上述分析，本报告得出以下几个结论。一是京津冀居民消费水平总体上升，消费支出结构明显优化。从消费水平来看，京津冀居民消费稳定增长，消费潜力较大。2008～2020 年京津冀三地居民人均消费支出年均增长率分别达到 6.91%、7.73%、9.25%。从消费支出结构来看，京津冀居民消费支出结构显著优化，生存型消费所占比重显著降低，发展和享受型消费所占比重呈上升态势，成为居民消费增长的有力支撑。二是数字消费持续升温，互联网销售规模不断扩大，展现强劲发展势头。三是京津冀数字要素驱动产业发展态势良好，规模不断扩大，在数字经济产业中的占比稳步提升。2020年京津冀数字要素驱动产业企业注册资本额达到 1970.55 亿元，占数字经济产业企业注册资本额的比重为 8.29%。从具体行业来看，数字要素驱动产业各细分行业规模不断增长，其中互联网批发零售类产业呈现良好的发展势头，具有良好的发展前景。从区域差异来看，京津冀各城市数字要素驱动产业发展存在明显的区域差异，其中北京、天津、石家庄的数字要素驱动产业

发展较快。四是基于对 2008~2019 年京津冀 13 个城市的实证分析，得出数字要素驱动产业对京津冀城乡居民消费水平产生了显著影响的结论。不同的细分行业对京津冀居民消费水平的影响存在差异，其中互联网批发零售类产业和互联网平台类产业对居民消费水平的影响较大。分城乡来看，数字经济要素驱动产业对城镇居民消费水平的影响明显大于农村居民。

（二）对策建议

第一，支持数字要素驱动产业发展，拉动居民消费持续增长。鉴于数字要素驱动产业对居民消费的促进效应，重点发展互联网批发零售类和互联网平台类产业是目前扩大居民消费的可行选项。加快推进互联网销售、线上营销、数字化平台建设、智能支付等，由点及面向消费各环节数字化转型延伸拓展。引导企业强化数字化思维，全面系统地推进销售服务各业务全流程的数字化转型，鼓励企业打造一体化的互联网销售平台，形成数据驱动的智能化销售。鼓励和支持互联网批发零售类、互联网平台类企业基于自身优势进一步纵深推进数字化建设，加快培育一批新型消费示范城市和领先企业，打造数字消费服务展示交流和电商技能培训中心。促进数字要素驱动产业与传统销售深度融合，推进线上线下消费方式的有机融合，加强数字技术在地区优势产业中的应用，带动居民消费扩张，推动数字消费、智能消费、绿色消费，促进数字化商业模式创新。

第二，加强农村地区新型基础设施建设，挖掘农村消费潜力。针对数字要素驱动产业城乡发展差异，加强农村新型基础设施建设，完善农村数字基础设施建设，将新型基础设施建设作为数字要素驱动产业进一步发展的重要动力，加速完善农村网络基础与信息基础建设，在政策制定过程中给予农村资金和政策倾斜。深入挖掘、激活农村地区消费市场，加快农村互联网平台建设，提升农村居民电商技能，完善京津冀农村物流系统，推进电子商务进农村综合示范，助力农村居民消费，充分释放农村消费潜力，拉动京津冀城乡消费协同发展，缩小京津冀城乡消费差距。

第三，出台并推动相关政策落地，不断优化居民消费环境。在数字化消费的背景下，加强对商家的监管，促进互联网消费健康发展。完善市场准入、互联网平台管理、互联网安全保障等相关政策，建立完善的消费者和商家权益保护机制，特别是对于新业态、新模式，既要鼓励发展，又要及时发现发展过程中存在的问题和不足，建立商家和消费者市场信用机制，引导微商电商、网络直播等规范健康发展，营造高效规范、公平竞争的互联网消费环境。

参考文献

[1] 关会娟、许宪春、张美慧、郁霞：《中国数字经济产业统计分类问题研究》，《统计研究》2020 年第 12 期。

[2] 韩文龙：《平台经济全球化的资本逻辑及其批判与超越》，《马克思主义研究》2021 年第 6 期。

[3] 何宗樾、宋旭光：《数字金融发展如何影响居民消费》，《财贸经济》2020 年第 8 期。

[4] 胡荣、林彬彬：《媒体使用对居民消费观念的影响》，《江苏行政学院学报》2019 年第 2 期。

[5] 佘世红、王玉婷：《网络广告与网络消费相关性实证研究》，《现代传播》（中国传媒大学学报）2018 年第 10 期。

[6] 吴俊辉：《科技发展下新媒体艺术的前景探究》，《科技资讯》2015 年第 12 期。

[7] 吴欣桐、陈劲、梅亮、侯甲：《互联网平台型企业的 BoP 市场普惠机制研究——基于快手的案例》，《管理学报》2021 年第 4 期。

[8] 向国成、石校菲、邝劲松：《数字经济发展提高了居民消费水平吗?》，《消费经济》2021 年第 5 期。

[9] 张李义、涂奔：《互联网金融对中国城乡居民消费的差异化影响——从消费金融的功能性视角出发》，《财贸研究》2017 年第 8 期。

[10] 张勋、万广华、张佳佳、何宗樾：《数字经济、普惠金融与包容性增长》，《经济研究》2019 年第 8 期。

B.6

京津冀"2+11"城市数字经济发展研究[*]

叶堂林　于欣平[**]

摘　要：　数字经济已经成为国内外产业发展的新高地，我国高度重视数字经济的发展，近年来颁布了《国家信息化发展战略纲要》等多项相关政策。京津冀协同发展战略是我国重大发展战略之一，北京、天津具有发展数字经济的独特优势，河北在《河北省数字经济发展规划（2020~2025年）》中明确提出，要与京津携手共建数字经济发展新高地。本报告从数字经济发展基础、数字经济发展规模、数字经济发展环境三个维度构建了数字经济发展水平评价指标体系，将京津冀城市群细化为13个城市进行比较分析，对13个城市的数字经济发展现状进行总结概括，进而查找各城市在数字经济发展过程中独有的优势以及存在的问题。研究发现，北京、天津在数字经济发展的各方面均有较高水平；河北省内各地级市数字经济发展水平与北京、天津存在显著差距；河北数字经济产业空间不均衡现象凸显；保定、邯郸、邢台的数字经济发展环境建设不能满足城市数字经济发展需求；等等。最后，针对以上研究提出了相应的对策建议：一是充分发挥北京的辐射带动作用，推动津冀服务业智能化转型升级；二是完善数字

---

[*] 本报告为北京市社会科学基金重点项目"京津冀发展报告（2022）——数字经济助推区域协同发展"（21JCB056）、北京市自然科学基金面上项目"京津冀创新驱动发展战略的实施路径研究——基于社会资本、区域创新及创新效率的视角"（9212002）的阶段性成果。

[**] 叶堂林，经济学博士，首都经济贸易大学特大城市经济社会发展研究院（首都高端智库）执行副院长，特大城市经济社会发展研究省部共建协同创新中心（国家级研究平台）执行副主任，教授、博士生导师，研究方向为区域经济、京津冀协同发展；于欣平，首都经济贸易大学硕士研究生，研究方向为区域经济。

技术产业链，协同推进数字经济合理布局；三是积极推进津冀数
字战略发展，破除其在数字经济建设方面存在的障碍；四是推动
京津冀协同发展，强化数字经济治理能力。

关键词： 京津冀城市群　数字经济　熵值法

一　研究背景与研究意义

（一）积极布局数字经济符合未来产业发展新趋势

数字经济已成为国内外产业发展的新高地，发达国家率先在数字经济领
域谋划布局。2018 年，美国发布的《数据科学战略计划》《国家网络战略》
中明确提到了促进数字经济发展的相关内容。2018 年，英国通过发布《数
字宪章》《国家计量战略实施计划》等一系列行动计划对本国数字经济产业
发展进行了明确的战略规划。2018 年，德国发布了《联邦政府人工智能战
略》《高技术战略 2025》等相关政策，旨在加强数字经济与人工智能领域的
融合发展。2018 年，欧盟发布了《通用数据保护条例》等一系列与数字经
济有关的政策。不难看出，发达国家开始在"新发展赛道"上同时发力，
抢占"数字高地"，寻求"数字红利"。

（二）数字经济已上升至国家和区域发展战略层面

我国高度重视数字经济对经济社会发展的重要意义。2016 年，中共中
央办公厅、国务院办公厅印发了《国家信息化发展战略纲要》。2017 年，习
近平总书记在党的十九大报告中提出"实施国家大数据战略，构建以数据
为关键要素的数字经济，加快建设数字中国"的发展战略。2019 年，国务
院办公厅发布了《关于促进平台经济规范健康发展的指导意见》；同年，国
家发展改革委、中央网信办联合印发《国家数字经济创新发展试验区实施

方案》；2020 年，工业和信息化部办公厅推出了《关于推动工业互联网加快发展的通知》《中小企业数字化赋能专项行动方案》；同年，中共中央、国务院发布了《关于构建更加完善的要素市场化配置体制机制的意见》。2021年，《中华人民共和国国民经济和社会发展第十四个五年规划和2035年远景目标纲要》将"加快数字化发展，建设数字中国"单独成篇。这些无一不反映了国家层面高度重视数字经济的发展布局。

（三）加强数字城市建设对京津冀协同发展意义重大

数字经济可以从多方面助推京津冀协同发展向深层次迈进。京津冀协同发展战略是我国的重大国家战略，如今，京津冀协同发展战略已走过第八个年头，协同发展成效显著，但向深层次迈进过程中仍面临一些障碍，亟须寻求一种新的"解法"来破除障碍。从治理的角度来看，数字技术的应用是解决传统治理领域难点问题的重要手段，数字技术在具体治理领域中的优势是传统人力治理不可比拟的，在这个意义上，依托数字城市建设加快数字技术的推广普及，能够为"数字化协同治理"奠定坚实的基础。从经济发展的角度来看，数据作为一种全新的生产要素，能够有效促进生产关联网络中的各主体实现优化组合，未来区域间的产业互动除了表现为劳动力和资本的流动外，更重要的是一些非涉密数据要素的开放共享，以及基于生产消费大数据的生产关系重塑，形成符合新发展趋势的区域间产业分工协作关系。京津冀城市群内各主体的数字城市建设直接影响到各主体能否有效嵌入"数字化协同治理"和"数字化协同发展"的大格局当中，对京津冀城市群内各主体的数字城市建设情况进行分析与比较意义重大。

综上所述，由于日趋激烈的国际竞争，以及中国政府的高度重视，发展数字经济已经成为增强我国国际竞争力的重要途径。数字经济也是实现我国新旧动能转换的关键抓手，既可以推动区域经济的发展，又可以促进经济发展驱动模式的转变。同时，京津冀城市群正在着力打造数字经济发展新高地，因此研究其数字经济发展现状具有重要的现实意义。

二 理论基础

（一）关于数字经济内涵的研究

数字经济概念的提出最早来自美国，Tapscott（1996）在其专著《数字经济：网络智能时代的希望和危险》中首次提到了"数字经济"这一概念。Turcan 等（2014）认为信息是数字经济的关键资源，这些数字信息经过加工可以产生新的社会经济价值，为开发新产品、提供新服务创造更多的可能性。杨文溥（2022）认为数字经济能够对传统产业进行融合、改造，提升旧动能、产生新动能，驱动经济高质量发展，孕育新的经济业态。G20 对数字经济的官方定义是：数字经济是指以使用数字化的知识和信息作为关键生产要素、以现代信息网络作为重要载体、以信息通信技术的有效使用作为效率提升和经济结构优化的重要推动力的一系列经济活动。[①]

（二）关于数字经济发展水平评价指标体系的研究

多数学者在对数字经济发展水平进行评价时采用了构建评价指标体系的方法。张雪玲和焦月霞（2017）选取信息通信基础设施、信息通信技术初级应用、信息通信技术高级应用、企业数字化发展以及信息通信技术产业发展五个维度，运用熵值法和指数法测算 2007~2015 年我国数字经济发展状况。万晓瑜等（2019）从投入、环境和产出的视角构建了数字经济评价指标体系，其中投入包含数字计划创新和数字化基础设施 2 个二级指标，环境包含政府治理、企业自治和公众监管 3 个二级指标，产出包含数字产业化和产业数字化 2 个二级指标。许宪春和张美慧（2020）借鉴美国经济分析局（BEA）的测算方法，从数字化赋权基础设施、数字化媒体、数字化交易和

---

① 《二十国集团数字经济发展与合作倡议》，中共中央网络安全和信息化委员会办公室、中华人民共和国国家互联网信息办公室网站，2016 年 9 月 29 日，http：//www.cac.gov.cn/2016-09/29/c_1119648520.htm。

数字经济产品交易四个维度构建数字经济评价指标体系。李治国等（2021）从互联网发展和数字普惠金融发展两个层面综合测度城市的数字经济发展水平。樊自甫和吴云（2021）从信息基础设施、科技创新、经济增长和社会发展四个维度选取了16个二级指标，对数字经济发展水平进行评价分析。韩兆安等（2021）基于马克思政治经济学理论，从社会生产角度的生产、分配、交换和消费四个维度构建数字经济评价指标体系。

（三）文献述评

通过对已有文献的梳理不难看出，近年来国内外学者进行了许多有关数字经济的研究，主要从数字经济的内涵、数字经济评价指标体系构建等方面展开。数字经济的统计口径确立较晚，相关指标与统计资料难以标准化，因而使得数字经济测算等研究领域的指标选取存在一定的差异性，但已有研究在指标体系的构建方面为后续研究奠定了基础，为后续关于测度与评价区域数字经济发展水平的研究提供了一种方法，具有一定的参考价值。

三　分析框架

（一）综合评价指标体系

1. 维度的选取

本报告在构建数字经济发展水平评价指标体系时主要选取数字经济发展基础、数字经济发展规模和数字经济发展环境三个维度。

数字经济发展基础是数字经济高质量发展的重要支撑与保障。数字经济发展基础是数字经济发展的重要依托，在一定程度上决定着数字经济发展的质量。张雪玲和焦月霞（2017）、李治国等（2021）在构建指标体系时将数字经济发展基础情况作为一大维度进行评价，各省份在数字经济相关规划中突出强调了数字经济基础建设对数字经济的发展至关重要。由此可见，数字经济基础建设是数字经济发展的重要一环，因此本报告在衡量数字经济发展状况时将数字经济发展基础作为一个重要方面。

数字经济发展规模是数字经济发展成效的主要监测指标。数字经济发展规模是指数字经济行业的体量、范围等，如数字经济行业的增加值、数字经济相关行业就业人口数量等，能够在一定程度上反映数字经济的发展成效。中国信息通信研究院在对数字经济发展进行评价时，主要通过数字经济的规模来分析，将数字经济划分为数字产业化和产业数字化两大部分来测算数字经济的规模。京津冀三地也在数字经济相关规划中提出数字经济规模增长的目标。由此可见，各省份在监测数字经济发展的过程中都将数字经济规模作为一个重要指标，因此本报告在衡量数字经济发展状况时选取数字经济发展规模作为一大维度。

数字经济发展环境是数字经济发展潜力的重要体现。数字经济发展环境主要指该地区的经济环境、科研环境等，如人均 GDP、第三产业增加值占 GDP 比重、R&D 投入强度、专利申请授权量等。王敏（2021）、王鹏振（2021）在构建指标体系时均选取了发展环境对该问题进行研究。数字经济发展的核心是数字技术，只有在数字技术上持续攻坚克难、不断创新，才能使数字产品快速更新迭代，从而提高数字经济的发展水平，因此科研创新环境对数字经济的发展至关重要。数字经济是数字技术在各产业中的应用，能够通过产业融合提升生产效率以及调整经济结构，因此经济发展水平是数字经济快速发展的重要支撑。各省份在相关规划中也强调了数字经济发展环境的重要性，因此本报告将数字经济发展环境作为一大维度。

2. 指标的选取

在数字经济发展基础维度，具体选用移动电话年末用户数、互联网宽带接入用户数 2 个正向二级指标，用数字经济基础设施建设情况来反映该城市数字经济发展的保障条件。在数字经济发展规模维度，根据国家统计局发布的《数字经济及其核心产业统计分类（2021）》，数字经济核心产业主要包括计算机、通信和其他电子设备制造业，电信、广播电视和卫星传输服务业，互联网和相关服务业，软件和信息技术服务业等，因此在该维度选取 4 个核心产业的注册资本额作为二级指标。除此之外，还选取数字经济行业主体类型数作为二级指标，反映一个城市的数字经济产业发展规模及产业生态。在数字经济发展环境维度，主要从经济发展基础和科研创新水平两个角度选取二级指标，具体选用专利申请授权量、计算机软著数、第三产业增加值占 GDP 比重、人均 GDP 共 4 个正向指标，反映城市数字经济发展的潜力。数字经济发展水平评价指标体系见表1。

表1　数字经济发展水平评价指标体系

一级指标	二级指标	单位	权重	数据来源
数字经济发展基础	移动电话年末用户数	万户	0.1035	《中国城市统计年鉴》
	互联网宽带接入用户数	万户	0.0845	《中国城市统计年鉴》
数字经济发展规模	计算机、通信和其他电子设备制造业注册资本额	万元	0.0991	产业高质量发展平台
	电信、广播电视和卫星传输服务业注册资本额	万元	0.1369	产业高质量发展平台
	互联网和相关服务业注册资本额	万元	0.0834	产业高质量发展平台
	软件和信息技术服务业注册资本额	万元	0.0905	产业高质量发展平台
	数字经济行业主体类型数	种	0.0989	龙信企业大数据平台
数字经济发展环境	专利申请授权量	件	0.0712	《中国城市统计年鉴》
	计算机软著数	项	0.0968	龙信企业大数据平台
	第三产业增加值占 GDP 比重	%	0.0712	《中国城市统计年鉴》
	人均 GDP	万元	0.0639	《中国城市统计年鉴》

（二）评价模型的构建

1. 权重的获取——熵值法

（1）原始数据标准化

对于正向指标，标准化公式为：

$$z_{ij} = \frac{x_{ij} - \min\{x_{ij}\}}{\max\{x_{ij}\} - \min\{x_{ij}\}} \tag{1}$$

其中，x_{ij} 为第 i 个城市第 j 项指标的原始数据；z_{ij} 为标准化后的标准值；$i = 1, 2, \cdots, n$；$j = 1, 2, \cdots, m$。

（2）计算第 j 项指标下的第 i 个地区值在此指标中所占的比重 p_{ij}

$$p_{ij} = \frac{z_{ij}}{\sum_{i=1}^{n} z_{ij}} \tag{2}$$

（3）计算第 j 项指标的信息熵 e_j

$$e_j = -\frac{1}{\ln n} \sum_{i=1}^{n} p_{ij} \ln p_{ij} \tag{3}$$

（4）计算信息熵冗余度

$$g_j = 1 - e_j \tag{4}$$

（5）用熵值法计算第 j 项指标的权重

$$w_j = \frac{g_j}{\sum_{j=1}^{m} g_j} \tag{5}$$

2. 数字经济发展水平得分

将数字经济发展基础、数字经济发展规模、数字经济发展环境记为 IC_k（$k=1$，2，3），则 IC_k 的计算公式为：

$$IC_k = \sum_{j=1}^{I_k} w_j z_{ij} \tag{6}$$

其中，I_k 为第 k 个一级指标中的二级指标个数。

按照上述的赋权及计算方法，可以得到各城市历年的 IC_k，则各城市创新能力得分（S）为：

$$S = \sum_{k=1}^{3} w_k IC_k = w_1 IC_1 + w_2 IC_2 + w_3 IC_3 \tag{7}$$

其中，w_k（$k=1$，2，3）表示利用熵值法计算出的数字经济发展基础、数字经济发展规模、数字经济发展环境对城市数字经济发展水平的权重。

四 京津冀"2+11"城市数字经济发展现状分析

（一）综合得分：北京稳居首位，秦皇岛、承德等城市有待提升

北京的数字经济发展水平综合得分稳居首位，天津和石家庄紧随其后。从数字经济发展水平综合得分来看，2011~2020年，北京的得分显著提升，由0.459提升至0.970，处于绝对领先地位；天津和石家庄的得分提升相对较慢，分别由0.157提升至0.339、0.054提升至0.171（见表2）。从数字经济发展水平综合排名来看，北京、天津、石家庄3个城市的排名保持稳定，在测评的13个城市中，2020年北京稳居首位，天津维持在第2位，石家庄居第3位（见表3）。从城市发展定位来看，北京作为全国科技创新中心，拥有北京国际大数据交易所、中关村等优质的资源，致力于打造全国数字经济发展的先导区和示范区，是京津冀城市群内的领跑城市，测评结果反映出北京在数字经济建设方面成效较好且领先优势显著；天津不断增强数字经济创新引领能力，将数字经济发展的整体实力提升至全国第一梯队，成为全国数字经济和实体经济深度融合发展的新高地，测评结果反映出天津数字经济整体发展水平不断提升，但与全国顶尖的北京相比仍存在较大差距；石家庄加快基础设施建设，建设国家电子商务示范城市、数字经济产业园，打造河北省数字经济发展新高地，测评结果反映出石家庄整体发展水平显著提升并成为河北省内数字经济发展水平最高的城市。

表2 2011~2020年京津冀各城市数字经济发展水平综合得分

城市	2011年	2012年	2013年	2014年	2015年	2016年	2017年	2018年	2019年	2020年
北京	0.459	0.500	0.599	0.611	0.659	0.696	0.723	0.810	0.846	0.970
天津	0.157	0.173	0.219	0.241	0.277	0.244	0.259	0.287	0.278	0.339
石家庄	0.054	0.063	0.071	0.076	0.085	0.100	0.114	0.130	0.145	0.171
保定	0.029	0.035	0.043	0.043	0.050	0.059	0.067	0.079	0.088	0.123

城市	2011年	2012年	2013年	2014年	2015年	2016年	2017年	2018年	2019年	2020年
廊坊	0.031	0.035	0.041	0.045	0.050	0.059	0.065	0.077	0.082	0.087
沧州	0.029	0.034	0.038	0.042	0.046	0.054	0.061	0.068	0.070	0.080
衡水	0.006	0.008	0.010	0.012	0.015	0.022	0.027	0.030	0.031	0.041
邢台	0.008	0.011	0.013	0.016	0.021	0.028	0.032	0.038	0.040	0.056
邯郸	0.022	0.028	0.028	0.032	0.035	0.041	0.048	0.053	0.059	0.067
秦皇岛	0.020	0.021	0.025	0.024	0.028	0.055	0.039	0.043	0.046	0.049
唐山	0.064	0.070	0.075	0.072	0.078	0.085	0.090	0.100	0.106	0.123
张家口	0.007	0.011	0.012	0.014	0.016	0.021	0.024	0.030	0.032	0.038
承德	0.009	0.012	0.013	0.017	0.018	0.023	0.026	0.028	0.029	0.035

资料来源：根据《中国城市统计年鉴》（2012~2020年）、各城市2020年国民经济和社会发展统计公报、产业高质量发展平台、龙信企业大数据平台整理计算所得。

表3　2011~2020年京津冀各城市数字经济发展水平综合排名

城市	2011年	2012年	2013年	2014年	2015年	2016年	2017年	2018年	2019年	2020年
北京	1	1	1	1	1	1	1	1	1	1
天津	2	2	2	2	2	2	2	2	2	2
石家庄	4	4	4	3	3	3	3	3	3	3
保定	6	6	5	6	6	6	5	5	5	5
廊坊	5	5	6	5	5	5	6	6	6	6
沧州	7	7	7	7	7	8	7	7	7	7
衡水	13	13	13	13	13	12	11	12	12	11
邢台	11	11	11	11	10	10	10	10	10	9
邯郸	8	8	8	8	8	9	8	8	8	8
秦皇岛	9	9	9	9	9	7	9	9	9	10
唐山	3	3	3	4	4	4	4	4	4	4
张家口	12	12	12	12	12	13	13	11	11	12
承德	10	10	10	10	11	11	12	13	13	13

资料来源：根据《中国城市统计年鉴》（2012~2020年）、各城市2020年国民经济和社会发展统计公报、产业高质量发展平台、龙信企业大数据平台整理计算所得。

唐山、保定、廊坊、沧州、邯郸的数字经济发展水平位列第二梯队。从数字经济发展水平综合得分来看，2011~2020年，唐山由0.064提升至

0.123，保定由0.029提升至0.123，廊坊由0.031提升至0.087，沧州由0.029提升至0.080，邯郸由0.022提升至0.067，这些城市的综合得分均呈增长态势。从数字经济发展水平综合排名来看，唐山在第3位和第4位之间浮动，2020年居第4位；保定和廊坊在第5位和第6位之间浮动，2020年保定居第5位，廊坊居第6位；沧州和邯郸基本维持在第7位和第8位。从城市发展定位来看，唐山通过推进智能机器人产业发展，建设电子商务综合试验区，发展围绕皮影的数字文化创意服务，培育数字经济核心产业；保定通过建设大数据交易中心、金融科技中心、国家网络安全研发基地，将雄安新区建设成为全国数字经济发展新标杆，测评结果反映出保定的数字经济发展水平有待提升；廊坊聚焦互联网和相关服务业、软件和信息技术服务业，着力打造中国北方IT产业名城；沧州重点发展智能互联网汽车产业；邯郸致力于打造国家电子商务示范城市。这些城市始终处于中游的位置，但综合评分仍领先部分城市，能够承担一定的区域数字经济产业发展责任，具备良好的产业数字化所需条件。

邢台、秦皇岛、衡水、张家口、承德的数字经济发展水平提升空间较大。从数字经济发展水平综合得分来看，2011～2020年，邢台由0.008提升至0.056，秦皇岛由0.020提升至0.049，衡水由0.006提升至0.041，张家口由0.007提升至0.038，承德由0.009提升至0.035。从数字经济发展水平综合排名来看，2011～2020年，邢台、衡水的排名整体呈上升趋势，分别由第11位上升至第9位、第13位上升至第11位；张家口的排名基本维持在第12位；秦皇岛、承德的排名呈下降趋势，分别由第9位下降至第10位、第10位下降至第13位。从城市发展定位来看，邢台推动产业融合进程，建设智慧能源创新发展示范区；秦皇岛将发展重点集中于开创数字技术在智能制造、生物医药等行业的应用，打造国家软件名城；衡水推进以内画为主的数字文化创意服务业，建设超级计算中心；张家口将发展重点集中于软件和信息技术服务业，建设大数据示范区，推进智慧冬奥建设；承德强化大数据灾备基地功能，打造旅游大数据产业中心。

（二）数字经济发展基础：北京优势显著，天津、石家庄、保定发展基础相对较好但仍有待提升

数字经济发展基础得分上升趋势显著，北京稳居首位，天津、石家庄、保定紧随其后。2011~2020年，京津冀各城市数字经济发展基础得分不断提升，北京由0.638提升至0.976，天津由0.244提升至0.530，石家庄由0.169提升至0.406，保定由0.132提升至0.373。北京的数字经济发展基础得分稳居首位，显著高于其他城市。以2020年为例，北京的得分为0.976，显著高于位居其次的天津（0.530）、石家庄（0.406）、保定（0.373），其他城市与北京、天津、石家庄、保定的差距显著（见表4）。

表4 2011~2020年京津冀各城市数字经济发展基础得分

城市	2011年	2012年	2013年	2014年	2015年	2016年	2017年	2018年	2019年	2020年
北京	0.638	0.699	0.732	0.833	0.836	0.800	0.825	0.922	0.955	0.976
天津	0.244	0.269	0.256	0.272	0.307	0.341	0.387	0.464	0.522	0.530
石家庄	0.169	0.193	0.209	0.231	0.248	0.293	0.329	0.380	0.396	0.406
保定	0.132	0.149	0.185	0.187	0.206	0.251	0.281	0.313	0.329	0.373
廊坊	0.056	0.062	0.071	0.079	0.079	0.110	0.134	0.162	0.167	0.190
沧州	0.063	0.071	0.086	0.093	0.099	0.138	0.167	0.195	0.204	0.218
衡水	0.022	0.026	0.031	0.038	0.045	0.065	0.082	0.095	0.101	0.117
邢台	0.041	0.051	0.062	0.076	0.090	0.122	0.139	0.161	0.167	0.185
邯郸	0.074	0.095	0.105	0.119	0.121	0.157	0.192	0.195	0.235	0.250
秦皇岛	0.027	0.026	0.035	0.034	0.038	0.056	0.066	0.077	0.088	0.090
唐山	0.138	0.147	0.150	0.140	0.163	0.191	0.206	0.230	0.252	0.259
张家口	0.013	0.023	0.028	0.032	0.035	0.056	0.074	0.092	0.095	0.103
承德	0.000	0.009	0.013	0.018	0.020	0.036	0.049	0.062	0.069	0.077

资料来源：根据《中国城市统计年鉴》（2012~2020年）、各城市2020年国民经济和社会发展统计公报整理计算所得。

结合各城市人口规模来看，保定、唐山、廊坊、秦皇岛的数字技术消费群体潜力较大，邯郸、邢台、承德的数字技术消费群体数量有待提升。从数字经济发展基础排名与人口规模排名对比来看，2020年，北京、天津、石

家庄的数字经济发展基础与人口规模均排在前三位，数字技术消费群体数量优势显著；保定、唐山、廊坊、秦皇岛的数字经济发展基础分别排在第4位、第5位、第8位、第12位，对应的人口规模分别排在第5位、第6位、第9位、第13位，数字经济发展基础相对较好，数字技术消费普及率较高；邯郸、邢台、承德的数字经济发展基础分别排在第6位、第9位、第13位，对应的人口规模分别排在第4位、第8位、第12位，数字技术消费普及率相对较低，仍有较大提升空间（见图1）。

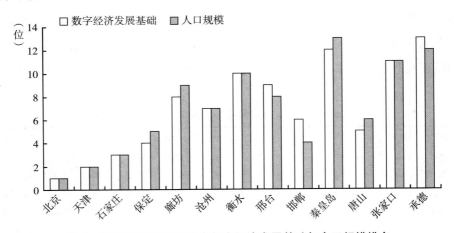

图1　2020年京津冀各城市数字经济发展基础与人口规模排名

资料来源：根据《中国城市统计年鉴》（2012~2020年）、各城市2020年国民经济和社会发展统计公报整理计算所得。

北京的移动电话用户贡献的数字经济流量稳居首位。在移动电话年末用户数方面，北京稳居首位，天津、保定、石家庄处于较高水平。一方面，北京的移动电话年末用户数显著高于其他城市。从移动电话年末用户数来看，2020年北京的移动电话年末用户数为3907万户，居首位，是各城市平均值（1106万户）的3.53倍；从移动电话年末用户数年均增速来看，2011~2020年北京的移动电话年末用户数呈逐年增长态势，年均增速为4.74%。另一方面，天津、保定、石家庄的移动电话年末用户数处于较高水平。从移动电话年末用户数来看，2020年天津、保定、石家庄的移动电话年末用户数分别为 1711 万户、1602 万户、1368 万户，是各城市平均值的 1.55 倍、1.45 倍、1.24 倍；从移动电话年末用户数年均增速来看，2011~2020 年保定的移动电话年末用户数年均增速为 8.93%，在各城市中居首位，天津、石家庄的年均增速分别为 3.69%、6.02%（见图 2）。

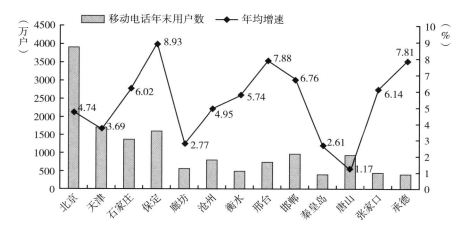

图 2 2020 年京津冀各城市移动电话年末用户数及其年均增速

注：《衡水市 2020 年国民经济和社会发展统计公报》中未公布移动电话年末用户数，采用计算平均增长率的方法计算所得。

资料来源：根据各城市 2020 年国民经济和社会发展统计公报整理计算所得。

北京的互联网宽带接入用户数贡献的数字经济流量优势显著。在互联网宽带接入用户数方面，北京始终居首位，天津、石家庄、保定仅次于北京，互联网宽带接入用户数远高于其他城市。一是北京在互联网宽带接入用户数方面居首位。从互联网宽带接入用户数来看，2011~2020 年北京的互联网宽带接入用户数由 511 万户增加至 747 万户，稳居首位，分别是 2011 年各城市平均值（119 万户）的 4.29 倍、2020 年各城市平均值（285 万户）的 2.62 倍；从互联网宽带接入用户数年均增速来看，2011~2020 年北京的互联网宽带接入用户数呈逐年增长态势，年均增速为 4.32%（见图 5）。二是天津、石家庄、保定的互联网宽带接入用户数在京津冀各城市中处于领先地位，2020 年分别为 535 万户、417 万户、312 万户，是各城市平均值的 1.88

倍、1.46 倍、1.09 倍。三是沧州、张家口的互联网宽带接入用户数年均增速处于较高水平，2011~2020 年沧州和张家口的年均增速分别为 16.38%、14.72%，发展速度较快（见图3）。

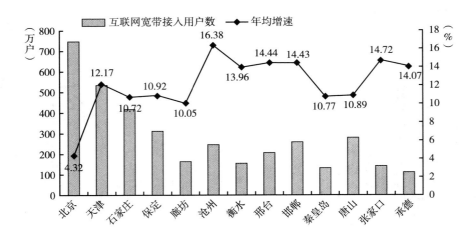

图3　2020 年京津冀各城市互联网宽带接入用户数及其年均增速

注：《衡水市 2020 年国民经济和社会发展统计公报》中未公布互联网宽带接入用户数，采用计算平均增长率的方法计算所得。

资料来源：根据各城市 2020 年国民经济和社会发展统计公报整理计算所得。

（三）数字经济发展规模：北京规模庞大，其他城市与北京相比差距较大

数字经济发展规模不断壮大，北京得分稳居首位，天津、石家庄、保定紧随其后。2011~2020 年，京津冀各城市数字经济发展规模总体呈上升态势，数字经济发展建设成效显著，但各城市之间差距较大。2011~2020 年，北京始终居第 1 位，数字经济发展规模得分由 0.618 提升至 1.000；天津、石家庄、保定分别居第 2~4 位，存在较大优势，但与北京之间仍有较大差距，数字经济发展规模得分分别由 0.256 提升至 0.342、由 0.127 提升至 0.265、由 0.075 提升至 0.217；衡水、承德、秦皇岛等城市的得分较低，2020 年得分分别为 0.164、0.151、0.147，与北京的差距较大（见表5）。

表5   2011~2020年京津冀各城市数字经济发展规模得分

城市	2011年	2012年	2013年	2014年	2015年	2016年	2017年	2018年	2019年	2020年
北京	0.618	0.634	0.704	0.732	0.783	0.821	0.851	0.880	0.906	1.000
天津	0.256	0.255	0.256	0.274	0.290	0.296	0.294	0.303	0.327	0.342
石家庄	0.127	0.128	0.135	0.137	0.161	0.176	0.190	0.234	0.259	0.265
保定	0.075	0.075	0.088	0.106	0.125	0.146	0.169	0.205	0.214	0.217
廊坊	0.069	0.087	0.088	0.095	0.096	0.097	0.105	0.137	0.186	0.190
沧州	0.058	0.071	0.102	0.110	0.125	0.128	0.131	0.180	0.187	0.201
衡水	0.013	0.020	0.038	0.057	0.069	0.082	0.089	0.126	0.157	0.164
邢台	0.056	0.068	0.074	0.081	0.088	0.100	0.107	0.169	0.189	0.195
邯郸	0.037	0.050	0.056	0.075	0.100	0.102	0.111	0.174	0.182	0.189
秦皇岛	0.041	0.047	0.054	0.066	0.079	0.080	0.081	0.106	0.135	0.147
唐山	0.044	0.056	0.057	0.052	0.086	0.094	0.102	0.153	0.197	0.204
张家口	0.019	0.025	0.038	0.074	0.087	0.088	0.097	0.155	0.163	0.177
承德	0.000	0.006	0.018	0.031	0.038	0.046	0.064	0.114	0.126	0.151

资料来源：根据产业高质量发展平台整理计算所得。

各城市数字经济核心产业存在差异。从各城市数字经济产业布局来看，北京的数字经济产业以电信、广播电视和卫星传输服务业为主，2020年北京该行业企业注册资本额在其数字经济产业中的占比高达59.34%；沧州的数字经济产业以计算机、通信和其他电子设备制造业为主，2020年沧州该行业企业注册资本额在其数字经济产业中的占比高达56.05%；其他城市的数字经济产业均以软件和信息技术服务业为主，其中邢台该行业企业注册资本额在其数字经济产业中的占比最高，达83.87%，沧州的占比为36.84%，北京的占比为29.85%，其余城市的占比为60%~80%（见图4）。

各城市数字经济行业主体类型丰富，秦皇岛相对落后。在数字经济行业主体多样性方面，北京居首位，石家庄和邢台居第2~3位。从数字经济行业主体类型数来看，北京居首位，2020年数字经济行业主体类型数在本报告所统计的48种行业①中占46种，是各城市平均值（42种）的1.10倍，

---

① 本报告所涉及的数字经济行业主体类型数数据来源于龙信企业大数据平台，由于平台内仅有48种行业的相关数据，因此本报告涉及的行业主体类型数以48种为上限。

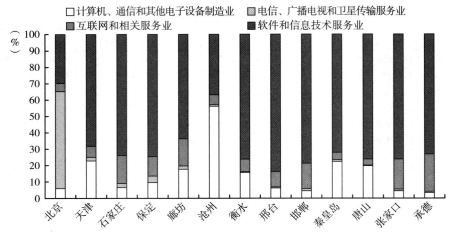

图4　2020年京津冀各城市数字经济产业布局

资料来源：根据产业高质量平台整理所得。

数字经济产业生态较好；石家庄和邢台居第2～3位，在本报告所统计的48种行业中均占45种；天津、保定、唐山居第4～6位，在本报告所统计的48种行业中均占44种；沧州和邯郸在本报告所统计的48种行业中均占43种；张家口在本报告所统计的48种行业中占41种；其余城市均占40种及以下，其中秦皇岛居末位，在本报告所统计的48种行业中仅占36种（见图5）。

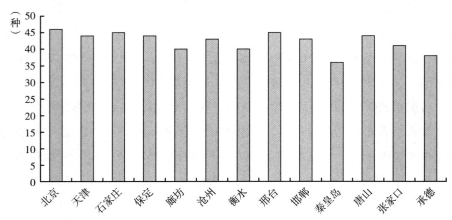

图5　2020年京津冀各城市数字经济行业主体类型数

资料来源：根据龙信企业大数据平台整理所得。

北京的计算机、通信和其他电子设备制造业规模庞大，唐山等城市的发展势头强劲。在计算机、通信和其他电子设备制造业企业注册资本额方面，北京稳居首位，天津和沧州远高于其他城市。一方面，北京的优势地位显著，稳居首位。从计算机、通信和其他电子设备制造业企业注册资本额来看，2011~2020年，北京的计算机、通信和其他电子设备制造业企业注册资本额由596.36万元增加至1247.30万元，领先优势显著，分别是2011年各城市平均值（107.67万元）的5.54倍、2020年各城市平均值（178.06万元）的7.00倍。从计算机、通信和其他电子设备制造业企业注册资本额年均增速来看，2011~2020年，北京的计算机、通信和其他电子设备制造业企业注册资本额年均增速为8.54%，略低于各城市平均增速（11.97%）。二是天津和沧州的计算机、通信和其他电子设备制造业企业注册资本额远高于其他城市，2020年分别为549.08万元、127.21万元。三是唐山、承德、邯郸的计算机、通信和其他电子设备制造业企业注册资本额年均增速处于较高水平，邢台、天津、廊坊的年均增速略有不足。具体来看，2011~2020年，唐山、承德、邯郸的年均增速分别为46.74%、44.05%、11.96%，发展潜力较大；邢台、天津、廊坊的年均增速分别为0.02%、0.37%、0.61%，增速较慢（见图6）。

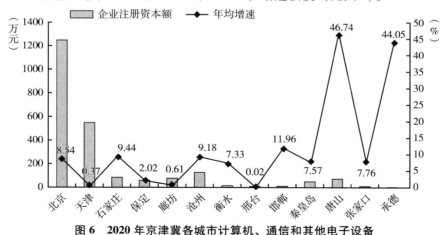

**图6　2020年京津冀各城市计算机、通信和其他电子设备
制造业企业注册资本额及其年均增速**

资料来源：根据产业高质量发展平台整理所得。

153

电信、广播电视和卫星传输服务业两极分化严重，数字经济行业布局不均衡。在电信、广播电视和卫星传输服务业企业注册资本额方面，北京处于领先地位，天津、石家庄、保定紧随其后。从电信、广播电视和卫星传输服务业企业注册资本额来看，北京显著领先于其他城市，2011~2020年，北京的电信、广播电视和卫星传输服务业企业注册资本额由10985.52万元增加至12471.95万元，分别是2011年各城市平均值（850.95万元）的12.91倍、2020年各城市平均值（969.55万元）的12.86倍，在京津冀城市群中的占比始终维持在98%以上，该行业在城市群内的空间布局极度不均衡；其他城市的电信、广播电视和卫星传输服务业企业注册资本额均不足100万元，其中天津、石家庄、保定居第2~4位，2020年分别为52.20万元、32.65万元、24.21万元，与北京仍存在较大差距，仅为北京的0.42%、0.26%、0.19%。从电信、广播电视和卫星传输服务业企业注册资本额年均增速来看，保定、廊坊、邯郸的发展势头强劲，2011~2020年，保定、廊坊、邯郸的年均增速分别为39.02%、22.54%、16.90%；北京、天津、石家庄的年均增速相对较低，分别为1.42%、2.41%、4.34%，比各城市平均增速（7.89%）分别低6.47个、5.48个、3.55个百分点（见图7）。

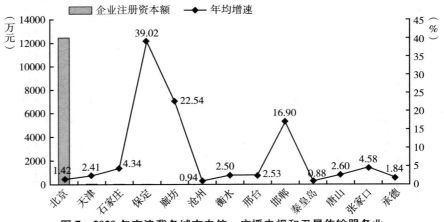

图7 2020年京津冀各城市电信、广播电视和卫星传输服务业企业注册资本额及其年均增速

资料来源：根据产业高质量发展平台整理所得。

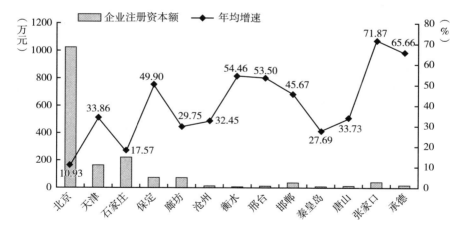

北京的互联网和相关服务业处于绝对领先地位，河北各城市发展速度加快。在互联网和相关服务业企业注册资本额方面，北京稳居首位，石家庄、天津优势十分明显。从互联网和相关服务业企业注册资本额来看，北京的优势十分明显，2011~2020 年，北京的互联网和相关服务业企业注册资本额由403.07 万元增加至 1025.04 万元，分别是 2011 年各城市平均值（36.99 万元）的 10.90 倍、2020 年各城市平均值（131.79 万元）的 7.78 倍；其他城市均不足 300 万元，石家庄、天津居第 2~3 位，2020 年互联网和相关服务业企业注册资本额分别为 221.59 万元、163.35 万元，但与北京仍存在较大差距，仅为北京的 21.62%、15.94%。从互联网和相关服务业企业注册资本额年均增速来看，2011~2020 年，张家口、承德、衡水、邢台的年均增速较快，分别为 71.87%、65.66%、54.46%、53.50%，高于各城市平均增速（40.54%）31.33 个、25.12 个、13.92 个、12.96 个百分点；北京、石家庄的年均增速略有不足，分别为 10.93%、17.57%，与各城市平均增速相差29.61 个、22.97 个百分点（见图 8）。

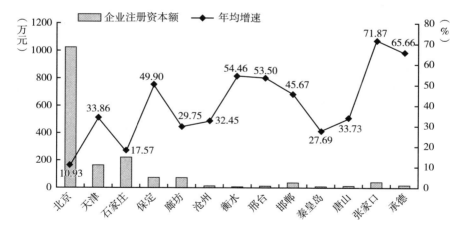

图 8　2020 年京津冀各城市互联网和相关服务业企业注册资本额及其年均增速

资料来源：根据产业高质量发展平台整理所得。

北京的软件和信息技术服务业企业注册资本额远高于其他城市，但增速略有不足。在软件和信息技术服务业企业注册资本额方面，北京优势显著，天津、石家庄居第 2~3 位。从软件和信息技术服务业企业注册资本额来看，北京居首位，2011~2020 年，北京的软件和信息技术服务业企业注册资本额由 2509.24 万元增加至 6273.48 万元，分别是 2011 年各城市平均值（230.58 万元）的 10.88 倍、2020 年各城市平均值（828.71 万元）的 7.57 倍；天津、石家庄居第 2~3 位，2020 年软件和信息技术服务业企业注册资本额分别为 1645.04 万元、964.50 万元，与北京相比差距显著，仅为北京的 26.22%、15.37%。从软件和信息技术服务业企业注册资本额年均增速来看，2011~2020 年，张家口、沧州、保定的年均增速居前三位，分别为 61.29%、50.46%、45.14%，高于各城市平均增速（34.16%）27.13 个、16.30 个、10.98 个百分点；北京的年均增速居末位，仅为 10.72%，与各城市平均增速相差 23.44 个百分点（见图 9）。

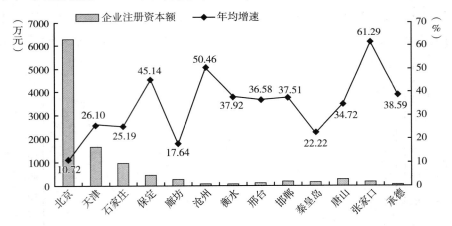

图 9 2020 年京津冀各城市软件和信息技术服务业企业注册资本额及其年均增速

资料来源：根据产业高质量发展平台整理所得。

（四）数字经济发展环境：北京发展环境优异，河北各城市发展环境仍需优化

各城市数字经济发展环境不断优化，北京、天津、唐山居前三位，石家庄仍存在一定提升空间。2011~2020 年，各城市数字经济发展环境得分上升

趋势明显，北京在 13 个城市中居首位，数字经济发展环境得分由 0.294 提升至 1.000，天津、唐山居第 2~3 位，得分分别由 0.187 提升至 0.440、由 0.118 提升至 0.208；石家庄的得分由 0.052 提升至 0.170，与排在前三位的城市相比，其数字经济发展环境的营造略有不足（见表6）。

表6　2011~2020 年京津冀各城市数字经济发展环境得分

城市	2011 年	2012 年	2013 年	2014 年	2015 年	2016 年	2017 年	2018 年	2019 年	2020 年
北京	0.294	0.345	0.525	0.466	0.550	0.615	0.683	0.785	0.898	1.000
天津	0.187	0.222	0.348	0.270	0.310	0.335	0.354	0.402	0.353	0.440
石家庄	0.052	0.063	0.075	0.079	0.089	0.103	0.112	0.127	0.137	0.170
保定	0.009	0.017	0.020	0.024	0.032	0.036	0.038	0.051	0.056	0.077
廊坊	0.039	0.050	0.062	0.069	0.085	0.095	0.103	0.117	0.121	0.116
沧州	0.037	0.044	0.047	0.054	0.061	0.068	0.071	0.078	0.076	0.095
衡水	0.004	0.009	0.011	0.016	0.021	0.031	0.037	0.041	0.040	0.053
邢台	0.001	0.005	0.005	0.010	0.016	0.023	0.027	0.034	0.034	0.048
邯郸	0.025	0.031	0.028	0.032	0.039	0.040	0.042	0.048	0.050	0.063
秦皇岛	0.037	0.043	0.048	0.046	0.055	0.129	0.072	0.082	0.081	0.088
唐山	0.118	0.130	0.146	0.142	0.139	0.146	0.152	0.170	0.177	0.208
张家口	0.012	0.018	0.019	0.024	0.026	0.031	0.030	0.037	0.039	0.049
承德	0.026	0.031	0.031	0.040	0.042	0.047	0.049	0.051	0.051	0.063

资料来源：根据《中国城市统计年鉴》（2012~2020 年）、各城市 2020 年国民经济和社会发展统计公报、龙信企业大数据平台整理计算所得。

北京的数字经济创新环境优良，发展优势明显。在专利申请授权量方面，北京处于领先地位。从专利申请授权量来看，2011 年北京的专利申请授权量为 40888 件，是各城市平均值（5076 件）的 8.06 倍；2020 年北京的专利申请授权量为 162824 件，是各城市平均值（25060 件）的 6.50 倍。从专利申请授权量年均增速来看，北京呈增长态势但与其他城市相比略有不足，2011~2020 年，北京的年均增速为 16.60%，低于各城市平均增速 8.50 个百分点。在计算机软著数方面，北京优势显著。从计算机软著数来看，2011 年北京的计算机软著数为 15089 项，是各城市平均值（1305 项）的 11.56 倍；2020 年北京的计算机软著数为 79402 项，是各城市平均值（9618

项）的 8.26 倍。从计算机软著数年均增速来看，2011~2020 年，北京的年均增速相对较慢，为 20.26%，低于各城市平均增速 31.83 个百分点（见图 10）。

图 10　2011~2020 年北京的专利申请授权量及计算机软著数

资料来源：根据《中国城市统计年鉴》（2012~2020 年）、《北京市 2020 年国民经济和社会发展统计公报》、龙信企业大数据平台整理所得。

天津、石家庄、唐山、保定的数字经济创新环境营造成效较好，但与北京相比差距较大。在专利申请授权量方面，天津优势显著，石家庄、唐山、保定居河北省内前三位。从专利申请授权量来看，天津紧随北京之后，2020年专利申请授权量为 75434 件，是各城市平均值的 3.01 倍；石家庄、唐山、保定是河北省内的领跑城市，专利申请授权量分别为 19577 件、11352 件、11047 件，与北京和天津相比存在显著差距（见图 11）。从专利申请授权量年均增速来看，2011~2020 年，石家庄年均增速相对较快，为 25.77%，高于各城市平均增速（25.09%）0.68 个百分点；唐山、保定、天津的增速略有不足，分别为 24.99%、22.25%、20.60%，低于各城市平均增速 0.10 个、2.84 个、4.49 个百分点。在计算机软著数方面，天津和石家庄的计算机软著数远高于其他城市，唐山、保定存在一定优势。从计算机软著数来看，2020 年天津和石家庄的计算机软著数分别为 16051 项、13306 项，是各城市平均值的 1.67 倍、1.38 倍；唐山、保定在 13 个城市中居第 4~5 位，计算机软著数分别为 5041 件、

3619 件（见图 12）。从计算机软著数年均增速来看，2011~2020 年，保定、唐山的年均增速相对较快，分别为 55.78%、55.65%，高于各城市平均增速（52.09%）3.69 个、3.56 个百分点；天津、石家庄的年均增速较慢，分别为 34.60%、49.44%，低于各城市平均增速 17.49 个、2.65 个百分点。

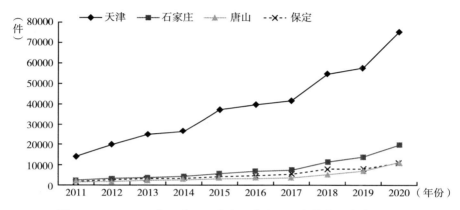

图 11 2011~2020 年天津、石家庄、唐山、保定的专利申请授权量

资料来源：根据《中国城市统计年鉴》（2012~2019 年）、《河北经济年鉴》（2012~2019 年）、各城市 2019~2020 年国民经济和社会发展统计公报整理计算所得。

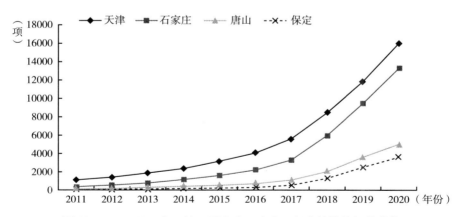

图 12 2011~2020 年天津、石家庄、唐山、保定的计算机软著数

资料来源：根据龙信企业大数据平台整理所得。

北京的服务业发展水平较高，数字经济发展环境较好。在服务业发展水平方面，北京稳居首位，天津、廊坊、石家庄紧随其后。从第三产业增加值占GDP比重来看，北京远高于其他城市，2020年第三产业增加值占GDP比重为83.87%，是各城市平均值（55.69%）的1.51倍；天津、廊坊、石家庄居第2~4位，占比分别为64.59%、62.30%、62.19%，是各城市平均值的1.16倍、1.12倍、1.12倍；张家口、保定、秦皇岛、衡水、沧州的占比为50%~60%；其余城市的占比均低于50%（见图13）。

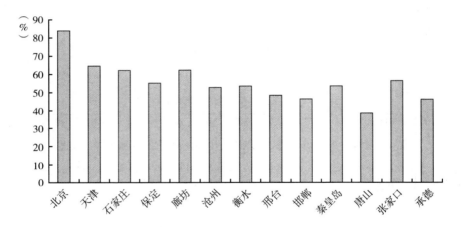

图13 2020年京津冀各城市第三产业增加值占GDP比重

资料来源：根据各城市2020年国民经济和社会发展统计公报整理计算所得。

北京的经济发展水平领先，数字经济发展支撑力量强大。在地区经济发展水平方面，北京居首位且增速较快，天津和唐山的优势显著。一方面，北京稳居首位且发展势头强劲。从人均GDP来看，2011~2020年，北京的人均GDP从8.17万元增加至16.49万元，分别是2011年各城市平均值（4.14万元）的1.97倍、2020年各城市平均值（6.22万元）的2.65倍，其余城市与北京的差距仍在不断拉大；从人均GDP年均增速来看，2011~2020年，北京的年均增速为8.12%，高于各城市平均增速（4.61%）3.51个百分点，居各城市首位。另一方面，天津和唐山优势显著。从人均GDP来看，2020年天津、唐山的人均GDP分别为10.16万元、9.34万元，是各城市平均值的 1.63 倍、1.50 倍；从人均 GDP 年均增速来看，2011～2020 年，天津、唐山的年均增速分别为 1.97%、3.01%，低于各城市平均增速 2.64 个、1.60 个百分点，发展速度相对较慢（见图 14）。

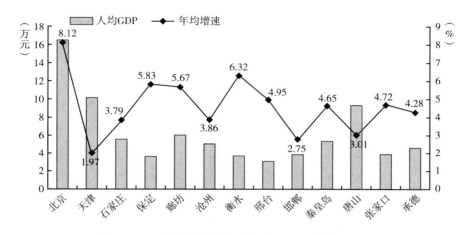

图 14 2020 年京津冀各城市人均 GDP 及其年均增速

资料来源：根据各城市 2020 年国民经济和社会发展统计公报整理计算所得。

五 主要结论及对策建议

（一）主要结论

一是北京和天津的数字经济发展较好，河北各城市与其相比差距显著，数字经济发展水平较低。从数字经济发展水平来看，河北部分城市整体发展水平较低，2020 年北京的数字经济发展水平综合得分为 0.970，天津的数字经济发展水平综合得分为 0.339，分别是居河北省首位的石家庄（0.171）的 5.67 倍、1.98 倍，是居末位的承德（0.035）的 27.71 倍、9.69 倍。从数字经济发展基础来看，2020 年北京得分为 0.976，天津得分为 0.530，河北省内居首位的城市为石家庄，得分为 0.406，承德排在末位，得分仅为

0.077。从数字经济发展规模来看，2020 年北京得分为 1.000，天津得分为 0.342，北京的优势尤为显著，河北省内得分最高和最低的城市分别为石家庄（0.265）和秦皇岛（0.147），与北京相比差距显著。从数字经济发展环境来看，2020 年北京得分为 1.000，天津得分为 0.440，河北省内各城市得分均低于 0.3，其中得分最高的城市为唐山（0.208），得分最低的城市为邢台（0.048）。

二是河北省内各城市的数字经济发展空间不均衡现象显著。从计算机、通信和其他电子设备制造业来看，2020 年沧州该行业企业注册资本额（127.21 万元）居河北省首位，其他城市均不足 90 万元，邢台、承德分别为 8.88 万元、2.88 万元，与排在首位的沧州相比差距显著。从电信、广播电视和卫星传输服务业来看，2020 年石家庄和保定居河北省内第 1~2 名，该行业企业注册资本额分别为 32.65 万元、24.21 万元，其他城市均不足 10 万元，邢台、承德、衡水行业规模较小，企业注册资本额分别为 0.96 万元、0.59 万元、0.54 万元，与石家庄等城市相比差距较大。从互联网和相关服务业来看，2020 年河北省内排在首位的城市为石家庄，该行业企业注册资本额为 221.59 万元，省内平均值为 47.72 万元，除石家庄、保定、廊坊 3 个城市外，其他城市的企业注册资本额均低于平均值，秦皇岛居末位，企业注册资本额仅为 9.88 万元。从软件和信息技术服务业来看，2020 年河北省内该行业企业注册资本额平均值为 259.52 万元，高于平均值的城市有石家庄（964.50 万元）、保定（460.86 万元）、唐山（281.49 万元）、廊坊（279.25 万元），其他城市的企业注册资本额均低于平均值，其中沧州、衡水、承德的企业注册资本额低于 100 万元，分别为 83.62 万元、75.75 万元、62.55 万元。

三是保定、邯郸、邢台的数字经济发展环境建设不能满足该市数字经济发展的需求。从排名来看，2020 年保定、邯郸、邢台的数字经济发展环境得分分别排在第 8 位、第 10 位、第 13 位，而相对应的数字经济发展水平综合得分分别排在第 5 位、第 8 位、第 9 位。从专利申请授权量来看，2020 年邢台（7682 件）、邯郸（6757 件）的专利申请授权量均低于河北省内平均水平（7739 件）。从计算机软著数来看，2020 年邢台（788 项）、邯郸（973 项）的计算机软著数均低于河北省内平均水平（2690 项），两个城市的创新成果产出较少，创新水平有待提升。从第三产业增加值占 GDP 比重来看，2020 年邢台（48.40%）、邯郸（46.43%）的占比均低于河北省内平均水平（55.69%）。从人均 GDP 来看，保定（3.63 万元）、邢台（3.09 万元）、邯郸（3.86 万元）的人均 GDP 均低于河北省内平均水平（4.93 万元），三个城市均存在经济基础发展薄弱的问题。创新环境和经济发展基础的劣势使各城市的数字经济发展受到限制，从而影响其数字经济发展规模和发展水平。[①]

（二）对策建议

一是充分发挥北京的辐射带动作用，推动津冀服务业智能化转型升级。一方面，充分发挥北京国际大数据交易所的作用，充分释放其在数据经济方面的带动引领作用，带头搭建数据共享平台，推动信息数据资源在城市群内的公开、共享与交换；引导鼓励津冀两地进行规范可控的数据交易，将数据资源的经济价值最大限度地发挥出来，变资源为资产，为数字产业的发展释放更多的活力；支持津冀两地与北京通过数据共享平台合作开发更多的数据应用场景，进一步提升数据的经济产值，激发数字产业发展的活力，带动津冀两地互联网数据服务业快速发展。另一方面，搭建专业化的数字成果供需对接平台，支持北京面向津冀服务业改造需求开展关键技术研发与示范应用，助力津冀服务业智能化转型升级。三地共同搭建数字成果供需对接平台，津冀两地可通过招标的形式委托北京市有关研发机构开展关键技术的研发；津冀两地可以针对互联网金融业和互联网批发零售业等智能化转型升级遭遇瓶颈的行业，邀请北京市相关龙头企业进行经验介绍，激发对该行业数字化发展的新思考，推动津冀服务业智能化转型升级，向价值链中高端环节

---

① 本部分所涉及的河北省内平均水平是指河北省 11 个地级市该项指标的平均值，用公式表示为：$\dfrac{11 \text{ 个地级市该项指标之和}}{11}$。

攀升。

二是完善数字技术产业链，协同推进数字经济合理布局。一方面，支持京津冀共建数字技术创新合作平台，鼓励京津冀数字技术研发机构共建数字技术研究院、研发基地、协同创新基地、实验室与技术服务中心、博士后流动站等数字技术创新合作平台，促进津冀数字技术产业链协同发展，协调解决发展中的重大难题；鼓励津冀有实力的企业与北京专业研发机构在科学研究、成果转化、人才培养等方面开展全方位的战略合作，集中解决特色技术产业领域中的技术升级改造难题，为津冀信息技术行业的发展破除障碍。另一方面，明确京津冀三地在数字技术产业链中的分工，合力推动数字技术产业链做大做强。北京应发挥全国科技创新中心的优势，将科研资源集中于数字经济的重点领域和重点项目，主要负责攻克"卡脖子"技术，研发一批拥有自主知识产权的核心技术；天津要发挥全国先进制造研发基地的优势，主要负责将北京的科研成果高效转化，进行数字技术产业化，等等；河北除了积极承接京津相关产业的转移外，要着力打造国家数字经济创新发展试验区，占据数字技术发展的制高点。

三是积极推进津冀数字战略发展，破除其在数字经济建设方面存在的障碍。一方面，河北应依托《河北省数字经济发展规划（2020～2025年）》，主要从建设国家数字经济创新发展试验区、推动京津冀大数据综合试验区创新发展、打造一批特色鲜明的重点园区等方面出发，不断完善基础设施建设，加强对科技创新能力的培育，营造有助于数字经济发展的良好环境。同时，河北应结合各城市的发展特色，制定具有针对性的发展对策，推动传统行业的数字化转型，结合各城市的销售情况与企业优势，充分运用互联网平台，降低企业的销售成本，促进企业间的协同合作，降低企业获取所需资源的成本，提升河北数字经济的竞争力。另一方面，天津作为中国首批"科创中国"试点城市，应依托《"科创中国"天津市三年行动计划（2021～2023年）》，制定相关的人才引进政策，吸引科学家、企业家、投资家，以及各类机构组织入驻，合力推动数字经济关键核心技术的研发，解决制约数字经济发展的难题，促进创新要素向数字经济产业流动，深化各主体之间的交流与合作，以"科创中国"为契机推动天津的数字产业快速发展。

四是推动京津冀协同发展，强化数字经济治理能力。一方面，三地应合力推动京津冀的协同发展进程，持续调整优化城市布局和空间结构，进一步推进产业升级和转移，深化市场一体化程度，提高城镇化水平，在推动协同发展的过程中缩小三地在资源禀赋方面的差异，为数字经济的发展提供更好的基础条件，助力数字经济实现高质量发展，提高数字城市建设的水平与成效。另一方面，强化数字经济治理能力，将数字经济相关技术融入城市治理中，加强现代信息技术在城市治理中的应用，增强城市治理能力，推动政府各部门之间的协同，加快建设以互联网为载体、线上线下互动的新兴公共服务平台，提高治理效率，推动数字城市建设。增强安全保障能力和风险防范意识，全面提升各城市在关键信息基础设施、网络数据、个人信息等方面的安全保障能力，注重对融合领域安全防护能力的提升，对新型网络安全风险进行防控与积极应对，为数字城市的建设提供保障。

参考文献

［1］樊自甫、吴云：《城市数字经济可持续发展的关键影响因素研究》，《重庆邮电大学学报》（社会科学版）2021 年第 5 期。

［2］韩兆安、赵景峰、吴海珍：《中国省际数字经济规模测算、非均衡性与地区差异研究》，《数量经济技术经济研究》2021 年第 8 期。

［3］李治国、车帅、王杰：《数字经济发展与产业结构转型升级——基于中国 275 个城市的异质性检验》，《广东财经大学学报》2021 年第 5 期。

［4］万晓瑜、罗焱卿、袁野：《数字经济发展的评估指标体系研究——基于投入产出视角》，《重庆邮电大学学报》（社会科学版）2019 年第 6 期。

［5］王敏：《京津冀数字经济对服务业优化升级的影响研究》，河北师范大学硕士学位论文，2021。

［6］王鹏振：《京津冀数字经济发展水平测度及驱动因素研究》，河北师范大学硕士学位论文，2021。

［7］许宪春、张美慧：《中国数字经济规模测算研究——基于国际比较的视角》，《中国工业经济》2020 年第 5 期。

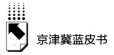

［8］杨文溥：《数字经济促进高质量发展：生产效率提升与消费扩容》，《上海财经大学学报》（哲学社会科学版）2022 年第 1 期。

［9］张雪玲、焦月霞：《中国数字经济发展指数及其应用初探》，《浙江社会科学》2017 年第 4 期。

［10］Turcan，V.，Gribincea，A.，Birca，I.，" Digital Economy—A Premise for Economic Development in the 20th Century"，*Economy & Sociology Theoretical & Scientifical Journal*，2014，2.

［11］Tapscott，D.，*The Digital Economy*：*Promise and Peril in the Age of Networked Intelligence*，McGraw-Hill Publisher，1996.

B.7
北京打造数字经济标杆城市存在的
问题与对策研究[*]

叶堂林　王传恕[**]

摘　要： 数字经济正逐渐成为驱动我国经济发展的新动能。北京作为全国首都，发展数字城市对构筑首都未来竞争新优势、促进我国产业迈向全球价值链中高端环节具有重要意义。本报告从发展基础、发展规模、发展活力3个维度构建了数字城市建设过程中数字经济发展评价指标体系，对包括北京在内的国内典型城市数字经济发展状况进行横向比较，进而找寻北京市在发展数字经济过程中的优势与短板。研究发现，从与国内典型城市对比来看，北京数字经济发展基础还有一定的提升空间；北京数字经济发展规模和活力具有领先优势，但北京优势逐渐弱化；北京的数字经济服务业发展领先，但发展不平衡。本报告在此基础上提出了相应的对策建议：一是加大政策支持力度，提升数字经济发展的软硬件环境；二是充分挖掘数字产品服务业和互联网金融行业发展潜力；三是增强关键技术创新能力，全面提升数字经济领先优势。

关键词： 数字经济　数字经济标杆城市　数字产业

---

* 本报告为北京市社会科学基金重点项目"京津冀发展报告（2022）——数字经济助推区域协同发展"（21JCB056）、北京市自然科学基金面上项目"京津冀创新驱动发展战略的实施路径研究——基于社会资本、区域创新及创新效率的视角"（9212002）的阶段性成果。

** 叶堂林，经济学博士，首都经济贸易大学特大城市经济社会发展研究院（首都高端智库）执行副院长，特大城市经济社会发展研究省部共建协同创新中心（国家级研究平台）执行副主任，教授、博士生导师，研究方向为区域经济、京津冀协同发展；王传恕，首都经济贸易大学硕士研究生，研究方向为区域经济。

一 研究背景与研究意义

（一）数字经济日益成为国内外经济社会发展"新高地"

数字经济是当前各个国家经济社会发展过程中重点关注的核心领域，在重塑全球经济结构、改变全球竞争格局、重组全球要素资源方面发挥着重要作用。2020年全球新冠肺炎疫情发生以来，数字经济逐渐成为非接触式生产生活方式的重要支撑，在抵御新冠肺炎疫情、恢复生产生活、提高城市韧性方面发挥了重要作用。从《全球数字经济竞争力发展报告（2020）》的排名来看，美国和新加坡的数字经济竞争力分别位居第一和第二，中国暂列第三。数字经济对促进国内经济高质量发展具有重要意义，数字经济正逐渐成为驱动我国经济发展的新动能。每次科技革命和产业变革都会创造出一定的机遇，只有牢牢抓住数字化转型的时机，将数字经济的巨大潜力和我国产业发展的广阔市场空间相结合，才有可能实现"弯道超车"，率先抢占全球数字经济"高地"，在未来全球竞争格局中占据优势地位。截至2021年，国内数字经济发展方兴未艾，许多新经济、新模式、新业态不断出现，逐渐成为中国产业转型升级、高质量发展、产业结构优化的新动力。

（二）打造数字经济标杆城市有利于抢占数字经济高地

打造数字经济标杆城市对促进我国产业迈向全球价值链中高端环节具有重要意义。从数字经济产业发展对经济增长的实际影响来看，数据已经成为一种作用于生产关系网络中的新型生产要素，对一个地区的生产效率提升起到明显的促进作用（郭家堂、骆品亮，2016）。一个区域要实现高质量发展，首先要获得具有高质量特征的发展要素。从数据要素的空间分布来看，国内尚处于数字经济发展的初期阶段，一些区位条件较好的城市率先开始探索如何在经济社会发展过程中有效地收集、生产和整合数据要素，先行地区率先开始享受数据要素的时代红利。在此示范效应下，其他区域也开始效仿发展数字经济。结合数字经济对高技能人才和技术专利的需求来看，数字经济产业中的头部企业往往布局在发展区位较好的一线城市，这些城市逐渐形成了支持数字经济生态发展的良好环境，为后续吸引更多家数字经济生态主体入驻提供了较好的基础条件。

（三）北京打造全球数字经济标杆城市具备较好的基础且潜力巨大

根据《2020 年全球数字经济城市竞争力发展报告（2020）》，纽约、波士顿、伦敦、新加坡和东京是全球数字经济城市竞争力排名前五位的城市，国内目前没有能够进入前五的城市，我国培育打造全球数字经济标杆城市迫在眉睫。北京是全国的政治中心、文化中心、科技创新中心和国际交往中心，理应在建设全球数字经济标杆城市中起到"排头兵"的作用，成为向国际社会展示中国数字经济发展成效的重要窗口。由于北京尚处于起步探索阶段，其在打造全球数字经济标杆城市时究竟具备哪些基础优势，面临哪些困难与挑战？能否培育形成本地的数字经济产业发展生态？能否像杭州一样孵化一批本地数字经济平台型企业？通过一些重要维度的国内横向对标，可以回答这些问题。

综上所述，现阶段正值新一轮的科技和产业变革关键期，提升数字经济发展水平是中国经济高质量发展的重要手段。北京作为京津冀城市群乃至全国的重要城市，打造数字经济标杆城市刻不容缓。因此，本报告将北京与国内典型城市的数字经济发展水平进行对比分析，以找出北京在打造数字经济标杆城市方面的优势与短板，让北京在巩固既有优势和弥补短板的过程中成为数字经济发展的标杆城市。

二 理论基础、研究思路与分析框架

（一）理论基础

关于数字经济的内涵研究。数字经济这一概念首次出现是在 1996 年，

美国学者 Tapscott（1996）提出数字经济会成为人类智力联网的新经济。Mesenbourg（1999）将数字经济划分为通信网络、电子商务以及使得电子商务在网络上组织和实施的过程三个部分。何枭吟、成天婷（2021）认为数字经济是数字技术与实体经济融合形成的一种新型经济形态。

关于数字经济测度方法的研究。学者对数字经济发展进行测度主要是通过构建评价指标体系。温珺等（2019）从基础设施和渗透程度两个维度入手，对287个地级市的数字经济发展水平进行评价分析，同时通过回归分析发现数字经济发展能促进区域创新能力提升。赵涛等（2020）运用主成分分析法，基于互联网普及率、互联网相关从业人员数、互联网相关产出、移动互联网用户、数字金融普惠发展5个指标测度了222个城市的数字经济发展综合水平。

综上所述，在维度选取方面，学者主要选择互联网发展、基础设施、产业融合、发展环境等维度构建评价指标体系。在测度方法选择方面，学者主要运用熵值法、主成分分析等。由于关于数字经济的统计资料相对有限，已有研究当中一些量化指标的选取也相对受限。本报告依托龙信企业大数据平台，获取了数字经济产业维度的相关指标，通过提升指标包含范围的精确性客观评价数字城市发展情况。

（二）研究思路

本报告研究的核心问题是"北京如何打造数字经济标杆城市"，重点聚焦数字城市发展的一些关键领域，同时对标国内一些数字经济发展较好的城市，以此找出北京市在打造数字经济标杆城市过程中的发展方向和目标。基于此，本报告首先选取能够合理反映数字城市发展重点领域的指标，并构建相应的评价体系；其次，找寻合理的对标城市进行具体的测度研究；最后，找出北京市在发展数字经济过程中的优势与短板，并提出相应的对策建议。

（三）分析框架

1.综合评价指标体系

在评价指标体系的构建过程中，本报告遵从系统性、科学性和数据可得性的原则，将统计数据和大数据相结合，构建了数字经济发展基础、数字经济发展规模与数字经济发展活力 3 个一级指标和 11 个二级指标的数字城市发展水平评价指标体系。选用移动电话用户数、互联网宽带接入用户数和电信业务总量 3 个正向二级指标反映数字经济发展基础；选用数字经济服务业的注册资本额总量、数字经济相关行业企业存量和数字经济相关行业从业人员、数字金融普惠指数（郭峰等，2020）4 个二级正向指标来反映数字经济发展规模。选用数字经济服务业新增企业注册资本额增速、数字经济服务业行业类别数、发明专利授权量、计算机软著数 4 个正向指标来反映数字经济发展活力（见表 1）。根据国家统计局发布的《数字经济及其核心产业统计分类（2021）》，本报告界定的数字经济服务业主要包括数字产品服务业、数字技术应用业和数字要素驱动业 3 个数字经济产业大类。根据国家标准化管理委员会批准实施的《国民经济行业分类》，本报告界定的数字经济相关行业包括信息传输、软件和信息技术服务业，计算机、通信和其他电子设备制造业中类。

表 1　国内重点城市数字经济发展评价指标体系

一级指标	二级指标	权重	单位	指标性质	数据来源
数字经济发展基础（0.2372）	移动电话用户数	0.4205	万户	正向指标	《中国城市统计年鉴》
	互联网宽带接入用户数	0.2023	万户	正向指标	《中国城市统计年鉴》
	电信业务总量	0.3772	亿元	正向指标	《中国城市统计年鉴》
数字经济发展规模（0.3379）	数字经济服务业的注册资本额总量	0.3246	亿元	正向指标	龙信企业大数据平台
	数字经济相关行业企业存量	0.2571	万家	正向指标	产业高质量发展平台
	数字经济相关行业从业人员	0.2288	万人	正向指标	产业高质量发展平台
	数字金融普惠指数	0.1895		正向指标	北京大学数字金融研究中心
数字经济发展活力（0.4250）	数字经济服务业新增企业注册资本额增速	0.1399	％	正向指标	龙信企业大数据平台
	数字经济服务业行业类别数	0.3237	个	正向指标	龙信企业大数据平台
	发明专利授权量	0.2508	件	正向指标	产业高质量发展平台
	计算机软著数	0.2856	件	正向指标	产业高质量发展平台

2. 评价主体的选取

基于对已有研究文献的梳理，本报告从城市角度出发，选择数字经济发展以及综合能力较强的城市进行对比分析，除北京外选取11个国内主要城市作为参照对象，分别是天津、上海、南京、青岛、杭州、宁波、成都、重庆、广州、深圳、武汉。这些城市都是新经济或新业态的先行先试地区。中国信息通信研究院与新华三集团发布的《中国城市数字经济指数蓝皮书（2021）》将城市按照评分划分为五个类别，本报告选取其中的数字经济一线城市和部分数字经济新一线城市作为参照对象，其中北京、上海、成都、深圳、杭州、广州为数字经济一线城市，其他6个城市为数字经济新一线城市。这些城市在一定程度上为国内其他城市未来的发展树立了标杆，一些新经济形式的出现也基本先从这些城市开始，在发展相对成熟后，又通过溢出效应和"示范效应"推广至国内其他城市。

3. 数据标准化处理及得分计算

综合各种方法及现有数据等因素，本报告最终选择采用熵值法确定各指标的权重并计算出得分。

（1）原始数据标准化

对于正向指标，标准化公式为：

$$y_{ij} = (x_{ij} - \min x_{ij})/(\max x_{ij} - \min x_{ij}) \tag{1}$$

公式（1）中，x_{ij} 为第 i 个城市第 j 项指标的原始数据（$i = 1, 2, \cdots, n$；$j = 1, 2, \cdots, m$），$\max x_{ij}$ 为第 j 项指标的最大值，$\min x_{ij}$ 为第 j 项指标的最小值。

（2）计算第 j 个指标下第 i 个城市占该指标的比重

$$p_{ij} = \frac{y_{ij}}{\sum_{i=1}^{n} y_{ij}} \tag{2}$$

（3）计算第 j 项指标的熵值

$$e_j = -k \sum_{i=1}^{n} p_{ij} \ln p_{ij} \tag{3}$$

公式（3）中，$k = 1/\ln(n)$，$e_j \in (0, 1)$。

（4）计算信息熵冗余度

$$d_j = 1 - e_j \tag{4}$$

（5）用熵值法计算第 j 项指标的权重

$$w_j = \frac{d_j}{\sum\limits_{j=1}^{m} d_j} \tag{5}$$

（6）计算各城市数字经济发展水平得分

将数字经济发展基础、发展规模、发展活力分别记为 IC_k（$k = 1$，2，3），则 IC_k 的计算公式为：

$$IC_k = \sum_{j=1}^{I_k} w_j z_{ij} \tag{6}$$

公式（6）中，I_k 为第 k 个一级指标中的二级指标个数。

按照上述的赋权及计算方法，就可以得到各城市的 IC_k，则各城市数字经济发展水平得分（S）为：

$$S = \sum_{k=1}^{3} w_k IC_k = w_1 IC_1 + w_2 IC_2 + w_3 IC_3 \tag{7}$$

三 数字经济发展状况评价

（一）综合得分：北京数字经济得分稳居国内首位

北京的数字经济发展水平排在国内首位。静态来看，2020 年，各城市数字经济发展水平排名从高到低依次为北京、上海、成都、深圳、杭州、重庆、广州、武汉、南京、青岛、宁波、天津。动态来看，2016~2020 年，各城市的排名变化不大，北京稳居首位，上海、深圳、成都基本维持在 2~4 名，杭州、广州、重庆多维持在 5~7 名，武汉多处于第 8 名，南京、青岛、宁波、天津基本处于 9~12 名（见表 2）。结合各城市的发展定位来看，北京积极引领国内数字经济发展，积极建设全球数字经济示杆城市、国际数字化大都市，测评结果确实反映了北京具备建设数字城市的良好基础；上海通过政策创新、体制创新推动数字经济成为经济发展的重要增长极；成都聚焦"数字产业化"和"产业数字化"，打造成为国内领先的数字经济发展高地；深圳努力建设国内领先、全球一流的数字经济产业创新发展引领城市；杭州致力于打造国家数字经济创新发展试验区和全球数字变革高地；重庆不断激发数字经济创新发展活力，加快建设"智慧名城"、打造"智造重镇"；广州市提出"1 个目标、3 个定位、22 条措施"，加快打造数字经济创新引领型城市。

表 2   2016~2020 年各城市数字经济发展指数综合得分排名

城市	2016 年	2017 年	2018 年	2019 年	2020 年
北京	1	1	1	1	1
上海	2	3	3	2	2
成都	4	4	4	5	3
深圳	3	2	2	3	4
杭州	5	6	5	4	5
重庆	7	5	6	7	6
广州	6	8	7	6	7
武汉	8	7	8	8	8
南京	12	11	11	10	9
青岛	9	9	9	11	10
宁波	11	12	12	9	11
天津	10	10	10	12	12

资料来源：根据表 1 各指标计算所得。

从各城市的数字经济发展指数综合得分来看，2016~2020 年，各城市的数字经济发展指数综合得分均提升显著，其中北京由 0.562 提升至 0.670，上海由 0.355 提升至 0.501，成都由 0.270 提升至 0.434，深圳由 0.279 提升至 0.433，杭州由 0.254 提升至 0.410，重庆由 0.224 提升至 0.373，广州由 0.231 提升至 0.343，见表 3、图 1。

表 3　2016~2020 年各城市数字经济发展指数综合得分

城市	2016 年	2017 年	2018 年	2019 年	2020 年
北京	0.562	0.602	0.654	0.670	0.670
上海	0.355	0.341	0.433	0.482	0.501
成都	0.270	0.318	0.373	0.393	0.434
深圳	0.279	0.395	0.456	0.412	0.433
杭州	0.254	0.291	0.369	0.398	0.410
重庆	0.224	0.308	0.330	0.363	0.373
广州	0.231	0.252	0.325	0.378	0.343
武汉	0.210	0.261	0.280	0.283	0.292
南京	0.148	0.174	0.205	0.258	0.290
青岛	0.194	0.199	0.232	0.249	0.265
宁波	0.152	0.163	0.204	0.262	0.232
天津	0.168	0.181	0.208	0.235	0.232

资料来源：由 matlab 软件运算所得。

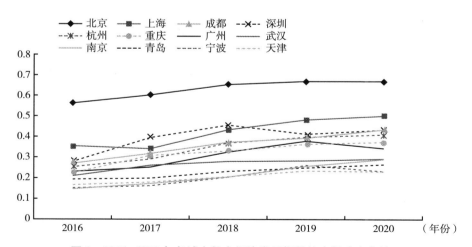

图 1　2016~2020 年各城市数字经济发展指数综合得分变化情况

资料来源：由 matlab 软件运算所得。

175

（二）数字经济发展基础：上海和重庆发展基础较好，北京仍有提升空间

从发展基础来看，2016~2020年，各城市的数字经济发展基础得分均呈上升态势，上海从0.445上升至0.742，重庆从0.448上升至0.722，北京从0.532上升至0.605。数字经济发展基础维度主要通过各城市的移动电话用户数、互联网宽带接入用户数和电信业务总量来整体反映，相较于北京，上海、重庆在用户端具备庞大的数字经济场景消费群体，因此在数字城市建设过程中具有用户接入的流量优势（见表4）。

表4　2016~2020年各城市数字经济发展基础得分

城市	2016年	2017年	2018年	2019年	2020年
上海	0.445	0.481	0.603	0.657	0.742
重庆	0.448	0.522	0.688	0.717	0.722
北京	0.532	0.527	0.595	0.610	0.605
广州	0.353	0.404	0.572	0.514	0.542
成都	0.304	0.370	0.405	0.386	0.429
深圳	0.329	0.319	0.382	0.374	0.340
杭州	0.148	0.162	0.176	0.182	0.185
天津	0.068	0.095	0.137	0.162	0.166
武汉	0.121	0.121	0.151	0.142	0.126
南京	0.022	0.044	0.071	0.096	0.096
宁波	0.029	0.043	0.058	0.062	0.076
青岛	0.061	0.052	0.053	0.047	0.069

资料来源：由matlab软件运算所得。

1. 北京的移动电话用户数增长缓慢，制约数字经济流量增加

移动电话是用户使用直播电商、电子游戏、在线交易等平台的媒介之一，在互联网和数字经济快速发展阶段，移动电话用户数对于数字经济流量的增加具有重要带动作用。具体从移动电话用户数来看，2020年，上海移动电话用户数为4397万户，位居首位，是各城市平均值（2513.57万户）

的 1.75 倍；北京移动电话用户数为 3907 万户，处于第 2 位，是各城市平均值的 1.55 倍。从移动电话用户数增速来看，北京较慢。2016~2020 年北京由 3869 万户上升至 3907 万户，年均增速仅为 0.25%，排在第 11 位（见图 2）。从各城市与北京的差距来看，2016~2019 年上海逐渐缩小与北京的差距，2020 年领先北京 490 万户；2016~2020 年其他城市与北京差距呈缩小态势，北京与广州的倍数关系由 1.37 倍下降至 1.05 倍，与重庆的倍数关系由 1.34 倍下降至 1.07 倍。

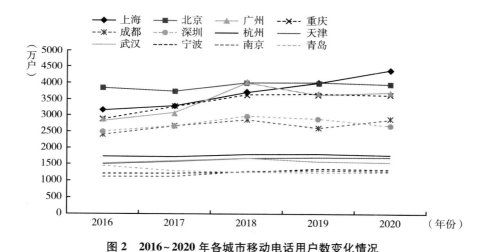

图 2 2016~2020 年各城市移动电话用户数变化情况

资料来源：根据表 1 各指标计算所得。

2. 北京的互联网宽带接入用户数与自身人口规模不相匹配

从互联网宽带接入用户数来看，重庆居首位，2020 年互联网宽带接入用户数为 1424 万户，是各城市平均值（674.75 万户）的 2.11 倍；上海、成都、北京位居其后，互联网宽带接入用户数分别为 956 万户、772 万户、747 万户，分别是各城市平均值的 1.42 倍、1.14 倍、1.11 倍（见图 3）。从互联网宽带接入用户数增速来看，2016~2020 年，天津由 284 万户上升至 535 万户，年均增速为 17.13%，增速排名第 1 名；北京由 476 万户上升至 747 万户，年均增速为 11.94%，增速排名第 4 位。结合各城市人口规模来看，北京互联网宽带接入用户数与自身人口规模不相匹配。2020 年北京人口规模虽排在第三位，但互联网宽带接入用户数占人口规模的比重为 34.14%，与重庆（44.43%）、成都（38.60%）、上海（38.43%）还有较大的差距。

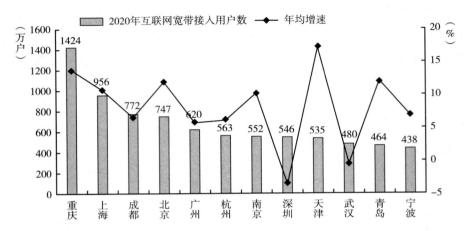

图 3　2020 年各城市互联网宽带接入用户数及 2016~2020 年年均增速情况

资料来源：根据表 1 各指标计算所得。

3. 北京信息通信业处于领先地位

信息通信业作为数字时代的基础性行业，是各城市建设数字城市的重要支撑。北京市发达的电信业务是其信息通信业在全国处于领先地位的重要保障。从电信业务总量来看，2020 年北京电信业务总量为 3251.10 亿元，居首位，是各城市平均值（1637.53 亿元）的 1.99 倍；重庆、上海、深圳分别为 2871.82 亿元、2822.91 亿元、2677.68 亿元，位居第 2~4 名，分别是各城市平均值的 1.75 倍、1.72 倍、1.64 倍；从电信业务增速来看，2016~2020 年各城市电信业务总量呈增长态势，北京由 1396.40 亿元上升至 3251.10 亿元，年均增速为 23.53%；重庆、上海、深圳年均增速分别为 36.82%、26.52%、26.31%（见图 4）。

4. 北京市正稳步推进"新基建"项目建设

新型基础设施建设概念的提出是在 2018 年，新型基础设施建设发展较晚，所以不能将新型基础设施作为评价指标体系的二级指标，但其对于数字

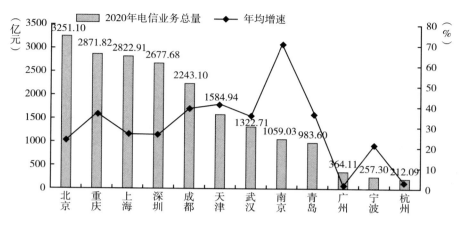

图 4　2020 年各城市电信业务总量及 2016~2020 年年均增速情况

资料来源：根据表 1 各指标计算所得。

经济的发展起到了重要支撑作用。北京正加快"新基建"项目建设步伐，以 5G 基站建设为例，截至 2021 年 11 月底，北京市共开通 5.1 万个 5G 基站，较 2020 年增加了 1.3 万个，计划至 2025 年建成 6.3 万个（蔡文清，2021），基本实现 5G 网络在市县乡村和交通干线等区域的连续覆盖。从各城市"新基建"项目投资情况来看，新型基础设施建设成为北京市项目投资的重点。2020 年北京"新基建"项目投资数为 120 个，占重点项目总投资数的比重为 40.00%，位居第 1；上海、深圳、重庆紧随其后，"新基建"项目投资数量占重点项目总投资数的比重分别为 39.15%、38.37%、37.97%（见表 5）。

表 5　2020 年各城市"新基建"项目投资数及占比情况

城市	2020 年"新基建"项目投资数（个）	2020 年重点项目总投资数（个）	占比（%）	占比排名
北京	120	300	40.00	1
上海	83	212	39.15	2
深圳	216	563	38.37	3
重庆	450	1185	37.97	4

城市	2020年"新基建"项目投资数(个)	2020年重点项目总投资数(个)	占比(%)	占比排名
广州	249	675	36.89	5
杭州	136	374	36.36	6
成都	356	1000	35.60	7
南京	124	368	33.70	8
武汉	97	301	32.23	9
天津	102	346	29.48	10
宁波	111	385	28.83	11
青岛	102	357	28.57	12

资料来源：中国信息通信研究院。

（三）数字经济发展规模：北京具有显著领先优势

从发展规模来看，北京得分稳居首位，深圳、上海排在第2～3位。2016～2020年，各城市发展规模得分呈上升态势，数字经济规模提升有较大的进展，北京由0.481提升至0.656，深圳由0.238提升至0.576，上海由0.422提升至0.533（见表6）。数字经济发展规模维度主要依托各城市的数字经济服务业的注册资本额总量、数字经济相关行业企业存量、数字经济相关行业从业人员和数字金融普惠指数来整体反映。

表6 2016～2020年各城市数字经济发展规模得分

城市	2016年	2017年	2018年	2019年	2020年
北京	0.481	0.513	0.572	0.576	0.656
深圳	0.238	0.375	0.455	0.450	0.576
上海	0.422	0.345	0.415	0.489	0.533
成都	0.180	0.256	0.316	0.390	0.469
广州	0.164	0.205	0.285	0.379	0.454
杭州	0.230	0.305	0.395	0.475	0.444
南京	0.115	0.152	0.191	0.247	0.276

城市	2016 年	2017 年	2018 年	2019 年	2020 年
重庆	0.091	0.290	0.174	0.219	0.271
武汉	0.096	0.197	0.197	0.233	0.260
青岛	0.054	0.098	0.128	0.172	0.211
宁波	0.056	0.090	0.121	0.165	0.180
天津	0.033	0.060	0.094	0.129	0.155

资料来源：由 matlab 软件运算所得。

1. 北京数字经济服务业规模不断壮大但结构有待优化

北京数字经济服务业的注册资本额总量具有显著的领先优势。静态来看，2020 年北京数字经济服务业的注册资本额总量为 20533.51 亿元，居首位，是各城市平均值（4680.43 亿元）的 4.39 倍；成都、杭州分别为9236.02 亿元、9108.60 亿元，居第 2、第 3 位，是各城市平均值的 1.97 倍、1.95 倍；上海、深圳分别为 3491.30 亿元、3100.30 亿元，分别居第 4、第5 位。动态来看，2016~2020 年，北京数字经济服务业的注册资本额总量由17742.60 亿元上升至 20533.51 亿元，5 年中北京稳居首位（见图 5），为新一代数字化出行、智能制造、数据支撑的研发和知识生产，数字能源服务等产业集群的建设提供了总量优势。

从数字经济服务业结构来看，北京结构有待优化。结合《数字经济及其核心产业统计分类（2021）》中数字经济产业的分类和注册资本额来看，北京数字技术应用业和数字要素驱动业注册资本额总量充足，数字产品服务业存在提升空间。2020 年北京数字技术应用业和数字要素驱动业的注册资本额分别为 18001.97 亿元和 1140.01 亿元，在 12 个城市中分别排在第 1、第 2 位；而数字产品服务业的注册资本额仅为 1.21 亿元，排在第 5 位，与位居前三的武汉（38.24 亿元）、青岛（5.21 亿元）、成都（3.36 亿元）存在一定的差距（见表 7）。

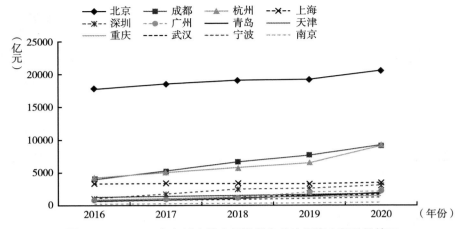

图5　2016~2020年各城市数字经济服务业注册资本额总量情况

资料来源：根据表1各指标计算所得。

表7　2020年各城市数字经济服务业3个大类的注册资本额

单位：亿元

城市	数字产品服务业	数字技术应用业	数字要素驱动业
武汉	38.24	1364.57	69.47
青岛	5.21	1351.86	395.32
成都	3.36	8174.82	677.61
杭州	2.08	7889.75	666.97
北京	1.21	18001.97	1140.01
天津	1.03	1061.33	426.67
宁波	0.92	772.27	227.53
重庆	0.82	1669.57	2.64
南京	0.63	275.64	149.6
上海	0	1248.33	1505.16
深圳	0	2476.23	472.14
广州	0	2057.43	12.32

资料来源：龙信企业大数据平台。

2.北京数字经济相关行业的企业平均规模较大

从数字经济相关行业企业存量来看，北京与领先城市存在较大差距。

2020 年深圳数字经济相关行业企业存量为 19.35 万家，居首位，是各城市平均值（7.16 万个）的 2.70 倍；而北京仅为 3.08 万家，位列第 10，不足各城市平均值的 1/2。从数字经济相关行业从业人员来看，上海、北京显著高于其他城市。2016~2020 年上海由 171.44 万人下降至 110.98 万人，2020 年是各城市平均值（51.31 万人）的 2.16 倍，居首位；北京由 72.81 万人上升至 91.93 万人，2020 年是各城市平均值的 1.79 倍，居第 2 位，其他城市与北京、上海有较大差距。从数字经济相关行业企业存量和从业人员增速来看，2016~2020 年北京数字经济相关行业企业存量由 2.51 万家上升至 3.08 万家，年均增速为 5.25%；数字经济相关行业从业人员年均增速为 6.00%，高于北京数字经济相关企业存量增速（见图 6）。我国工业和信息化部把从业人员数量作为企业规模的划分标准之一，结合两个指标来看，2020 年，北京数字经济相关行业从业人员与企业存量比达到 29.85 人/家，显著高于其他城市（见图 7）。综合上述分析得出，北京市相关的数字企业平均规模较大且呈逐渐扩大趋势。

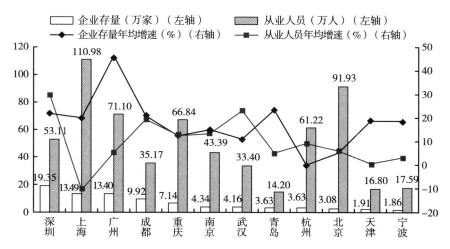

图 6　2020 年各城市数字经济相关行业企业存量、从业人员及年均增速情况

资料来源：根据表 1 各指标计算所得。

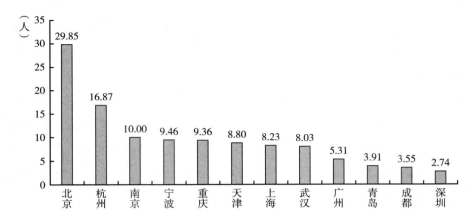

图7　2020年各城市平均每家数字经济相关行业企业拥有从业人员情况

资料来源：由图6计算所得。

3. 北京数字金融发展与领先城市存在一定差距

数字金融是数字经济发展过程中备受关注的领域，在为科技创新企业提供安全保障、推进产业数字化和数字产业化发展等方面具有重要意义。从数字金融普惠指数来看，北京还存在一定的发展空间。2020年，北京处在杭州（326.49）、深圳（324.67）、南京（315.10）之后，位居第4，北京数字金融普惠指数为308.13。从数字金融普惠指数增速来看，各城市数字金融普惠指数增长稳定，年均增速在6.87%左右，其中北京年均增速为5.71%，在12个城市中排在末位（见图8）。结合互联网金融行业注册资本额总量来看，2020年，上海、深圳的数字经济服务业注册资本额总量分别位居第4、第5。而其互联网金融行业注册资本额总量分别为1243.68亿元、469.11亿元，居前两位；北京的数字经济服务业注册资本额总量显著高于上海和深圳，但互联网金融行业注册资本额总量为199.90亿元，位居第3（见表8），与数字经济服务业发展不一致，其对北京建设数字金融重点机构和开展数字金融试点工作的支撑作用不足。

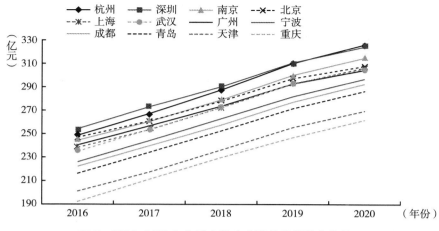

图8　2016～2020年各城市数字金融普惠指数变化情况

资料来源：根据表1各指标计算所得。

表8　2020年各城市互联网金融行业与数字经济服务业的注册资本额总量及排名

城市	互联网金融行业		数字经济服务业	
	注册资本额总量（亿元）	排名	注册资本额总量（亿元）	排名
上海	1243.68	1	3491.30	4
深圳	469.11	2	3100.30	5
北京	199.90	3	20533.51	1
杭州	183.03	4	9108.60	3
青岛	124.47	5	1911.21	7
成都	48.35	6	9236.02	2
南京	43.57	7	448.98	12
天津	19.36	8	1803.89	8
宁波	17.83	9	1241.82	11
广州	2.52	10	2141.90	6
武汉	0.00	11	1473.29	10
重庆	0.00	12	1674.35	9

资料来源：龙信企业大数据平台。

（四）数字经济发展活力：北京发展活力处于领先地位

从发展活力来看，北京得分居首位。2016～2020年，各城市数字经济发展活力得分整体呈上升态势，北京由 0.645 提升至 0.717；杭州由 0.332 提升至 0.508；青岛、武汉、南京、成都位居第 3～6 名，2020 年在 0.410～0.418（见表 9）。数字经济发展活力维度主要依托数字经济服务业新增企业注册资本额增速、数字经济服务业行业类别数、发明专利授权量和计算机软著数来整体反映。

表 9　2016～2020 年各城市数字经济发展活力得分

城市	2016 年	2017 年	2018 年	2019 年	2020 年
北京	0.645	0.715	0.753	0.778	0.717
杭州	0.332	0.351	0.456	0.457	0.508
青岛	0.379	0.362	0.414	0.424	0.418
武汉	0.351	0.390	0.418	0.401	0.411
南京	0.245	0.264	0.292	0.357	0.411
成都	0.323	0.338	0.400	0.400	0.410
深圳	0.283	0.454	0.498	0.404	0.370
宁波	0.296	0.287	0.351	0.360	0.360
上海	0.251	0.260	0.353	0.379	0.340
天津	0.331	0.325	0.337	0.361	0.329
重庆	0.204	0.203	0.254	0.281	0.260
广州	0.216	0.204	0.219	0.302	0.144

资料来源：由 matlab 软件运算所得。

1. 北京的数字经济服务业新增企业注册资本额增速不明显

新增企业注册资本额增速可以反映数字经济服务业企业的发展活力。从数字经济服务业新增企业注册资本额增速来看，2020 年杭州数字经济服务业新增企业注册资本额增速为 40.41%，排在第 1 位。青岛、南京、成都、深圳紧随其后，增速分别为 32.56%、25.69%、20.53%、18.89%；宁波增速与各城市平均值相等，即 16.71%；包括北京在内的其他城市则低于各城市平均值。2016～2020 年，北京市每年的数字经济服务业新增企业注册资本额增速都处在相对靠后的位置，2016 年在 12 个城市中排在末位，2020 年排在第 10 位。北京市整体的数字经济服务业新增企业注册资本额增速较为缓慢。

2. 行业类别数的增加有助于完善数字经济生态

数字经济服务业行业类别数多的城市，首先为各个行业实现技术突破和技术融合提供了可能，其次对于开展多行业、多领域的联合发展奠定了基础。从数字经济服务业行业类别数来看，一方面，青岛、杭州、宁波、成都、武汉位居前列。2020年，青岛、杭州都为48个，并列排在第1位；宁波、成都、武汉都为47个，并列排在第3位。另一方面，北京虽排在第6位，但与领先城市差距不大。2016~2020年，北京的数字经济服务业行业类别数由43个上升至46个，年均增速为1.70%。2020年，北京与青岛、杭州相差2个行业类别，总量相较于其他城市处于较高水平（见图9）。北京数字经济服务业行业类别数较为充足，涉及数字经济领域较为全面。因此数字经济相关企业活力更为充沛，整体结构更加稳定，为开展多行业、多领域的合作、打造众多类型的标杆企业提供了可能。

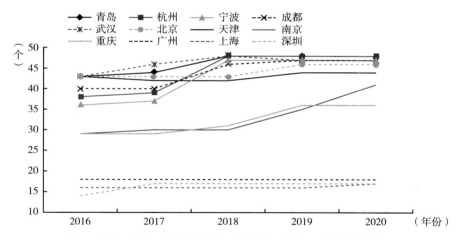

图9 2016~2020年各城市数字经济服务业行业类别数变化情况

资料来源：根据表1各指标计算所得。

3. 北京数字经济整体创新能力领先

北京作为全国科技创新中心，正逐渐加快建设全国数字技术创新策源地，北京创新能力的高低对于前沿数字核心技术和"卡脖子"技术能否突破具有决定性的作用。从发明专利授权量来看，北京总量优势十分明显，2020 年北京发明专利授权量为 45405 件，是各城市平均值（13000 件）的 3.49 倍；深圳、上海也远高于其他城市，分别为 30596 件、21598 件，是各城市平均值的 2.35 倍、1.66 倍（见图 10）。从与北京的差距来看，发明专利授权量领先的城市正逐渐缩小与北京的差距，排名较为靠后的城市与北京的差距逐渐拉大。2016 年，北京是深圳的 1.54 倍，2020 年下降至 1.48 倍；2016 年，北京是杭州的 5.87 倍，2020 年下降至 4.15 倍。2016 年，北京是宁波的 6.46 倍，2020 年上升至 10.24 倍；2016 年，北京是成都的 7.31 倍，2020 年上升至 11.86 倍。

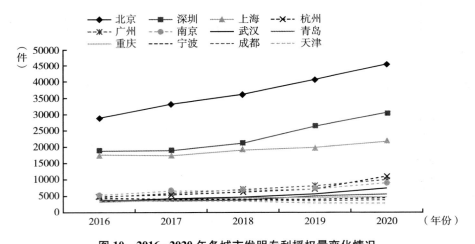

图 10　2016~2020 年各城市发明专利授权量变化情况

资料来源：根据表 1 各指标计算所得。

从计算机软著数来看，上海具有领先优势，北京、深圳也远高于其他城市。2020 年北京仅次于上海，位居第 2，计算机软著数为 56511 件，是各城市平均值（27249 件）的 2.07 倍；上海具有显著领先优势，计算机软著数为 72147 件，位居第 1（见图 11）。从城市差距来看，其他城市在逐渐缩小与北京市的差距。2016 年，北京是深圳的 1.67 倍，2020 年下降至 1.03 倍；2016 年，北京是南京的 6.80 倍，2020 年下降至 2.07 倍。进一步结合发明专利授权量来看，北京创新成果丰富，创新能力强，为高级芯片、量子科技等前沿核心技术和"卡脖子"技术的突破奠定了基础。以北京国际大数据交易所为例，数据作为新型生产要素和数字经济核心经济资源，容易出现权属界定不清、难以建立排他性等问题，北京国际大数据交易所以技术创新为支撑，将区块链与隐私计算技术等创新成果相结合，使数据得以安全流通并促进数据要素赋能产业升级。

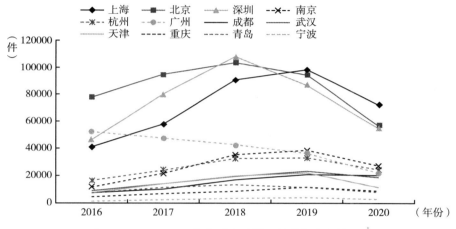

图 11　2016～2020 年各城市计算机软著数变化情况

资料来源：根据表 1 各指标计算所得。

四　主要结论及对策建议

（一）主要结论

1.北京数字经济发展基础还存在一定的提升空间

北京数字经济发展基础与上海、重庆存在一定差距，有待进一步夯实。2020 年北京数字经济发展基础得分为 0.605，低于上海（0.742）和重庆（0.722）。从具体指标来看，北京移动电话用户数和互联网宽带接入用户数

指标略显不足，2020 年北京移动电话用户数与前一年相比呈明显下降趋势。互联网宽带接入用户数与重庆、上海差距逐渐扩大，2016 年北京落后于重庆 373 万人、上海 160 万人，到 2020 年逐渐扩大到落后于重庆 677 万人、上海 209 万人。

2. 北京数字经济发展规模和活力具有领先优势，但北京优势逐渐弱化

在数字经济发展规模和活力方面，北京优势十分明显。2020 年，北京数字经济发展规模得分为 0.656，是深圳（0.576）的 1.14 倍、上海（0.533）的 1.23 倍、成都（0.469）的 1.40 倍；北京数字经济发展活力得分为 0.717，是杭州（0.508）的 1.41 倍、青岛（0.418）的 1.72 倍、武汉和南京（0.411）的 1.74 倍。但从其他城市与北京的差距和北京各指标的增速两个方面来看，北京优势在逐渐减弱。其他城市正逐渐缩小与北京的差距，以数字经济发展活力得分为例，2016 年，北京是杭州的 1.94 倍，2020 年下降至 1.41 倍；2016 年，北京是南京的 2.64 倍，2020 年下降至 1.75 倍。北京部分指标增速较慢，数字经济服务业注册资本额、数字金融普惠指数、计算机软著数和数字经济相关行业企业存量增速在 12 个城市中分别排在第 10、12、11、11 位，都处在相对靠后的位置。

3. 北京的数字经济服务业发展领先，但发展不平衡

数字经济服务业注册资本额总量领先优势明显，2020 年北京数字经济服务业注册资本额总量为 20533.51 亿元，排在第 1 位。但数字经济服务业结构有待优化，一是数字产品服务业存在提升空间。2020 年北京数字产品服务业注册资本额仅为 1.21 亿元，与位居前列的武汉相差 37.03 亿元、与青岛相差 4.00 亿元、与成都相差 2.15 亿元。二是数字金融发展未能与北京数字经济服务业发展相一致。2020 年北京数字金融普惠指数为 308.13，在 12 个城市中排在第 4 位，数字金融普惠指数增速仅为 5.71%，在 12 个城市中排在末位；2020 年北京互联网金融行业注册资本额总量为 199.90 亿元，在 12 个城市中排在第 3 位，与注册资本额总量排在第 1 位的数字经济服务业发展不相一致。

（二）对策建议

1. 加大政策支持力度，提升数字经济发展的软硬件环境

一是加强数字传统基础建设和"新基建"统筹建设工作。要充分利用五大电信运营商总部在北京的优势。在持续推进传统基础建设工作的同时加快 5G 等信息通信网络、新一代超算中心等数据智能基础设施建设，为数字经济快速发展提供基础支撑；二是加快数据交易平台建设，积极推进数据要素市场化改革。支持社会力量整合待激活的高价值数据资产，充分发掘潜在数据资源。完善数据交易规则和平台监管机制，充分利用区块链等技术保障数据交易安全，释放数字要素价值，充分发挥国际大数据交易所的优势，推动国际数据要素配置枢纽高地建设。三是鼓励更多要素资源流向与数字相关的企业、技术和场景。鼓励金融投资机构向数字企业或项目提供资金保障，并做好风险预估，为数字经济发展提供支撑。四是引进和培育数字人才。引进全方面发展的数字人才，提高现有领域的整体水平，并找出北京数字经济发展的薄弱环节，有针对性地运用人才引进政策或其他机制弥补相应的短板；建立校企协同、研究生拔尖计划等人才培养机制，培养综合型人才，为北京打造数字经济标杆城市提供完整的人才供应链。

2. 充分挖掘数字产品服务业和互联网金融行业发展潜力

一是充分发挥创新资源、政策和各种平台优势，为数字产品发展创造良好的条件。确保利用财政、金融等途径实现政策的落地；促进数字产品服务业智能化，打造数字产品创新体系，依托工业云、智能制造设备、智慧工厂等实现产品的个性化定制，减少生产过程中的沉没成本，同时依托电商的大数据分析技术精准捕捉消费者偏好，促进消费升级；实现数字产品在通信业、医疗业、教育业等行业的应用，整合医疗资源建立互联网医院，支持平台型企业开展线上教育业务，开发线上教育产品等。二是针对不同行业、场景构建合适的数字金融服务形态，推进重大项目与重点机构建设，推动传统金融数字化转型，助力数字经济发展。借鉴金控集团等成功案例，以数字金融业为突破口，以技术与平台优势为保障；加强安全可信的数据融合环境的

构建，搭建多层次的数字金融监管和风险防控体系，做好征信、支付、交易等信息基础设施的顶层设计，提升金融监管力度。

3. 增强关键技术创新能力，全面提升数字经济领先优势

一是将数字技术创新成果应用于 5G/6G、云计算等新一代信息技术中，积极打造应用平台，在数字应用服务领域率先培育新业态、新模式，扩大北京市数字经济的领先优势。北京目前拥有全国近一半的独角兽企业，要加强对数字基础技术标杆企业、数字化赋能标杆企业、数字平台标杆企业和新模式新应用标杆企业的培育，通过打造一批数字经济标杆企业为其他企业数字化转型赋能。二是提升物联网、人工智能等核心数字技术和网络技术的引领带动能力，发挥拥有高端研发资源、创新人才的优势，探索建立开放型的科技攻关新机制，鼓励科研院校与科技企业开展协同创新，重点开展集成电路、高端软件等数字技术领域"卡脖子"环节关键技术的联合攻关，建设全球数字技术创新策源地。三是加强标准化试点工作，争取先行先试政策的支持保障，加快制定和推广数字化共性标准和关键技术标准。四是深度参与全球数字经济创新合作，依托 G20 峰会等国际平台，加强国际合作交流，推动建设世界级数字研发机构和创新中心，打造数字经济对外合作开放高地。

参考文献

[1] 蔡文清：《北京已建设 5G 基站 5.1 万个，终端用户超 1400 万户》，新浪网，2021 年 12 月 28 日，https：//k. sina. com. cn/article _ 1893892941 _ 70e2834d0200153v3. html。

[2] 郭峰、王靖一、王芳、孔涛、张勋、程志云：《测度中国数字普惠金融发展：指数编制与空间特征》，《经济学》（季刊）2020 年第 4 期。

[3] 郭家堂、骆品亮：《互联网对中国全要素生产率有促进作用吗?》，《管理世界》2016 年第 10 期。

[4] 何枭吟、成天婷：《数字经济推动经济高质量发展的战略抉择》，《商业经济研究》2021 年第 10 期。

［5］温珺、阎志军、程愚：《数字经济与区域创新能力的提升》，《经济问题探索》2019 年第 11 期。

［6］赵涛、张智、梁上坤：《数字经济、创业活跃度与高质量发展——来自中国城市的经验证据》，《管理世界》2020 年第 10 期。

［7］ Mesenbourg, T. L., "Measuring Electronic Business", *Definitions Underlying Concepts & Measurement Plans*, 1999.

［8］Tapscott, D., *The Digital Economy*: *Promise and Peril in the Age of Networked Intelligence*, McGraw−Hill Publisher, 1996.

B.8
数字经济助推京津冀城市群低碳转型的对策研究[*]

叶堂林 李梦雪[**]

摘　要： 低碳发展已经成为世界各国经济发展的重要趋势，而数字经济是实现我国碳达峰与碳中和目标的重要抓手，因此研究数字经济助推京津冀城市群低碳转型具有较强的现实意义。本报告首先对京津冀城市群数字经济发展现状和碳排放现状进行了分析，然后在此基础上通过构建面板回归模型对京津冀城市群数字经济发展与碳排放之间的关系进行研究。结果显示：京津冀城市群数字经济服务业在营企业注册资本额呈上升态势，创新成果大幅增加，其中，数字信息传输业发展规模位居第一，但发展态势趋缓；京津冀三地数字经济服务业发展结构不同，北京以数字信息传输业为主，天津、河北以数字技术服务业为主；京津冀城市群碳排放呈上升趋势，且分布不均衡，河北碳排放量远远高于北京和天津，且不断增长，天津碳排放量在波动中缓慢上升，而北京在2012年就已顺利完成碳达峰目标；河北各地级市碳排放强度均高于北京和天津，一定程度上拉高了京津冀城市群整体碳排放强度；北京以第三产业耗能为主，天津和河北以第二产业耗能为主，且三

---

* 本报告为北京市社会科学基金重点项目"京津冀发展报告（2022）——数字经济助推区域协同发展"（21JCB056）、北京市自然科学基金面上项目"京津冀创新驱动发展战略的实施路径研究——基于社会资本、区域创新及创新效率的视角"（9212002）的阶段性成果。

** 叶堂林，经济学博士，首都经济贸易大学特大城市经济社会发展研究院（首都高端智库）执行副院长，特大城市经济社会发展研究省部共建协同创新中心（国家级研究平台）执行副主任，教授、博士生导师，研究方向为区域经济、京津冀协同发展；李梦雪，首都经济贸易大学硕士研究生，研究方向为区域经济与政策仿真。

地的工业能源消耗结构不同；数字经济的发展显著降低了京津冀城市群碳排放。在此基础上，本报告提出了数字经济助推京津冀城市群低碳转型的对策建议。

关键词： 京津冀城市群　数字经济　碳排放

一　研究背景与研究意义

（一）低碳发展已经成为世界各国经济发展的趋势

《巴黎协定》的签署开启了全球应对气候挑战的新篇章。作为负责任的大国，中国一直积极参与相关国际合作，发挥应对气候变化的引领作用。在第75届联合国大会上，习近平主席提出中国2030年前达到碳达峰、2060年前实现碳中和的目标。进入新时期，我国逐渐走上了绿色发展道路。2021年4月，习近平总书记在中共中央政治局第二十九次集体学习时指出，"十四五"时期，我国生态文明建设进入了以降碳为重点战略方向、推动减污降碳协同增效、促进经济建设全面绿色转型、实现生态环境质量改善由量变到质变的关键时期。因此，有效推动低碳转型发展是实现"双碳"目标的必然选择，也是推进我国生态文明建设的重要引擎。

（二）数字经济是实现我国碳达峰与碳中和目标的重要抓手

随着新一代信息技术的快速发展，一系列以大数据处理为特点的新产品、新业态和新模式不断涌现。数字经济作为数字技术下的一种经济新形态，已经成为推动我国经济增长的新动能。中国信息通信研究院发布的《中国数字经济发展白皮书（2021年）》显示，2020年我国数字经济规模达到39.2万亿元，占GDP的比重增长至38.6%，较上年增加了3.3万亿元。在数字经济兴起的同时，中国也正经历着以高耗能为特征的工业化和城

市化，能源需求不断增加，因此我国将面临长期的碳减排压力。而数字经济的发展对我国实现碳减排具有重要作用，一方面，数字作为一种新要素与传统要素相融合，有利于改造传统产业、推动产业转型升级、降低能源消耗；另一方面，数字经济具有平台化、共享化等典型特征，可推动各种资源要素自由流动，对提高资源利用效率具有重要作用。

（三）数字经济助推京津冀低碳发展具有重要现实意义

京津冀城市群作为我国经济发展的重要引擎，环境问题日趋严重。2020年，京津冀城市群碳排放量总量高达 6 亿吨，约占全国碳排放总量的 1/10。北京市政府已将推动减污降碳协同增效写进 2022 年北京市政府工作报告，强调坚持以创新为牵引，大力开展节能全民运动，稳步推进碳中和行动。因此，借助数字经济推动京津冀城市群低碳转型，对于促进京津冀高质量协同发展具有重要的现实意义。

二　理论基础

（一）关于数字经济的研究

中国学者对数字经济的内涵、测度进行了研究。杨青峰、任锦鸾（2021）认为数字经济是一种以信息和通信技术为基础的经济新模式，对推动经济高质量发展和促进产业转型升级等具有正向影响。关于数字经济规模的测度，夏炎等（2018）通过构建投入产出模型对我国数字经济的发展规模进行了测度。

（二）关于数字经济与碳排放的研究

学者对数字经济与区域碳排放的关系进行了理论探讨。徐维祥等（2022）认为数字经济发展有利于降低城市碳排放，且对城市群内部的区域影响更大。韩晶等（2021）认为数字服务贸易的发展通过规模效应、结构效应和技术效应促进碳减排。而谢云飞（2022）认为数字经济主要通过有偏技术进步和能源结构改善降低区域碳排放量及碳排放强度。

（三）关于城市低碳转型的研究

学者对我国城市低碳转型的影响因素及路径进行了研究。杨正东、李京文（2014）认为提高能源效率和优化能源结构有利于促进产业结构转型升级和低碳技术创新，进而实现城市低碳转型。王灿（2021）认为应从政策保障、试点示范、科技创新、金融支持、多目标协同等方面探索低碳转型的路径。针对资源型城市，徐君等（2014）认为生态文明制度体系、技术创新、经济结构调整以及低碳能源体系是城市转型的关键；张逸昕、张杰（2020）认为资源类型、资源产业生命周期、制造业先进程度、教育投资水平、技术创新水平、环境规制力度和政府转型能力是低碳转型的影响因素。

在已有研究中，学者多认为数字经济主要通过产业结构优化和技术创新影响城市碳排放，产业结构调整和科技创新是城市低碳转型的关键。在"双碳"目标背景下，当前学术界对数字经济助推京津冀城市低碳转型的研究相对不足，大多数文献还是在研究数字经济对创新、产业结构转型升级以及全要素生产率等方面的影响，只有少部分文献研究了数字经济对区域碳排放的影响。因此，本报告首先对京津冀城市群的数字经济发展现状和碳排放现状进行分析，然后研究数字经济发展对京津冀碳排放的影响，最后提出数字经济助推京津冀城市群低碳转型的对策建议。

三 京津冀城市群数字经济发展现状

（一）数字经济服务业的范围界定

根据国家统计局发布的《数字经济及其核心产业统计分类（2021）》，数字经济产业包括数字产品制造业、数字产品服务业、数字技术应用业、数字要素驱动业以及数字化效率提升业等 5 大类。基于数据的可得性和京津冀

三地数字经济产业的发展特征，本报告界定的数字经济服务业主要包括数字经济产业第2、3、4大类中的数字产品维修、软件开发、电信广播电视和卫星传输服务、互联网相关服务、信息技术服务、互联网平台、互联网批发零售、互联网金融等8类产业，并将上述产业划分为数字信息传输、数字技术服务和数字应用服务，其中电信广播电视和卫星传输服务属于数字信息传输，数字产品维修、软件开发、信息技术服务属于数字技术服务，互联网相关服务、互联网平台、互联网批发零售、互联网金融属于数字应用服务。

（二）碳排放量的计算

基于数据的可得性和完整性，本报告从《中国城市统计年鉴》和《中国城市建设统计年鉴》获取城市能源消费数据，分别计算城市用电、天然气和液化石油气的二氧化碳排放量，求和得到城市二氧化碳排放量。具体计算公式如下所示：

$$Card = C_n + C_p + C_e = \alpha E_n + \beta E_p + \gamma(\delta \times E_e)$$

其中，C_n、C_p 和 C_e 分别为城市消耗天然气、液化石油气以及用电的碳排放量，α 和 β 分别为天然气和液化石油气的二氧化碳排放系数，参考国家发改委2011年发布的《省级温室气体清单编制指南（试行）》，α 和 β 分别为 $2.1622kg/m^3$ 和 $3.1013kg/m^3$；γ 为煤电燃料链温室气体排放系数，参考现有研究，取 γ 为 $1.3023kg/kWh$；δ 为煤电发电量占总发电量的比例，各年数据均来源于《中国电力统计年鉴》。

（三）京津冀城市群数字经济服务业发展规模呈上升态势

从在营企业注册资本额来看，2009~2020年，京津冀城市群数字经济服务业发展规模呈现上升态势，北京数字经济服务业在营企业注册资本额占京津冀比重逐年下降，天津和河北占比呈上升趋势。2020年京津冀城市群数字经济服务业在营企业注册资本额为22768.46亿元，较2009年增加了8734.57亿元，年均增长率为4.50%。从三地所占比重来看，2009~2020年北京占比逐年下降，但2020年仍达到81.1%，稳居第一；河北占比逐年上升，从2009年的1.3%增加到2020年的12.7%；天津占比最低，且上升态势缓慢，2018~2020年间比重一直维持在6.2%（见图1）。

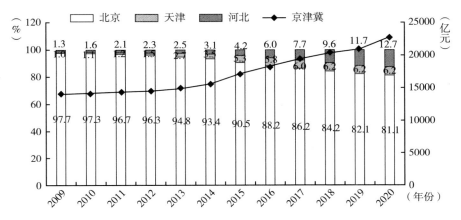

图1　2009~2020年京津冀城市群数字经济服务业在营企业注册资本额及三地占比

资料来源：根据龙信企业大数据平台计算所得。

（四）京津冀城市群数字经济服务业创新成果大幅增加

2009~2020年，京津冀城市群数字经济服务业实用新型专利数大幅增加，北京在其中的占比逐年下降，天津和河北占比呈上升趋势。2020年京津冀城市群数字经济服务业实用新型专利数为15000件，较2009年增加了13823件，年均增长率高达26.03%。从三地所占比重来看，2009~2020年北京占比逐年下降，但仍具有明显优势，2020年占比为53.4%；河北和天津的占比分别从2009年的6.2%和5.3%上升至2020年的21.9%、24.6%（见图2）。

2009~2020年京津冀城市群数字经济服务业计算机软著数大幅增加，北京在其中的占比逐年下降，天津和河北占比呈上升趋势。2020年京津冀城市群数字经济服务业计算机软著数为107980件，较2009年增加了99502

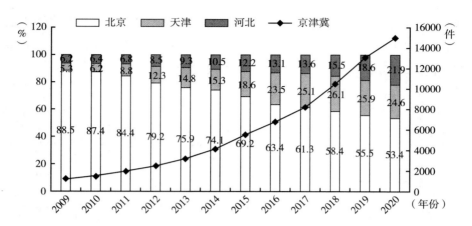

**图2　2009~2020年京津冀城市群数字经济服务业
实用新型专利数及三地占比**

资料来源：根据龙信企业大数据平台计算所得。

件，年均增长率为26.03%。从三地所占比重来看，2009~2020年，北京占比逐年下降，但仍具有领先优势，2020年北京占比分别比河北、天津高37.4个、49.2个百分点；河北和天津占比呈上升趋势，分别从2009年的3.7%和5.9%上升至2020年的24.8%和13%（见图3）。

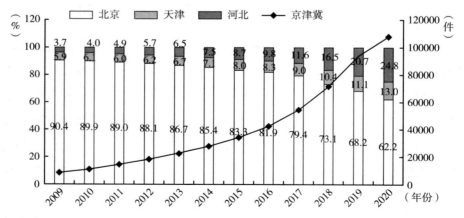

**图3　2009~2020年京津冀城市群数字经济服务业计算机
软著数及三地占比**

资料来源：根据龙信企业大数据平台计算所得。

（五）京津冀城市群数字经济服务业结构不断优化

京津冀城市群数字经济服务业以数字信息传输业为主，但发展态势趋缓。2020 年京津冀城市群数字信息传输业在营企业注册资本额为 14468 亿元，分别为数字技术服务业（6510 亿元）和数字应用服务业（1790 亿元）的 2.22 倍、8.08 倍（见图 4）。2009~2020 年，京津冀城市群数字信息传输业在营企业注册资本额从 12965 亿元增长到 14468 亿元，一直位居第一，但年均增长率仅为 1.00%。2009~2020 年，京津冀城市群数字技术服务业和数字应用服务业发展也均呈现上升态势，分别位居第二、第三。其中，数字技术服务业在营企业注册资本额从 899 亿元增长至 6510 亿元，年均增长率为 19.72%；数字应用服务业在营企业注册资本额从 169 亿元增长至 1790 亿元，年均增长率为 23.93%，发展速度最快。

图 4　2009~2020 年京津冀城市群数字经济服务业结构

资料来源：根据龙信企业大数据平台计算所得。

北京以数字信息传输业为主，但发展态势趋缓。2020 年，北京数字信息传输业、数字技术服务业和数字应用服务业在营企业注册资本额占数字经济服务业的比重分别为 77.83%、16.53%、5.64%。其中，数字信息传输业在营企业注册资本额分别为数字技术服务业和数字应用服务业的 4.71 倍、13.80 倍（见图 5）。但 2009~2020 年，北京数字信息传输业在营企业注册资本额从 12922 亿元增长到 14380 亿元，年均增长率仅为 0.98%。此外，2009~2020 年，北京数字技术服务业和数字应用服务业发展均呈现上升态势，分别位居第二、第三。其中，数字技术服务业在营企业注册资本额从657 亿元增长至 3055 亿元，年均增长率为 14.99%；数字应用服务业在营企业注册资本额从 130 亿元增长至 1042 亿元，年均增长率为 20.83%。

图 5　2009~2020 年北京数字经济服务业细分行业发展状况

资料来源：根据龙信企业大数据平台计算所得。

　　天津以数字技术服务业为主，且发展态势良好。天津数字信息传输业、数字技术服务业、数字应用服务业在营企业注册资本额占数字经济服务业的比重分别为 0.92%、71.86%、27.21%。其中，数字技术服务业在营企业注册资本额分别为数字信息传输业和数字应用服务业的 78 倍、2.64 倍（见图6）。2009~2020 年，天津数字技术服务业在营企业注册资本额从 93 亿元增长到 1014 亿元，年均增长率为 24.26%；数字信息传输业在营企业注册资本额从 11 亿元增长至 13 亿元，年均增长率为 1.53%；数字应用服务业在营企业注册资本额从 31 亿元增长至 384 亿元，年均增长率为 25.71%，比数字信息传输业高 24.8 个百分点。

　　河北以数字技术服务业为主且发展速度较快。2009~2020 年，河北数字技术服务业在营企业注册资本额从 149 亿元增长到 2442 亿元，年均增长率高达28.95%（见图 7）。2020 年，河北数字信息传输业、数字技术服务业、数字应

图6 2009~2020年天津数字经济服务业细分行业发展状况

资料来源：根据龙信企业大数据平台计算所得。

用服务业在营企业注册资本额占数字经济服务业的比重分别为2.60%、84.73%、12.66%，其中，数字技术服务业在营企业注册资本额分别为数字信息传输业和数字应用服务业的32.56倍、6.69倍。2009~2020年，河北数字信息传输业和数字应用服务业发展均呈现上升态势，其中，数字信息传输业在营企业注册资本额从32亿元增长至75亿元，年均增长率为8.05%；数字应用服务业在营企业注册资本额从8亿元增长至365亿元，年均增长率为41.53%。

图7 2009~2020年河北数字经济服务业细分行业发展状况

资料来源：根据龙信企业大数据平台计算所得。

四　京津冀城市群碳排放现状

（一）京津冀城市群碳排放量呈上升趋势

京津冀城市群整体碳排放量呈上升趋势。如图8所示，2009~2020年，京津冀城市群碳排放量从2.66亿吨增长至6.01亿吨，年均增长率为7.69%。2016年京津冀城市群碳排放量有所降低，但2017年迅速增加至5.46亿吨，较2016年（3.26亿吨）增加了2.20亿吨，增长率高达67.48%，主要是河北碳排放量（3.25亿吨）较2016年（1.10亿吨）大幅增长2.15亿吨所致。2017年，河北天然气消耗量（485112.69万立方米）和液化石油气消耗量（24.12万吨）分别较2016年增长了32.39%、41.3%（见表1）。

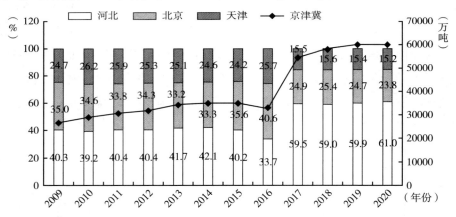

图8　2009~2020年京津冀城市群碳排放量及三地占比

资料来源：根据《中国城市统计年鉴》《中国城市建设统计年鉴》《中国电力统计年鉴》计算所得。

表1　2016~2017年京津冀三地能源消耗及碳排放情况

类别	北京		天津		河北	
	2016年	2017年	2016年	2017年	2016年	2017年
天然气（万立方米）	1622393.00	1641696.00	341705.39	422859.55	366438.96	485112.69

类别	北京		天津		河北	
	2016 年	2017 年	2016 年	2017 年	2016 年	2017 年
液化石油气（万吨）	50.02	49.23	5.60	5.76	17.07	24.12
全社会用电量（亿千瓦时）	1020.27	1066.89	807.93	805.59	3265.00	3442.00
碳排放量（万吨）	13245.86	13629.90	8405.19	8484.29	10996.98	32532.21

资料来源：根据《中国城市统计年鉴》《中国城市建设统计年鉴》《中国电力统计年鉴》计算所得。

（二）京津冀城市群碳排放量分布不均衡

京津冀三地碳排放量分布不均衡，河北碳排放量远远高于北京和天津。2009~2020 年，河北碳排放量多数情况下稳居第一，北京次之，天津最低（见图 8）。2020 年，河北碳排放量高达 36629.23 万吨，分别为北京（14270.92 万吨）和天津（9152.95 万吨）的 2.57、4.00 倍。河北作为工业大省，以高耗能产业为主导的产业结构很难快速转型升级，由于其在京津冀协同发展中"三区一基地"的功能定位，又承接了京津大部分重工业迁移企业，碳排放量也随之上升。2020 年，河北碳排放量占京津冀碳排放总量的比重为 61.0%，较 2009 年（40.3%）增加了 20.7 个百分点；北京碳排放量占京津冀碳排放总量的比重为 23.8%，较 2009 年（35.0%）降低了 11.2 个百分点；天津碳排放量占京津冀碳排放总量的比重为 15.2%，较 2009 年（24.7%）降低了 9.5 个百分点。分析可知，河北碳排放量远远高于北京和天津，且呈增长态势，天津碳排放量在波动中缓慢上升，而北京在 2012 年已顺利完成碳达峰目标。可能的原因在于，近年来，北京着力实施了调整能源利用结构、优化产业结构、加大环境治理力度等一系列举措。2015 年，京津冀三地建立京津冀环境执法联动工作机制，将三地大气污染防控工作进行了制度层面的落实。

2019 年，北京市加强与周边地区空气质量预测预报联合会商、应急联动机制建设，修订形成应急减排清单，并根据环保绩效采取差异化空气应急减排措施，从而实现了"削峰降速"。而天津碳排放量低于北京和河北且发展趋势平缓，这是由于其借鉴北京碳排放治理经验、推广碳排放治理模式试点等工作取得了较大成效。

京津冀城市群各城市碳排放量呈现"非均衡"分布特征。2019 年，京津冀城市群碳排放量从高到低依次为北京（14828.69 万吨）、天津（9244.03 万吨）、唐山（7943.38 万吨）、石家庄（5221.61 万吨）、邯郸（4019.18 万吨）、保定（3714.89 万吨）、沧州（3316.40 万吨）、邢台（2714.46 万吨）、廊坊（2692.95 万吨）、承德（1727.77 万吨）、张家口（1629.59 万吨）、秦皇岛（1539.49 万吨）、衡水（1498.54 万吨）（见图9）。其中唐山、石家庄、邯郸三个地级市的碳排放总量约占河北碳排放总量的 48%，而张家口、秦皇岛和衡水碳排放量分别仅占河北碳排放总量的 4.52%、4.27%、4.16%。

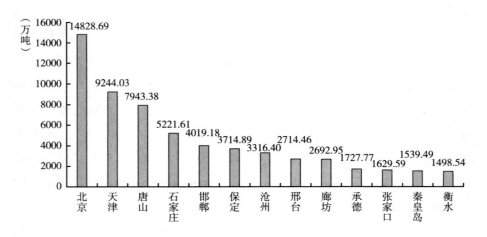

图 9 2019 年京津冀城市群各城市碳排放量

资料来源：根据《中国城市统计年鉴》《中国城市建设统计年鉴》《中国电力统计年鉴》计算所得。

（三）京津冀城市群碳排放强度较高

河北各地级市碳排放强度相对较高，一定程度上拉高了京津冀城市群整体碳排放强度。2019 年，北京和天津碳排放强度分别为 0.42 吨/万元和 0.66 吨/万元（见图 10），均不高于全国平均碳排放强度（0.66 吨/万元）和京津冀城市群整体碳排放强度（0.71 吨/万元）。而河北各地级市碳排放强度从高到低依次为邢台（1.28 吨/万元）、承德（1.17 吨/万元）、邯郸（1.15 吨/万元）、唐山（1.15 吨/万元）、张家口（1.05 吨/万元）、衡水（1.00 吨/万元）、保定（0.98 吨/万元）、秦皇岛（0.96 吨/万元）、沧州（0.92 吨/万元）、石家庄（0.90 吨/万元）、廊坊（0.84 吨/万元），均高于全国平均碳排放强度和京津冀城市群整体碳排放强度。原因在于，京津冀城市群创新能力在区域内部分布不均衡，无论是在创新投入还是在创新产出方面，天津、河北与北京之间均存在较大差距，因此两地能源利用效率较低。以专利授权量为例，2019 年，北京、天津、河北的专利授权量分别为 13.17 万件、5.78 万件、0.47 万件，北京的专利授权量远远高于天津和河北，分别为天津、河北专利授权量的 2.28 倍、28.02 倍。

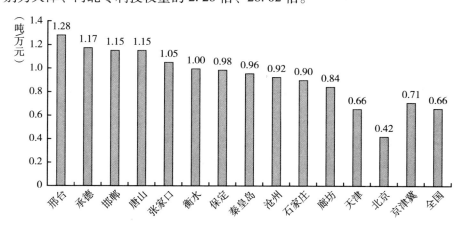

图 10　2019 年全国及京津冀城市群各城市碳排放强度

资料来源：根据《中国城市统计年鉴》《中国城市建设统计年鉴》《中国电力统计年鉴》计算所得。

（四）京津冀城市群各行业能源消耗占比差别较大

从各行业能源消耗来看，北京以第三产业耗能为主，而天津和河北以第二产业耗能为主。由图11可以看出，2019年，北京各行业能源消耗比重从高到低依次为第三产业（51.12%）、第二产业（25.14%）、生活消费（22.98%）、第一产业（0.76%）；天津依次为第二产业（67.05%）、第三产业（17.11%）、生活消费（14.55%）、第一产业（1.30%）；河北依次为第二产业（74.73%）、生活消费（12.59%）、第三产业（10.96%）、第一产业（1.72%）。2019年，天津和河北第二产业能源消耗量占比分别比北京高41.91个和49.59个百分点。

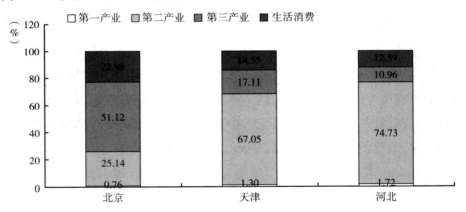

图11　2019年京津冀三地各行业能源消耗占比

资料来源：根据《北京统计年鉴》《天津统计年鉴》《河北统计年鉴》计算所得。

从工业能源消耗来看，北京、天津、河北三地工业能源消耗的内部结构不同。2019年，北京的电力、热力生产和供应业能源消耗量占工业能源消耗总量的23.14%，其他能源消耗集中于石油、煤炭及其他燃料加工业，非金属矿物制品业，化学原料和化学制品制造业，这几个行业能源消耗量之和占北京工业能源消耗总量的比重高达40.35%，而钢铁能源消耗仅仅占到0.97%；天津钢铁能源消耗占比为35.72%，其与化学原料和化学制品制造业的能源消耗量之和占天津工业能源消耗总量的比重为60.47%；河北的工业能耗以六大高能耗行业为主，即黑色金属冶炼及压延加工业（12977.89万吨标准煤），电力、热力生产和供应业（4420.12万吨标准煤），非金属矿物制品业（1345.25万吨标准煤），化学原料和化学制品制造业（1076.10万吨标准煤），石油、煤炭及其他燃料加工业（805.44万吨标准煤），煤炭开采和洗选业（720.39万吨标准煤），这六大行业能源消耗量之和占河北工业能源消耗总量的比重高达92.08%。由此可见，京津冀地区钢铁和电力、热力行业能源消耗量较多，占比高达63.94%。

五　数字经济发展对京津冀城市群碳排放的影响分析

（一）作用机制与研究思路

数字经济的减碳效应主要体现在以下两个方面。一是数字经济的发展促进新一代信息技术向传统产业渗透，新技术应用在传统领域之后，可加快推动传统产业向数字化、高端化和绿色化转型升级（丁玉龙、秦尊文，2021），降低能源消耗水平，进而实现碳减排。二是数字经济发展有利于碳交易市场的建立，从而降低碳排放。自2011年国家发改委办公厅发布《关于开展碳排放权交易试点工作的通知》以来，多个省区市陆续开展碳排放权交易试点工作。但目前碳交易市场的建设仍存在一些问题，如碳交易所之间缺乏相互联系的渠道以及尚未明确如何实现碳排放量的监测、报告与核查等（白雪楠等，2020）。而数字技术的应用不仅可以为建立碳交易信息平台提供保障，促进各交易所之间的沟通，还有助于解决碳排放量的监测、报告与核查等难题，促进碳交易市场不断发展和完善。在碳交易市场，企业可以将碳排放权卖给其他企业，这种交易行为有利于提高能源利用效率，促进企业通过技术进步提高生产效率，进而降低碳排放。

基于此，本报告以京津冀城市群13个城市（北京、天津与河北11个地

级市）为研究对象，运用 2009～2019 年 13 个城市的面板数据，通过构建计量模型，研究数字经济对京津冀城市群碳排放的影响，希望有助于推动京津冀高质量协同发展，更好实现"双碳"目标。

（二）模型构建

由于本报告旨在研究 2009～2019 年数字经济发展对京津冀城市群碳排放的影响，因此选取面板数据回归模型，具体如下：

$$Pcard_{it} = \beta_0 + \beta_1\, Digit_{it} + \beta_2\, Stru_{it} + \beta_3\, Open_{it} + \beta_4\, Gov_{it} + \\ \beta_5\, Human_{it} + \beta_6 \ln Pgdp_{it} + \beta_7 \ln Area_{it} + \varepsilon_{it}$$

(1)

其中，i 代表城市，t 代表年份，$Pcard$ 表示碳排放水平，$Digit$ 表示数字经济服务业发展水平，$Stru$ 表示产业结构，$Open$ 表示对外开放，Gov 表示政府干预，$Human$ 表示人力资本，$\ln Pgdp$ 表示经济发展水平，$\ln Area$ 表示城市扩张程度；ε_{it} 为随机干扰项，$\beta_1 \sim \beta_7$ 分别代表各因素对京津冀城市群碳排放的影响弹性系数。

（三）指标说明及数据来源

被解释变量：碳排放水平（$Pcard$），用人均二氧化碳排放量表示。

核心解释变量：数字经济服务业发展水平（$Digit$），用数字经济服务业在营企业注册资本额占 GDP 比重表示。

控制变量：①产业结构（$Stru$），产业结构的优化升级往往有利于降低能源消耗水平，减少碳排放；②对外开放（$Open$），通常情况下，对外开放水平的提升不利于绿色经济发展；③政府干预（Gov），通常情况下，政府过度干预不利于碳排放强度的改善；④人力资本（$Human$），不论是数量还是结构，人力资本都有助于低碳经济的转型；⑤经济发展水平（$\ln Pgdp$），如果产业结构不变且没有实施另外的政策，经济增长速度本身难以造成碳排放强度的大幅下降；⑥城市扩张程度（$\ln Area$），通常情况下，城市扩张过快不利于碳排放水平的降低（见表2）。

表 2　指标说明

变量类型	变量	变量名称	指标	单位
被解释变量	Pcard	碳排放水平	人均二氧化碳排放量	吨/人
核心解释变量	Digit	数字经济服务业发展水平	数字经济服务业在营企业注册资本额占GDP比重	%
控制变量	Stru	产业结构	第二、三产业增加值比值	—
	Open	对外开放	实际利用外商投资额占GDP比重	%
	Gov	政府干预	地方一般公共预算支出占GDP比重	%
	Human	人力资本	每万人中普通高等学校在校学生数量	人
	lnPgdp	经济发展水平	人均GDP取对数	—
	lnArea	城市扩张程度	城市建成区面积取对数	—

资料来源：各地级市GDP数据、年末总人口、普通高等学校在校学生数、第二产业增加值占GDP比重、第三产业增加值占GDP比重、实际利用外商投资额、地方一般公共预算支出数据均来源于《中国城市统计年鉴》，城市建成区面积数据来源于《中国城市建设统计年鉴》，数字经济服务业在营企业注册资本额数据来源于龙信企业大数据平台。部分缺失数据采用拟合和线性插值等方法补齐。变量统计性描述见表3。

表 3　描述性统计

变量	样本量	均值	标准差	最小值	最大值
Pcard	143	3.4510	2.9920	0.2660	10.7700
Digit	143	0.0830	0.1980	0.0015	1.1280
Stru	143	1.1300	0.4450	0.1940	1.9850
Open	143	0.0217	0.0187	0.0007	0.1140
Gov	143	0.1750	0.0572	0.0744	0.3940
Human	143	216.4000	170.4000	34.1900	601.1000
lnPgdp	143	10.6700	0.6530	9.5960	12.4500
lnArea	143	5.0490	0.9610	3.7740	7.2920

注：结果由stata15.0计算所得。

（四）实证分析

在回归分析前，本报告首先运用方差膨胀因子法进行多重共线性检验，结果详见表4。检验结果显示所有变量中VIF均小于5，因此解释变量间不

存在多重共线性问题。对于采用何种估计方式，经 LSDV 和 Hansman 检验发现，基于固定效应模型进行估计最为科学。回归结果详见表5。

表4　各解释变量的方差膨胀因子 VIF

	Digit	Stru	Open	Gov	Human	lnPgdp	lnArea	均值
VIF	2.5500	4.3800	2.1600	2.3500	3.5600	4.0100	4.6200	3.3700
1/VIF	0.3922	0.2281	0.4638	0.4252	0.2813	0.2497	0.2164	0.2967

注：结果由 stata15.0 计算所得。

表5　京津冀城市群数字经济实证分析

变量	模型1	模型2	模型3	模型4	模型5	模型6	模型7
Digit	-3.047^{**} (-2.41)	-1.166 (-0.70)	-3.241^{**} (-2.76)	-2.833 (-1.69)	-2.228 (-1.59)	-3.156^{**} (-2.65)	-2.838^{**} (-2.21)
Stru	-2.195^{***} (-4.62)		-2.095^{***} (-4.72)	-2.799^{***} (-5.63)	-2.090^{***} (-3.69)	-2.217^{***} (-4.67)	-2.241^{***} (-5.00)
Open	14.994^{*} (1.94)	10.365 (1.45)		21.176^{*} (2.15)	15.526 (1.71)	14.877^{*} (1.96)	14.908 (1.76)
Gov	7.212^{**} (2.51)	15.773^{***} (3.66)	9.112^{***} (3.33)		7.784^{**} (2.21)	7.246^{**} (2.61)	7.587^{**} (2.68)
Human	0.004^{**} (2.95)	0.003^{*} (2.02)	0.004^{***} (3.32)	0.005^{**} (2.53)		0.004^{***} (3.30)	0.004^{***} (3.23)
lnPgdp	0.076 (0.17)	0.868 (1.39)	-0.014 (-0.03)	0.163 (0.34)	0.331 (0.78)		0.231 (0.56)
lnArea	0.477 (0.59)	0.892 (0.71)	0.460 (0.52)	0.719 (0.91)	0.638 (0.74)	0.517 (0.69)	
Constant	0.452 (0.10)	-13.919^{**} (-2.88)	1.367 (0.31)	0.013 (0.00)	-2.452 (-0.49)	1.078 (0.29)	1.138 (0.27)
Observations	143	143	143	143	143	143	143
R^2	0.585	0.518	0.575	0.570	0.571	0.585	0.584

注：*、** 和 *** 分别表示在10%、5%、1%显著水平上通过假设检验。结果由 stata15.0 计算所得。

模型1的回归结果表明，数字经济服务业（ Digit ）的系数为 -3.047 且在5%的水平下显著，说明数字经济的发展对京津冀城市群碳排放具有抑制作用。随着数字经济发展水平的提高，京津冀城市群创新能力将不断增强，整个社会的数字化、信息化水平将不断提升，进而推动传统产业向绿色低碳化转型，减少碳排放。

产业结构（*Stru*）对京津冀城市群碳排放产生显著的抑制作用，表明产业结构的优化升级有利于降低碳排放。对外开放（*Open*）对京津冀城市群碳排放起到显著的促进作用，即在其他条件不变的情况下，对外开放水平越高，京津冀城市群的碳排放量越大。原因在于，对外贸易使我国专注于生产具有比较优势的初级产品，但这些初级产品的加工过程不仅耗能高而且碳排放量大，尤其河北省以资源依赖型重化工业为主体，严重忽视了环境代价，显著加剧了碳排放问题。政府干预（*Gov*）对京津冀城市群碳排放产生显著的促进作用，原因在于，根据京津冀协同发展中对河北"三区一基地"的功能定位，北京疏解非首都功能，河北承接北京转移企业。随着重工业企业的转移，碳排放量也发生了转移，加之河北产业转型升级缓慢，能源消耗水平较高，因此碳排放量不断上升。人力资本（*Human*）对京津冀城市群碳排放产生显著的促进作用，原因在于，京津冀的区位优势吸引了大量人才，劳动力素质普遍提高，但能源行业高科技异质型人力资本和环境友好型人力资本相对不足。经济发展水平和城市扩张程度对京津冀城市群碳排放均不存在显著的影响。

为验证结果的稳健性，本报告通过增减模型中的控制变量，得到模型2~模型7，根据表5显示，模型中核心解释变量的回归结果稳健性较好。

六 主要结论与对策建议

（一）主要结论

一是 2009~2020 年，京津冀城市群数字经济服务业在营企业注册资本额呈上升趋势，创新成果大幅增加，行业整体发展态势良好，北京数字经济服务业在营企业注册资本额占京津冀比重逐年下降，天津和河北占比呈上升趋势。2020 年，京津冀城市群数字经济服务业在营企业注册资本额高达22768.46 亿元，实用新型专利数为 15000 件，计算机软著数为 107980 件。二是京津冀城市群数字信息传输业发展规模较大，但发展态势趋缓，其中，北京以发展数字信息传输业为主，而天津和河北以发展数字技术服务业为主。2020 年京津冀城市群数字信息传输业在营企业注册资本额为 14468 亿元，分别为数字技术服务业（6510 亿元）和数字应用服务业（1790 亿元）的 2.22 倍、8.08 倍。三是京津冀城市群碳排放量呈上升趋势，且分布不均衡。2020 年，京津冀城市群碳排放量为 6.01 亿吨，较 2009 年（2.66 亿吨）增加了 3.35 亿吨。四是河北各地级市碳排放强度均高于北京和天津，一定程度上拉高了京津冀城市群整体碳排放强度。2019 年，京津冀城市群碳排放强度排名前三的城市依次为邢台（1.28 吨/万元）、承德（1.17 吨/万元）、邯郸（1.15 吨/万元），分别是北京的 3.05 倍、2.79 倍和 2.74 倍。五是北京以第三产业耗能为主，天津和河北以第二产业耗能为主，且三地的工业能源消耗结构不同。2019 年，北京第三产业能源消耗量占各行业能源消耗总量的 51.12%，分别比天津和河北高 34.01 个和 40.16 个百分点。六是数字经济的发展显著降低了京津冀城市群碳排放水平。随着数字经济发展水平不断提高，区域创新能力逐渐增强，整个社会的数字化、信息化水平将不断提高，进而推动传统产业向绿色低碳化转型，减少区域碳排放。

（二）对策建议

一是加快京津冀城市群数字技术协同创新，提高能源利用效率。在能源消费环节，综合运用大数据、云计算、物联网等数字技术改变能源消费方式，提高能源利用效率。同时，加强减少能耗、减少污染和减少排放等方面的技术改进和创新，大力发展低碳节能技术，积极推进碳减排工程。具体来看，应充分利用京津两地良好的创新基础，加大对石家庄、保定和廊坊的创新投入，推动三地创新成果的增加和创新环境的优化。此外，充分发挥石家庄、保定和廊坊的辐射带动作用，运用新一代信息技术搭建创新共享平台，促进各种先进的资源和要素聚集，推动各地协同开展低碳技术研发、低碳产品设计等，有效提升城市群智能制造水平，提高能源利用效率，进而推动京津冀城市群低碳转型。

二是促进城市群数字技术与传统生产相融合，推动产业低碳化转型。促进数字技术与传统生产充分融合，提高生产效率，推动产业整体向智能化、低碳化转型。具体来看，北京应加快成为区域发展的"引导带动者"，注重绿色低碳技术的研发与运用，通过创新外溢和发展模式外溢带动区域发展；天津应加强与北京高技术产业的合作，积极促进区域产业协同发展；河北应促进承接产业与自身产业的融合发展，加快推进产业转型升级，同时，积极推动北京创新成果在河北落地转化，提高项目落地率。

三是借助数字技术整合区域碳交易市场。利用新一代信息技术将京津两地碳交易市场整合为统一的区域碳交易市场，并将河北省各大城市纳入碳交易体系，为各地区间的碳交易提供便利，促进碳交易市场不断发展和完善；鼓励企业将多余的碳排放权卖给其他企业，有效提高能源利用效率，同时利用碳交易所得收益改进技术提高生产效率，降低碳排放。

四是加强复合型高素质人才的培养。运用数字技术推动传统产业改造需要大量既懂数字技术又懂传统产业相关技术的复合型高素质人才，目前该类人才存在较大缺口，尤其是具有实践经验的人才。因此，应引导互联网企业和传统企业联合进行人才培养，在具体项目中强化技能培训；鼓励高校增设相关专业和课程，为传统产业智能化转型提供人力资源；提高传统产业工人的数字化应用水平，鼓励企业对基层工人进行短期培训、继续教育等，降低传统产业智能化转型的基层阻力。

参考文献

［1］ 白雪楠、白昕、尤慧君：《中国碳交易市场发展现状及问题分析》，《中外企业家》2020 年第 14 期。

［2］ 丁玉龙、秦尊文：《信息通信技术对绿色经济效率的影响——基于面板 Tobit 模型的实证研究》，《学习与实践》2021 年第 4 期。

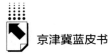
［3］韩晶、姜如玥、孙雅雯：《数字服务贸易与碳排放——基于50个国家的实证研究》，《国际商务》（对外经济贸易大学学报）2021年第6期。

［4］王灿：《碳中和愿景下的低碳转型之路》，《中国环境管理》2021年第1期。

［5］夏炎、王会娟、张凤、郭剑锋：《数字经济对中国经济增长和非农就业影响研究——基于投入占用产出模型》，《中国科学院院刊》2018年第7期。

［6］谢云飞：《数字经济对区域碳排放强度的影响效应及作用机制》，《当代经济管理》2022年第2期。

［7］徐君、高厚宾、王育红：《生态文明视域下资源型城市低碳转型战略框架及路径设计》，《管理世界》2014年第6期。

［8］徐维祥、周建平、刘程军：《数字经济发展对城市碳排放影响的空间效应》，《地理研究》2022年第1期。

［9］杨青峰、任锦鸾：《发展负责任的数字经济》，《中国科学院院刊》2021年第7期。

［10］杨正东、李京文：《中国新型城镇化与城市低碳转型发展研究》，《学习与实践》2014年第12期。

［11］张逸昕、张杰：《资源型城市低碳转型阶段性及其全要素生产率评价——基于非期望产出SBM模型》，《科技管理研究》2020年第14期。

B.9
京津冀数字经济对绿色经济效率的影响研究[*]

叶堂林　何晶彦[**]

摘　要： 数字经济是一种以数据要素为核心，具有绿色低碳特征的经济新业态，正在成为驱动绿色经济转型和高质量发展的重要引擎，京津冀地区亟须挖掘经济增长潜力，培育绿色经济新业态，实现绿色高质量发展。本报告在文献梳理的基础上，从要素重置、业态新生、产业转型和基础保障四个方面构建数字经济影响绿色经济效率的作用机制。在立足京津冀地区数字经济呈"核心—外围"格局、绿色经济效率具有"北京为核心、东高外围低"现状特征的基础上，通过构建空间杜宾模型，验证了数字经济对绿色经济效率的作用过程具有时间维度上的倒"U"形特征和空间维度上的溢出效应等理论假设，同时得出信息化、城镇化、财富积累、产业升级与数字经济发展关系密切，它们均会影响绿色经济效率的基本结论。但当前，京津冀地区政府支出、研发支出和技术创新对绿色经济的支持作用尚有不足，尚未形成数字经济的产业链格局。应通过有序发展数字经济、培育数字经济龙头企业、构建京津冀数字经济链、加大绿色创新研发投入、扩大数字经济

---

* 本报告为北京市社会科学基金重点项目"京津冀发展报告（2022）——数字经济助推区域协同发展"（21JCB056）、北京市自然科学基金面上项目"京津冀创新驱动发展战略的实施路径研究——基于社会资本、区域创新及创新效率的视角"（9212002）的阶段性成果。

** 叶堂林，经济学博士，首都经济贸易大学特大城市经济社会发展研究院（首都高端智库）执行副院长，特大城市经济社会发展研究省部共建协同创新中心（国家级研究平台）执行副主任，教授、博士生导师，研究方向为区域经济、京津冀协同发展；何晶彦，经济学博士，北京大学政府管理学院博士后、首都发展研究院研究助理，研究方向为区域经济。

减排效应等方式打通提升绿色经济效率的路径。

关键词： 京津冀 数字经济 绿色经济效率

一 研究背景与研究意义

（一）综观全球——数字经济助力全球经济绿色发展

当前，绿色发展已成为全球经济运行的主流趋势。传统的工业化和城镇化模式在推动经济快速发展的同时产生了严重的生态环境问题，比如19世纪的"世界八大公害事件"，20世纪全球气候变暖、区域性烟雾或核泄漏事件、战略性资源严重短缺等。构建全球绿色经济发展体系，以低碳化、清洁化、集约化的发展方式驱动绿色转型已成为全球经济的新趋势。而数字经济作为低碳化、污染少、收益高的新经济业态早就备受发达国家经济体的关注。早在1998年美国公布了《浮现中的数字经济》，提出数字经济将成为具有竞争力的新业态（胡曙光，1999）。继而提出了全球数字经济战略，强调发展数字经济，以数字技术推动绿色创新发展。2021年3月欧盟发布了《2030数字化指南：实现数字十年的欧洲路径》纲要文件，指出数字经济是一种有利于智能制造和绿色发展的经济形态，提出了欧盟到2030年实现数字化转型的愿景、目标和途径。2020年发达国家数字经济规模达到24.4万亿美元，占发达国家GDP的54.3%，占全球总量的74.7%。从规模看，美国以13.6万亿美元居于全球首位。[①] 这说明全球数字经济正在迅猛发展，数字经济依赖移动互联网、大数据、物联网、人工智能等数字技术与运营技术的融合，可极大地提高资源利用效率，实现从生产环节的清洁化、节能化、高效化到产品销售的绿色消费导向的全链条转型，最终实现产品周期的

---

① 中国信息通信研究院：《中国数字经济发展白皮书》，2021年4月。

碳减排、污染减排等绿色可持续发展。因此，以数字经济支撑全球绿色转型已成为全球经济发展的有力引擎。

（二）审视国内——数字经济蕴藏绿色转型强大动力

2015 年党的十八届五中全会将发展大数据上升为国家战略，自 2020 年 3 月中共中央、国务院提出要加快培育数据要素市场以来[①]，数字经济发展的势头更加迅猛。2020 年我国数字经济规模为 39.2 万亿元，占国内生产总值比重已达到 38.6%，数字经济规模同比增速达到 9.6%并居于全球首位。从各地数字经济发展情况看，广东、江苏、山东等 13 个省区市的规模超过 1 万亿元，北京、上海占地区生产总值的比重高于 50%。[②] 国家《"十四五"数字经济发展规划》中明确提出数字经济是继农业经济、工业经济之后的主要经济形态。数字经济在发展过程中可推动产业转型升级，同时带动新业态不断涌现、加速要素结构调整，产业数字化转型将进一步推进制造业数字化、网络化、智能化，生产性服务业融合发展，生活性服务业多元化拓展，而依托数字基础设施的产业转型势必驱动产业经济的绿色发展。

（三）聚焦京津冀——亟须挖掘区域绿色发展新潜能

京津冀地区亟须挖掘数字经济增长潜力带动区域绿色转型。京津冀地区工业基础雄厚，但传统工业化和城镇化也为国土空间带来一定程度的负外部效应，京津冀生态环境问题频发。从 2017~2020 年的《中国生态环境统计公报》中可以看出，海河流域已成为国内九大流域中水污染最为严重、水质最差的流域水系；空气质量差的城市主要集中在河北。对比京沪情况，2021 年北京 PM2.5 浓度为 33 微克/米^3，虽然比 2020 年下降了 13.16%，但空气质量仍比上海（27 微克/米^3）差；北京空气优良天数比例为 75.4%，虽然比 2019 上升了 9.6%，但仍低于上海（87.2%）。京津冀地区生态环境

---

① 《中共中央国务院：关于构建更加完善的要素市场化配置体制机制的意见》，2020 年 4 月。
② 中国信息通信研究院：《中国数字经济发展白皮书》，2021 年 4 月。

质量弱于长三角、珠三角等地，状况堪忧，亟须在实施生态修复与环境治理等政策的同时，积极调整经济发展方式。数字经济具有高效益、清洁化、低污染等绿色经济特征，是助力经济绿色发展的新业态。2020年京津冀区域数字经济规模约为3.81万亿元，比2019年（3.46万亿元）提高了10.12%，占区域生产总值比重已超过40%。[1] 但从城市数字经济规模排名看，排在前十位的城市中只有北京一个北方城市，天津排在第11位。京津冀地区传统产业基础扎实，优化区域分工和产业布局，以数字经济赋能工业绿色协同发展，是从"破旧"和"立新"两个方面推动区域协调发展和绿色发展的有力抓手。

二　文献综述与理论框架

（一）文献综述

1. 数字经济的相关研究

在学术界中，数字经济（digital economy）一词首次出现在1996年出版的《数字经济：网络智能时代的希望和危险》（*The Digital Economy：Promise and Peril in the Age of Networked Intelligence*）中，作者唐·泰普斯科特（Don Tapscott）因此被公认为"数字经济之父"。随后数字经济在美国被认为是"高增长、低通胀、高就业"的新业态而蓬勃兴起。李长江（2017）对数字经济的基本定义为：数字经济是以数字技术进行生产的数字形态。从物质范畴看，通信技术、互联网为数字经济提供了物质媒介和基础条件（张勋等，2019）。数字经济的本质特征是信息技术的应用，这也是学术界普遍承认的。洪银兴（2018）认为，从宏观角度来看，数字经济发展所产生的数字信息等要素，对区域资源配置效率产生影响。从经济学范畴看，数字技术与资本、劳动力等生产要素结合，在提高全要素生产率的同时，也降低了交易成本和管理费用，使经济运行的辐射范围大大增加。

---

[1]　中国信息通信研究院：《中国数字经济发展白皮书》，2021年4月。

2. 绿色经济效率的相关研究

绿色经济效率（Green Economic Efficiency，GEE）是统筹资源利用、经济增长和环境代价的综合经济效率，是反映一个国家或地区经济绿色发展水平的重要指标。传统的经济增长理论关注"投入—产出"的转化过程，但在高耗能、高投入、低效率的经济发展模式下，多数国家经济增长来源于资源要素投入，并非效率提升（陆大道，2015），且导致经济与环境的失衡，不利于实现可持续发展。在绿色发展理论的视角下，经济发展不仅要强调效率提升，更要关注资源、生态和环境的约束。Pearce 等（1989）较早地提出"绿色经济"的概念，若从"投入—产出"的效率视角来审视绿色经济水平则可以更全面地评价经济发展的质量、经济与生态环境的协调程度和经济效率水平。杨龙、胡晓珍（2010）首次将污染产出指标引入经济效率测评模型进而提出了"绿色经济效率"的概念。钱争鸣、刘晓晨（2013）首次界定 GEE 是全面考虑资源投入、经济产生和环境代价后，即将资源利用及生态环境的损失成本协同纳入生产过程中，获得的综合经济效率。综上，绿色经济效率综合考虑要素投入、生态环境和经济产出这三个维度，即统筹资源要素消耗、生态环境质量和经济产出下的效率。

3. 数字经济与绿色经济效率的相关研究

数字经济作为国内经济发展的新驱动力，在高质量发展的过程中扮演着重要角色，经济绿色转型是经济高质量发展的重要内涵。疫情防控常态化时代，世界经济低迷，数字经济和绿色经济可以作为经济复苏的两大抓手，促进投资增加、加速经济转型，推动实现高质量发展。乌静等（2022）基于2006~2019 年中国 30 个省区市的面板数据，运用空间杜宾模型与面板门槛模型，分析了数字经济对绿色全要素生产率的影响，认为从"本地—邻地"视角看，数字经济的发展对提升绿色全要素生产率具有直接效应和溢出效应。徐昊、马丽君（2022）分析了数字经济、资源依赖以及绿色经济发展之间的关系，提出数字经济规模扩大有利于绿色经济发展，且具有正向空间外溢性，能够有效弥补资源依赖所产生的负面影响。因此，数字经济的运行模式，本身就具备一定的绿色价值。

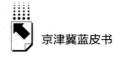

（二）理论框架

1. 数字经济的绿色化特征

数字经济是一种以数字化的知识、信息为生产要素、以现代信息网络作为重要载体，通过通信技术、互联网、物联网等中介媒体发生数字化交易、合作和服务的经济业态（李长江，2017）。绿色经济具有资源集约化、环境污染少、经济高效增长等基本特征。不同于传统的制造业实体经济和服务业，数字经济具有绿色发展的三大特征。

第一，数字经济具有资源集约利用特征。数字经济依托海量大数据和现代化信息技术，在经济运行中需要重新组合和融合劳动力、资本、技术等传统要素，具有显著的要素替代效应。例如智能制造、人工智能等行业，以大数据为基础，融合资本和技术，对劳动力要素具有极大的替代效应。在现代信息网络体系下，数字经济人均产出比传统的制造业产出水平更高，且通过共用数字化基础设施，具有更大的规模经济效应。此外，数字经济能够汇集全球海量数据与信息，产品和服务更容易辐射全球，在推动生产生活方式深刻变革的同时，已成为重组全球资源的重要经济业态，更有利于提升资源集约效率。

第二，数字经济具有生态环境友好特征。绿色经济最主要的特征是降低对生态环境的破坏。节能环保产业、污染治理产业、清洁能源产业、生态农业、生态旅游产业等都是绿色经济的代表性产业。而数字经济以现代信息网络为主要载体，例如计算机、通信和其他电子设备制造业，电信、广播电视和卫星传输服务业，互联网和相关服务业，软件和信息技术服务业等，均具有低碳化、清洁化、低污染等绿色经济特征，都是对生态环境产生较少负外部效应的行业门类。

第三，数字经济具有高效率特征。发展数字经济，核心是汇集更广泛的数字资源要素，现代化的信息技术支撑体系是基本条件，与传统经济融合发展是内在要求，外部市场需求是环境保障。这意味着数字经济时代，会有更多大规模、及时性的技术创新，产品更新速度更快、服务更加精准、技术附加值含量更高，最终带来更高水平的产出效率。

2. 作用机理

数字经济与绿色经济紧密相关，数字经济作为一种新的经济发展方式，已经深刻改变了传统的生产生活方式，其规模进一步扩大势必影响绿色经济效率水平。本报告根据数字经济的自身属性和绿色特征，从四个方面阐释数字经济影响绿色经济效率的作用机理（见图1）。

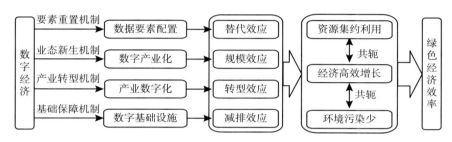

图1　数字经济影响绿色经济效率的作用机理

一是要素重置机制。数字经济的核心环节是扩大数据要素利用规模和提升配置水平，发挥市场在数据要素配置过程中的决定性作用，提高数据要素配置效率和优化空间分选，因此其势必能够有效提高数据要素在经济活动中的贡献率。但根据C-D函数可知，每一种新要素由外生变量变为内生变量后，会改变要素间的组合系数。例如，农业文明时代生产要素主要为劳动力和土地，工业文明时代生产要素主要为劳动力和资本，信息文明时代生产要素主要为技术和数据。在不同社会发展阶段，各要素贡献水平、要素间结构比例差异较大。数字经济的核心要素是大数据，充分利用大数据要素形成的数字化新业态必将改变传统产业的要素投入比例，扩大数据要素占比，形成对劳动力、资本等传统要素的替代效应，进而形成资源集约效应，更加高效集约地利用要素和资源，促进单位产值的提升，进而影响绿色经济效率。

二是业态新生机制。数字经济的重要形式是将数据要素产业化。一方面是指将量子信息、网络通信、集成电路、大数据、人工智能、区块链、新材料等战略前瞻性领域的技术与各领域融合应用，推动平台企业和数字技术服务企业跨界创新，优化创新成果转化机制，加快创新技术的工程化、产业

化。鼓励发展新型研发机构、企业创新联合体等新型创新主体，打造多元化参与、网络化协同、市场化运作的创新生态体系。支持具有自主核心技术的开源社区、开源平台、开源项目发展，推动创新资源共建共享，促进创新模式开放化演进。另一方面是要加快培育新业态新模式。

三是产业转型机制。首先，数字经济能有效加快企业数字化转型升级。在数字经济时代，企业将树立数字化思维，提升员工数字技能和数据管理能力，全面系统地提升在研发设计、生产加工、经营管理、销售服务等业务上的数字化转型能力和智能决策能力。同时产业链的连接作用将带动产业链上下游和关联产业共同向数字化生产转型，提升全产业链的生产效率，带动全产业链的转型升级。其次，主导产业的转型效应更能带动绿色经济效率的提升。主导产业是城市经济的主动脉，其数字化转型势必带动相关产业的协同转型，提升生产、加工、销售、物流等各环节数字化水平，推动研发设计、生产制造、经营管理、市场服务等全生命周期数字化转型，产业链转型效应势必更加明显。最后，产业园区和产业集群数字化转型带动绿色经济效率快速提升。在中国，各类产业园区是实体经济的主要承载区，也是数字经济与实体经济融合发展的策源地。探索发展跨越物理边界的"虚拟"产业园区和产业集群，可加快产业资源虚拟化集聚、平台化运营和网络化协同，构建虚实结合的产业数字化新生态，在加快产业园区转型升级的过程中，实现园区的绿色发展，提升绿色经济效率。

四是基础保障机制。数字经济发展的基础保障条件是建设高速泛在、天地一体、云网融合、智能敏捷、绿色低碳、安全可控的智能化综合性数字信息基础设施。首先，建设5G普及、6G前瞻布局的通信基础设施是保障绿色经济发展的基本条件。新一代通信技术能更加高效地进行数据传输，通过"新基建"将大数据更加快捷、绿色地应用于工业制造、农业生产、公共服务、应急管理等领域，必将极大地提升绿色经济效率。其次，构建大数据运算中心体系。通过实施"东数西算"工程、数据中心建设工程，提升数据中心跨网络、跨地域的交互运算能力，将数据应用于政务服务、智慧城市、智能制造、自动驾驶等新兴领域，能够有效提升数字中心基础设施建设的绿色化、节能化、循环化利用水平，从而提升绿色经济效率。最后，数字信息基础设施的智能化升级将推动绿色经济效率的持续提升。数字经济要求与其配套的基础设施具有网络化、智能化等特点，通过数据赋能能源、交通运输、水利、物流、环保等领域基础设施智慧化升级，打造绿色化、智能化的生产生活服务设施，促进城市智慧治理和运行的数字化进程，推动绿色经济效率的稳步提升。

3. 影响过程

从时间维度看，数字经济对绿色经济效率的影响过程表现为倒"U"形。数字经济作为一种新业态，同样遵循产业生命周期理论。在数字经济发展初期，随着规模扩大，数据要素不断代替劳动力、资本要素，极大地节约了传统要素的投入量，提高了人均数据要素投入量，而数字基础设施可视为固定资产持续使用，更提高了资源利用效率。在数据要素与传统产业持续融合过程中，产业转型升级速度加快、技术创新水平持续提升，助力经济呈现高效率增长格局。同时，数字经济与传统产业融合的过程中，污染类企业数字化、清洁化转型大幅降低了对生态环境的负外部效应，污染物和碳排放水平持续下降。因此，短期内数字经济会驱动绿色经济效率的提升。而在长期，任何一种产业的持续集聚和扩张都会使得市场逐渐饱和，数字经济过度智能化会带来固定资产投资冗余、产能过剩、市场恶性竞争，进而造成资源要素特别是数据要素配置失衡，甚至产生城市虚拟经济过度挤占实体经济导致的失业和垄断等市场失灵现象。在数字经济规模过于庞大的产业衰落期，绿色经济效率将呈现下降态势。

从空间维度看，数据经济对绿色经济效率的影响具有空间溢出效应。数字经济依赖于数字化的基础设施，但其高附加值和高收益属性势必引来更多的企业向数字化转型，数字经济规模的空间异质性将持续缩小弥合。特定空间数字经济规模扩大将对周边邻近地区产生正向溢出效应，同时通过产业链连接作用，带动周边企业数字化转型，从而对周边地区的绿色经济效率产生正向溢出效应；而本地区数字经济萎缩，也必然抑制周边地区产业转型步伐，拉低其绿色经济效率。因此，本地区数字经济规模对周边地区绿色经济效率具有"亦步亦趋"的同向溢出效应。

（三）假设提出

1. 数字经济对绿色经济效率具有倒"U"形的影响

数字经济影响绿色经济效率的作用机制包括要素重置、业态新生、产业转型和基础保障四个方面，通过形成要素投入的替代效应、催生数字产业新业态的产业结构升级效应、产业数字化的转型效应、数字化基础设施的减排效应等，达到提升城市资源集约利用水平、降低污染排放量和驱动经济高效增长的效果，最终实现城市绿色经济效率的提升。但从产业生命周期理论视角看，数字经济规模持续扩大，也势必会造成资源浪费和恶性市场竞争，降低经济效率。故提出理论假设 H1。

H1：数字经济对绿色经济效率具有影响，在产业集聚初期促进绿色经济效率提升，产业过度集聚的衰退期会抑制绿色经济效率，总体表现为倒"U"形的作用关系。

2. 数字经济对绿色经济效率具有空间溢出效应，且同样表现为倒"U"形

空间异质性决定了数字经济规模存在空间差异，在产业链连接作用和数据自由流动的假设下，数字经济的技术高附加值、高收益和绿色清洁等属性决定了本地区的数字经济发展水平会对周边地区产生正向的溢出效应，通过带动周边地区企业数字化转型提升绿色经济效率；反之会抑制周边地区的绿色经济效率提升。故提出理论假设 H2。

H2：数字经济对绿色经济效率具有空间溢出效应，对本地区和周边地区表现出同向的倒"U"形作用关系。

三　现状分析与综合评价

（一）京津冀地区数字经济规模评价

1. 指标选取

根据国家行业分类中对数字经济的行业分类，本报告利用龙信企业大数据，选取数字经济注册资本额作为衡量指标，反映数字经济（主要是数字服务型经济）的发展水平。具体包括：专业设计服务、互联网其他信息服务、互联网安全服务、互联网广告服务、信息技术咨询服务、信息系统集成服务、其他广告服务、互联网零售、其他互联网服务、互联网接入及相关服务、信息处理和存储支持服务、其他电信服务、固定电信服务、有线广播电视传输服务、移动电信服务、运行维护服务、金融信息服务、集成电路设计、非金融机构支付服务、地理遥感信息服务、互联网生活服务平台、互联网科技创新平台、广播电视卫星传输服务、其他信息技术服务业、电影放映、计算机和辅助设备修理、通信设备修理、互联网批发、电子出版物、动漫、游戏数字内容服务、新闻业等。

2. 综合分析

从时间维度看，2019 年京津冀地区数字经济规模达到 26106.82 亿元，较 2010 年（16527.41 亿元）提高了 57.96%，且呈现连年攀升态势（见图 2）。其中，张家口增速最高，从 2010 年的 7.42 亿元增长到 2019 年的 168.03 亿元，增长了 21.65 倍，其次是保定（增长近 20 倍）、沧州（增长近 12 倍）。这说明京津冀地区数字经济规模持续扩大，数字经济发展态势

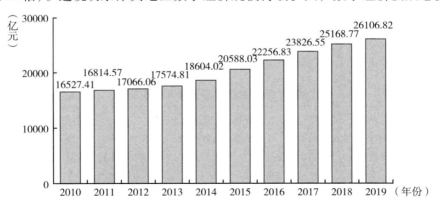

图 2　2010~2019 年京津冀区域数字经济规模

资料来源：龙信企业大数据平台。

良好，逐渐成为支撑经济持续增长的新动力和新引擎，特别是河北增速较快，在一定程度上说明河北产业转型成效显著。

从空间维度看，京津冀地区数字经济规模呈现显著的"核心—外围"结构。2010~2019年，北京的数字经济规模始终居于首位，且2019年的数字经济规模是居于第二位天津的11倍，数字经济优势突出，是名副其实的区域乃至国家的"数字经济中心"。外围还可分为两个圈层，天津、廊坊、保定、石家庄、唐山、秦皇岛为第一圈层，规模较大且增速较高；张家口、承德、衡水、邢台和邯郸为第二圈层，规模相对较小，但增速相对较高。区域内数字经济的圈层式分布格局在一定程度上有利于形成产业的梯度转移，进而形成具有竞争力的区域产业链。

（二）京津冀地区绿色经济效率评价

1. 指标选取

绿色经济效率是综合考虑资源集约、环境污染和经济增长的评价方法。从"投入—非期望（非合意）产出"的角度看，正是由于绿色经济效率综合考虑了要素投入和经济增长对环境的负外部效应，用其来反映生态环境约束下的经济增长，因此更能体现绿色发展的内涵。借鉴学界研究绿色经济效率指标选取的主流方式，本报告拟从投入、期望产出和非期望产出三个方面选取相应的指标（见表1）。

表1 绿色经济效率评价指标体系

类别	目标层	指标层	指标解释
投入指标	劳动力投入	城镇单位年末从业人员数（人）	反映劳动力投入数量
	资本投入	资本存量（万元）	反映资本投入数量
	能源投入	全社会用电量（万千瓦时）	反映化石能源需求量
产出指标	期望产出	GDP（万元）	反映城市经济产出的正效应
	非期望产出	工业废水排放量（吨）	反映城市经济产出的负效应
		工业二氧化硫排放量（吨）	反映城市经济产出的负效应
		工业烟（粉）尘排放量（吨）	反映城市经济产出的负效应

投入指标聚焦劳动力、资本和能源的投入情况。选取城镇单位年末从业人员数量来反映劳动力投入情况；选取全社会固定资产投资并转化为资本存量来反映资本投入情况，运用永续盘存法①估计资本存量；选取全社会用电量反映能源投入情况。

期望产出指标聚焦经济产出情况。选取地区生产总值（GDP）来反映经济增长水平。

非期望产出指标聚焦经济运行负效应的产生情况，同时为了追求指标选取的全面性并避免指标间的多重共线性，本报告选取工业废水排放量、工业二氧化硫排放量、工业烟（粉）尘排放量作为非期望产出指标。

2. 测度方法

数据包络分析（DEA）是学界进行效率测度与分析的主要工具。从概念层面，DEA 决策理念来自工学中的热能效率，对决策单位（DUM）的投入与产出能力进行测算，对非效率 DUM 进行准确识别；从计算层面上，DEA 方法主要来自 Charnes、Cooper 和 Rhodes（1978）所采用的运筹学中的线性规划。相较于随机前沿方法，DEA 具备以下几个方面的优势：一是可应用于多维度投入—产出的效率分析；二是无须对样本数据的分布特征做出限制性假设；三是通过 C2R、BC2、SBM、EBM 等多个模型测算，结果更具多维性。根据 Tone（2002）提出的包含非径向距离函数的 DEA 模型，考虑超效率且包含非期望产出的 SBM-DEA 模型可以表示成如下形式：

$$\rho^* = \min \frac{\frac{1}{m} \sum_{i=1}^{m} \frac{\overline{x_i}}{x_{i0}}}{\frac{1}{s_1+s_2}\left(\sum_{r=1}^{s_1} \frac{\overline{y_r^g}}{y_{r0}^g} + \sum_{r=1}^{s_2} \frac{\overline{y_r^b}}{y_{r0}^b} \right)} \tag{1}$$

① 具体做法：$K_t = K_{t-1}(1-\delta) + I_t$，$K_0 = \frac{I_0}{g_i+\delta}$。其中，$K_t$、$K_{t-1}$ 分别代表 t 时期和 $t-1$ 时期的资本存量，δ 代表资本折旧率，δ 的设定为 9.6%，I_t 代表 t 时期的全社会固定资产实际投资，K_0 为基期的资本存量，g_i 为研究期内全社会固定资产实际投资的平均增长率。

$$\text{s. t.} \begin{cases} \overline{x} \geqslant \displaystyle\sum_{j=1,\neq 0}^{o} \lambda_j x_j \\ \overline{y^p} \leqslant \displaystyle\sum_{j=1,\neq 0}^{o} \lambda_j y_j^g \\ \overline{y^q} \geqslant \displaystyle\sum_{j=1,\neq 0}^{o} \lambda_j y_j^b \\ \overline{x} \geqslant x_0, \overline{y^p} \leqslant y_0^p, \overline{y^q} \geqslant y_0^q, y^g \geqslant 0, \lambda \geqslant 0 \end{cases} \qquad (2)$$

其中，λ 表示权重矩阵。目标函数 ρ^* 的值越大表明该单元越有效率，绿色经济效率越高。反之则表示绿色经济效率偏低。x 为投入要素的集合，y^p 为期望产出的集合，y^q 为非期望产出的集合。

3. 数据来源

本部分研究所用数据来自 2011~2020 年《中国城市统计年鉴》《中国城市建设统计年鉴》《北京统计年鉴》《天津统计年鉴》《河北统计年鉴》、京津冀 13 个城市的经济和社会发展统计公报、龙信企业大数据平台等，缺失数据用插补法补齐。计算工具为 MaxDEA 8.0。

4. 综合评价

(1) 区域绿色经济效率水平

京津冀区域整体的绿色经济效率呈波动变化态势。2010~2019 年，京津冀区域的绿色经济效率运行在 0.6~0.8 的效率区间，整体水平相对较高，但呈现不稳定的波动变化特征。具体分阶段看，2010~2011 年处于上升状态，自 2011~2016 年整体呈现下降状态，2016~2018 年再次呈现上升，但 2019 年出现大幅下降，降幅达到 14.23%（见图3）。这说明京津冀地区绿色经济发展水平总体表现不稳定，而分析各城市的绿色经济效率变动情况后发现，张家口、承德、廊坊、衡水波动态势相对突出。

(2) 城市绿色经济效率水平

从空间维度看，京津冀 13 个城市绿色经济效率呈现"核心—外围"格局，东部城市高于西、北部的内陆城市。一是北京的绿色经济效率最高，居于核心引领地位。2010~2019 年北京绿色经济效率的均值为 1.2790，10 年间增幅达到 6.27%，高于第二名沧州 8.94%，且 10 年间始终居于首位。二是京津冀区域呈现"东高—西、北、南低"的空间格局。东部城市的绿色

图 3　2010~2019 年京津冀区域绿色经济效率

资料来源：作者计算得出。

经济效率明显高于西、北部内陆地区，其中北京最高、沧州次之。因此，该区域基本形成以北京为核心、东部高，其余为外围的绿色经济效率梯度分布格局。

四　模型设计与实证检验

（一）模型设定

在区域经济问题的研究中，传统面板数据模型忽视了随机扰动项存在的空间相关性，容易导致估计结果偏误。Anselin 等（2008）提出了空间滞后模型（Spatial Lag Model，SLM）和空间误差模型（Spatial Error Model，SEM），进而建立同时包含了被解释变量和解释变量的空间滞后项的空间杜宾模型（Spatial Dubin Model，SDM），其一般形式为：

$$\begin{cases} Y_{it} = \alpha_0 + \rho \sum_{j=1}^{n} w_{ij} Y_{jt} + \beta X_{it} + \theta \sum_{j=1}^{n} w_{ij} X_{jt} + \mu_i + \sigma_t + \varepsilon_{it} \\ \varepsilon_{it} = \lambda m_i^{'} \varepsilon_t + \nu_{it} \end{cases} \tag{3}$$

其中，i 表示城市，t 表示年份，Y_{it} 为被解释变量，X_{it} 为解释变量。w_{ij} 为

空间权重矩阵，ρ 为被解释变量的回归系数即空间自回归系数。若 $\lambda = 0$，则为空间杜宾模型；若 $\lambda = 0$ 且 $\theta = 0$，则为空间滞后模型；若 $\rho = 0$ 且 $\theta = 0$，则为空间误差模型。由于 SDM 存在空间滞后项，其系数估计的数值方向和显著程度依然有效，但数值大小将不再代表自变量对因变量的影响。

根据理论框架设计和研究目的，本报告在式 3 的基础上加入核心解释变量的二次项，构建数字经济规模影响绿色经济效率的计量模型，其具体形式为：

$$GEE_{it} = \alpha_0 + \rho \sum_{j=1}^{n} w_{ij} GEE_{jt} + \beta_1 DE_{it} + \beta_2 DE_{it}^2 + \theta_1 \sum_{j=1}^{n} w_{ij} DE_{jt} + \theta_2 \sum_{j=1}^{n} w_{ij} DE_{jt}^2 + \beta^{'} \sum X_{it} + \theta^{'} \sum_{j=1}^{n} w_{ij} X_{jt} + \mu_i + \sigma_t + \varepsilon_{it} \tag{4}$$

其中，GEE_{it} 表示绿色经济效率，DE_{it} 表示数字经济规模的一次项，DE_{it}^2 表示数字经济规模的二次项。$\sum_{j=1}^{n} w_{ij} DE_{jt}$ 和 $\sum_{j=1}^{n} w_{ij} DE_{jt}^2$ 分别表示数字经济规模一次项和二次项的空间滞后项，$\sum_{j=1}^{n} w_{ij} GEE_{jt}$ 表示被解释变量的空间滞后项，ρ 为空间自回归系数，μ_i 为地区固定效应，σ_t 为时间固定效应，ε_{it} 为随机扰动项。w_{ij} 为包含 i 行和 j 列的空间权重矩阵，本报告主要采用反地理距离权重矩阵，以避免距离和权重带来的误差（见式 5）。其中，d_{ij} 为利用经纬度计算的各地级市地理中心间的地表距离。

$$w_{ij} = \begin{cases} 0, i = j \\ 1/d_{ij}, i \neq j \end{cases} \tag{5}$$

（二）变量选取

被解释变量：绿色经济效率（GEE）。本报告采用前文测算的京津冀 13 个城市绿色经济效率来度量。值越大表示城市绿色经济效率水平越高，转型程度也越高。

核心解释变量：数字经济规模（DE）。本文采用前文测算的京津冀 13 个城市的数字经济规模来度量。值越大表示数字经济规模水平越高。同时为检验理论假设 1，本报告将引入数字经济规模的平方项（DE^2）对倒 "U"

形作用关系进行检验。

控制变量：其他相关因素同样会影响绿色经济效率，在前人相关文献研究的基础上，本报告选取一组控制变量 X，包括产业结构升级、科技研发投入等。

（1）产业结构升级（ISU）：产业结构升级水平对绿色经济具有正向激励作用。借鉴刘玉凤和高良谋（2020）的测度方式，选用第三产业从业人员数/第二产业从业人员数来反映产业结构升级水平。

（2）科技研发投入（RD）。绿色经济效率与科技创新密切相关，一个地区的技术创新水平高，绿色创新能力往往也较强。考虑数据可得性，本报告选取研发经费支出占财政支出的比重来反映科技研发投入情况。

（3）城镇化率（UBR）：城镇化水平反映了经济与人口集聚程度，不同集聚水平必然导致人口结构和生产生活方式存在差异，进而影响地区的绿色经济效率。本报告用城镇常住人口占全市人口比重反映城镇化水平。

（4）信息化水平（INT）：绿色经济效率与数字经济都依赖现代化的通信网络，互联网普及水平越高，数字经济和绿色经济效率越高。本报告选取互联网宽带接入用户数反映信息化水平，对指标取自然对数。

（5）地区财富水平（RGDP）：数字经济和绿色经济均是经济发展高级阶段的产物，其背后需要强大的市场需求和财富支撑。本报告选取人均地区生产总值反映地区富裕程度，进而分析其影响绿色经济效率的具体形式。

（6）政府支持（GPA）：数字经济和绿色经济均需要网络、通信设施等数字化、智慧化基础设施提供坚强支撑，这往往需要政府提供前期的投入。本报告选取公共财政支出占地区生产总值的比重反映政府的支持强度（见表2）。

表 2　各变量的定性描述

指标类别	变量	变量名称	含义及说明	预期符号
被解释变量	GEE	绿色经济效率	基于第三部分绿色经济效率指标体系,运用 SBM-DEA 模型计算得出,反映绿色经济效率水平	无

续表

指标类别	变量	变量名称	含义及说明	预期符号
核心解释变量	DE	数字经济规模	基于第三部分数字经济行业分类标准下计算的数字经济规模,并对其进行对数化处理	非线性
控制变量	ISU	产业结构升级	用第三产从业人数/第二产从业人数反映产业结构升级水平	正向
	RD	科技研发投入	用研发经费支出占财政支出的比重反映科技研发投入水平	正向
	UBR	城镇化率	用城镇常住人口占全市人口比重反映城镇化水平	不确定
	INT	信息化水平	用互联网宽带接入用户数反映信息化水平,对指标取自然对数	正向
	RGDP	地区财富水平	用人均地区生产总值反映地区财富水平	正向
	GPA	政府支持	公共财政支出占地区生产总值的比重反映政府的支持强度	正向

（三）相关检验

1. 描述性统计分析

运用 stata14 对各变量进行描述性统计分析,并对其多重共线性进行检验。为避免异方差并降低数据离散程度,对部分指标进行对数化处理。$N=13$,$T=10$,观测值共 130 个,其余的均值、标准差、最小值、最大值等描述性统计分析结果见表3。

表 3　各变量的描述性统计分析

变量	观测值	均值	标准差	最小值	最大值
GEE	130	0.691	0.316	0.304	1.319
DE	130	13.973	1.923	11.209	19.072
ISU	130	1.904	0.911	0.696	5.024
RD	130	0.014	0.015	0.003	0.066
INT	130	4.878	0.791	3.238	7.094
UBR	130	0.560	0.134	0.389	0.866

变量	观测值	均值	标准差	最小值	最大值
RGDP	130	10.693	0.524	9.752	12.001
GPA	130	0.176	0.055	0.074	0.365

资料来源：作者计算得出。

2. 面板单位根检验

面板数据是特定某段时间内的个体数据，既具有横截面维度的个体特征，又体现时间维度的特征。用面板数据建模也往往产生非平稳时间序列导致的"伪回归"问题。因此要对面板数据进行单位根检验。本报告采用的面板数据结构为 $N=13$，$T=10$。为保证本报告模型检验的可信度，选取适合于短面板数据模型的 LLC 进行单位根检验。结果显示一阶差分后的结果在 1% 的水平上显著（见表 4）。表明后文的回归分析中不会出现"伪回归"现象。

表 4　变量的单位根检验

变量	LLC	变量	LLC
GEE	−2.751 ***	UBR	2.854
Δ*GEE*	−2.920 ***	ΔUBR	−2.821 ***
DE	−2.668 ***	RD	−7.635 ***
Δ*DE*	−2.550 ***	ΔRD	−3.354 ***
ISU	−3.144 **	RGDP	−4.757 ***
Δ*ISU*	−5.532 ***	ΔRGDP	−4.711 ***
INT	−0.877	GPA	−3.847
Δ*INT*	−2.866 ***	ΔGPA	−2.932 ***

注：*** 、** 分别表示 1%、5% 的显著水平。
资料来源：作者计算得出。

（四）实证检验

1. 实证结果分析

为避免内生性，本报告选用静态空间面板模型的极大似然估计（MLE）

对 SDM 进行参数估计，同时控制了地区和时间固定效应。对比模型 1～模型 5，考虑时空双固定的空间杜宾模型 5 表现出更为优良的统计特征，且各变量待估系数的显著性水平、符号方向基本保持一致，说明未考虑内生性和残差空间相关性容易导致估计结果的偏误。SDM 各变量待估系数的显著性水平及拟合优度明显优于其他模型，也更符合本报告的理论设计。结合前文检验结果，模型 5 具有最为优良的理论预期及计量技术表现，故本报告将重点聚焦模型 5 的估计结果（见表 5）。

表 5　数字经济规模对绿色经济效率影响的估计结果

变量	混合回归	普通面板回归	SEM 地区时间双固定	SAR 地区时间双固定	SDM 地区时间双固定
	模型 1	模型 2	模型 3	模型 4	模型 5
DE	−0.422 *** (0.121)	−0.264 * (0.144)	−0.306 (0.201)	−0.332 (0.216)	0.594 ** (0.272)
DE^2	0.012 ** (0.004)	0.005 (0.005)	0.005 (0.008)	0.007 (0.008)	−0.027 ** (0.010)
ISU	0.204 *** (0.058)	0.203 ** (0.066)	0.259 ** (0.083)	0.283 ** (0.088)	0.312 *** (0.088)
RD	0.006 (0.059)	0.039 (0.050)	0.066 (0.048)	0.070 (0.049)	0.042 (0.053)
UBR	0.937 * (0.528)	1.914 ** (0.659)	3.709 *** (0.935)	3.415 *** (0.916)	3.167 ** (1.045)
INT	0.002 (0.000)	0.000 (0.001)	0.000 (0.001)	0.000 (0.000)	0.001 ** (0.001)
$RGDP$	0.001 *** (0.000)	0.001 ** (0.000)	0.001 ** (0.000)	0.002 ** (0.001)	0.001 *** (0.001)
GPA	−0.386 *** (0.0828)	−0.339 ** (0.112)	−0.317 ** (0.146)	−0.291 * (0.150)	−0.335 ** (0.149)
$w.DE$					27.760 ** (12.650)
$w.DE^2$					−1.350 ** (0.506)

续表

变量	混合回归	普通面板回归	SEM 地区时间双固定	SAR 地区时间双固定	SDM 地区时间双固定
	模型 1	模型 2	模型 3	模型 4	模型 5
$w.ISU$					1.089 (3.083)
$w.RD$					2.043 (2.513)
$w.UBR$					48.770 (53.330)
$w.INT$					0.020** (0.009)
$w.RGDP$					0.001** (0.001)
$w.GPA$					5.252 (7.170)
ρ 或 λ			−8.173*** (2.264)	−4.878** (2.147)	−6.672** (2.294)
σ^2			0.010*** (0.001)	0.011*** (0.001)	0.009*** (0.001)
地区固定效应	No	No	Yes	Yes	Yes
年份固定效应	No	No	Yes	Yes	Yes
N	130	130	130	130	130
R^2	0.675	—	0.565	0.564	0.116

注：括号内数值为相伴概率。***、**、*分别表示 1%、5%、10%的显著水平。
资料来源：作者计算得出。

数字经济对绿色经济效率具有显著影响且呈现倒"U"形特征。根据模型 5 的结果，无论是解释变量自身还是其空间滞后项，数字经济强度的一次项和二次项均在 5%的水平上显著，分别为正和负，验证了数字经济强度与绿色经济效率间存在倒"U"形作用关系的理论假设。第一，当数字经济规模低于拐点时，数字经济对绿色经济效率提升具有促进效应。从封闭区域视角看，数字经济规模的不断扩大，不仅将带动数字经济集聚水平的提高，而

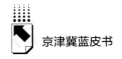

且将带动绿色基础设施建设、技术创新、相关产业联动与协同转型，促进本地区绿色经济效率提升。从空间溢出视角看，本地区数字经济规模扩大，数据产业集聚带动数据要素的广泛应用。这种高效率、低污染、集约式投入的经济业态通过产业联动和技术溢出，带动周边地区产业的转型升级，从而提升周边地区的绿色经济效率。第二，当数字经济规模高于拐点时，数字经济对绿色经济效率产生抑制效应。随着数字经济规模扩大，产业同构化、要素替代效应、市场饱和等容易导致失业和恶性竞争，反而降低绿色经济效率，且大数据应用和前期基础设施建设同样需要大量的能源投入，过度扩大数字经济规模不利于绿色经济效率的提升。

在控制变量方面，①产业结构升级能有效提升绿色经济效率。其估计系数在1%的水平上显著为正。这表明数字经济规模扩大带动产业结构升级，提升绿色经济效率。②信息化水平对绿色经济效率具有正向促进作用。其估计系数在5%的水平上显著为正。说明数字经济、共享经济等有效带动信息化水平提升，从而提高绿色经济效率。③城镇化水平与绿色经济效率呈正相关关系。其估计系数在5%的水平上显著为正，说明城镇化能有效发挥规模经济效应，促进绿色经济发展。④地区财富水平与绿色经济效率呈正相关关系。其估计系数在1%的水平上显著为正，说明人均财富积累会有效带动绿色经济生产与消费，提升绿色经济效率。⑤政府支持与绿色经济效率呈负相关关系。其估计系数在5%水平上显著为负，表明当前阶段政府财政支出的方向和领域应更加偏重数字、技术创新、"新基建"等领域。⑥从空间溢出视角看，邻近地区的信息化水平和财富水平均能对本地区绿色经济效率具有一定的正向影响。

但当前本地区的科技研发投入不显著，说明技术创新，特别是绿色创新领域的研发投入亟待加强。从领地视角看，产业结构升级、科技研发投入、城镇化率、政府支持等不显著，说明地区间尚未形成数字产业良性互动、要素自由流动、技术成果共享等能够通过溢出效应带动地区绿色经济效率协同提升的有效模式。

2. 空间溢出效应分解

由于模型中加入了空间滞后项，单纯用估计系数来判断解释变量对被解释变量的作用强度存在一定的偏误。总效应为解释变量对被解释变量作用的综合水平，直接效应反映解释变量对本地区被解释变量的影响程度，间接效应表示解释变量对邻近地区被解释变量的影响，直接效应和间接效应估计系数之和等于总效应的估计系数（见表6）。

表6　数字经济规模影响绿色经济效率的空间溢出效应分解

变量	直接效应	间接效应	总效应
DE	0.450	1.489 **	1.939 **
	(0.283)	(0.756)	(0.822)
DE^2	−0.020 *	−0.072 **	−0.092 **
	(0.010)	(0.031)	(0.034)
ISU	0.328 ***	−0.066	0.262
	(0.090)	(0.174)	(0.168)
RD	0.0271	0.117	0.144
	(0.051)	(0.143)	(0.150)
UBR	3.057 ***	1.522	4.579
	(0.902)	(3.096)	(3.321)
INT	0.001 *	0.001 *	0.001 **
	(0.000)	(0.000)	(0.001)
RGDP	0.001 ***	0.001 *	0.001 **
	(0.000)	(0.000)	(0.000)
GPA	−0.395 **	0.473	0.078
	(0.152)	(0.412)	(0.405)

注：括号内数值为相伴概率。***、**、*分别表示1%、5%、10%的显著水平。
资料来源：作者计算得出。

根据直接效应结果，数字经济规模的二次项系数在10%的水平上显著，这再次验证了本地区数字经济强度对本地区绿色经济效率的影响呈现倒"U"形关系。在控制变量方面，绿色经济效率受来自本地区产业结构升级、

城镇化率、信息化水平、财富水平和政府支持等因素的影响。产业结构升级的估计系数在1%的水平上显著，系数为0.328，说明加快产业结构升级能有效提升绿色经济效率；城镇化率的估计系数在1%的水平上显著为正，系数为3.057，表明加快新型城镇化能有效推动绿色经济发展；信息化水平在10%的水平显著，说明信息技术和网络普及能有效带动绿色经济效率提升；地区财富水平的估计系数在1%的水平上显著为正，说明增加财富积累能有效带动绿色需求、绿色消费和绿色供给；政府支持在5%的水平上显著但呈负相关关系，说明当前的政府支出尚未聚焦绿色领域，应尽快向绿色产品和环保友好型新设备领域转变。直接效应的显著水平和系数符号与主模型的估计结果整体保持一致，说明结果较为稳健。

根据间接效应结果，数字经济规模的一次项及二次项系数均在5%的水平上显著，系数分别为1.489和-0.072，验证了周边地区的数字经济规模与本地的绿色经济效率间呈现显著的倒"U"形关系的理论假设，即周边地区的治理行为具有空间溢出效应，周边地区要素、技术和产业的跨区域转移对本地区绿色经济效率形成先升后降的影响。且从效应值看，周边地区治理行为对本地区绿色经济效率的影响程度大于本地自身的治理效应，这说明挖掘空间溢出的主要因素和作用机制对促进区域绿色经济转型更为关键。在控制变量方面，绿色经济效率更容易受到来自周边地区信息化水平、财富水平的影响。同样与主模型估计结果总体保持一致，说明京津冀区域内尚未形成数字经济协同联动发展的良性互动局面。

根据总效应检验结果，数字经济规模的一次项及二次项系数均在5%的水平上显著，系数分别为1.939和-0.092，再次验证了数字经济强度与绿色经济效率整体呈现倒"U"形关系。从控制变量看，信息化水平和地区财富水平在5%的显著性水平上为正，说明两者能有效提升绿色经济效率。强调数字经济新业态的科学布局，以有序分工带动数字经济上下游联动在一定程度上能带动区域整体绿色经济效率的提升。此外，还应加强绿色发展领域的基础设施建设、科技研发投入等。

（五）稳健性检验

本报告主要采用替换被解释变量的方式对前文结果进行稳健性检验。基于非期望产出的 EBM-DEA 模型，Tone（2002）等构建了一种能够同时包含径向和非径向两类距离函数的混合模型，因为模型中有一个系统化参数，故被称为 EBM（Epsilon-based Measure）模型，如下所示：

$$\gamma^{'} = \min\theta - \varepsilon_x \sum_{i=1}^{m} \frac{w_i \, s_i^-}{x_{ik}} \tag{6}$$

$$\text{s. t.} \begin{cases} \sum_{j=1}^{n} x_{ij} \lambda_j + s_0 = \theta \, x_{ik}, i = 1,2,\cdots,m \\ \sum_{i=1}^{n} y_{rj} \lambda_j \geqslant y_{rl}, r = 1,2,\cdots,s \\ \lambda_j \geqslant 0, s_i^- \geqslant 0 \end{cases} \tag{7}$$

其中 $\gamma^{'}$ 为规模报酬可变情况下的最佳效率；s^- 为投入要素 i 的松弛变量；j 为决策单元；n 为决策单元总数；w_i 为投入指标的重要程度，其满足 $\sum_{i=1}^{m} w_i^- = 1$；x_{ik} 和 y_{rl} 分别为决策单元 k 的第 i 类投入和第 r 类产出；m 和 s 分别为投入和产出数量；θ 为径向部分的规划参数，非期望产出的 EBM 模型为：

$$\gamma^{'} = m \frac{\theta - \varepsilon_x \sum_{i=1}^{m} \frac{w_i^- \, s_i^-}{x_{ik}}}{\varphi + \varepsilon_y \sum_{r=1}^{5} \frac{w_r^+ \, s_r^+}{y_{tk}}} + \varepsilon_b \sum_{p=1}^{q} \frac{w_p^{b-} \, s_p^{b-}}{b_{pk}} \tag{8}$$

$$\text{s. t.} \begin{cases} \sum_{j=1}^{n} x_{ij} \lambda_j + s_i^- = \theta \, x_{ik;} i = 1,2,\cdots,m \\ \sum_{j=1}^{n} y_{rj} \lambda_j - s_r^+ = \varphi \, y_{ik;} r = 1,2,\cdots,s \\ \sum_{p=1}^{n} b_{ij} \lambda_j + s_p^{b-} = \varphi \, b_{pk;} p = 1,2,\cdots,q \\ \lambda_j \geqslant 0, s_1, s_r^+, s_p^{b-} \geqslant 0 \end{cases} \tag{9}$$

其中 s_r^+ 为第 r 类期望产出的松弛变量，s_p^{b-} 为第 p 类非期望产出的松弛变量，w_r^+ 和 w_p^{b-} 分别为两者的指标权重，ε_y 为关键参数，φ 为产出扩大比，b_{pk} 为决策单元 k 的第 p 类非期望产出，q 为非期望产出数量。

表 7 的估计结果与表 5 保持一致，表明实证结果是稳健的。首先，核心解释变量数字经济规模一次项和二次项的估计系数分别在 10% 和 5% 的水平上显著，且分别为正和负；数字经济规模一次项和二次项的空间滞后项估计系数分别在 10% 和 5% 的水平上显著且分别为正和负。这充分说明无论是从本地视角还是考虑空间溢出效应，数字经济对绿色经济效率的影响始终呈现显著的倒 "U" 形作用特征。而且空间溢出效应的系数更为大，说明周边地区的数字经济规模对本地的绿色经济效率的影响更为显著。这与前文主模型得到的结果完全一致，本报告的理论假设 1 和理论假设 2 得到稳健的验证。

表 7 数字经济规模对绿色经济效率影响的估计结果

变量	混合回归	普通面板回归	SAR 地区时间双固定	SEM 地区时间双固定	SDM 地区时间双固定
	模型 6	模型 7	模型 8	模型 9	模型 10
DE	−0.190**	−0.139	−0.251*	−0.249**	0.302*
	(0.079)	(0.095)	(0.135)	(0.125)	(0.168)
DE^2	0.005*	0.002	0.006	0.005	−0.015**
	(0.003)	(0.003)	(0.005)	(0.005)	(0.006)
ISU	0.138***	0.141***	0.216***	0.206***	0.227***
	(0.038)	(0.042)	(0.055)	(0.051)	(0.055)
RD	0.014	0.025	0.046	0.045	0.017
	(0.038)	(0.032)	(0.030)	(0.030)	(0.033)
UBR	0.497	1.239**	2.322***	2.551***	2.371***
	(0.345)	(0.431)	(0.571)	(0.582)	(0.644)
INT	0.001*	0.000	0.000	0.001	0.001**
	(0.001)	(0.000)	(0.000)	(0.000)	(0.001)
$RGDP$	0.000***	0.000**	0.000**	0.001**	0.001***
	(0.000)	(0.000)	(0.000)	(0.001)	(0.001)
GPA	−0.265***	−0.230**	−0.192**	−0.206**	−0.237**
	(0.054)	(0.073)	(0.093)	(0.090)	(0.092)
$w.DE$					13.350*
					(7.800)

续表

变量	混合回归	普通面板回归	SAR 地区 时间双固定	SEM 地区 时间双固定	SDM 地区 时间双固定
	模型6	模型7	模型8	模型9	模型10
$w.DE^2$					−0.732**
					(0.312)
$w.ISU$					1.692
					(1.899)
$w.RD$					0.785
					(1.561)
$w.UBR$					53.99
					(32.92)
$w.INT$					0.012**
					(0.006)
$w.RGDP$					0.001**
					(0.000)
$w.GPA$					2.601
					(4.423)
ρ 或 λ			−4.491**	−8.266***	−6.770**
			(2.096)	(2.283)	(2.254)
σ^2			0.004***	0.004***	0.003***
			(0.001)	(0.001)	(0.001)
地区固定效应	No	No	Yes	Yes	Yes
年份固定效应	No	No	Yes	Yes	Yes
N	130	130	130	130	130
R^2	0.651		0.483	0.510	0.130

注：括号内数值为相伴概率。***、**、*分别表示1%、5%、10%的显著水平。
资料来源：作者计算得出。

数字经济规模的一次项和二次项系数分别在10%和5%的水平下显著且分别为正和负（见表8），倒"U"形关系结果再次得到验证，控制变量的结果与表6的估计结果基本一致，故本报告提出的理论假设得到验证。

表8　数字经济规模影响绿色经济效率的空间溢出效应分解

变量	直接效应	间接效应	总效应
DE	0.232	0.713	0.945 *
	(0.173)	(0.458)	(0.495)
DE^2	−0.011 *	−0.039 **	−0.050 **
	(0.006)	(0.019)	(0.021)
ISU	0.232 ***	0.005	0.238 **
	(0.056)	(0.106)	(0.101)
RD	0.010	0.047	0.057
	(0.032)	(0.088)	(0.092)
UBR	2.169 ***	2.175	4.344 **
	(0.559)	(1.959)	(2.105)
INT	0.000 *	0.001 *	0.001 **
	(0.000)	(0.001)	(0.000)
RGDP	0.000 ***	0.000 *	0.001 **
	(0.000)	(0.000)	(0.001)
GPA	−0.272 **	0.266	−0.006
	(0.094)	(0.254)	(0.250)

注：括号内数值为相伴概率。 *** 、 ** 、 * 分别表示1%、5%、10%的显著水平。
资料来源：作者计算得出。

（六）主要结论

在前文的分析中可以得出以下基本结论。一是数字经济是一种新兴经济业态，具有绿色经济的基本特征。二是数字经济通过要素结构重置、催生新业态、产业转型升级和降污减排影响绿色经济效率，而随着数字经济规模扩大，对绿色经济效率的影响呈现先上升后下降的倒"U"形特征。三是数字经济集聚具有空间溢出效应，对周边地区绿色经济效率同样呈现倒"U"形的作用过程。四是信息化水平、城镇化率、地区财富水平、产业结构升级与数字经济发展关系密切，均对绿色经济效率具有影响。但政府支持、科技研发投入应尽快向绿色经济转变。同时京津冀地区数字经济具有明显的圈层式分布特征，但周边地区数字经济规模明显不足，尚未形成有效的产业链格局，在一定程度上导致了绿色经济效率的波动变化。

五 提升路径与对策建议

（一）科学有序发展数字经济

从理论分析中可知，数字经济本身具有绿色经济特征，能有效带动要素重新组合，形成更面向现代化经济体系的要素供给结构；能够有效驱动产业数字化转型，提高产业规模经济效率；能够重点培育云计算、大数据等数字经济基础产业，促进产业结构升级；同时还可以持续降低污染排放，从整体上提升绿色经济效率。因此，应以数字要素市场化配置为契机，主动促进数字与传统产业的融合，同时以"新基建"为支撑，带动现代化通信网络体系建设，为信息高速公路建设、"东数西算"工程、大数据中心建设等数字经济发展提供重要的物质基础。

（二）培育数据经济龙头企业

围绕区域内数字经济的比较优势行业，依托北京的"总部经济"、金融业、中关村科研行业、亦庄开发区的战略性新兴产业等有利基础，打造一批具有全球竞争力的数字经济龙头企业。一方面要加快传统制造业龙头企业的数字化转型，促进产业升级；另一方面要重点发展人工智能、智能制造、智慧物流等实体与虚拟存在契合点的数字经济行业，通过税收优惠、行政简化、研发支撑等具体的扶持政策，优先培养一批具有独特竞争力的"独角兽企业""瞪羚企业"，瞄准前沿科技领域，争取率先突破"卡脖子"技术难题，进一步提升企业的国际影响力和创新话语权，支撑京津冀地区数字经济的高质量发展。

（三）构建京津冀数字经济链

针对京津冀三地数字经济悬殊的现实情况，重点推进津冀两地的产业结

构调整，推动产业转移，加快产业转型升级。大力发展第三产业和高技术产业，促进数字经济产业和传统产业相结合，提高产业数字化发展水平，借此提高整体资源利用率，促进劳动生产率提升，减少污染物排放。从空间格局看，重点依托张家口的大数据中心，唐山和秦皇岛的重化工业、制造业基础，石家庄生物医药行业，冀中南地区的制造业，在产业数字化进程中，明确数字经济细分行业的分工与协作基础，打造多圈层的数字经济产业链协同发展格局，从而提升区域绿色经济效率。

（四）加大绿色创新研发投入

建立基础研究中绿色创新和数字技术领域的经费投入和人才培养体系。一是要持续推动研发经费和财政支出向绿色研发领域倾斜，引导和鼓励有条件的数字经济重点企业出资与政府联合展开科研合作，加大企业绿色创新的基础研究投入力度。二是重点支持绿色技术创新项目，研究制定支持经认定的绿色技术创新企业的政策措施。三是凝聚数字经济领域创新型人才。加强绿色技术创新人才培养，在高校和科研院所建立绿色创新和数字技术的人才培养基地，支持绿色创新和数据技术相关学科专业建设，持续深化绿色领域新工科建设，主动布局绿色技术人才培养。引导技术技能劳动者在绿色技术领域就业、服务绿色技术创新。

（五）扩大数字经济减排效应

数字化赋能有助于实现"双碳"目标，形成以高效低碳发展为特征的经济增长新路径。根据世界经济论坛（WEF）的评估结果，使用数字技术可以减少至少15%的碳排放。移动互联网、大数据、物联网、人工智能等数字技术与运营技术的融合，可以实时在线精准监测碳排放路径、控制能源和资源的使用情况，从而提高能源和资源的利用率，实现节能增效、清洁生产，最终达到从产品全生命周期优化碳排放路径的目的，促进经济绿色可持续发展。建议重点支持能源工业与云计算、大数据、物联网、人工智能、区块链、边缘计算的融合发展，充分发掘能源大数据作为重要生产要素的潜在价值，打造新型节能减排、数字智能化的系统发展模式，从而充分发挥数字经济的碳减排效应，实现经济与生态环境的协调发展。

参考文献

［1］ 洪银兴：《培育新动能：供给侧结构性改革的升级版》，《经济科学》2018 年第 3 期。

［2］ 胡曙光：《浮现中的数字经济评介》，《经济理论与经济管理》1999 年第 1 期。

［3］ 李长江：《关于数字经济内涵的初步探讨》，《电子政务》2017 年第 9 期。

［4］ 陆大道：《中速增长：中国经济的可持续发展》，《地理科学》2015 年第 10 期。

［5］ 刘玉凤、高良谋：《异质性环境规制、地方保护与产业结构升级：空间效应视角》，《中国软科学》2020 年第 9 期。

［6］ 钱争鸣、刘晓晨：《中国绿色经济效率的区域差异与影响因素分析》，《中国人口·资源与环境》2013 年第 7 期。

［7］ 乌静、肖鸿波、陈兵：《数字经济对绿色全要素生产率的影响研究》，《金融与经济》2022 年第 1 期。

［8］ 徐昊、马丽君：《数字经济、资源依赖与绿色经济发展》，《金融与经济》2022 年第 1 期。

［9］ 杨龙、胡晓珍：《基于 DEA 的中国绿色经济效率地区差异与收敛分析》，《经济学家》2010 年第 2 期。

［10］ 张勋、万广华、张佳佳、何宗樾：《数字经济、普惠金融与包容性增长》，《经济研究》2019 年第 8 期。

［11］ 刘玉凤、高良谋：《异质性环境规制、地方保护与产业结构升级：空间效应视角》，《中国软科学》2020 年第 9 期。

［12］ Anselin, L., Gallo, J. L., Jayet, H., " Spatial Panel Econometrics ", *Econometrics of Panel Data*, 2008, 46（3）.

［13］ Charnes, A., Cooper, W. W., Rhodes, E., " Measuring the Efficiency of Decision-Making Units", *European Journal of Operational Research*, 1978, 6（2）.

［14］ Pearce, D., Markandya, A., Barbier, E. B., *Blueprint for a Green Economy*, London: Earthscan Publication Limited, 1989.

［15］ Tone, K., " A Slakes-based Measure of Super-efficiency in Data Envelopment Analysis", *European Journal of Operational Research*, 2002, 143（1）.

B.10
京津冀政府数字治理的发展现状及未来进路

林彤 潘娜 王奕清*

摘　要： 加强京津冀政府数字治理，既是顺应网络强国与数字中国建设的历史潮流，也是促进京津冀三地区域协调和经济高质量发展的重要手段。本报告基于政府数字治理的内涵要义与京津冀协同发展的战略目标，构建了京津冀政府数字治理的研究框架。该框架由两部分组成，其一是从数字治理角度分析京津冀政府数字治理现状，包括战略规划、管理机构设置、数据开放水平、网上服务能力、基础设施建设、安全保障六项内容；其二是从协同发展目标角度分析政府数字治理对京津冀协同发展的促进作用。最后，本报告提出了构建京津冀政府数字治理协同发展路径的思考，并从治理主体、治理客体、治理工具三方面提出优化未来京津冀政府数字治理能力的对策建议。

关键词： 京津冀　政府数字治理　协同发展

党的十八大以来，以习近平同志为核心的党中央高度重视网络安全和信息化工作。党的十九届五中全会更是开启了全面建设社会主义现代化国家的新征程，强调要坚定不移地建设网络强国、数字中国，加快数字化发

---

* 林彤，博士，首都经济贸易大学城市经济与公共管理学院讲师；潘娜，博士，首都经济贸易大学城市经济与公共管理学院副教授、院长助理；王奕清，首都经济贸易大学城市经济与公共管理学院本科生。

展。2021 年是"十四五"开局之年，也是建设网络强国和数字中国的关键时期。2021 年 3 月，《中华人民共和国国民经济和社会发展第十四个五年规划和 2035 年远景目标纲要》提出"加快数字化发展，建设数字中国"。在数字政府建设中，强调"将数字技术广泛应用于政府管理服务，推动政府治理流程再造和模式优化，不断提高决策科学性与服务效率"。在此背景下，我国"互联网＋政务服务"取得良好成绩。根据第 49 次《中国互联网络发展状况统计报告》，截至 2021 年 12 月，全国一体化政务服务平台实名用户已超过 10 亿人，其中国家政务服务平台注册用户超过 4 亿人，总使用量达到 368.2 亿人次，为地方部门提供身份认证核验服务 29 亿余次，群众满意度、获得感不断提升。2022 年初，"东数西算"工程的全面启动更是对政府数字治理能力提出更多要求。京津冀作为国家八大算力枢纽节点之一，京津冀地区政府数字治理能力既决定了未来经济高质量发展水平，也影响着区域一体化发展进程。

一　政府数字治理的内涵释义与分析框架

（一）政府数字治理的内涵释义

"政府数字治理"是数字政府建设的核心要义，是指政府依靠现代的信息技术，以数据为治理依据，实现利益相关者的沟通交流等使命。根据数字政府建设的目标与价值，可以从两方面理解政府数字治理内涵（樊博、王妍，2021）。一是基于数字技术角度，通过平台建设，应用大数据、云计算、区块链和人工智能等现代信息化技术实现数据赋能政府治理，这一过程强调了政府部门对新技术的应用能力和转化能力，同时也强调了数据资源的基础性作用。二是基于政府治理角度，在技术进步推动治理方式变革的基础上，政府治理的价值与理念等也随之发生变化（于君博、戴鹏飞，2021）。大数据时代，政府治理更加强调整体性、服务性、开放性以及回应性（郑磊，2021）。

综上所述，政府数字治理是信息化技术革命带来的必然结果。与传统电子政务相比，政府数字治理首先应是对政府价值理念和战略规划的重新设定；其次，在新价值目标引导下，应是对与之相匹配的组织结构的调整；再次，应是对数据管理能力、网上服务能力、基础设施建设、隐私安全保障等的技术层面的支持。

（二）京津冀政府数字治理的分析框架

京津冀协同发展作为一项国家重大战略，要以疏解北京非首都功能、解决北京"大城市病"为基本出发点，调整经济结构和空间结构，促进区域协调发展，形成新增长极。可归纳总结为，京津冀协同发展战略要实现府际联动的整体性、公共服务的均衡性与经济发展的高质量性。结合大数据时代政府数字治理的整体性、服务性、开放性和回应性特征，可从两个视角考察京津冀政府数字治理。第一，从数字政府建设视角出发，以京津冀三省市各自的政府数字治理现状为基础，探究各省市建设特点与差距；第二，从京津冀发展目标视角出发，将政府数字治理作为实现区域协同发展目标的手段，探究京津冀政府数字治理对促进京津冀协同发展所发挥的作用。因此，本报告基于京津冀协同发展目标和政府数字治理价值导向，综合构建京津冀政府数字治理的分析框架。如图1所示，京津冀政府数字治理框架由两部分构成，一是从数字政府建设出发的京津冀政府数字治理现状，二是从京津冀发展目标出发的，政府数字治理对京津冀协同发展的促进作用。在此分析基础上，为提升京津冀政府数字治理水平，从治理主体、治理客体、治理工具三方面提出优化京津冀政府数字治理的路径与模式。

二 京津冀政府数字治理的现实发展情况

（一）京津冀政府数字治理中的战略规划

政府数字治理是一项综合性、自上而下的治理变革，领导愿景与领导

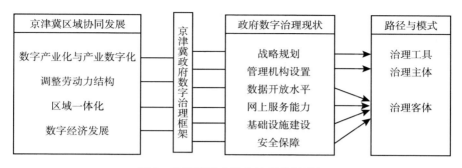

图1　京津冀政府数字治理分析框架

承诺对数字化变革起到至关重要的作用（蒋敏娟、黄璜，2020）。战略规划为未来数字化转型指明方向，只有具备明确战略的组织在数字化进程中才会迅速发展，更有能力把握机遇并迎接挑战，促进创新与协作的运行机制形成。根据政府门户网站，整理京津冀三省市2020年1月至2022年3月期间发布的战略规划方案，发现三省市比较具有代表性的政策文件分别是《北京市促进数字经济创新发展行动纲要（2020~2022年）》《天津市加快数字化发展三年行动方案（2021~2023年）》《河北省数字经济发展规划（2020~2025年）》。

表1根据京津冀政府重要的战略规划类政策内容，从目标、内容和措施三方面进行对比分析。目标方面，北京力图打造成为全国数字经济发展的先导区和示范区；天津力图使数字化整体实力建设成全国第一梯队水平；河北既面临科技创新能力薄弱的挑战，又面临雄安新区建设的机遇，因此分步骤设定发展目标方案。内容方面，京津冀均从数字经济、数字社会、数字政府方向构建完备的发展规划，普遍重视基础设施建设、产业数字化转型等问题。区别在于北京更侧重数字贸易与交易，天津比较突出城市数字化治理，河北更强调数字技术发展。措施方面，京津冀政府均重视统筹协调、权责统一、人才培养这三方面建设，天津与河北在此基础上又强调财政资金的基础性作用。

表1　京津冀政府数字化发展规划政策内容对比

省市	目标	内容	措施
北京	打造成为全国数字经济发展的先导区和示范区	(1)基础设施保障； (2)数字技术创新； (3)数字产业协同； (4)农业、工业数字化转型； (5)服务业数字化转型； (6)数字贸易发展； (7)数据交易平台； (8)数据跨境流动安全管理； (9)数字贸易试验区	(1)责权统一、分工明确的推动落实机制； (2)加快制定相关政策； (3)人才储备和培养机制
天津	到2023年，数字化发展整体实力迈入全国第一梯队	(1)数字经济； (2)数字社会； (3)数字政府； (4)城市大脑； (5)基础设施； (6)数字科技； (7)数据要素市场； (8)数字生态	(1)统筹推进工作机制； (2)完善配套制度； (3)财政金融保障； (4)激发数字人才活力
河北	到2022年，大数据创新应用体系基本形成；到2025年，全省数字技术融合创新及信息产业支撑能力显著增强	(1)数据资源体系； (2)数字经济； (3)制造业数字化转型； (4)服务业数字化发展； (5)农业数字化转型； (6)新一代信息技术产业； (7)培育新业态新模式； (8)建设新型基础设施； (9)建设数字政府； (10)构建数字经济体系； (11)打造典型应用场景	(1)加强统筹协调； (2)深化重点领域改革； (3)加大资金支持力度； (4)引进培育新型市场主体； (5)加强人才引进培养； (6)扩大对内对外开放； (7)数字经济统计监测与评估； (8)完善数字经济发展体系

资料来源：作者自行整理。

（二）京津冀政府数字治理中的管理机构设置

大数据管理部门是政府数字治理的主体，在统筹协调、技术支撑等方面发挥重要作用。自我国启动大数据战略以来，全国各省区市纷纷成立大数据管理部门，将其作为实现政府数字化转型的主要职能部门。如表 2 所示，2018 年，北京市经济和信息化局加挂"北京市大数据管理局"牌子。北京市大数据管理局作为副局级单位主要负责统筹推进北京市大数据工作，政务数据和相关社会数据的整合、管理、应用和服务体系建设工作。2019 年底，天津市以原大数据管理中心为基础，整合分散在其他部门的信息服务机构，组建了天津市大数据管理中心。它是隶属于中共天津市委网络安全和信息化委员会办公室的正局级事业单位，主要负责市级信息化建设、运行维护和数据资源管理，推动政务数据资源共享和公共数据资源开放，推进数字经济发展和智慧社会建设。河北省大数据中心是中共河北省委网络安全和信息化委员会下属的公益一类事业单位，主要负责与大数据发展相关的基础性研究，政务数据和相关行业与社会数据的共享、开放、监测，分析数据提供决策咨询以及大数据相关基础性平台建设等。

表 2　京津冀政府数字治理的管理机构情况

省市	机构名称	编制类型	隶属单位
北京	北京市大数据管理局	行政单位	北京市经济和信息化局
天津	天津市大数据管理中心	事业单位	中共天津市委网络安全和信息化委员会办公室
河北	河北省大数据中心	事业单位	中共河北省委网络安全和信息化委员会办公室

资料来源：作者整理。

各地方政府纷纷设立大数据管理部门成为我国第八次机构改革的重要特色之一（孟庆国等，2021）。在此轮改革中，与我国其他省区市相比，京津冀三地政府的大数据管理机构设置具有如下特征：①三省市大数据管理机构权力地位相对不高。在第八次机构改革中，多地政府的大数据管理部门作为隶属于省政府（办公室）的独立行政职能部门成立。而从京津冀来看，北京市大数据管理局为北京市经济和信息化局挂牌成立，行政级别为副局级。天津和河北的大数据管理部门则属于事业单位。②与政务服务局相互独立。由于政务数据是政府数字治理的主要对象之一，且政务服务部门也有统筹协调的职能，因此多地政府成立的大数据管理局是将原有关数据管理的部门与

政务服务部门进行整合，成立了"政务服务数据管理局"。相比之下，京津冀政府大数据管理部门在设置过程中，并未与政务服务部门进行合并，大数据管理部门和政务服务部门根据政务数据治理需求进行分工与合作。

（三）京津冀政府数字治理中的数据开放水平

公共部门利用政府数据开放平台向社会公众开放公共数据资源，一方面，有利于促进社会挖掘数据生产要素价值，推动产业数字化与数字产业化，进而拉动地方数字经济发展；另一方面，有利于社会公众参与社会治理，增强公共部门决策的科学性与合理性。下面参考复旦大学数字与移动治理实验室发布的中国开放数林指数，对京津冀地方政府数据开放水平进行对比分析。

如图2所示，从地域维度来看，综合指数方面，北京处于领先地位，天津次之，河北数据开放水平较北京和天津仍有一定距离。分类指数方面，北京和天津在数据层指数方面具有明显优势，河北则是在利用层指数方面较有优势。从时间维度来看，第一，北京市公共数据开放平台于2012年上线，是国家首批开放的政务数据平台，天津市信息资源统一开放平台于2019年上线，河北省公共数据开放网于2021年上线。第二，从2019年到2021年的综合指数走向来看，北京市和天津市均呈下降趋势。第三，北京市的利用层指数维持较好，且2021年较之前有上升趋势，但准备度指数、平台层指数、数据层指数较之前有下降趋势；天津市信息资源统一开放平台上线之初，利用层指数偏低，但在后续2年取得较大进步。

对比京津冀与我国其他省区市政府数据开放指数，2019年在16个省级行政单位排名中，北京市和天津市分别列第4名和第7名；2020年在16个省级行政单位排名中，两市分别列第7名和第8名；2021年在51个城市排名中，北京市和天津市分别列第34名和35名，河北省在27个省级行政单位排名中，列第14名。总体来看，为促进公共数据资源拉动数字经济发展，京津冀政府数据开放水平仍有待加强。

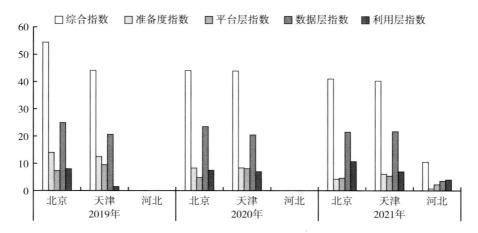

图2 2019~2021年京津冀开放数林指数

资料来源：中国开放数林指数。

（四）京津冀政府数字治理中的网上服务能力

政府网上政务服务是政府数字治理中政府服务能力的重要表征。政府网上政务服务能力的提升，可推动政务服务从"可办"到"好办"、"易办"转变。现阶段，政府网上政务服务主要依托全国一体化政务服务平台，它是深化"放管服"改革、推动政府治理现代化的重要举措。京津冀网上政务服务的载体分别是北京市政务服务网、天津网上办事大厅以及河北政务服务网。下文将根据中央党校（国家行政学院）电子政务研究中心发布的2020年和2021年《省级政府和重点城市一体化政务服务能力调查评估报告》，分析京津冀三地网上政务服务能力与水平。

如图3所示，从地域维度来看，总体指数方面，北京市网上政务服务能力在三省市中处于领先地位，河北省网上政务服务能力优于天津市。分类指数方面，京津冀三省市的办事指南准确度指数均比较高，但在线服务成效度指数相对较弱。从时间维度来看，2019年和2020年京津冀三省市的网上服务能力总体波动不大，天津市提升了服务方式完备度与在线办理成熟度，但办事指南准确度有所下降。

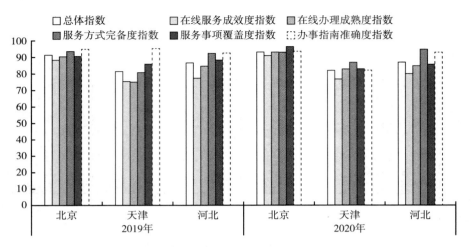

图3　2019~2020年京津冀政府网上政务服务能力调查评估指数

资料来源：《省级政府和重点城市一体化政务服务能力调查评估报告》。

对比京津冀与我国其他省区市政府网上政务服务能力指数，北京市网上政务服务能力总指数在2019年和2020年分别列全国第4名和第2名，处于领先地位，且呈上升趋势。天津市网上政务服务能力总指数在2019年和2020年分别列第17名和第19名，处于全国中等行列，排名稍有下降。河北省网上政务服务能力总指数在2019年和2020年分别列第10名和第9名，处于全国前30%的水平，且有上升趋势。总体来看，北京市网上政务服务能力具有明显优势，河北省网上政务服务能力也相对具有优势，天津市网上政务服务能力仍有待加强。

（五）京津冀政府数字治理中的基础设施建设

新型基础设施建设为保障公众生产生活运行提供有力支撑，是政府数字治理的技术载体，也是实现数字化转型的基础。"新基建"内容包括5G、大数据中心、人工智能、工业互联网、特高压、新能源汽车充电桩等项目。2022年，"东数西算"工程正式启动，在此项工程中，京津冀枢纽规划设立张家口数据中心集群，起步区为张家口怀来县、张北县、宣化区，优化算力布局，承接北京等地实时性算力需求，构建华北、东北乃至全国的实时性算力中心。

为保证区域数字化转型顺利实现，京津冀三地出台相关政策推进新型基础设施建设。北京于 2020 年出台《北京市加快新型基础设施建设行动方案（2020~2022 年）》，天津于 2021 年出台《天津市新型基础设施建设三年行动方案（2021~2023 年）》，河北尚未出台引领全省的综合性"新基建"行动计划方案，但在 2021 年出台了《河北省交通运输新型基础设施建设三年行动计划（2021~2023 年）》，试图打造国内领先的智能交通创新高地。如表 3 所示，在"新基建"方面，北京对标国际领先水平，天津对标国内领先水平，河北聚焦特色领域重点建设，京津冀形成了北京引领、天津支撑、河北特色发展的"新基建"发展格局。

表 3 京津冀新基建行动计划

省市	目标	重点任务	保障措施
北京	到 2022 年,基本建成具有国际领先水平的新型基础设施	(1)建设新型网络基础设施 (2)建设数据智能基础设施 (3)建设生态系统基础设施 (4)建设科创平台基础设施 (5)建设智慧应用基础设施 (6)建设可信安全基础设施	(1)强化要素保障 (2)完善标准规范 (3)丰富应用场景 (4)优化营商环境
天津	到 2023 年,新型基础设施建设达到全国领先水平	(1)加快建设信息基础设施,推进信息网络演进升级 (2)全面发展融合基础设施,构建多元智能应用生态 (3)前瞻布局创新基础设施,夯实智能经济发展基础	(1)强化组织推动 (2)强化要素保障 (3)强化安全防护 (4)强化市场引育
河北	到 2023 年,交通运输新型基础设施建设初见成效	(1)数字畅联的交通设施网络 (2)区域协同的运输服务网络 (3)多网融合的通信网络 (4)安全及余额的数据云控平台 (5)国内领先的智能交通新高地	省市两级联动谋划梳理出了新基建项目总计 29个,计划投资 46.6 亿元

资料来源：作者整理。

　　在"新基建"投资方面，根据中国电子信息产业发展研究院（赛迪研究院）发布的《2020 城市新基建布局与发展白皮书》，在统计范围内的全国26 个省区市的年度重点基础设施项目投资计划中，京津冀三地"新基建"项目在重点基础设施建设中的占比分别为 23%、8.9%、43.5%，分别列全国的第 7 名、第 22 名、第 1 名。但从新型基础设施项目的绝对量来看，京津冀仍不及安徽、广东、江苏等省份。表 4 列出了 2020 年京津冀三地"新基建"计划投资情况。北京市具有较为明确的目标定位，2020 年北京市经济和信息化局提出，未来北京将强化新型基础设施建设引领作用，从基础网络设施、数据基础设施、智慧应用设施、网安新创设施、新型能源交通设施、智慧城市领域六大领域对北京市未来新型基础设施进行规划布局。京津冀新型基础设施建设，形成了以北京为核心的发展格局。

表 4　2020 年京津冀"新基建"计划投资情况

省市	项目总投资	"新基建"项目投资
北京	"3 个 100"重点工程,当年计划投资约 2523 亿元。其中 100 个高精尖产业项目包括综合性国家科学中心平台和项目 18 个、先进制造业项目 40 个、服务业扩大开放项目 28 个、文化旅游项目 14 个	涉及"新基建"的高精尖产业项目,包括 18 项交叉研究平台及大科学装置、40 项服务业扩大开放等,涉及智能产业的项目不多,且未标明金额
天津	重点建设项目 346 个,总投资 10025 亿元,年度投资 2105 亿元。此外,2020 年安排重点储备项目 304 个,总投资 6989 亿元	在重点建设项目中,基础设施项目 112 个,总投资 4490 亿元,年度投资 920 亿元。而在重点储备项目中,基础设施项目 99 个,总投资 3100 亿元;社会民生保障项目 63 个,总投资 985 亿元
河北	总投资 18833 亿元,安排项目 536 项,年计划投资 2402 亿元	在新计划开工的项目中,信息智能项目 21 项,总投资 211.1 亿元,年计划投 53.9 亿元;高端装备制造项目 30 项,总投资 220.7 亿元,年计划投资 64.8 亿元

　　资料来源：中商产业研究院。

（六）京津冀政府数字治理中的安全保障

近三年，京津冀三地出台的与政府数字治理安全保障直接相关的政策法规并不多，有关网络信息安全的政策要点主要出现在战略规划中。例如，《北京市经济和信息化局推进国家服务业扩大开放综合示范区和中国（北京）自由贸易试验区建设工作方案》在有关"数字经济跨境领域开放"方面指出，要促进数据安全合规流动，重点推进价值大安全级别低的数据先行对外开放。《北京市促进数字经济创新发展行动纲要（2020~2022年）》提出，在数据跨境流动中要进行"数据保护能力认证"等。《北京市加快新型基础设施建设行动方案（2020~2022年）》指出，要从基础安全能力设施、行业应用安全设施、新型安全服务平台三方面建设可信安全基础设施。《天津市智慧城市建设"十四五"规划》提出，要从信息基础设施安全防护、关键领域核心技术安全以及网信安全管理保障三方面构建信息安全体系。《河北省数字经济发展规划（2020~2025年）》提出，一方面要发展网络安全产业，加强网络安全研发能力；另一方面，也要打造网络安全保障体系，确保数字经济时代下信息基础设施和数据的安全可控。京津冀三地均提及信息安全的重要性，北京市侧重数字贸易以及数据跨境流动的安全问题，天津市与河北省侧重数据安全技术和基础设施安全建设问题。但三省市尚未出台系统全面的安全保障政策。

三 政府数字治理对京津冀协同发展的促进作用

建设数字政府是"创新行政方式，提高行政效能，建设人民满意的服务型政府"的重要途径和关键抉择，也成为新时代京津冀协同与发展的新契机。数据互联互通有助于突破地理疆域束缚，数字技术革新有助于提高社会劳动生产率。由此形成的政府治理新模式，会进一步促进京津冀区域协同联动与经济发展。

（一）以激励政策助推京津冀产业数字化与数字产业化

北京市是数据经济发展的核心。近年来，天津市与河北省的部分区市，依靠毗邻北京的地理优势，抓住产业数字化与数字产业化的发展机遇，承接了北京市外溢的数字化发展需求，逐渐开拓了京津冀区域一体化发展格局。在促进数字产业发展中，京津冀三地政府出台多项政策加以扶持。表5列举了部分有关扶持数字产业化以及产业数字化的政策内容。北京市在数据资源、数字技术等方面均具有明显优势，政策重点在于创新实现数据资产交易以及跨境数据流通。同时，北京也注重高端技术的研发与突破。天津市政策侧重点在于积极部署人工智能等新兴技术，以达到全国领先水平。河北省相关政策有明显的地域聚焦性，以雄安新区为核心，带动周边数字产业化和产业数字化发展。

表 5　京津冀扶持数字产业发展的部分相关政策

省市	政策名称	年份	发文单位	侧重点
北京	《北京市关于加快建设全球数字经济标杆城市的实施方案》	2021	中共北京市委办公厅 北京市人民政府办公厅	数字贸易、跨境数据流动、数字城市、数字医疗、自动驾驶、数字化社区、优化数字营商环境
	《北京市经济和信息化局推进国家服务业扩大开放综合示范区和中国（北京）自由贸易试验区建设工作方案》	2021	北京市经济和信息化局	推动高端产业领域开放发展
	《北京市关于打造数字贸易试验区实施方案》	2020	北京市商务局	数据贸易、跨境数据流动
	《北京市促进数字经济创新发展行动纲要（2020~2022年）》	2020	北京市经济和信息化局	数字产业协同提升工程,农业、工业数字化转型工程,服务业数字化转型工程
	《北京市机器人产业创新发展行动方案（2019~2022年）》	2019	北京市经济和信息化局	机器人产业数字化
天津	《天津市商贸数字化发展三年行动方案（2021~2023年）》	2021	天津市商务局	商业数字化创新不断迭代,货物贸易数字化转型不断加快

续表

省市	政策名称	年份	发文单位	侧重点
天津	《天津市智慧城市建设"十四五"规划》	2021	天津市人民政府办公厅	健全以制造业、商贸业、现代服务业转型升级为重点的数字经济"1+3"政策体系
	《天津市建设国家新一代人工智能创新发展试验区行动计划》	2020	天津市人民政府办公厅	人工智能产业
	《天津市科技创新"十四五"规划》	2021	天津市人民政府办公厅	积极部署信息技术、新一代人工智能技术、智能制造技术
	《天津市科技创新三年行动计划（2020～2022年）》	2020	天津市人民政府	重点支持智能感算一体芯片、5G射频前端模组、区块链技术及支撑系统、量子科技等新一代信息技术，推动科技赋能传统制造业和民生建设
河北	《河北省加快推进钢铁产业高质量发展的若干措施》	2022	河北省工业和信息化厅、省发改委、省生态环境厅	生产体系数字化改造
	《河北省建设全国产业转型升级试验区"十四五"规划》	2021	河北省人民政府办公厅	先进制造业、战略性新兴产业、现代服务业成为产业体系主体，产业高端化、数字化、绿色化、集约化水平进一步提升
	《河北省科技创新"十四五"规划》	2021	河北省人民政府办公厅	支撑引领数字经济发展的新业态新模式，实现制造业数字化、服务业数字化、农业数字化
	《河北省数字经济发展规划（2020～2025年）》	2020	河北省人民政府	建设雄安新区数字经济创新发展试验区，促进数字产业链上下游协同创新；实施传统产业数字化改造，推动一批重点产业园区率先转型；加快制造业、服务业、数字化转型
	《河北省人民政府办公厅关于加快推进新型智慧城市建设的指导意见》	2019	河北省人民政府办公厅	运用新技术、发展新业态。打造一体化智慧政务、推进精细化社会治理、推动智能化基础设施建设、促进宜居化环境建设、构建便捷化智慧民生

资料来源：作者整理。

（二）以人才政策调整京津冀劳动力结构

2021 年，中央网信办出台了《提升全民数字素养与技能行动纲要》。2022 年，中央网信办、教育部、工业和信息化部、人力资源社会保障部联合印发《2022 年提升全民数字素养与技能工作要点》。数字人才培养与全民数字素养提升，关乎经济、社会、政府数字化转型的发展水平以及社会数字化的普惠程度，是推动数字经济发展，顺应数字时代发展要求，深入贯彻网络强国思想的重要基础。为此，京津冀地区根据自身特征设定不同的政策内容以优化技术人才结构。如表 6 所示，北京市对数字人才的培养与引进对标国际先进水平，对京津冀人才结构优化具有引领辐射作用。天津市数字人才培养对标国内先进水平，在京津冀人才结构优化中起到重要支撑作用。河北省数字人才培养具有明显的区域特征，根据本省未来发展的重点领域着力引进与培养人才，并强调数字职业技能培训以及创新创业人才对河北省发展的支撑作用。

表 6　京津冀数字人才政策

省市	政策名称	政策内容
北京市	《北京市促进数字经济创新发展行动纲要（2020～2022年)》	(1)校企合作,培养具有国际竞争力的相关产业技术人才和技能型人才; (2)人才引进,多种方式吸引相关人才,如创新创业人才、海外高端人才
天津市	《天津市加快数字化发展三年行动方案（2021～2023年)》	(1)加强人才引进、培养、激励、服务力度; (2)鼓励高等院校、职业院校扩大数字经济、数字社会、数字政府人才培养; (3)完善校企合作育人机制,共建联合实验室、实训基地,培养研究型和技能型人才
河北省	《河北省数字经济发展规划（2020～2025年)》	(1)瞄准省数字经济重点领域未来方向,建立数字人才需求目录和数据库; (2)大力引进高水平的专家人才和创新团队; (3)探索多元化校企联合培养模式; (4)加强数字经济职业培训,提高创业者数字技能,鼓励社会主体投身数字经济创新创业

资料来源：作者整理。

为强化数字人才培养，北京市共有 29 所院校、天津市共有 8 所院校、河北省共有 9 所院校开设与大数据相关专业。如表 7 所示，在全国范围内，北京市数字人才的占有率和薪资水平均列第 1 名，为京津冀数字经济、数字社会以及数字政府建设夯实了人力资源基础，天津市在全国属中上水平，而河北省对数字人才的吸引力相对较弱。

表 7　京津冀数字人才相关信息

省市	2019 年数据经济人才指数		2019 年数字经济人才平均年薪		2021 年第三季度数字化人才城市分布		2021 年第三季度数字化人才平均年薪	
	指数	排名	年薪	排名	占比	排名	年薪	排名
北京市	0.889	1	28.55 万元	1	10.88%	1	29.32 万元	1
天津市	0.421	14	17.5 万元	17	2.14%	16	15.92 万元	16
河北省	0.383	24						

注：由于《2019 年数字经济人才城市指数报告》是对市级单位进行统计，河北省仅石家庄市参与排名，故此处以"石家庄市经济人才指数"代表河北省数字经济人才指数，与北京市和天津市进行对比分析。

资料来源：《2019 数字经济人才城市指数报告》和《2021 三季度中高端人才求职与就业大数据报告》。

（三）以"一网通办"促进京津冀区域公共服务一体化

公共服务区域一体化是京津冀协同发展的瓶颈之一，因此京津冀地区充分运用互联网和信息化发展成果，优化办事流程、创新服务方式、简化办理程序，解决企业与公众办事的难点和堵点问题。政务服务一体化为协同京津冀区域协同联动起到黏合作用。2019 年，京津冀区域政务服务"一网通办"专区入驻国家政务服务平台，服务区域主要为北京市、天津市、河北省和雄安新区，为京津冀百姓提供区域内最新政务服务办事指南，并逐步实现共有事项全程网办，切实解决了京津冀群众异地办事跑动次数多、政府办事效率低等问题。进一步加强京津冀区域一体化建设，有助于实现京津冀公共服务均等化。为此，2022 年 1 月，相关领导在京津冀协同发展领导小组会议上强调，"要着力推进基本公共服务共享共建"，其中京津冀三地的数字治理能力是实现共享共建的关键。

（四）以试验区建设推动京津冀数字经济发展

2016 年 10 月，国家发展改革委、工业和信息化部、中央网信办批复同意京津冀等区域创建国家大数据综合试验区，建设内容主要包括建立京津冀政府数据资源目录体系，实现公共数据开放共享、大数据产业聚集，开展大数据便民惠民服务，建立健全大数据交易制度和大数据交易平台等试验探索。在试验区建设中，京津冀三地根据各自特色与优势进行定位，北京重在强化创新和引导，天津重在带动和支撑，河北重在承接和转化。京津冀三地整合利用数据中心，推动数据中心向天津武清区，河北廊坊、张家口等区域集中。京津冀大数据综合试验区的建设，一方面，促进了北京非首都功能转移；另一方面，促使了天津与河北承接北京非首都功能产业，加快两地与北京高新技术产业对接步伐。2019 年 10 月，雄安新区被确定为"国家数字经济创新发展试验区"之一，这为深化京津冀产业与国内外同行在数字技术和数字经济方面的交流合作奠定了制度基础。通过发挥国家试验区的引领带动作用，加速京津冀地区传统优势产业数字化转型，进而推动京津冀经济的高质量发展。

四　京津冀政府数字治理的问题剖析

整体而言，京津冀政府数字治理发展态势趋好，特别是基于现实情况规划了数字治理战略愿景与架构，明确了未来发展目标定位和着力点。与此同时，三地在管理机构设置方面尚存在较为严重的权威缺位问题。另外，三地在数据开放水平、政务服务能力、基础设施建设投入及安全保障等方面存在较大的差异性。综合而言，北京市作为首都，基于"四中心"发展定位，其政府数字治理能力表现最佳，处于国内领先地位，而河北、天津与北京之间仍有差距，政府数字治理能力亟待提升。

在政策研究中，已有研究认为可以从政策主体、政策客体、政策工具等角度分析政策系统，进而较好地解释公共政策系统内涵（陈庆云，2009）。

借鉴政策分析的思路，在政府数字治理体系的众多构成要素中，本报告选取治理主体、治理客体、治理工具作为主要分析维度。

（一）治理主体方面

京津冀三地政府的大数据管理部门行政权威仍有进一步提升的空间。我国第八次机构改革后，各地政府相继成立大数据管理部门，并且在各地方数字化转型过程中发挥重要的牵头作用。通过前文的现实追踪，发现与我国其他省区市相比，京津冀三地大数据管理部门行政位阶相对较低、行政职能相对单一、数字治理指挥联动能力受限，因此在京津冀政府数字治理中发挥的作用有限。而且，"条块分离"的行政体制及差异化的政务服务专业化水平，导致三地资源共享意愿较弱，条块上的数据对接缺乏内驱力，这成为京津冀政务数据共建共享的一大阻碍（王丽丽、安晖，2020）。

（二）治理客体方面

首先，京津冀三地公共数据开放和网上政务服务能力存在发展不均衡、不充分等问题。与其他省区市相比，京津冀三地的公共数据开放仍有进一步完善的空间；在网上政务服务方面，天津市有待进一步加强。其次，在京津冀国家大数据综合试验区以及雄安国家数字经济创新发展试验区建设的推动下，北京市与河北省的"新基建"发展迅速，相比之下，天津市"新基建"发展速度和建设力度相对较小。最后，京津冀政府数字治理安全保障措施有待进一步加强。根据已出台的政策法规，发现近几年出台的政策更重发展而轻安全，与网络信息化安全直接相关的省级政策尚不多见。

（三）治理工具方面

战略目标的出台为京津冀政府数字治理指明了方向。近年来，京津冀三地出台了多项推动数字经济、数字社会、数字政府发展的政策，并且三地均取得相应发展。但要加强京津冀三地政府数字治理过程中区域间的协作与配

合，还需要科学的政策体系、更为明确的话语表达，以及相关部门展开更有力的宣传动员和落地执行活动。

五 京津冀政府数字治理的发展进路

根据前文分析，为促进京津冀协同发展和提升政府数字治理能力，本报告提出优化京津冀政府数字治理的对策建议。

（一）推进京津冀政府数字治理的协同发展路径

首先，建立京津冀政府数字治理的协调推进机制。针对目前协调不力、步调不均导致的信息孤岛、数据隔离、效能低下等问题，探索建立京津冀一体化政府数字治理协调机制。协调三地因职责、定位不统一导致的政府部门沟通不畅问题，明确基于京津冀区域利益最大化的三地数字治理主责和分工，整合并推广政府数字治理能力建设的成功经验。此外，加强公共数据资源利用的法治化进程，保障京津冀三地对公共数据资源开发、共享的权利，并确保数据的安全性。

其次，建立京津冀一体化数据资源统筹机制。数据开放和共享是政府数字治理的题中之义。京津冀一体化数字资源的统筹，要以电子政务服务的数字技术设施体系建设和政务服务平台为基础，不断完善三地云计算的运行环境，优化三地数据信息存储、使用、共享的安全性，为采集、存储、开发和利用大数据提供可靠的数据源，为公共决策提供保障（陈加友、吴大华，2019）。统一数据信息库和技术平台的对接标准，加强数据、信息、资源的衔接与整合，通过完整、系统、多层次的云计算平台，使各部门的数据资源快速汇聚以及集中分析处理。

再次，建立京津冀数字协作治理的监督评估机制。目前，京津冀三地已经建成一大批政务云、政务大数据、城市大脑等信息化系统，但在使命目标、具体功用和绩效表现等方面存在差异。建议创建京津冀跨区的政府数字治理能力质量评估机制，一方面，可以强化三地政府部门对自主搭建的软件、程序、系统、平台等的管理职责，评估其功能、成效等，确保三地政府对数字治理的投入产出绩效；另一方面，还能通过数字协作治理绩效指标的设计与引入，激励并调动三地关注数字治理一体化发展进程的积极性，拓展京津冀三地数字治理协作的广度和深度。

（二）基于主体—客体—工具的京津冀政府数字治理的对策建议

首先，充分发挥数字治理主体职能，完善京津冀政府数字治理体系。加强京津冀地区大数据管理部门在当地数字治理和区域数字一体化治理中的联动作用，增强其与政务服务局等其他部门的合作，真正发挥数字化转型的统筹协调作用。此外，基于多元治理的主张，未来京津冀政府数字治理还可适度开启市场化、社会化的发展路径，在清晰的权、责、利的数治协议下，追踪数字治理的前沿方法技术，迭代创新现有政府数字治理的程序、软件、网页、终端等载体。

其次，加强京津冀地区政府数据治理能力。通过开放公共数据，激励社会多元主体参与数据资源价值挖掘，真正发挥数字经济的带动作用；优化网上政务服务，通过京津冀跨省通办加速区域间协同发展进程；提升京津冀三地新型基础设施建设水平，为数字化转型奠定坚实的技术基础；重视网络信息化安全政策与技术，确保京津冀数字经济、数字社会、数字政府平稳运行发展；针对三地政府网上政务服务能力不均衡的问题，启动政府工作人员数字能力的定期培训，帮助领导干部掌握大数据、物联网、云计算、区块链等新一代信息技术，具备相关数据素养，提升政府整体参与数字政府建设的数字回应能力。

再次，打好政策"组合拳"，提升数字协作治理中的政策效能。加强京津冀数字治理在政务服务、基建、数据开放等领域的政策协同性，理顺京津冀数字协作治理政策图景，避免政出多门、多头管理、政策空缺等问题的出现。此外，京津冀三地政府不仅需要明确各自在京津冀一体化发展中的数字治理的职能定位，实现彼此间的优势互补，还需努力通过政策的联动，加强与其他地区政府部门的沟通合作，最终形成京津冀政府数字治理合力，实现"1+1+1>3"的协作效果。

参考文献

［1］陈加友、吴大华：《建设数字政府，提升治理能力现代化水平》，《光明日报》2019年12月9日。

［2］陈庆云主编《公共政策分析》，北京大学出版社，2009。

［3］樊博、王妍：《数字治理的发展逻辑解析》，《吉首大学学报》（社会科学版）2021年第4期。

［4］蒋敏娟、黄璜：《数字政府：概念界说、价值蕴含与治理框架——基于西方国家的文献与经验》，《当代世界与社会主义》2020年第3期。

［5］孟庆国、林彤、乔元波、王理达：《中国地方政府大数据管理机构建设与演变——基于第八次机构改革的对比分析》，《电子政务》2020年第10期。

［6］王丽丽、安晖：《提高政府数字治理能力的几点建议》，《互联网经济》2020年第3期。

［7］于君博、戴鹏飞：《打开中国地方政府的数字治理能力"黑箱"——一个比较案例分析》，《中国行政管理》2021年第1期。

［8］郑磊：《数字治理的"填空"与"留白"》，《人民论坛·学术前沿》2021年第23期。

区域报告

Regional Reports

B.11

北京发展数字经济的进展及成效研究

杨开忠　孙瑜康　张艳茹*

摘　要： 北京拥有发展数字经济的优越条件，是中国数字经济发展的先行者和引领者。近年来，北京出台了一系列支持数字经济发展的措施，确立了打造全球数字经济标杆城市的宏伟目标，数字经济发展势头迅猛。首先，本报告回顾了自20世纪90年代以来北京发展数字经济所经历的不同阶段；其次，从数字经济规模、数字经济相关服务业和制造业的发展情况、数字基础设施建设、数字化治理应用、数字经济政策等方面系统回顾了北京数字经济发展的成效；再次，采用企业大数据评估了近20年北京数字经济服务业的发展情况；最后，详细介绍了伦敦、纽约、深圳三个在数字经济建设方面走在前沿的全球知名大城市的经验，为北京发展数

* 杨开忠，经济学博士，中国社会科学院生态文明研究所党委书记，中国区域科学协会会长，博士生导师，研究方向为区域科学、区域经济学；孙瑜康，经济学博士，首都经济贸易大学城市经济与公共管理学院副教授，研究方向为区域经济学；张艳茹，首都经济贸易大学硕士研究生，研究方向为区域经济。

字经济提供借鉴。

关键词： 数字经济　数字经济标杆城市　服务业　北京

一　北京发展数字经济的历程回顾

（一）起步阶段

进入第三次工业革命以来，互联网信息技术越来越成为各国的核心竞争力。随着信息技术不断升级，各行各业都被互联网密切连接起来，形成了庞大的数据体系。利用数据引导资源优化配置，推动生产力发展，优化经济结构，从而促进了经济发展。因此，数字经济成为国家走向富强的强大助推力。

北京有着良好的数字经济基础。20 世纪 90 年代以来，随着信息化和全球化的到来，电子信息产业开始迅速兴起。北京有发展电子信息产业的各种优势资源，使其在全国率先发展电子信息产业和互联网技术（孙若丹等，2022）。北京拥有清华、北大以及中科院等全国顶尖的高校和研究机构，为北京的电子信息产业发展输送人才和科研成果；中关村不断地将高校和研究机构的科研成果转化为产品推向市场。1988 年 5 月国务院批准建立首个国家级高新技术产业开发区——中关村科技园。[①] 1994 年 4 月中关村接入互联网，中国正式成为有互联网的国家。[②] 截至 1996 年底，中关村的企业集团有 114 家，高新技术企业有 4506 家。[③] 中关村的形成与发展更进一步推动了

---

① 《国家高新区 30 年：成为国民经济发展重要增长极》，人民网，2018 年 12 月 27 日，http：//scitech. people. com. cn/n1/2018/1227/c1007-30491572. html。
② 《1994 年 4 月 20 日，中国正式被国际上承认是接入 Internet 的国家》，uc 电脑园网，2020 年 8 月 3 日，https：//www. uc23. net/lishi/70753. html。
③ 《解码中关村：从中科院走出来的自主创新示范区》，北方网，2015 年 4 月 10 日，http：//news. enorth. com. cn/system/2015/04/10/030153540. shtml。

北京电子信息产业和互联网的发展。

2000 年之后，随着互联网行业的大发展，北京逐渐成为全国信息服务业、科技服务业、电子信息制造等数字相关产业的中心城市。北京市"十一五"规划指出，重点发展以软件、研发、信息服务业为主的高技术服务业和以电子信息产业、生物产业为主的高新技术制造业；北京市"十二五"规划指出，促进北京电子信息产业由大到强的战略性转型，逐步将北京建设成为具有全球竞争力的高端电子信息产业基地。这些五年规划都在不断推进北京电子信息产业的升级以及信息技术的发展。

这一阶段是北京领跑全国数字经济起步发展的基础阶段，虽然没有形成明确的数字经济目标体系和城市定位，但这一阶段的资源累积和积极探索为后期北京明确自身在数字经济发展中的定位以及如何系统地发挥这种作用奠定了基础。

（二）快速发展阶段

2015 年，党的十八届五中全会提出网络强国战略，打造数字经济新优势。同年，中央政府提出"互联网+"战略并出台具体计划，积极发展"分享经济"。① 2016 年 1 月，《北京市人民政府关于积极推进"互联网+"行动的实施意见》② 发布，北京积极响应国家号召，寻找和探索自身在"互联网+"以及数字经济新形势中的角色和定位，采取的措施主要包括：扩大大数据等核心领域的研发，利用数字经济新手段和新途径助力传统产业，借助数字经济搭建京津冀数字经济发展共同体等。同时，北京市"十三五"规划指出，全面推进大数据、物联网、云计算等新一代信息技术在民生服务、城市治理、产业升级等重点领域的深度融合和创新应用。

---

① 萧新桥《网络强国战略思想的四梁八柱》，人民网，2017 年 2 月 4 日，http：//theory. people. com. cn/n1/2017/0204/c40537-29057985. html。

② 《北京市人民政府关于积极推进"互联网+"行动的实施意见》，北京市人民政府官网，2016 年 1 月 27 日，http：//www. beijing. gov. cn/zhengce/zhengcefagui/201905/t20190522_59076. html。

随着全球数字经济的高速发展，2016 年 9 月举办的 G20 杭州峰会上，世界上多个国家领导人共同签署了首个全球数字经济政策文件——《G20 数字经济发展与合作倡议》。该数字经济政策文件进一步指出了发展数字经济对于全球各国经济发展的重要意义，同时强调了数字经济在数字产业化（发展信息技术产业）和产业数字化（实现数字经济与传统经济融合）两个方面的贡献。之后，政府工作报告和党的十九大报告中都论述了发展数字经济的重要理念，大力发展数字经济逐渐成为国家的重要战略。

2017 年，国务院发布的《关于强化实施创新驱动发展战略进一步推进大众创业万众创新深入发展的意见》指出，第一，出台推动数字经济高质量发展的系统性战略方针，突破阻碍数字生产力发展的瓶颈，优化市场配置资源的能力，推动数字化升级；第二，推动"一带一路"相关地区与国家数字经济的合作共赢；第三，借助并应用大数据等高新技术手段，正确、精准、快速体现数字经济结构的新进展。

作为全国科技创新中心，北京率先开始部署数字经济的发展。2018 年，北京市发布的《北京创新型总部经济优化提升三年行动计划（2018～2020年）》指出，聚焦数字经济等新经济形态，优化投资服务环境，引进一批成长快、前景好的企业在京设立总部、研发中心或投资公司。

2020 年 6 月，北京市人民政府发布的《关于加快培育壮大新业态新模式促进北京经济高质量发展的若干意见》指出，北京要紧抓数字经济关键要素，稳定落实发展数字经济的一揽子政策。2020 年 9 月，北京市政府先后出台了《北京市促进数字经济创新发展行动纲要（2020～2022 年）》《北京市关于打造数字贸易试验区的实施方案》《北京国际大数据交易所设立工作实施方案》及北京市数据跨境流动安全管理试点等相关工作。这一揽子新政策将把北京打造成为全国数字经济发展的领军城市。北京各区积极贯彻国家数字经济发展战略，积极落实相关部署，大力发展数字经济，培育壮大新动能。这一阶段是北京数字经济快速发展的阶段，北京不断出台各种鼓励数字经济快速发展的政策措施，为后期的高质量发展提供了保障。

（三）高质量、国际化发展阶段

2020 年 12 月，《中共北京市委关于制定北京市国民经济和社会发展第十四个五年规划和二〇三五年远景目标的建议》（以下简称《规划》）全文发布，为北京未来发展提供了指导思想和行动路线。《规划》指出，要加快数字化发展，进一步打造数字经济新优势、加快数字社会建设步伐、提高数字政府建设水平、营造良好数字生态。相对于"十三五"规划对网络经济的强调，北京"十四五"规划更加详细和明确地指出了数字经济的具体目标，强调了更全面的数字化建设。

2021 年 8 月，全球数字经济大会在北京举办，成为北京数字经济发展进入高质量和国际化阶段的标志性事件。数字经济大会对北京建设数字经济标杆城市，推动北京成为经济、金融、技术创新、制度创新的全球新高地具有重要意义。《北京市关于加快建设全球数字经济标杆城市的实施方案》发布，为北京数字经济发展指明了发展方向和实施方案——全球数字经济标杆城市。经过大约 10 年的艰苦奋斗，将北京发展成为引领全球数字经济的"六个高地"。北京市将以重大标杆工程为重要抓手，以高水平的标杆企业为主体，通过一系列工作措施夯实方案落实基础，保障方案顺利实施。到 2022 年，北京的数字经济国内标杆地位进一步得到巩固；到 2025 年，进入全球先进数字经济城市行列；到 2030 年，建成全球数字经济标杆城市。

2021 年 9 月，中国国际服务贸易交易会在北京举办，该会加速推进了北京数字经济进程。服贸会是我国对外开放的三大展会平台之一，北京紧抓服贸会这一重要平台，打造数字经济发展新高地，力争到 2030 年建设成为全球数字经济标杆城市。

二 北京发展数字经济的进展与成效

（一）北京数字经济规模不断壮大

中国的数字经济规模已经从 2005 年的 2.6 万亿元增加到 2020 年的 39.2

万亿元。① 中国数字经济规模正在不断壮大，北京作为中国数字经济的领军城市，其数字经济规模也在不断壮大，发展速度不断加快，主要表现在以下几个方面。

北京数字经济规模不断扩大。北京数字经济增加值从 2015 年的 8719.4亿元增加到 2021 年的 16251.9 亿元②，年均增长率为 10.94%。数字经济增加值占 GDP 比重从 2015 年的 35.2%提高到 2021 年的 40.4%，占 GDP 比重位列全国第一，其中数字经济核心产业增加值占 22.1%，表明数字经济对北京市经济发展的贡献越来越大。

北京数字经济结构持续优化。数字经济已成为北京发展的重要推动力，数字产业化和产业数字化发挥着重要的作用。2020 年，北京数字产业化规模为 6808 亿元，占 GDP 比重为 18.9%③，较 2008 年的 11.5%上升了 7.4 个百分点。而 2020 年产业数字化规模为 13371 亿元，占 GDP 比重为 37.0%，较 2008 年的 8.9%提升了 28.1 个百分点。北京产业数字化与数字产业化相比，2020 年前者约为后者的 2 倍，而且占 GDP 比重较高，增速也较快。因此，北京产业数字化成为数字经济发展的关键推动力，数字技术与实体经济的联合，促进了传统产业的结构优化，同时形成了新兴产业。其中，产业"上云行动"的实施，推动了产业链和产业结构的数字化发展。产业数字化的发展促进了北京数字经济结构的持续优化。

北京成为全国数字经济高端企业的聚集地。2020 年北京拥有国家高新技术企业 2.9 万家，独角兽企业 93 家。④ 北京互联网新型数字产业整体发

① 《在数字经济的高质量发展中构筑国家竞争新优势》，2022 年 4 月 28 日，https://m. gmw. cn/baijia/2022-04/28/35696514. html

② 《政解 | 数字经济占北京 GDP 比重超过四成，如何平衡监管与发展?》，新浪网，2022 年 1 月21 日，https://finance. sina. com. cn/chanjing/cyxw/2022-01-21-doc-ikyamrmz6595564. shtml。

③ 《贝壳财经联合信通院发布首份〈北京数字经济研究报告〉》，网易网，2021 年 8 月 6 日，https：//www. 163. com/dy/article/GGNSVERM055284JB. html。

④ 《北京国家高新技术企业达到 2.9 万家》，中华网，2021 年 1 月 23 日，https：//news.china. com/socialgd/10000169/20210123/39213802. html。

展向好，中国市值前 30 名的互联网企业中有 11 家落户北京。① 电子信息制造业中有许多企业领先全国，如京东方、联想、小米、中芯国际等。电信行业在数字经济中占据重要地位，一直保持稳定增长，五大电信运营商总部均设在北京。数字经济高端企业的聚集，推动北京数字经济规模迅速壮大发展，更为北京营造了高端研发创新、适宜数字经济发展的良好环境，进一步促进北京建成全球数字经济标杆城市。

（二）北京数字经济服务业规模不断壮大

近年来，北京市数字经济服务业发展见好，服务水平不断提高，服务设施不断完善，资源配置效率不断提高（李丽等，2022）。北京数字经济服务业发展壮大主要表现在以下几个方面。

软件和信息服务业领跑全国。软件和信息服务业包括软件产业和软件产业相关的信息服务业两大部分。北京作为我国的科技文化中心，软件和信息服务业起步较早，积累了很多发展优势。从 2001 年中央支持软件发展的文件出台以来，北京软件和信息服务业的规模不断壮大，一直保持着较高的发展速度。2005 年北京软件和信息服务业营业额达到 860 亿元，2010 年达到 2425 亿元，年均增长率为 23.04%②；2018 年营业额首次突破万亿元③，2019 年北京软件和信息服务业营业额达到 1.35 万亿元④，占全国的 23.0%，居全国首位；2020 年营业额为 1.77 万亿元⑤，是 2010 年营业收入的 7.30 倍，年均增长率为 21.99%。此外，面对 2020 年新冠肺炎疫情的冲击，北京

---

① 《贝壳财经联合信通院发布首份〈北京数字经济研究报告〉》，网易网，2021 年 8 月 6 日，https://www.163.com/dy/article/GGNSVERM055284JB.html。

② 刘淮松：《北京软件和信息服务业 25 年发展报告》，豆丁网，2011 年 10 月 21 日，https://www.docin.com/p-414210043.html。

③ 《北京软件和信息服务业产业规模突破万亿元》，中国工业新闻网，2019 年 5 月 22 日，http://www.cinn.cn/gykj/201905/t20190522_212641.html。

④ 《2019 年北京软件和信息服务业占全市 GDP 比重达 13.5%》，新浪新闻网，2020 年 7 月 29 日，https://news.sina.com.cn/o/2020-07-29/doc-iivhvpwx8137358.shtml。

⑤ 《北京软件信息服务业营收将达 3 万亿元》，新华网，2021 年 9 月 29 日，http://www.bj.xinhuanet.com/2021-09/29/c_1127914540.htm。

软件和信息服务业实现了逆势增长，这充分体现了北京软件和信息服务业的坚实基础以及面对风险时较强的韧性。

互联网和相关服务业发展态势整体向好。互联网作为一种现代服务工具，通过与产业相结合，催生了一系列相关服务业。进入 21 世纪以来，北京互联网产业一直保持着良好的发展态势，相关企业业务收入和利润持续快速增长。2015 年北京互联网和相关服务业营业收入达到 1112.9 亿元，2020 年营业收入达到 5933.8 亿元①，2020 年营业收入是 2015 年的 5.33 倍，年均增长率高达 39.76%。此外，北京在互联网相关产业的研发方面不断扩大投入，2020 年 1~8 月，大中型重点企业研发费用增长 17.6%②，其中"三城一区"研发费用占比达到七成，中关村示范区企业技术收入增长 22.4%。③

服务业数字化不断升级转型。自 2014 年开始，北京有序疏解其非首都功能，让许多重工业企业逐步移出北京，这使服务业的高质量发展变得愈加重要。服务业逐渐成为引领北京高质量发展的引擎，进一步推动了服务业的数字化转型与升级。在公共交通领域，北京打造了交通绿色出行一体化服务平台，不仅为旅客提供了便捷的交通服务，而且绿色出行也体现了高质量发展的理念；在医疗领域，北京各大公立医院联合"上云"，打造了"京医通"等医疗服务平台，不仅简化了患者的就诊程序，而且"互联网+医疗"应用于医保支付，有效解决了医保支付的难题；在教育领域，北京创建了多个学习资源共享平台，不仅为学习者提供了丰富的课程，而且收录了各类数字资源；在金融领域，一行两会、大部分金融机构总部都设在北京，而且还有很多新成立的证券交易所，使北京正在成为全国的金融决策管理中心。许多企业通过"上云"逐步实现数字化与智能化。这些领域服务业的数字化

---

① 《北京统计年鉴-2021》，北京市统计局官网，http：//nj. tjj. beijing. gov. cn/nj/main/2021-tjnj/zk/indexch. htm。

② 《1~8 月大中型重点企业研究开发费用同比增长 17.6%》，北京市人民政府官网，2020 年 9 月 30 日，http：//www. beijing. gov. cn/gongkai/shuju/sjjd/202010/t20201009_ 2105852. html。

③ 《北京：1~8 月中关村示范区经济持续恢复，总收入同比增长 9.9%》，新浪网，2020 年 9 月 30 日，https：//finance. sina. com. cn/tech/2020-09-30/doc-iivhvpwy9689258. shtml。

转型，充分体现了北京数字经济服务业正在不断壮大，朝着高质量发展方向不断迈进。

（三）北京制造业数字化转型成效显著

我国制造业当前面对新常态、新技术、新格局、新基建的"四新"形势，新形势下北京制造业加快数字化转型，主要表现在以下几个方面。

电子信息制造业呈现稳步提升态势。电子信息制造业对北京数字经济的发展起着双重作用，一方面，要服务于传统产业，促进传统产业的数字化转型；另一方面，电子信息制造业也是促进北京数字经济发展的先导产业。自1978 年改革开放以来，北京电子信息制造业逐渐成长为支柱产业。1978 年主营业务收入为 1.32 亿元，2010 年达到了 2762.5 亿元，年均增长率为26.99%（刘邦凡、王力为，2015）；2020 年高精尖产业资金支持电子信息制造业达到 1.76 亿元，吸引了一大批重大项目在北京落地投产。[①] 北京集成电路产业领跑全国，作为中国集成电路的发祥地，在"内外夹击"的双重压力下，依然以平稳提升的态势发展，体现了北京电子信息制造业的坚实基础与前瞻性的部署。从规模上来看，北京 2021 年集成电路设计业营业收入为 839 亿元，而 2020 年为 494.3 亿元。[②]

工业数字化不断转型升级。数字经济发展促进了北京制造业产业转型升级。一方面，国家北斗创新应用综合示范区、国家新型工业化产业示范基地等基础建设深入推进。北京成立了工业互联网技术创新与产业发展联盟、信息化和工业化融合服务联盟，组建了北京工业大数据创新中心、工业技术软件化创新中心和数字化设计与制造创新中心。另一方面，北京积极推动工业互联网助力中小企业高质量发展，截至 2020 年 9 月，北京规模以上工业企

---

① 《赛智时代：各省市数字经济发展标杆研究》，搜狐网，2021 年 3 月 23 日，https：//www.sohu.com/a/456949714_ 100018121。

② 《北京集成电路设计业大放光芒，IC PARK 蓄势而发、持续进阶!》，电子工程世界网，2022 年 1 月 11 日，http：//news.eeworld.com.cn/xfdz/ic560230.html。

业上平台率超 40%，中小企业上云用户超 20 万。① 形成了面向汽车及零部件等领域的区域性工业互联网平台、5G 与工业互联网在建材行业的示范应用、京东物流智慧物流园区等试点示范。北京在 2019 年成立了"北京数字化中心"，该中心致力于以 CAE 等工业软件为代表的工业数字化共性关键技术，重点建设中国独立自主的工业软件平台，布局工业软件产业链。

（四）北京数字基础设施建设步伐加快

数字经济作为新兴经济形态，不仅促进服务业和工业的数字化转型，而且也在推动城市生活的高质量发展。北京正紧抓数字经济机遇，加快建设数字基础设施，主要表现在以下几个方面。

第一，在网络通信基础设施方面，建设步伐加快。在新基建的引领作用下，5G 建设实现提速，促使网络通信产业快速高质量发展。截至 2020 年 7 月底，北京市共开通 2.5 万个 5G 基站，用户达 421 万户②；2021 年上半年，5G 基站建设达 4.3 万个，占移动基站比重为 16.9%，较 2020 年 7 月底增长了 72%。③ 基站实现了室外普遍覆盖、人员聚集区域和重点区域精准覆盖。5G 终端、蜂窝物联网、IPTV 用户规模不断扩大，"双千兆"网络基础设施实现全面覆盖，为打造全球数字经济标杆城市，推动北京数智化转型与发展强基赋能。北京进一步落实"一五五一"工程覆盖，五环内室外已基本实现 5G 信号连续覆盖，北京超前布局领先一代的 6G 网络，协同开展 6G 相关的高端芯片、核心器件、仿真验证平台等攻关研制。北京正建设全球性能领先的区块链算力平台，能够满足未来各类场景对大规模区块链网络日益增长的算力需求（刘博雅等，2021）。

第二，在城市生活基础设施方面，数字化走在全国前列。在购物消费

---

① 《北京规模以上工业企业上云、上平台率超 40%》，新华网，2020 年 9 月 18 日，http://www.xinhuanet.com/2020-09/18/c_1126512309.htm。

② 《北京工业互联网发展报告发布，将推动工业数据流动共享》，界面新闻网，2020 年 9 月 18 日，https://www.jiemian.com/article/5002847.html。

③ 《北京 5G 基站建设数量达 4.3 万个，占移动基站比重为 16.9%》，搜卡之家网，2021 年 8 月 17 日，https://www.sokazhijia.com/news/2986.html。

方面，鼓励线上直播带货、云逛街等新兴消费方式；支持无接触配送、智能自提柜等新兴配送方式。在文化旅游方面，搭建旅游景点线上文化旅游消费平台，培育网红打卡旅游景点，引领了新兴旅游潮流。在政府公共服务方面，打造线上数字办事平台，简化审批程序，大力推进"不见面"审批。实施智慧交通提升行动计划，建成全球首个高级别自动驾驶示范区，加快建设车路云网图深度融合的软硬件体系。依靠人民银行数字货币研究所，北京积极推进数字人民币试点工作，加强便民惠民服务；支持数字金融重点机构和重大项目落地，营造数字人民币技术与应用的良好氛围。在城市生活的众多领域，北京都在加快建设基础设施，并推动基础设施数字化。

第三，加快建设数据处理平台与基础设施。北京启动城市超级算力中心建设、国家人工智能创新应用先导区建设，我国首个低轨卫星物联网"天启星座"建设运营。摩尔线程、一流科技等一批新创数字技术企业快速成长。2021年，北京着力打造了一批数据灯塔项目，北京国际大数据交易所设立运行，在全国率先实现新型交易模式，上架了211个数据产品和服务项目。[①] 此外，北京发布首个超导量子计算云平台，智能模型"悟道2.0"，全球首个软硬一体、自主可控区块链平台"长安链"投入运营。北京加快建设数据处理基础设施，为其他基础设施的智能化搭建奠定了坚实基础，推动了北京数字经济高质量发展。

（五）北京数字化治理应用走在前列

北京以政务数据共享开放、加强数字化治理能力建设等为关键手段，为城市精细化、科学化、智能化管理提供强有力的支撑。北京数字化治理应用引领全国主要表现在新型全球智慧城市建设方面。2021年，北京智慧城市2.0建设全面启动，"网、图、云、码、感、库、算"与大数据平台"七通

---

① 《北京健康宝累计为9000余万人提供超114亿次健康状态查询服务》，腾讯网，2022年1月7日，https://new.qq.com/rain/a/20220107A080IU00。

一平"数字城市基础底座加快构建，"京通""京办""京智"已经成为统一的服务渠道。北京建成全球首个高级别自动驾驶示范区，加快建设车路云网图深度融合的软硬件体系；全市累计开放 1000 公里自动驾驶测试道路，累计测试里程超过 300 万公里。全市累计开通 5G 基站 5.64 万个，实现五环内室外连续覆盖①，万人基站数全国第一，率先实现 5G+8K 全产业链技术应用贯通；千兆固网建成全城 1 毫秒时延圈。实现数据共享开放与交易流通，北京陆续落实全市数据共享和公共服务系统"入云"，到 2019 年底，政务信息系统入云进度高达 98.2%；北京市政府通过收集统计金融公共数据，打造金融公共数据共享专区，统一对金融机构开展数据共享；搭建了北京数据交易平台，上线了公共政务、普惠金融、人工智能、互联网、文化 5个数据频道。

（六）北京数字经济政策先行先试走在全国前列

近年来，北京制定发布了许多关于数字经济创新发展的政策。围绕基础设施建设、数字产业化、产业数字化、数字化治理、数据价值化和数字贸易发展等任务，基于自由贸易试验区推进高水平数字经济和数字贸易先行先试改革。北京数字经济政策先行先试走在全国前列，主要表现在以下几个方面。

北京出台建设全国数字经济发展的先导区和示范区的相关政策。《北京市促进数字经济创新发展行动纲要（2020~2022 年）》提出，北京将推进包括 5G 信息通信网络、新一代超算中心等数据智能基础设施在内的"基础设施保障建设工程"，包括超前布局 6G 等前沿技术、突破集成电路等卡脖子技术、加强人工智能等核心技术引领能力在内的"数字技术创新筑基工程""数字产业协同提升工程"等 9 项重点工程。

北京出台建设全球数字经济标杆城市的相关政策。《北京市关于加快

---

① 《北京数字经济提速　探索建设元宇宙产业聚集区》，人民网，2022 年 1 月 9 日，http：//bj. people. cn/n2/2022/0109/c82840-35087795. html。

建设全球数字经济标杆城市的实施方案》提出，北京将分三个阶段推进建设，到 2022 年进一步巩固国内数字经济标杆城市地位；到 2025 年成为国际先进数字经济城市；到 2030 年建设成为全球数字经济标杆城市，打造引领全球数字经济发展的"六个高地"，包括：城市数字智能转型示范高地、国际数据要素配置枢纽高地、新兴数字产业孵化引领高地、全球数字技术创新策源高地、数字治理中国方案服务高地、数字经济对外合作开放高地。

北京加快数字经济领域立法工作。2021 年，北京市人大明确将研究数字经济项目列入工作日程，并进行了立项论证。数字经济涉及的许多新技术、新领域可能会与现有的法律相悖，所以法律法规的修订与完善尤为重要。2021 年 12 月，《北京市平台经济领域反垄断合规指引》正式对外发布，正面回应了"二选一""大数据杀熟"等互联网领域的业态和竞争行为，对存在潜在排除、限制竞争的纵向非价格垄断协议进行了剖析。

三　北京数字经济服务业的发展成效

服务业是北京数字经济的主要领域，本报告收集了 2000～2020 年北京市数字经济服务业企业的数据，并对此展开分析，评估了北京市数字经济服务业的发展情况。

（一）北京数字经济服务业规模不断壮大

2000～2020 年，北京数字经济服务业企业注册资本总和从 1.20 亿元增加到 2.05 亿元，年均增长率达到 2.71%（见图 1）。特别是在 2014 年之后，北京数字经济服务业企业注册资本总和年均增速达到 4.44%，标志着北京数字经济开始快速发展，数字经济企业数量增加，规模不断扩大，集群效应开始凸显。

北京一直保持着全国数字经济服务业中心的地位。北京数字经济起步较早，2000 年北京数字经济服务业企业注册资本占全国比重就超过 70%，是当时全国数字经济服务企业的主要集聚地。随着中国各地数字经济服务业的发展，北京数字经济服务业企业注册资本占比逐年下降，但至 2020 年其占比达到 17.88%，仍是全国数字经济服务业的中心。

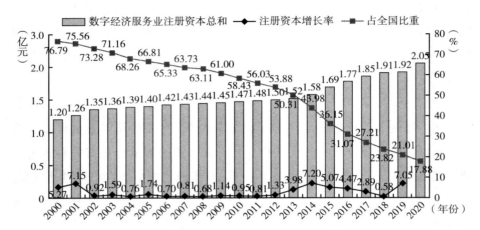

图 1　2000~2020 年北京数字经济服务业注册资本总和情况

注：该指标为累计值。

资料来源：工商企业数据库。

（二）北京数字经济服务业创新成果大幅度增加

第一，北京数字经济服务业实用新型专利数增长迅速。2000~2020 年，北京数字经济服务业累计实用新型专利数从 50 件增加到 9756 件，年均增长率达到 30.17%（见图 2）。北京数字经济服务业累计实用新型专利数占全国比重在 2000~2012 年一直呈现上升趋势。随着全国各大城市创新能力的提高以及互联网的发展，北京数字经济服务业专利数占全国比重在 2012 年之后虽然在逐年递减，但其绝对量却逐年递增。2004 年之后增长率始终保持在 10% 以上。从另一个角度来看，北京数字经济服务业历年新增实用新型专利数也保持较快增长趋势（见图 3），表明北京数字经济服务业的创新产出保持良好增长势头。

第二，北京数字经济服务业计算机软著数增长迅速。2000~2020 年，

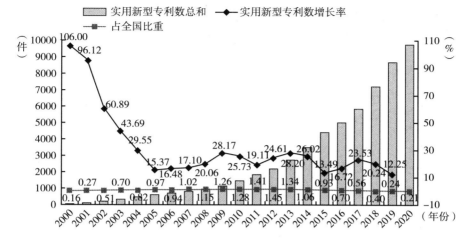

图2 2000~2020年北京数字经济服务业累计实用新型专利数情况

注：该指标为累计值。

资料来源：工商企业数据库。

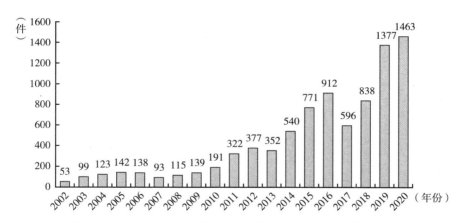

图3 2000~2020年北京数字经济服务业新增实用新型专利数

资料来源：工商企业数据库。

北京数字经济服务业累计计算机软著数从209件增加到79402件，年均增长率达到34.58%（见图4）。2000~2013年，北京数字经济服务业累计计算机软著数占全国比重一直呈现上升趋势。随着全国各大城市创新能力的提高以及互联网的发展，2013年之后，北京计算机软著数占全国比重开始下降，但其绝对量仍逐年递增。从另一个角度来看，北京计算机软著数历年新增也保持上升趋势，表明北京数字经济服务业创新成果在加速增长（见图5）。

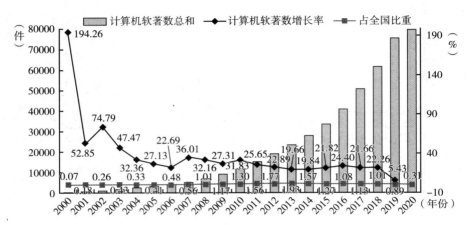

图4 2000~2020 年北京数字经济服务业计算机软著数

注：该指标为累计值。
资料来源：工商企业数据库。

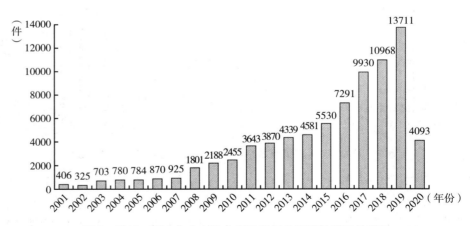

图5 2000~2020 年北京数字经济服务业新增计算机软著数

注：该指标为累计值。
资料来源：工商企业数据库。

（三）北京数字经济服务业发展在全国处于领先地位

首先，北京数字经济服务业三大指标在 7 个超大城市中居于领先地位。从注册资本来看，2010 年北京居于首位，而且远超其他各大城市，是处于第二位上海的 23.73 倍，处于第七位重庆的 59.55 倍（见表 1）。而且北京在实用新型专利数和计算机软著数上也遥遥领先，其中实用新型专利数是上海的 5.33 倍，计算机软著数是上海的 6.14 倍。各大城市经过 10 年的快速发展，三项指标都有了大幅度增长，但是北京仍保持领先地位。2020 年，从注册资本来看，北京较 10 年前增长了 39.76%，上海较 10 年前增长了 4.64 倍，虽然上海的增幅远大于北京，但是在 2020 年北京注册资本仍然是上海的 5.88 倍。

表 1　七个超大城市三大主要指标比较

单位：万元，件

城市	2010 年			2020 年		
	注册资本	实用新型专利数	计算机软著数	注册资本	实用新型专利数	计算机软著数
北京	14692.40	1465	11446	20533.51	9756	79402
上海	619.11	275	1865	3491.30	3408	14617
广州	310.51	160	2487	2141.90	2321	28235
深圳	141.75	45	298	3100.30	3311	22281
天津	243.44	336	873	1803.89	4861	16051
成都	750.39	329	2085	9236.01	16496	83688
重庆	246.74	254	1033	1674.35	10323	30414

资料来源：工商企业数据库。

从增量来看，2010~2020 年北京数字经济服务业三大指标增长数量在七个超大城市中位于前列（见表 2）。其中，北京注册资本增量为 5841.11 万元，是上海的 2.03 倍，是深圳的 1.97 倍。实用新型专利数和计算机软著数的增量分别为 8291 件和 67956 件，也远远高于上海、深圳等城市，可见其在国内数字经济领域的领先地位进一步增强。

表 2　2010~2020 年北京各指标增量

单位：万元，件

城市	注册资本增量	实用新型专利数增量	计算机软著数增量
北京	5841.11	8291	67956
上海	2872.19	3133	12752
广州	1831.39	2161	25748
深圳	2958.55	3266	21983
天津	1560.45	4525	15178
成都	8485.62	16167	81603
重庆	1427.61	10069	29381

资料来源：工商企业数据库。

（四）北京数字经济服务业的内部结构不断优化

第一，从注册资本来看，北京数字经济服务业行业结构不断优化。2010年，注册资本额排在前三名的行业都是电信行业，其中固定电信服务占到53.33%，其他电信服务、移动电信服务分别占 19.51% 和 14.87%（见表3）。这三个行业都是传统的数字经济产业，2010 年其注册资本占比合计为 87.71%，其他行业只占 12% 左右。到了 2020 年，这三大行业仍然位于前三名，然而其所占比重较 2010 年有所下降，固定电信服务占 38.22%，移动电信服务、其他电信服务分别占 12.23% 和 12.19%，这三大行业的占比合计 62.64%，较 2010 年下降了 25.07 个百分点。而其他的细分行业规模和占比有大幅度的提升，数字经济服务业内部结构大大优化，高技术、新业态的数字经济服务细分行业实现快速增长。其中，其他软件开发注册资本从2010 年的 629.5 万元增加到 2020 年的 1871.0 万元，增长了 1.97 倍，占北京数字经济服务业比重从 4.28% 上升到 9.11%，提高了 4.83 个百分点。互联网零售的规模从 78.9 万元增加到 658.4 万元，增长了 7.34 倍，占北京数字经济服务业比重从 0.54% 上升到 3.21%，提高了 2.67 个百分点。

表 3　北京数字经济服务业注册资本的十大细分行业

单位：万元，%

序号	2010 年			2020 年		
	行业	规模	占北京数字经济比重	行业	规模	占北京数字经济比重
1	固定电信服务	7836.0	53.33	固定电信服务	7848.3	38.22
2	其他电信服务	2866.9	19.51	移动电信服务	2511.4	12.23
3	移动电信服务	2185.3	14.87	其他电信服务	2503.4	12.19
4	其他软件开发	629.5	4.28	其他软件开发	1871.0	9.11
5	其他广告服务	328.8	2.24	有线广播电视传输服务	1483.9	7.23
6	互联网其他信息服务	315.2	2.15	其他广告服务	704.9	3.43
7	文艺创作与表演	145.9	0.99	互联网零售	658.4	3.21
8	互联网零售	78.9	0.54	互联网其他信息服务	551.0	2.68
9	专业设计服务	49.5	0.34	文艺创作与表演	531.9	2.59
10	其他互联网平台	45.3	0.31	信息系统集成服务	298.3	1.45

注：该指标为累计值。

资料来源：工商企业数据库。

第二，从实用新型专利数来看，北京数字经济服务业行业结构不断优化。2010 年，排在前三名的行业，其他软件开发占到 78.84%，固定电信服务、互联网其他信息服务分别占 4.03% 和 3.82%（见表 4）。这三个行业 2010 年占比总计为 86.69%，其他行业只占 13% 左右。到了 2020 年，其他软件开发仍然排在第一名，然而其所占比重较 2010 年有所下降，占比为 60.03%，下降了 18.81 个百分点。其他的细分行业规模和占比有大幅度的提升，专业设计服务占比从 2010 年的第五名挤进 2020 年的第二名，其专利数从 33 件增加到 902 件，增长了 26.33 倍，占北京数字经济服务业比重从 2.25% 上升到 9.25%，提高了 7 个百分点。固定电信服务、互联网其他信息服务较 2010 年排名有所下降，但是其规模和占比都有所提升。其中，互联网其他信息服务专利数从 56 件增加到 475 件，增长了 7.48 倍，占北京数字经济服务业比重从 3.82% 上升到 4.87%，提高了 1.05 个百分点。2020 年与

2010 年排在前十名的细分行业相比，其他互联网平台和互联网零售两个行业挤进了前十名。

表 4　北京数字经济服务业实用新型专利数的十大细分行业

单位：件，%

序号	2010 年			2020 年		
	行业	规模	占北京数字经济比重	行业	规模	占北京数字经济比重
1	其他软件开发	1155	78.84	其他软件开发	5857	60.03
2	固定电信服务	59	4.03	专业设计服务	902	9.25
3	互联网其他信息服务	56	3.82	固定电信服务	602	6.17
4	其他电信服务	51	3.48	互联网其他信息服务	475	4.87
5	专业设计服务	33	2.25	其他电信服务	472	4.84
6	其他广告服务	30	2.05	移动电信服务	235	2.41
7	移动电信服务	24	1.64	信息系统集成服务	228	2.34
8	信息系统集成服务	17	1.16	其他广告服务	228	2.34
9	文艺创作与表演	13	0.89	其他互联网平台	202	2.07
10	无线广播电视传输服务	7	0.48	互联网零售	143	1.47

注：该指标为累计值。

资料来源：工商企业数据库。

第三，从计算机软著数来看，北京数字经济服务业行业结构不断优化。2010 年，排在前三名的行业：其他软件开发占到 70.90%，互联网其他信息服务、固定电信服务分别占 12.76% 和 4.10%（见表 5），这三个行业占比总计为 87.76%，其他行业只占 12% 左右。到了 2020 年，其他软件开发占到 52.05%，互联网其他信息服务、固定电信服务分别占 10.57% 和 9.32%，这三大行业的占比合计为 71.94%，较 2010 年下降了 15.82 个百分点。其他的细分行业规模和占比有大幅度的提升，数字经济服务业内部结构大大优化，高技术、新业态的数字经济服务细分行业有快速增长。其中，互联网零售的计算机软著数规模从 183 件增加到 3648 件，增长了 18.93 倍，占北京数字经济服务业比重从 1.60% 上升到 4.59%，提高了 2.99 个百分点。信息系统集成服务的计算机软著数规模从 278 件增加到 4205 件，增长了 14.13 倍，占北京数字经济服务业比重从 2.43% 上升到 5.30%，提高了 2.87 个百分点。2020 年与 2010 年排在前十名的细分行业相比，增加了其他广告服务和金融信息服务两个行业。

表5　北京数字经济服务业计算机软著数的十大细分行业

单位：件，%

序号	2010 年			2020 年		
	行业	规模	占北京数字经济比重	行业	规模	占北京数字经济比重
1	其他软件开发	8115	70.90	其他软件开发	41330	52.05
2	互联网其他信息服务	1461	12.76	互联网其他信息服务	8391	10.57
3	固定电信服务	469	4.10	固定电信服务	7402	9.32
4	信息系统集成服务	278	2.43	信息系统集成服务	4205	5.30
5	其他电信服务	201	1.76	互联网零售	3648	4.59
6	互联网零售	183	1.60	互联网数据服务	2107	2.65
7	其他互联网平台	161	1.41	其他广告服务	1877	2.36
8	互联网数据服务	126	1.10	其他互联网平台	1340	1.69
9	专业设计服务	73	0.64	其他电信服务	1223	1.54
10	应用软件开发	55	0.48	金融信息服务	1118	1.41

注：该指标为累计值。
资料来源：工商企业数据库。

（五）北京数字经济服务业的新兴行业增长迅速

2000~2010 年，注册资本增速最快的是非金融机构转移支付，其注册资本增速为 48.79%，计算机软著数增速为 162.35%（见表6）。注册资本增速居第二位的是信息处理和存储支持服务，其注册资本增速为 32.37%，专利增速为 84.20%，计算机软著数增速为 46.96%。注册资本增速居第三位的是地理遥感信息服务，其注册资本增速为 31.70%，计算机软著数增速为 126.79%。

2010～2020 年，注册资本增速最快的前十大行业发生了巨大的变化，仍然留在前十名的行业只有 3 个，分别是基础软件开发、互联网数据服务和金融信息服务。随着各行业创新能力的提高以及互联网的迅速发展与应用，许多传统的数字经济产业增速下降，而新兴数字经济产业增速加快。2010～2020 年，注册资本增速最快的是互联网广告服务，其注册资本增速为 145.69%，专利增速为 57.13%，计算机软著数增速为 87.54%。注册资本增速居第二位的是其他广告服务，其注册资本增速为 114.56%，专利增速为 18.04%，计算机软著数增速为 14.20%。注册资本增速居第三位的是移动电信服务，其注册资本增速为 99.91%，专利增速为 23.23%，计算机软著数增速为 9.16%。

表6　增速最快的十大细分行业

单位：%

序号	2000～2010 年				2010～2020 年			
	行业	注册资本增速	专利增速	计算机软著增速	行业	注册资本增速	专利增速	计算机软著增速
1	非金融机构转移支付服务	48.79	—	162.35	互联网广告服务	145.69	57.13	87.54
2	信息处理和存储支持服务	32.37	84.20	46.96	其他广告服务	114.56	18.04	14.20
3	地理遥感信息服务	31.70	—	126.79	移动电信服务	99.91	23.23	9.16
4	互联网安全服务	25.43	—	—	信息技术咨询服务	91.83	48.98	48.74
5	互联网生活服务平台	23.86	—	48.29	基础软件开发	80.93	53.41	46.23
6	金融信息服务	23.79	1045.10	680.80	互联网数据服务	76.78	36.56	24.50
7	互联网公共服务平台	23.64	—	1.27	集成电路设计	75.94	31.06	25.66
8	互联网零售	22.35	414.74	107.81	金融信息服务	75.42	36.56	24.50
9	互联网数据服务	20.98	43.10	85.69	电影放映	66.88	12.05	18.45
10	基础软件开发	20.37	45.45	59.42	其他互联网平台	65.49	51.60	72.03

注：该指标为累计值。

资料来源：工商企业数据库。

（六）北京数字经济服务业多个细分行业在全国竞争优势明显

2010 年，北京数字经济服务业占全国比重最高的十大细分行业前两名分别是固定电信服务和其他电信服务，注册资本占比分别达到 94.96% 和 89.89%，专利占比分别为 68.60% 和 24.29%（见表 7）。2020 年，注册资本占全国比重前两名的行业仍然是固定电信服务和其他电信服务，分别为 96.26% 和 80.29%，其中固定电信服务注册资本所占比重有所提高，而其他电信服务注册资本的比重下降了 9.00 个百分点。但是，从另一个角度看，2020 年北京固定电信服务和其他电信服务这两个细分行业的计算机软著数所占比重都有大幅度提升，其中固定电信服务较 2010 年提高了 38.88 个百分点，其他电信服务提高了 1.20 个百分点。这表明，北京在全国的电信服务行业中仍然占有较大优势和重要的地位。另外，音像制品出版、电子出版物出版等文化产品出版行业在全国占有重要地位。此外，其他互联网平台、互联网数据服务等互联网相关细分行业也在全国处于领先地位。

表 7 占全国比重最高的十大细分行业

单位：%

序号	2010 年				2020 年			
	行业	注册资本占全国比重	专利占全国比重	计算机软著占全国比重	行业	注册资本占全国比重	专利占全国比重	计算机软著占全国比重
1	固定电信服务	94.96	68.60	5.33	固定电信服务	96.26	66.96	44.21
2	其他电信服务	89.89	24.29	0.93	其他电信服务	80.29	16.08	2.13
3	互联网零售	77.62	—	4.06	移动电信服务	77.39	21.25	15.35
4	音像制品出版	76.59	—	—	有线广播电视传输服务	75.66	3.16	6.25
5	移动电信服务	76.17	17.52	1.51	音像制品出版	67.07	25.00	77.17
6	其他互联网平台	75.33	33.33	65.18	其他互联网平台	33.03	17.50	2.39
7	互联网数据服务	73.94	50.00	76.83	其他卫星传输服务	25.59	5.20	1.50

续表

序号	2010 年				2020 年			
	行业	注册资本占全国比重	专利占全国比重	计算机软著占全国比重	行业	注册资本占全国比重	专利占全国比重	计算机软著占全国比重
8	其他软件开发	53.38	65.59	68.89	电子出版物出版	22.22	—	45.76
9	文艺创作与表演	52.90	1.10	0.04	互联网数据服务	19.87	1.73	1.25
10	互联网其他信息服务	50.77	1.05	5.67	其他软件开发	18.76	30.42	27.17

注：该指标为累计值。

资料来源：工商企业数据库。

四　国际顶尖数字经济城市对北京发展数字经济的启示

（一）伦敦

2009 年英国政府推出一份纲领性文件——《数字英国》①，主题是通过改善基础设施，推广全民数字应用及提供更好的数字保护，从而将英国打造成世界"数字之都"。经过几年的发展，英国数字经济已经取得较大进步，伦敦更是成为数字经济发展的国际领先城市和欧洲"数字经济之都"（孙红、张季东，2012）。

第一，政府支持与金融监管推进数字经济发展。在数字经济转型期，政府支持对于推进金融数字化尤为重要。伦敦的政府支持与金融监管相结合，为其建成金融科技中心奠定了坚实基础。伦敦在 2016 年发布技术宣言，宣言提出了将伦敦建设成为数字资本城市的政策建议，其中包含搭建城市公共服务数据平台，实现数据的共享；为保证给数字经济行业不断输送专业劳动力，提出了数字学徒制以及特别工作组。此外，政府为支持金融行业数字化

---

① 《〈数字英国〉：力图打造世界"数字之都"》，行知部落网，https：//www.xzbu.com/9/view-11886207.htm。

转型还做了以下努力：首先，减免税收以及鼓励创新；其次，加强金融监管，打造健康的市场竞争氛围；最后，加大教育投资并搭建世界优秀人才输送管道。

第二，打造数字经济金融发展环境。在欧洲各大城市中，伦敦人口较多，所以有着较大规模的国内市场；此外，伦敦是欧洲联系世界的窗口，所以许多国际金融机构依托伦敦走向世界。这些禀赋助推伦敦金融数字化高速发展。与此同时，伦敦老牌金融企业的金融模式与市场机制被出现的新兴金融科技企业打乱，金融行业不得不建立起新的市场规则以适应新兴金融科技手段，例如，伦敦已建立多家数字银行，它们并没有银行牌照，主要通过App 来完成业务，而且数字银行可以通过强大的以客户为中心的计算方法为客户提供个性化服务，但是这些业务要受到金融监管。此外，英国加入了开放式银行业的市场，允许客户通过数字方式与第三方共享其银行数据。①

第三，积极引进科技人才。伦敦不断加大教育投资以及人才培养，不断为数字经济行业培育技术人才，通过各种福利措施吸引世界各地的优秀人才聚集伦敦，推动伦敦数字经济发展。在脱欧的不稳定形势下，英国为确保人才供应，还特别提出了卓越人才签证和创业者签证等人才方案。2018 年Innovate Finance 的一项调查结果显示，接受调查的金融科技公司中有 42%的人力资源来自外国，其中大多数从事的是计算机科学和技术工作领域。来自全世界的高科技人才聚集在伦敦，为其数字经济的发展奠定了智力基础，推动了伦敦金融科技行业的发展。伦敦虽然已经推出了人才签证、教育培养等人才方案，但仍在加强对数据科学家的招聘和培养，以巩固伦敦金融科技中心的人才优势地位。

（二）纽约

纽约位于美国大西洋海岸的东北部，是美国最大的城市。在商业和金融

---

① Losurdo, F., Marra, A., Cassetta, E., Monarca, u., Dileo, I., Carlei, V., "Emerging Specializations, Competences and Firms' Proximity in Digital Industries: The Case of London", *Papers in Regional Science*, 2018, 98 (2).

领域，纽约在超过一个世纪的时期内一直是全球领军城市。近年来，纽约政府致力于发展数字经济，聚焦数字技术创新、数字贸易、数字政府、数字基础设施等领域，实施数字经济领域的顶层规划，为纽约的城市发展增添了动力与活力。美国商务部是美国数字经济的主要推动者，先后出台了一系列数字经济政策和举措，如《美国的全球数字经济大战略》（2021）等，确保美国数字经济领域长期处于领先地位（李括、余南平，2021）。

纽约数字经济的长期发展与其政府的长期战略规划和国家政策支持密切相关。通过研究梳理纽约关于数字经济的长期发展战略规划和策略，可总结纽约数字经济发展的如下经验。

第一，加强信息化基础设施建设。21世纪初，纽约提出促进城市信息基础设施建设、提高公共服务水平的"智慧城市"计划。① 在交通运输领域，纽约在20世纪末就已经开始搭建智慧交通系统，并且已经建成覆盖全纽约的智慧交通信息系统，是美国最发达的公共交通系统之一。在医疗健康领域，2005年纽约推出"电子健康记录系统"，并在2009年与美国联邦政府共同升级了该系统。纽约还推出了"移动医疗应用程序"，该程序可以随时随地提供医疗健康服务。纽约高端的电子医疗已经成为其吸引人才的重要手段。在应急预防领域，纽约搭建了全市下水道电子地图，监视下水道堵塞以及水位情况，该地图能够起到提前预防以及发生灾害时及时补救的重要作用。除此之外，在很多基础设施领域，纽约都已经实现了信息化建设。

第二，积极建设数字政府并进行数字化治理。② 为提高政府的工作效率和服务水平，纽约政府进一步升级了其电子邮件系统，并建立了"纽约市商业快递"网站。纽约政府制定PLANYC和市民行为设计指南等，针对市民行为的各方面设计对应的实施方法，例如土地、水源等，通过对城市温室气体排放的数字化管理和市民参与式城市治理，将纽约建设成"21世纪第

---

① 《全球数治 | 纽约建设智慧城市的主要路径和手段》，澎湃新闻网，2021年12月3日，https：//m. thepaper. cn/newsDetail_ forward_ 15676661。

② 《赛智时代：世界主要经济体数字经济发展研究》，搜狐网，2021年8月3日，https：//m. sohu. com/a/481143695_ 100018121/？pvid＝000115_ 3w_ a。

一个可持续发展的城市"。纽约政府出台了"数字纽约"推广计划,该计划由纽约政府和各大科技巨头合作提出,将纽约五个行政区中的公司、创业、投资以及媒体等元素聚集起来,促进纽约数字政府建设,推动数字产业在纽约的发展。①

第三,注重数字经济人才培养与储备。美国数字经济领域人才储备数量居世界第一,人才素质也居世界前列。纽约一方面通过国际一流大学和大型企业培养相关专业人才;另一方面通过国际移民优惠政策吸引外国专业人才。最新的《国家网络战略》虽然没有对数字经济相关领域的专业人才培养做整体规划,但对网络安全相关领域的专业人才培养做了详细的发展规划。战略指出,一方面要不断建立和完善维护国际人才交流渠道;另一方面要不断扩大企业工人的再教育范围,不断扩大网络安全专业人才队伍。纽约政府还推出了"高科技人才输送通道"项目,为纽约的科技企业提供高质量人才。

(三)深圳

深圳的数字经济产业走在全国前列,数字经济发展迅速,尤其在电子信息制造业和软件行业有着巨大的优势。深圳科技企业竞争力位居全国前列,造就了华为、腾讯、平安科技等一批具有核心竞争力的数字经济生态主导型企业,深圳数字经济创新能力不断提升。深圳数字经济发展的经验如下。

第一,打造数字经济创新发展试验区。随着新一轮科技革命和产业变革持续展开,深圳紧抓机遇,积极面对挑战,打造以数字产业化和产业数字化为主线的数字经济创新发展试验区。在数字基础设施方面,深圳建成5G基站4.9万个,成为全国首个实现5G信号全覆盖的城市;推进千兆光网的搭建,基本实现重点公共场所WLAN全覆盖;物联网初具规模,是全国首个

---

① 《纽约:智慧城市如何在"算法"与"公平"之间寻求平衡》,腾讯研究院网,2020年10月23日,https://www.tisi.org/17291。

开展全市范围多功能智能杆部署的城市。在政府支持数字经济方面，深圳不断鼓励数字经济科技创新，推动信息技术发展；不断完善数字经济产业政策体系，推出经济特区数字经济产业和人工智能产业促进条例。深圳借助"互联网+"未来科技城等重大引领项目，加快实现产业数字化转型，打造数字经济创新发展试验区。

第二，不断推进传统产业数字化转型。"5G+工业互联网"助力传统制造业不断升级。深圳的传统优势产业通过工业互联网平台，不断实现产业数字化转型，加速建设完善企业研发设计、生产管理、采购供应、仓储管理、售后服务等各环节并实现数字化。深圳数字经济在工业的应用，使得工业企业逐步实现数字化。工业数字化发展正不断影响着经济社会各领域以及各行各业，其他行业也开始逐步实现数字化，从而不断推进产业转型升级并实现提质降本增效。

第三，发布大量数字经济扶持政策。2021年6月9日，深圳市发布《深圳市国民经济和社会发展第十四个五年规划和二〇三五年远景目标纲要》① 指出，重点开展高端工业软件、领域应用软件、自主可控区块链底层架构等关键领域核心技术攻关。重点围绕工业互联网、软件与信息服务业、大数据和云计算等领域，布局未来网络试验设施等重大项目，构建基于海量数据采集、汇聚、分析的服务体系。2021年8月发布《深圳市推进工业互联网创新发展行动计划（2021~2023年）》②，从网络升级、平台赋能、应用示范、数据提质、标准引领、技术攻关、人才培养、安全保障、服务支撑、引擎培育十大行动30项细分任务发力，不断推进深圳数字化转型以及互联网创新发展。

---

① 《深圳市国民经济和社会发展第十四个五年规划和二〇三五年远景目标纲要——决策后公开》，深圳政府在线官网，2021年6月9日，http://www.sz.gov.cn/szzt2010/wgkzl/jcgk/jchgk/content/post_ 8852768.html。

② 《深圳市工业和信息化局关于印发〈深圳市推进工业互联网创新发展行动计划（2021-2023）〉的通知》，深圳政府在线官网，2021年8月26日，http://www.sz.gov.cn/szzt2010/wgkzl/jcgk/jcygk/zdzcjc/content/post_ 9089025.html。

五　北京当前数字经济发展存在的主要问题

第一，在全球数字经济治理体系中的主导力和影响力不足。能否掌握制定全球数字经济标准和规则的主导权成为衡量全球数字经济标杆城市的首要标准。由于西方发达国家长期主导了数字经济相关产业的发展优势，在全球数字经济治理体系中处于主导地位，美、日和欧盟国家跨境数据流通圈逐步形成，新加坡汇集了东南亚大部分的商业数据中心。而北京在数字经济制度建设、标准制定、数字贸易、跨境数据流动等领域在全球处于跟随地位，汇聚全球数据资源的能力不足，与全球顶尖城市有较大差距。

第二，缺乏世界一流数字经济企业。跨国公司是全球价值链的掌控者，以苹果、微软、三星等为代表的数字经济行业巨头企业掌握了本行业的核心技术、资本与规则制定权，具有很强的垄断地位和国际影响力，而美国等发达国家依靠这些企业牢牢把控着行业发展的主导权。目前，虽然北京拥有数量众多的高技术企业、独角兽企业，但缺乏真正能够成为全球行业领军者的数字经济企业。以百度、美团等北京数字企业为例，其仍以国内市场为主，在全球的市场占有率远低于苹果等企业。很多企业核心关键技术高度依赖外国，容易受到制裁。2020年全球专利企业50强中，北京仅有京东方一家。2021年全球市值最高的10家科技公司，北京无一入选。

第三，数字人才供给有待加强，全球高端数字人才集聚力有待提升。虽然北京的数字经济人才储备规模在全国处于领先地位，但相对于其打造全球数字经济标杆城市的目标和未来数字经济的发展需求，仍存在人才短板。2019年，北京数字经济人才需求占全国比重超过22%，比深圳、上海高出近8个百分点。北京数字经济人才流入规模约占全国的16%，比上海低近3个百分点（徐逸智等，2021）。相较于伦敦、纽约、旧金山等国际顶尖城市，北京在吸引国际数字人才的力度方面还有很大差距。以伦敦为例，其金融科技公司中有42%的劳动力是外国人，而北京的各大数字经济企业国际化人才的占比还很低。

第四，数字经济治理问题的探索有待加强。数字经济的蓬勃兴起也带来了数据安全、数据垄断、数据监管等方面的诸多问题，而目前我国在这些领域尚处于探索阶段，相应的法制建设、管理手段、治理措施等都相对不完善，亟须从国家到地方层面的数字经济治理体系建设。北京是中国数字经济发展的前沿高地，也是众多数字经济治理问题的集中表现地，应充分发挥先行先试的制度优势，在数字经济治理的相关领域率先展开探索，形成数字经济治理的"北京经验"。

六　进一步提升北京数字经济发展水平的政策建议

第一，大力提升北京在全球数字经济治理体系中的地位。抓住全球数字经济格局调整和技术迭代带来的机遇，依托北京国际大数据交易所与数字贸易港建设，提升数字贸易核心产业竞争力，提升服务外包价值链地位，利用"一带一路"、《区域全面经济伙伴关系协定》（RCEP）、《中欧投资协定》（CAI）等机遇，积极参与跨境数据流动规则制定。加快数字经济领域"两区"建设，用好中国国际服务贸易交易会、中关村论坛、金融街论坛三大平台，加强与各国数字贸易相关管理机构及全球主要城市的交流合作，推动数字银行发展，推动人民币国际化，推动跨境贸易收支便利化。

第二，大力培育一批世界一流数字经济企业。制定落实数字企业加大研发投入、技术攻关等相关政策，引导头部企业加大对核心技术、前沿技术的掌握力度，加大国家实验室、高校研究院等北京众多科技力量与相关数字企业的合作支持。鼓励北京众多的国企、央企等开展管理模式创新和关键技术创新，加快数字化转型和国际化经营，进一步增强其在相关领域的全球竞争力。积极鼓励企业出海，大力拓展国际市场，参与全球竞争与合作，实现产业链、价值链、创新链全球化布局，在多个领域打造一批拥有核心技术能力和话语权的大型跨国企业。

第三，大力吸引集聚国内外数字经济相关人才。依托中关村科技园、国家实验室、北京实验室、企业研发机构等平台，大力吸引国际高端人才、海外归国人才。开辟"数字经济海外人才通道",创新更灵活的方式引进外国智力。在人才签证、教育培养方面做出倾斜,加强对数学、大数据、人工智能等方面科学家的招聘和培养。支持北京众多高校科研院所围绕数字经济领域的技术前沿、基础研究等设置新兴专业,为数字经济发展培养更多人才。

第四,率先探索数字经济治理的先进经验。加快数字经济治理的顶层设计,率先开展涉及数据开放、数据垄断、数据监管等领域的先行先试,进一步完善针对数据收集使用、信息技术安全、数据隐私保护等领域的相关法律法规,为全国的数字经济治理提供先进经验。大力推动数据开放共享,大力推进数据专区建设。加快推动北京市数字经济促进条例出台,推行以信用为基础的分级分类监管制度,在数据流通、数据安全监管等方面加快形成创新监管体系和管理机制。

参考文献

［1］李括、余南平:《美国数字经济治理的特点与中美竞争》,《国际观察》2021 年第 6 期。

［2］李丽、张东旭、薛雯卓、张兼芳:《数字经济驱动服务业高质量发展机理探析》,《商业经济研究》2022 年第 3 期。

［3］刘邦凡、王力为:《北京市电子信息产业制造业发展态势——收入与利润分析》,《电子商务》2015 年第 10 期。

［4］刘博雅、王伟、徐大鹏:《北京数字经济赋能城市治理的机制与路径研究》,《城市管理与科技》2021 年第 6 期。

［5］孙红、张季东:《数字经济国际发展比较及对我国城市的启示》,《中国名城》2012 年第 9 期。

［6］孙若丹、李梦茹、孟潇:《北京建设全球数字经济标杆城市的路径研究》,《科技智囊》2022 年第 2 期。

［7］徐逸智、常艳、刘作丽:《系统构建数字经济标杆城市》,《前线》2021 年第 9 期。

B.12
天津发展数字经济的进展及成效研究

王得新　孙　媛*

摘　要： 近年来，天津支持数字经济的政策环境和平台建设不断优化，引导数字经济在技术创新、产业体系、产业规模、融合应用等方面蓬勃发展，形成经济发展的新优势。熵权法定量拟合天津数字经济发展综合指数显示，2000 年以来天津市数字经济保持快速增长；进一步利用 ARIMA 模型预测，天津数字经济未来将会继续保持快速增长态势；通过改进的经济增长模型测算，数字经济对天津总体经济发展存在重要的正向影响。但是，天津数字经济发展过程中在数字技术自主创新、相关人才供给以及与实体经济融合等方面仍存在一些问题，还需要通过支持数字技术研发、加强人才引育、深化融合创新应用落地，优化相关制度政策供给等路径，更好地释放数字红利，推动天津实体经济实现高质量发展。

关键词： 数字经济　京津冀城市群　技术创新　天津

引　言

　　新一轮科技革命和产业革命正在席卷全球，数字经济的崛起正在变革人类的生产生活方式，改变经济体系，重构产业发展格局。党的十八大以来，

---

* 王得新，经济学博士，中共天津市委党校/天津行政学院经济学教研部教授，研究方向为区域经济、产业经济；孙媛，经济学博士，中共天津市委党校/天津行政学院经济学教研部讲师，研究方向为区域经济、循环经济。

我国高度重视数字经济的发展，推动数字经济逐步上升至国家战略的高度。新发展格局下，数字经济已成为影响经济高质量发展的关键因子，以数字经济发展推动转型升级将成为未来的主要发展趋势。

天津在数字经济发展大趋势中紧抓时代机遇，推出一系列政策支持并鼓励数字经济发展，制造业等传统优势产业数字化水平快速提升，信创、人工智能、智能网联车、大数据等数字经济新产业、新业态不断涌现，集聚发展态势凸显，在消费、创新创业等方面产生了多角度与深层次的影响。数字经济正在成为提升天津发展的新动能。梳理天津数字经济发展情况，总结分析其中的问题与挑战，探寻解决对策，对进一步推动天津数字经济发展具有重要意义。

一　天津发展数字经济的进展

推动数字经济发展符合天津"十四五"规划的重点方向，是实现经济发展弯道超车、推进高质量发展的新引擎。近年来，天津数字经济得到了快速发展，本报告从政策环境、平台建设、产业发展以及融合应用四个方面进行总结。

（一）数字经济政策环境不断完善

1. 明确顶层设计

2017年天津市第十一次党代会提出建设"天津智港"的发展方向和目标，自此，智能科技产业在天津拥有了广阔的发展舞台，也开启了大力发展数字经济的大幕。自2018年以来连续5年的《政府工作报告》中提到大数据、人工智能、信创、智能制造等相关数字经济核心关键词，天津对数字经济的发展早有谋划，一直保持密切关注，并提供了不断优化的政策支撑。

2018年为加快推进智能科技产业发展，天津市政府出台《天津市加快推进智能科技产业发展总体行动计划》，并进一步完善实施细则，推出《天津市关于加快推进智能科技产业发展的若干政策》和"十大专项行动计划"

打包政策，助力打造"天津智港"。"1+10"政策组合拳对引育智能科技新兴产业，构建智能科技产业创新、发展、集聚生态圈，支持重点产业智能化改造升级等重点方向做出具体规划，同时还涵盖智能制造、智能农业、智能交通等十个具体方面的专项行动计划。

同年 12 月，天津市科技局配合出台《天津市人工智能"七链"精准创新行动计划（2018~2020 年）》。针对产业链内部衔接缺乏、主要节点规模不大、关键技术饱受限制等问题，提出实施"有机串链""补短拉长"等六项专项工程，目的是引导产业聚集，打造人工智能产业创新体系。

2019 年习近平总书记致信第三届世界智能大会开幕，强调"要把新一代人工智能作为推动科技跨越发展、产业化升级、生产力整体跃升的驱动力量"。由此，天津明确了发展方向，开始进一步完善、明确、细化相关支持政策体系。同年 6 月，发布《天津市促进数字经济发展行动方案（2019~2023 年）》，加快发展以数据资源为重要生产要素的数字经济，积极推动全要素数字化转型。

2020 年天津继续优化数字经济发展政策环境。8 月出台《天津市关于进一步支持发展智能制造的政策措施》，对企业智能化升级、工业互联网发展、培育新兴产业、绿色制造等 7 个方面 26 个子项的发展给予资金支持。政策详尽务实，拿出真金白银帮助企业解决实际问题。

同时，为高标准建设国家新一代人工智能创新发展试验区，天津积极探索人工智能发展的新路径、新政策、新模式，出台《天津市建设国家新一代人工智能创新发展试验区行动计划》，为不断增创算力优势、彰显制造优势、释放场景优势、厚植生态优势提供有力支撑。

2021 年 8 月，为推进全方位数字化发展，出台《天津市加快数字化发展三年行动方案（2021~2023 年）》，进一步在智能化信息基础设施建设，产业数字化转型升级，公共服务数字化变革，"港城""产城"智慧融合发展等方面提出发展的重点方向。

同年 9 月颁布的《天津市促进智能制造发展条例》（以下简称《条例》）是全国首部省级促进智能制造发展的地方性法规。《条例》从加强智能制造供给，深化智能制造推广应用，推动构建完备可靠、先进适用、安全自主的智能制造支撑体系三个方面做出明确说明。为加快构建现代产业体系，推动"天津制造"向"天津智造"转变提供更有力的保障。

2. 补齐相关政策

除了以上提及的重要的支撑政策之外，天津还从众多层面和角度不断丰富顶层设计和辅助配套政策支持数字经济的发展（见表1）。

表 1　天津市数字经济相关政策

序号	文件名称	出台时间	涉及领域和主要任务目标
1	《天津市人民政府关于加快推进 5G 发展的实施意见》	2020 年 1 月	对通信基础设施实施跨越式"恶补"
2	《天津市国民经济和社会发展第十四个五年规划和二〇三五年远景目标纲要》	2021 年 2 月	提高自主创新能力，打造自主创新重要源头和原始创新主要策源地；建设制造强市，构建现代工业产业体系
3	《天津市新型基础设施建设三年行动方案（2021～2023 年）》	2021 年 2 月	加快建设信息基础设施，推进信息网络演进升级；全面发展融合基础设施
4	《天津市制造业高质量发展"十四五"规划》	2021 年 6 月	加快发展以人工智能产业为核心、以新一代信息技术产业为引领、以信创产业为主攻方向、以新型智能基础设施为关键支撑、各领域深度融合发展的新兴产业，加快建设"天津智港"
5	《天津市加快发展新型消费实施方案》	2021 年 8 月	推动线上线下消费深度融合；鼓励企业利用跨境电商开拓国际市场
6	《天津市加快发展外贸新业态新模式的若干措施》	2021 年 12 月	促进贸易数字化转型：支持跨境电商创新发展，推进中国（天津）跨境电子商务综合试验区建设，培育布局海外仓，推进新技术与传统贸易融合
7	《天津市智慧城市建设"十四五"规划》	2021 年 12 月	打造全国智慧低碳的新型智慧城市标杆，以数字化、智能化全面赋能城市发展
8	《天津市一体化政务服务平台移动端建设工作方案（2022～2023 年）》	2022 年 1 月	加快政务服务数字化发展

资料来源：根据公开信息整理。

天津推动数字经济发展的政策引导力不断加强，政策扶持优势明显。截至 2022 年 3 月，天津市、区两级政府和各个职能部门共出台相关扶持政策 200 多项，涉及新型基础设施建设、人工智能、信创、新型消费、智慧城市、智慧政务等众多重点领域。

（二）数字经济平台建设持续完善

1. 以会兴业效果显著

天津已经成功举办五届世界智能大会，现在智能大会已然为天津顺应全球新一轮科技革命和产业变革趋势搭建了重要的平台。以举办智能大会为契机，天津在五届大会上共签署了 563 项合作协议，协议投资额共达 4589 亿元。其中，第五届世界智能大会期间签约新一代信息技术、高端装备、高技术服务领域的项目 159 个，占历年全部签约项目数的 76%。[①] 五年来，紫光云、麒麟软件、华为鲲鹏、腾讯 IDC、科大讯飞、北方声谷等众多好项目均在世界智能大会推动下落户本市，助力天津智能科技产业发展提速。

天津以会引才取得良好效果。第二届世界智能大会期间，天津首次发布"海河英才"行动计划，明确支持引进新一代信息技术、人工智能等战略性新兴产业急需紧缺人才。截至 2021 年 11 月底，累计引进的 42 万人才中战略性新兴产业人才占比达到 26%。[②] 2020 年第四届世界智能大会推出了"海河英才"创业大赛，吸引一批原创性、引领性的项目团队来津创业发展。

2. 政府资金撬动效应强劲

天津市海河产业基金成立近 5 年以来，主要聚焦在智能科技、生物医药、新能源、新材料等现代产业体系，为夯实天津高质量发展的产业基础发挥了重要的引导作用。截至 2021 年 3 月末，海河产业基金共带动 185 个项

---

① 《第五届世界智能大会闭幕 面向全球发布 22 项成果》，中国新闻网，2021 年 5 月 22 日，https：//www.chinanews.com.cn/cj/2021/05-22/9483556.shtml。

② 《深学笃用 天津行动｜公仆走进直播间，沈超解答这些民生热点……》，津云网，2021 年 12 月 28 日，http：//www.tjyun.com/system/2021/12/28/052193180.shtml。

目落地，计划投资额 2186.07 亿元，实际返投金额 1269.8 亿元。按实际返投金额计算，返投倍数高达 14 倍。①

同时，天津的智能科技产业基金和智能制造专项资金 5 年来已经累计支持 1726 个项目，共安排资金 52.1 亿元，其放大带动效应比高达 1∶20。运用资金建成以丹佛斯、长荣科技、海尔 5G 工厂为代表的智能工厂和数字车间 102 个，培育了中汽研、紫光云、宜科电子等一批工业互联网平台，推动超过 6000 家企业上云。②

3. 京津冀合作发展愈加紧密

京津冀协同发展推动三地加强科技人才协同培养、合作创新。

人才方面，京津冀人才领导小组成员单位积极性颇高，人才交流平台不断涌现。2020 年 12 月，天津市高端装备和智能制造人才创新创业联盟由天津大学、河北工业大学和天津市北辰区领衔中国兵器北方动力、天锻压力机等 160 余家京津冀企业组建成立。2021 年 9 月吸引天津理工大学、职业技术师范大学以及联想和京东物流正式加盟。联盟自成立以来，已经成功转化 45 项科研成果，有力推动了京津冀三地产业链、创新链以及人才链的深度融合。

合作组织方面，2021 年 5 月，京津冀三地数字经济相关的产业、高校、科研院所、金融以及社团组织等 50 余家单位共同发起成立数字经济联盟。联盟联合政产学研金服用等各方资源，围绕京津冀数字经济政策措施、技术标准、产业发展、融合应用等内容开展研究，探索三地数字经济协同发展赋能国家战略的新模式、新机制。

4. 政产学研用合作不断加强

为加速数字产业化、产业数字化进程，培育新经济增长极、蓄积提质增效动力源、开拓转型发展新蓝海，天津市先后涌现了不少发展数字经济相关的合作组织或平台。

---

① 《海河基金产业引导成效显著》，《天津日报》2021 年 4 月 11 日，第 3 版。
② 吴巧君：《为打造"天津智港"插上智能翅膀——天津发展智能科技产业综述》，《天津日报》2021 年 5 月 20 日，第 5 版。

2019 年天津市委网信办与国网天津电力公司签署战略合作框架协议，以期共同促进天津能源转型，发展泛在电力物联网，服务智慧城市建设，打造数字经济示范城市。同年 10 月，天津市委网信办、河西区、中冶置业集团合作打造的天津市数字经济产业创新中心——"网信大厦"投入运营，合力打造"事业共同体"的政企合作全新模式。随后，由河西区政府与中海商务共建的新八大里数字经济产业发展联盟正式成立。

2020 年天津市先后成立了"数字经济与绿色发展研究中心"（天津市工信局与天津商业大学合作共建）、"数字经济研究中心"（中国科协、天津市政府、南开大学合作成立）、天津市互联网新经济人才创新创业联盟（由南开大学、天津经济技术开发区联合滴滴出行、58 同城、拾起卖等百余家互联网企业发起成立）等合作组织，在资源共享的前提下，共同探索各个单位在学术研究、科研成果应用、企业发展、人才引育等领域的合作模式，为数字经济更好赋能产业、赋能社会、赋能生活提供服务。

（三）数字经济相关产业加速发展

1. 新型基础设施建设快速发展

新基建得到跨越式"恶补"。在《天津市人民政府关于加快推进 5G 发展的实施意见》《天津市新型基础设施建设三年行动方案（2021～2023年）》等系列政策的支持下，天津已经累计建成 2.5 万个 5G 基站，在全市城镇和重点行业范围内实现 5G 全覆盖。移动和固定宽带下载速率分别从全国第 11 位和第 7 位跃居全国前 3。同时，天津入选全国首批数据管理能力成熟度试点，拥有 10 个国家级大数据试点示范项目，排名全国第 2。①

互联网基础资源开发迅速。天津市 IPV4 地址数量迅速增长，2020 年达到 408.7 万个，占全国的 1.1%，比 2016 年增长了 10.8%。同时，天津各类独立顶级域名达到 51722 个，占全国备案域名总数的 1.1%。基础电信企业

---

① 《2020 年度天津市互联网络发展状况统计报告》，天津网信官网，2021 年 9 月 9 日，http://www.tjcac.gov.cn/xxh/dzzw/202109/t20210909_5588534.html。

互联网省级出口带宽达到 26074.2Gbps，实现自 2016 年以来连续五年的持续增长，相比 2019 年大幅扩容，同比增长 19.9%。天津市光纤接入（FTTH/O）用户规模达到 516.1 万户，比 2019 年增长 40.6 万户，占固定互联网宽带接入用户的 96.5%。[①] 5G 等新型基础设施和互联网基础资源的飞速开发，正在成为畅通智能网络神经的"新触角"，为数字经济的发展奠定了重要基础。

2. 产业体系日趋完备

目前，天津已经形成了以信创、大数据与云计算、人工智能等为代表的 9 大特色优势产业，产业链条相对完整。信创产业在全国处于领先地位，拥有涵盖芯片、操作系统、数据库、服务器的完整产业链，"中国信创谷"积极打造国家信创产业示范区；人工智能产业链条逐渐完善，以"脑语者"芯片、神经工效测试系统、全自主无人机系统为代表的国际国内技术领先的新一代信息技术创新成果不断涌现；以大数据和云计算为支撑打造的"数字天津"初见成效，已经形成涵盖数据采集、存储、清洗、分析与挖掘、数据安全及智能应用的大数据产业链；智能网联汽车产业链快速成型，在东丽区和滨海新区已经建成两个智能网联汽车示范运营和产业基地，吸引中国汽车技术研究中心、维智汽车电子、奥特贝睿、清智科技等一批骨干单位和重点企业集聚落地；智能软件产品及应用强势增长。

3. 产业聚集效应逐步显现

从地域分布上看，全市多点开花，各区抢占"数字经济"先机。经开区获批国家数字服务出口基地，形成"525"数字服务产业发展格局，积极搭建"1+2+5"公共服务平台体系，强化和提升京津冀及华北地区整体数字经济出口辐射和带动作用。中新天津生态城设立北方大数据交易中心，以市场主导数据交易，创新大数据业务场景，立足京津冀，服务全国。滨海高新区吸引紫光云公司总部、今日头条区域总部、奇虎360 天津创业平台等龙头项目落户，海云数据、南大通用、天地伟业等新型经济企业不断崛起，推动

---

① 数据来源同上。

高新区大数据产业加速集聚。东疆港保税区推进海关溯源二维码标签管理升级，数字化手段使得每笔订单至少节约 10 秒人工操作时间，大大降低了运营成本。泰达数字产业园招商重点移步数字经济领域企业，其中的阿里云钉钉智慧园区是抓住数字经济发展机遇的关键一步。同时，产业集聚显现，天津市七成以上的新兴产业领军企业集聚在滨海新区，涉及处理器、集成电路、操作系统、大数据和云计算等众多领域。以字节跳动、忆云信息、途牛旅行等为代表的企业瞄准数字经济，不断创新做大做强。

从产业发展上看，新兴服务业持续发展壮大。2020 年天津作为数字经济新一线城市，数字经济规模在全国所有城市中排名第 11 位，达 6641 亿元。① 从营收情况来看，战略性新兴服务业和高技术服务业分别增长 4.9% 和 5.4%，均快于规上服务业平均水平，占比分别超过 1/4 和 1/3；新兴服务业逆势快速增长，软件和信息服务业增长 9.5%，互联网和相关服务增长 16.1%。② 智能科技引领产业转型。2021 年全市智能制造在建项目 183 个，增长 53.8%；固定资产投资增长 97.7%，比全市制造业投资高 83.9 个百分点。③ 2020 年，智能科技重点企业达到 603 家，是 2017 年的 1.5 倍。智能科技产业营收占规上工业和限额以上信息服务业比重为 23.6%，同比增长 6.9%④，成为引领高质量发展的重要力量。以超算、麒麟、飞腾、曙光等为代表的智能科技企业驰名国内外。部分电子及新产品产量保持较快增长，2020 年光电子器件产量增长 2.1 倍，集成电路产量增长 28.5%，电子元件产量增长 35.4%，电子计算机产量增长 93.3%，服务机器人产量增长 1.6 倍。⑤

---

① 中国信息通信研究院：《中国数字经济发展白皮书》，2021 年 4 月。
② 《2020 年天津市国民经济和社会发展统计公报》，天津市统计局官网，2021 年 3 月 17 日，http://stats.tj.gov.cn/tjsj_52032/tjgb/202103/t20210317_5386752.html。
③ 《天津市制造业产业升级加快，智能制造项目投资快速增长》，天津市统计局官网，2022 年 1 月 24 日，http://www.tj.gov.cn/sy/zwdt/bmdt/202201/t20220124_5787285.html。
④ 吴巧君：《为打造"天津智港"插上智能翅膀——天津发展智能科技产业综述》，《天津日报》2021 年 5 月 20 日，第 5 版。
⑤ 《2020 年天津市国民经济和社会发展统计公报》，天津市统计局官网，2021 年 3 月 17 日，http://stats.tj.gov.cn/tjsj_52032/tjgb/202103/t20210317_5386752.html。

产业创新能力不断提升，天津全社会对创新的重视程度不断提升，2020年 R&D 投入强度达到 3.44%①，其中全市研发经费支出的 46.1% 是由工业企业贡献的。国家级企业技术中心 68 家，在全国重点城市中排名第 3 位。拥有国家技术创新示范企业 22 家，市级企业技术中心 646 家。② 正在打造现代中药、先进操作系统、车联网等 9 家市级制造业创新中心。拥有中科曙光、中科院工生所、中汽中心、天津药研院、"芯火" 双创基地等一批产业创新平台。新一代超级计算机原型机、脑机接口芯片 "脑语者"、12 英寸半导体硅单晶体、240 吨 AGV 自动运载车等一批关键核心技术取得重大突破。

（四）数字经济融合应用持续拓展

目前，天津打造了 188 个数字经济应用场景，涉及智慧政务、智慧医疗等领域，使民众能够更多、更好地享受智能科技成果。

智慧港口方面，5G 与北斗技术帮助天津港完成码头无人化改造测试，建成全球首个 "港口自动驾驶示范区"。目前，示范区内单桥作业效率达到 31Move/小时，将整体作业效率提升了近 20 个百分点，促使综合运营成本下降 10%。

智慧政务方面，天津市推介 "津心融" 数字化平台，推动金融服务立体化、便捷化，将政务数据与金融数据相整合，已通过线上方式向 1.16 万家企业授信 152 亿元；着力打造 "津心办" 数字化平台，截至 2020 年 12 月，已上线 1700 余项服务，便利企业和群众掌上办事。

智慧城市方面，"滨海华为云" 助力城市建设综合决策分析，提供业务优化解决方案。汇聚 19 个部门近 10 亿数据的中新天津生态城 "城市大脑"，能够实时全域感知城市运行状况，成功入选全球首批可持续发展标准化示范城市，贡献出智慧城市建设的天津方案。第五届世界智能大会期间，天津发布市级 "城市大脑"，以搭建城市智能中枢，创建政务服务和城市治

---

① 数据来源：作者计算所得。

② 《天津市制造业高质量发展 "十四五" 规划》，天津市人民政府官网，2021 年 7 月 1 日，http：//www.tj.gov.cn/zwgk/szfwj/tjsrmzfbgt/202107/t20210701_ 5493059.html。

理应用场景。

抗击新冠疫情方面，云办公、云课堂成为新需求，出自紫光云的"网盘办公解决方案"和"云视频会议方案"在远程商务活动方面提供助力；海尔卡奥斯平台推出的复工复产全场景解决方案助力经济复苏。天津模式的"互联网+医疗健康"入选"2020年中欧数字化抗疫优秀案例"。数字抗疫、智能防控得到广泛应用，天津获得全球点赞。

二 天津数字经济发展综合评价与预期

为了更加深入地研究天津数字经济近些年的发展情况，下文构建天津数字经济评价指标体系并采用熵权法拟合综合指数对其发展情况进行评价；运用 ARIMA 模型对其发展趋势进行研判；利用改进的 C-D 模型判断其对天津经济发展的影响。

（一）研究思路

拟研究的关键问题涉及以下几个方面：一是评价天津数字经济发展的整体情况；二是预测未来天津数字经济的变化趋势；三是探究影响天津数字经济发展对经济发展的影响。

具体研究思路如下。第一，选取 2000~2019 年反映数字经济发展情况的相关数据，并运用熵权法拟合天津数字经济发展综合指数，并对发展水平进行评价。第二，将已获得的数字经济综合指数视为时间序列进行 ARIMA 模型分析，并预测其未来发展变化趋势。第三，通过改进的经济增长模型（C-D 模型）分析研究天津数字经济与对经济发展水平的影响力大小。

（二）研究方法

1. 熵权法拟合综合发展指数

使用熵权法进行综合评价的一般步骤如下。

第一，建立指标体系，对《天津统计年鉴》《天津科技统计年鉴》《中国统计年鉴》《中国城市统计年鉴》以及龙信企业大数据平台进行数据搜集；并对个别缺失数据利用指数平滑法进行补充。

第二，构建标准化评价矩阵。为了消除不同指标各自的量纲和数量级对评价结果的影响，采用极差法对原始数据 x_{ij} 进行标准化处理。并且，为了方便后续取对数运算，将数据向右平移 0.001 个单位。具体计算公式如下。

正向指标为：

$$y_{ij} = \frac{x_{ij} - \min x_{ij}}{\max x_{ij} - \min x_{ij}} + 0.001, (i = 1, 2, \cdots, m; j = 1, 2, \cdots, n)$$

逆向指标为：

$$y_{ij} = \frac{\max x_{ij} - x_{ij}}{\max x_{ij} - \min x_{ij}} + 0.001, (i = 1, 2, \cdots, m; j = 1, 2, \cdots, n)$$

第三，熵权法确定指标权重。第 j 项指标第 i 个评价对象 y_{ij} 的权重 p_{ij} 为：$p_{ij} = \dfrac{y_{ij}}{\sum\limits_{i=1}^{m} y_{ij}}$，$(j = 1, 2, \cdots, n)$。计算第 j 项指标的信息熵的值 e_j 为：

$e_j = -K \sum\limits_{i=1}^{m} p_{ij} \ln p_{ij}$，$(j = 1, 2, \cdots, n)$，其中 $K = \dfrac{1}{\ln m}$ 为非负常数，且 $0 \leqslant e_{ij} \leqslant 1$。计算第 j 项指标的权重 w_j 为：$w_j = \dfrac{1 - e_j}{\sum\limits_{j=1}^{n} (1 - e_j)} = \dfrac{1 - e_j}{n - \sum\limits_{j=1}^{n} e_j}$，$(j = 1, 2, \cdots, n)$。

第四，计算综合评价得分。将得到的权重与标准化后各个指标相乘，得到测度指标第 i 年的综合评价得分 R_i 为：$R_i = \sum\limits_{j=1}^{m} w_j y_{ij}$。

2. ARIMA 模型发展趋势预测

将第一步熵权法得到拟合的天津数字经济综合指数视为时间序列，时间跨度为 2000~2020 年。以此根据综合指数自身的变化规律，利用外推机制描述时间序列的变化。首先，利用 ADF 检验考察天津数字经济综合指数的

平稳性，当时间序列非平稳时，需要通过差分变换使序列平稳后再建立 ARIMA 模型，将 ARIMA 过程用 $\Phi(L)\Delta^d y_t = \alpha + \Theta(L)u_t$ 表示，式中 $\Phi(L)$ 和 $\Theta(L)$ 分别是 p 阶的自回归和 q 阶移动平均算子，α 是 $\Delta^d y_t$，表示对 y_t 进行 d 次差分。其次，识别模型，即通过分析相关图与偏自相关图初步确立适合于给定时间序列的 ARIMA 模型形式。再次，使用极大似然法对模型参数进行估计。最后，以样本为基础检验所拟合的模型，一方面通过 t 统计量检验模型参数的估计值是否具有统计显著性，另一方面通过 Q 统计量检验残差序列的白噪声性，以发现不妥之处，若不能通过检验则返回到第一步再次对模型进行识别。在得到天津数字经济综合指数合适的模型之后，进行静态预测和动态预测。

3. 经济增长模型影响力分析

本部分基于柯布-道格拉斯（C-D）生产函数，考察数字经济对经济发展的影响情况。

经典生产函数为 $Y = AK^\alpha L^\beta$，其中，Y 代表产出；K 代表资本投入；L 代表劳动投入；A 是一个常数，反映技术水平。大数据、云计算、人工智能、物联网、区块链等数字技术代表了当前的技术水平。数字经济发展具有显著的随时间发展而进步的特点，用数字经济（DE）替代常数 A 具有较强的合理性。

改进后的柯布-道格拉斯生产函数为 $Y_t = DE^\alpha K^\beta L^\gamma e^\omega$。其中：$Y_t$ 代表经济产出，DE 代表数字经济对经济增长的影响，K 为资金投入，L 为劳动力投入，α、β、γ 分别为数字经济、资金和劳动力的产出弹性，e^ω 为其他因素对经济增长的影响。其中以数字经济为代表的技术、投资和劳动力是影响经济增长的主要因素，所以 ω 的影响会很小，相当于一个误差项。取对数得到：

$$\ln Y_t = \alpha \ln DE + \beta \ln K + \gamma \ln L + \omega \tag{1}$$

其中，α 是需要重点关注的对象，如果其显著为正，则说明数字经济对经济发展具有显著的促进作用，反之亦然。

（三）实证结果分析

1. 数字经济发展综合评价

数字经济是以数据为关键生产要素，以数字技术为核心驱动力，以现代信息网络为重要载体，通过与实体经济深度融合，提高经济社会的数字化、网络化以及智能化水平，以重构经济发展的新型经济形态。包括数字产业化、产业数字化、数字化治理以及数据价值化四个方面。[1] 由此，分别从数字技术创新、数字产业发展、数字基础设施三个方面构建了包含 14 项指标的天津数字经济发展评价指标体系（见表 2）。

表 2　数字经济综合发展测度指标体系

总目标	一级指标	一层指标权重	二级指标	二层指标权重	总权重
天津数字经济发展综合指数	数字创新	0.4777	计算机、通信和其他电子设备制造业规上企业中有 R&D 活动的企业数量	0.1588	0.0759
			计算机、通信和其他电子设备制造业规上企业 R&D 投入强度	0.0908	0.0434
			平均每万人口高等学校在校学生数	0.0407	0.0194
			科技支出占财政支出比例	0.0468	0.0224
			实用新型专利数	0.3224	0.1540
			计算机软著数	0.3404	0.1626
	数字产业	0.4672	信息传输、计算机服务和软件业从业人员	0.1737	0.0812
			信息传输、计算机服务和软件业全市固定资产投资	0.1542	0.0720
			规上计算机、通信和其他电子设备制造业企业平均用工人数	0.1462	0.0683
			规上计算机、通信和其他电子设备制造业企业利润总额	0.0894	0.0418
			邮政业务总量占 GDP 比重	0.1485	0.0694
			注册资本额	0.2879	0.1345
	数字基础设施	0.0550	长途光缆线路长度	0.5195	0.0286
			平均每百人拥有电话机数（含移动）	0.4805	0.0264

资料来源：作者整理和计算得出。

---

① 中国信息通信研究院：《中国数字经济发展白皮书》，2021 年 4 月。

数字创新方面。影响一个地区数字经济发展水平的核心因素是技术创新，同时，技术创新是实现创新驱动的重要保障。选择"计算机、通信和其他电子设备制造业规上企业中有 R&D 活动的企业数量、R&D 投入强度"代表数字经济相关企业创新活跃度和强度，选择"平均每万人口高等学校在校学生数"代表创新人才储备，选择"科技支出占财政支出比例"代表社会对创新的重视程度，选择"实用新型专利数""计算机软著数"代表数字经济相关创新成果。

数字产业方面。数字经济的发展是通过推动产业的转型、升级和发展，不断实现与实体经济深度融合的过程。选取"信息传输、计算机服务和软件业从业人员、全市固定资产投资"以及"规上计算机、通信和其他电子设备制造业企业平均用工人数、企业利润总额"衡量数字核心产业解决就业、吸引投资以及利润情况。此外，还选取了"邮政业务总量占 GDP 比重"代表快递业的情况，以间接反应平台经济的发展状况；选取"注册资本额"代表数字经济领域相关企业的初始规模。

数字基础设施方面。选择"长途光缆线路长度"和"平均每百人拥有电话机数"，分别代表互联网的通达程度和电话普及率，以衡量数字经济基础设施建设情况。

进一步基于数字经济发展测度指标体系对天津的数字经济的发展情况进行分析。通过计算，运用熵值赋权重的评价指标体系见表2。

由此，以数字创新为例，建立计量模型为：

$$Y_1 = 0.1588y_1 + 0.0908y_2 + 0.0407y_3 + 0.0468y_4 + 0.3224y_5 + 0.3404y_6 \quad (2)$$

以此类推，数字产业、数字基础设施的拟合模型分别为：

$$Y_2 = 0.1737y_7 + 0.1542y_8 + 0.1462y_9 + 0.0894y_{10} + 0.1485y_{11} + 0.2879y_{12} \quad (3)$$

$$Y_3 = 0.5195y_{13} + 0.4805y_{14} \quad (4)$$

在计算数字化投入、数字产业发展以及数字基础设施计量模型的基础上，进一步得到天津数字经济综合评价指数。模型为：

$$DE = 0.4777Y_1 + 0.4672Y_2 + 0.0550Y_3 \qquad (5)$$

由此，得出 2000~2020 年天津数字创新、数字产业、数字基础设施以及数字经济综合发展水平的具体得分情况（见表 3、图 1）。

表 3 天津数字经济各系统以及综合发展水平

年份	数字创新	数字产业	数字基础设施	数字经济综合发展水平
2000	0.0511	0.1093	0.0737	0.0795
2001	0.0779	0.0910	0.0544	0.0827
2002	0.0720	0.0972	0.2042	0.0911
2003	0.0666	0.0964	0.3798	0.0977
2004	0.0746	0.1802	0.3395	0.1385
2005	0.0898	0.2030	0.3960	0.1595
2006	0.1155	0.2346	0.5670	0.1959
2007	0.1310	0.2373	0.5987	0.2064
2008	0.1734	0.2290	0.6167	0.2237
2009	0.1386	0.2336	0.6256	0.2098
2010	0.1610	0.2902	0.6245	0.2469
2011	0.2363	0.2696	0.6477	0.2745
2012	0.2651	0.3560	0.6633	0.3294
2013	0.3248	0.4156	0.7109	0.3885
2014	0.3895	0.4996	0.7151	0.4588
2015	0.4631	0.6078	0.7573	0.5469
2016	0.5251	0.5519	0.7847	0.5519
2017	0.6070	0.6291	0.8720	0.6319
2018	0.7413	0.6644	0.9821	0.7186
2019	0.8306	0.6801	0.9715	0.7680
2020	0.9900	0.8106	1.0023	0.9068

资料来源：作者计算得出。

总体上，天津数字经济综合发展指数（DE）呈现向右上方倾斜的趋势，由 2000 年的 0.0795 点上升至 2020 年的 0.9068 点，表明 2000 年以来数字经济在天津得到了快速地发展。其中，2009 年和 2016 年综合发展指数出现两

315

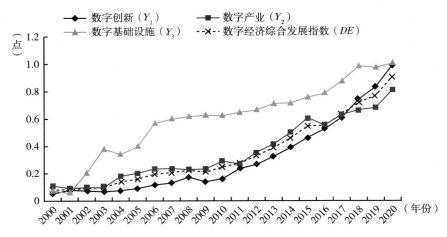

图1　2000~2020年天津数字经济各系统以及综合发展趋势

资料来源：作者计算得出。

次相对明显的波动：2009年出现小幅下降，而次年就恢复到2008年的水平；2016年则表现为增速的下降，但2017年表现为强劲的增长，并且此后一直保持快速上涨。这说明天津数字经济的发展并不是一帆风顺的，深受国内外各种因素的影响，但其发展具有较强的韧劲和后劲，在经过调整之后仍然能一直保持较好的发展态势。

式（4）中数字创新（Y_1）、数字产业（Y_2）以及数字基础设施（Y_3）3个变量的系数均是正数，说明数字化投入、数字产业发展以及数字基础设施3个二级指标对天津数字经济发展水平均存在正向影响，都起到积极促进的作用。并且，式（5）中Y_1、Y_2和Y_3的系数分别为0.4777、0.4672以及0.0550，说明数字创新发展对天津数字经济发展的影响最大，其次是数字产业，而基础设施的影响并不大。

基础设施为数字经济的发展奠定基础，没有前期基础设施的建设，数字经济的发展就是无本之木、无水之源；但同时基础设施具有一定的锁定效应，即一旦建设完成，基础设施发挥功能的方式就固定了，对数字经济的作用也就相对固定，对其后续发展的拉动作用并不大。这也解释了式（2）中Y_3的系数为正，但相对Y_1、Y_2的系数而言较小的原因。

另一个重要的原因是限于数据的可得性，虽然新基建近年来得到快速发展，但是并没有被归纳到指标体系中，也在一定程度上导致 Y_3 的权重较小。

2009 年和 2016 年天津数字经济综合发展指数（DE）出现明显波动的原因在于：2008~2009 年国际金融危机爆发，天津经济包括数字经济的发展深受影响。其实早在 2008 年数字产业（Y_2）就已经出现下降，但是同年数字创新（Y_1）保持增长并且鉴于 Y_1 的影响力大于 Y_2，在其拉动下，数字经济综合发展指数（DE）在 2008 年仍保持了增长（相同的理由解释了 2011 年和 2016 年 Y_2 下降，但是 DE 与 Y_1 保持一致的增长态势的原因）。2009 年，继续受到金融危机的冲击，终于 Y_1 和 Y_2 均出现明显的下降，合力带动 DE 出现小幅下降。次年 Y_1 和 Y_2 都出现恢复性增长，带动 DE 在 2010 年就恢复到 2008 年的水平，并且此后一直保持较为强劲的上升态势。2016 年，由于数字产业（Y_2）6 个 3 级指标中有 4 项的原始数据均出现显著的下降，导致 Y_2 出现下降，但在 Y_1 极速增长的拉动下，使得 DE 仅仅出现增速的下降，而在发展趋势上始终与 Y_1 保持一致的上涨态势。

2. 数字经济发展趋势预测

将上文中拟合的天津数字经济发展综合指数视为跨度为 2000~2020 年的时间序列，进行 ADF 检验，结果见表 4。

表 4　ADF 检验

差分阶数	t	p	临界值		
			1%	5%	10%
0	3.651	1	−4.138	−3.155	−2.714
1	211.165	1	−4.223	−3.189	−2.73
2	−2.5	0.115	−4.223	−3.189	−2.73

由表 4 可见，针对数字经济发展综合指数，该时间序列数据 ADF 检验的 t 统计量为 3.651，p 值为 1.000，1%、5%、10% 临界值分别为

-4.138、-3.155、-2.714。p = 1.000 > 0.1，不能拒绝原假设，即序列不平稳。对序列进行一阶、二阶差分再进行 ADF 检验。结果分别显示为 p = 1.000 > 0.1 和 p = 0.115 > 0.1，均表示为不能拒绝原假设，序列不平稳，即进行二阶差分后序列仍不平稳。

由此，认为数字经济发展综合指数并不适合建立自回归（AR）模型，而更符合移动平均（MA）过程的特点，即 DE_t 是由 $q+1$ 个 v_t 和 v_t 的滞后项的加权和构造而成。进而构建 ARIMA 模型，得到结果见表5。

表5　ARIMA（0，2，1）模型参数

项	符号	系数	标准误	z 值	p 值	95% CI
常数项	c	0.005	0.001	4.529	0	0.003 ~ 0.007
MA 参数	β1	-1	0.165	-6.05	0	-1.324 ~ -0.676

AIC 值：-75.607

BIC 值：-72.774

针对数字经济发展综合指数，结合 AIC 信息准则，对多个备选模型进行对比选择，找出最优模型为：ARMA（0，2，1），其计量模型公式为：

$$DlnDE_t = 0.005 + v_t - 1.000 \times v_{t-1} \tag{6}$$

果然，数字经济发展综合指数的加速度是一个移动平均 MA（2，1）过程，亦符合上文 ADF 检验的结论。对上述 MA（2，1）模型构建后的残差进行 Q 统计量检验，以判断模型构建是否合理（见表6）。

表6　模型 Q 统计量

项	统计量	p 值
Q_6	1.058	0.304
Q_{12}	5.947	0.429
Q_{18}	8.952	0.707
Q_{24}	12.241	0.835

Q_6 用于检验残差前 6 阶自相关系数是否满足白噪声，从表 6 的 Q 统计量结果看，Q_6 的 p 值大于 0.1，即在 0.1 的显著性水平下不能拒绝原假设，模型的残差是白噪声，以此得到模型基本满足要求的结论。

构建数字经济发展综合指数 MA（2，1）模型目的在于预测以后的数据发展趋势，得到预测结果参见表 7 和图 2。从经验上看，ARIMA 模型向后预测的 1 期和向后 2 期相对较为可靠。即预计天津数字经济发展综合指数由 2020 年的 0.9068 上涨为 2021 年的 0.994 和 2022 年的 1.085。未来天津的数字经济发展向好，呈现逐年上涨的态势；并且从发展趋势上看，经过前期相关基础设施的改善、人才的储备、研发投入的加强以及产业集聚外溢效应的显现等，后期天津数字经济的发展将逐渐提速。

表 7　模型预测值

预测	向后 1 期	向后 2 期	向后 3 期	向后 4 期	向后 5 期
值	0.994	1.085	1.181	1.281	1.386

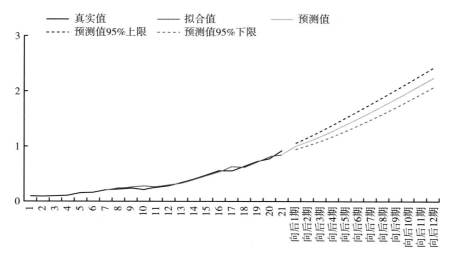

图 2　数字经济发展综合指数模型拟合和预测

3. 数字经济的影响力水平

选择天津 GDP 表示产出 Y，全社会固定资产投资量 K 表示资本投入、全社会从业人员 L 表示劳动力投入。研究注意到统计年鉴均以当期价格来统计数据，为了剔除价格因素的干扰，确保数据的一致性和可比性，将 GDP 和全社会固定资产投资量 K 以 1999 年基期不变价格进行转化。基于 2000~2020 年的数据，对式（1）进行回归模拟分析得到结果见表 8。

表 8　天津经济水平的回归分析结果

变量	回归系数 Coef	t	p
$\ln DE$	0.469131	20.06144	0.0000
$\ln K$	0.592971	3.781294	0.0014
$\ln L$	0.790286	5.108944	0.0001
R^2	0.988		
F 值	346.670		
p 值	0.000		

由表 8 可知，模型 R^2 为 0.988，意味着 $\ln DE$、$\ln K$、$\ln L$ 可以解释 $\ln GDP$ 的 98.8%变化原因。模型通过 F 检验（F=346.670，p=0.000<0.05），即说明模型显著。并且经过 DW 和 White 检验，显示不存在序列相关和异方差问题。3 个解释变量均呈现显著性（t 值分别为 20.061、3.781 以及 5.109 均通过检验，p<0.05），意味着数字经济、资本投入以及劳动投入都会对 GDP 产生显著的正向影响关系，符合模型设计的期待，回归模型为：

$$\ln GDP = 0.469\ln DE + 0.593\ln K + 0.790\ln L + v_t \tag{6}$$

通过以上数据可知，数字经济的产出弹性为 0.469，即数字经济每增加 1%，将会拉动天津经济水平提升 0.469%。这表明，经过多年的转型升级，数字经济的发展确实推动天津经济结构和发展方式发生了重大变化。天津在全力推动传统制造业与互联网、大数据、人工智能深度融合的同时，抢占智能科技产业发展制高点的战略谋划已经取得一些效果，实体经济新引擎的培育已经初见成效。

三 天津发展数字经济面临的问题与挑战

上述分析可见，天津数字经济发展势头迅猛，未来前景可期。《中国城市数字经济指数蓝皮书2021》指出，天津已经成为数字经济新一线城市的一员，数字经济规模达6641亿元，在全国所有城市中排名第11位（见表9），与上海、北京、深圳等城市还有不小的差距。

表9　城市数字经济规模

单位：亿元

排名	城市	数字经济规模
1	上海	20590
2	北京	19468
3	深圳	14658
4	广州	13084
5	苏州	9827
6	重庆	9811
7	成都	8801
8	杭州	8429
9	南京	7337
10	武汉	7109
11	天津	6641

资料来源：中国信息通信研究院：《中国城市数字经济指数蓝皮书（2021）》。

究其原因，还要从影响数字经济的关键因素出发找问题和差距。从上述分析框架看，创新是驱动数字经济发展的核心动力，数字经济通过数字产业实现与实体经济的融合，数字基础设施虽然由于锁定效应发挥作用较小，但其是发展数字经济的必要条件。这三个方面是影响天津数字经济发展的重要因素。

（一）关键核心技术基础薄弱

数字经济以信息技术的广泛应用成为生产要素优化配置中的核心驱动力，而核心技术掌握不足会严重制约数字经济的发展。

从外部影响来看，部分数字经济和关键核心技术对外依存度高，且伴随后疫情时代逆全球化和发达国家制造业回流趋势日渐显现，存在断供风险，一旦出现断供，将对天津制造业的发展造成巨大打击。虽然天津打造了包括中电科、中芯国际、中环、紫光、海光、美新半导体等行业明星企业在内的半导体芯片全产业链，但从半导体材料到制造环节的工具与设备，对外依存度仍非常高，并没有从源头上解决部分核心技术"卡脖子"的问题。从自主研发进度来看，芯片自主研发技术较为落后，与国际领先的英特尔产品仍有相当大的差距。在集成电路设计、基础软件等软硬件领域，特别是高端芯片、电脑和手机操作系统等技术上远远落后于前沿水平。

此外，科技创新成果转化率较低。一方面，技术产业化进程较慢。数字核心技术成果仍主要集中于科研机构，受限于评价和激励机制的不健全、不灵活，加之融资困难以及政产学研用各方沟通对接不畅，导致科技成果转化动力不足。另一方面，天津承接北京的技术转移和落地产业化效果不佳。在京津冀协同发展战略推动下，京津的协同创新有所加强。但是北京的创新成果更多流向上海、深圳甚至是河北进行产业转化，对天津相关产业链的强链、补链效果并不明显。

（二）数字经济专业人才供给不足

数字经济是典型的知识密集型经济，需要大量专业技术人才进行创新性工作。同时，需要大量综合性人才推动数字技术与各行业的融合发展。

天津发展数字经济在人才方面面临的挑战是：从数字产业化领域来看，前沿数字技术领域，更新迭代较快、专业性较强，AI、大数据分析、硬件制造等专业领域的门槛较高，造成顶尖高技能人才极为稀缺。同时，在技术应用环节的数字推广人才、深度学习人才和算法开发人才不足，前沿型人才存在较大缺口。

从产业数字化领域来看，传统产业的数字化转型升级过程需要数字技术人才兼顾传统产业的相关知识，不断创新的业务模式、调整的政策风向要求人才具有快速分析和把握市场的能力，但数字平台的开发和应用领域集中了大量的技术人才，导致传统产业中先进技术的应用缺乏人才支撑。同时，相对于ICT产业而言，传统产业在薪资待遇、未来发展空间等方面并不具有吸引力，导致产业数字化需要的跨界融合型人才缺口较大。

现有的大学和科研院所等培训系统尚不能满足数字经济发展对专业人才的需求。随着数字经济概念的兴起，实践活动远远丰富于相关基础理论研究，表现在师资储备不足、标准化编写的课本与日新月异的技术发展难以匹配，等等。另外，在实践方面缺乏规模化、规范化的训练，导致人才实践能力有限。

（三）与实体经济的深度融合难度大

天津数字经济整体虽然取得了快速发展，但与实体经济的结合仍然存在"两张皮"的问题。

数字意识有所欠缺。大部分中小企业对数字化转型乃至智能化生产的认识不深刻，转型主动性差。通过一项针对天津544家中小企业的问卷调查，发现其中39.8%的企业并不想进行数字化转型，16.4%表示不敢转。同时，传统产业对与数字经济的融合发展存在一定的理解偏差。以传统制造业为例，大多数企业只是将数字化转型简单地理解为运用数字技术辅助生产，而没有对企业和供应链丰富的数据资源进行深度挖掘，也没有意识到在全生命周期产生的信息数据对产业链和价值链提升的战略意义。

传统产业数字化转型面临较多困难。一方面，缺乏覆盖全流程、全产业链的数据系统，导致数据资源分散，积累较薄弱。目前天津的数字经济应用场景落地主要是以项目的模式推进。各个落地的项目在地理分布、流程链接、产业相关性等方面的关联度并不高，呈现模块式特点。这样的发展方式见效较快，适合早期数字经济的推动阶段。但天津传统产业占比较高，长期

来讲，产业链整体数据资源的积累较为薄弱会造成扩大数据资源应用范围难以实现，加大产业链整体转型升级的难度。另一方面，相较于龙头企业，中小企业由于数字意识、资金支持、转型渠道等各方面的限制，数字化程度较低，导致产业链条数字协同水平不高，使得具备产业链条长、功能完整性强特点的传统产业集群数字化转型的难度更大。

专业数字化转型服务供给不足。从数量、规模、服务质量等方面看，现有的能够提供数字化转型服务的企业难以满足庞大的市场需求。现有的此类企业基本提供的是针对某一具体企业的局部改造服务，对于全行业的某一类企业难以提供系统的转型方案和"一站式"服务。

（四）体制机制和法律法规有待完善

天津相关制度机制建设与数字经济引领的新经济、新模式、新业态的发展要求不匹配，制约了数据要素的有效流通，进一步阻碍了数字经济质量提升与发展。

知识产权保护层面，制度不健全抑制了创新创造活力。首先，现有知识产权保护在数字经济相关产品、商业模式的保护上存在不足，在侵权认定和惩戒上缺乏明确的法律条文。数字内容被侵权的情况屡见不鲜，严重打击了创作者的创新积极性，抑制了数字经济的发展活力。其次，知识产权保护不健全可能使企业在数字经济发展中面临"创新陷阱"，难以支撑企业下一阶段的创新成长，从而加大被市场淘汰的风险。

数据安全层面，法律法规不健全导致数据要素的价值无法充分发挥。企业和个人的数据概念难以界定、数据的产权和收益分配尚无定论、数据安全体系存在不少漏洞。大数据背景下，企业和个人信息存在被过度采集、非法使用、挖掘和泄露的现象，数据安全难以保障，导致数据授权交流的意愿大幅降低，不利于数据价值的实现。

数据开放层面，碎片化的数据不利于数字经济的可持续发展。一是数据分散于作为统计主体的各个政府部门之中，有的部门本位思想严重，导致信息在各个部门、层级、区域之间的联通、共享的体制机制不畅，数据碎片化严重，开放度不够。二是数据的所有权、使用权难以界定，现有各平台企业将掌握的数据视为其私有财产，数据的有效分享和使用受到很大程度的影响。同时，企业之间在业务框架和系统选择上存在很大区别，数据很难在不同企业之间畅通流动。政企之间在数据共享方面存在信任危机，例如存在双方权责边界不明确、数据安全责任模糊、监管治理体系不完善等问题。

四　进一步推动天津数字经济发展的路径

天津数字经济的发展处于关键时期，本部分针对其出现的问题和面临的挑战，从夯实数字核心技术支撑、重视数字人才引育、深化融合创新应用以及释放制度创新红利四个角度提出对策建议并进行详细阐释。

（一）夯实关键技术支撑

创新之于数字经济发展是极为重要的影响因素。关键核心数字技术的薄弱已经成为制约天津数字经济进一步发展的重要因素。加强对拥有自主知识产权的关键核心技术研究的支持力度，提升新一代数字技术的创新能力已经势在必行。

推动数字创新基础建设。推进建设大数据中心、云计算中心等基础设施，建设相关公共数据资源库与平台，为数字创新提供数据与算力支持；推进数字经济相关科学产业园区的基建工作，鼓励高校与科研院所、重点企业共同建设相关领域的实验室，重点突破前沿核心技术，加快实现数字技术与实体经济相融合。

推进数字创新能力建设。加大财政支持力度，推动数字技术研究和创新，同时支持重大创新载体建设，如工业创新研究中心、工业创新产业园等；由政府相关部门牵头成立专家顾问团，配合推进数字技术研发项目，如成立某项数字技术特别工作组，推动政府和民间企业全方位合作，引导政府机构与民间企业共同进行研发工作，聚焦大数据、人工智能、5G等重点领域，推进融合性创新，实现庞大的数据资源的有效开发利用；以具有共性的

核心技术研发为重点，建设政产学研用一体化平台，促进创新资源在区域、部门、行业间的优化配置，鼓励行业领军企业、高校院所等协力攻关部分难以突破的数字核心技术；重点培育数字经济龙头企业，形成集聚效应，并对高新技术企业和数字经济发展相关的创业投资企业落实税收、股权激励等各项优惠政策。

（二）重视数字人才引育

数字人才是充分发挥数据价值、保障数字经济发展安全的重要因素，在数字产业发展中发挥重要作用。随着天津数字经济的发展，数字人才短缺成为亟待解决的问题。

人才培育方面，全力推进产教融合、科教融合、协同培养的模式，集中培养前沿科学型和专业型紧缺人才；在着力吸引高端人才的同时，对于日常维护、业态维持等基础领域的人才培育也需要加强，鼓励各院校积极推进数字经济有关专业的基础教育；立足"制造业立市"的发展思路，将人才培养与数字经济背景下制造业转型升级发展的人才需求紧密结合起来，积极拓展"产学研联盟为主体、第三方培训机构做补充、企业内部在岗培训"协同培养模式；主动推进数字经济在农民、一线工人和其他普通民众的普及教育，在基层建立起数字化意识，提高全社会数字化素养。

人才引进方面，扩展政策引导、项目吸引、赛会带动等方式的积极作用，促进数字人才集聚；立足天津不同数字产业发展的优先顺序和扶持力度，大力扶持围绕信创、人工智能、大数据等优势产业开展的数字人才引流工作，通过特色产业增强人才的黏性；明确数字人才评判筛选标准，引入多维度考评体系，增加除教育背景之外的诸如行业经验、实操技能等其他指标，建立以需求为导向的人才引进机制；不断优化工作生活空间品质，注重在私人服务、公共服务供给以及实体环境提升等方面打造吸引人才的长效竞争力。

（三）深化融合创新应用

数字经济的发展带动新模式、新业态的涌现，数字经济繁荣发展的同时更要注意其与实体经济的深度融合，要让数字经济服务实体经济走向深入和具体。

大力支持数字经济应用场景落地。鼓励大数据企业与传统企业在资源对接和技术联合方面探索多元合作模式；搭建共享平台，以需求为导向整合数据、集成服务、交互信息，通过数字化场景建设，智能调度资源，打造创新应用；面向智能制造、交通等数据资源丰富的领域，推进跨行业、跨部门、跨领域整合大数据，发挥资源整合的联动效应和聚集效应。

推动传统产业数字化转型。促进软硬件设施联网上云，以统一行业标准为契机，推进数据要素质量标准化发展，加速提高数据积累水平；鼓励技术服务企业联合工业互联网平台向提高服务附加值的方向发展，以支撑数据价值的充分挖掘；提升数字意识，不断创新应用数字技术联通生产、技术、人力等资源及市场、销售、前端设计各环节的方式。

发挥头部企业带动效应。选择有基础的信创产业，在产品升级、模式转变、平台转型等方面打造一批具有示范意义的标杆项目，为行业数字化发展提供经验；支持头部企业发起建立涵盖产业链条的整体数据库，以带动链条上下游企业一起升级，完善产业集群的数字化转型方案；发挥头部企业在搭建产业数字化创新中心、制定工业互联网行业标准等方面的引领作用。

推动中小企业数字化转型。通过政府采购服务、平台带动、事后奖补等方式降低中小企业数字化的成本，提高数字化应用的普及程度；开发更多适应中小企业需求的工业 App，在解决方案提供方面向中小企业倾斜；鼓励中小企业实现基于平台的数据集成和智能控制。

（四）释放制度创新红利

强化系统思维、整体思维，推进政策集成，最大限度地释放制度红利，发挥制度和政策的引领性和撬动效应。

加强数字经济相关顶层设计。采用立法、行业指引等方式明确主体的数据所有权、使用权等权责问题，加大对数字内容、技术专利、数字版权等的保护力度；完善个人信息授权制度，防止个人信息被过度采集；加快建设政府主导的数据平台，在确保数据安全的前提下促进政务数据开放共享；构建以政府和平台为中心的协同监管机制，围绕政府管平台、平台管企业构建新型监管关系。

完善数字创新激励机制。推动建立市场化的项目和经费分配、成果评估和转化的新机制，促进科研资源的有效配置；运用技术和人才入股、税收优惠等政策，构建完善的知识产权和科研成果归属以及利益分配机制，营造全社会尊重创新创造、公平公正的氛围；加强保障科研人员的成果所有权和处置权，使科研人员享受更多技术升值带来的收益红利；严厉打击破坏知识产权保护、阻碍创新的行为，切实保障在数字经济领域有贡献的创新者的利益不受侵害，利用法律制度明确破坏行为的红线，建立健全破坏惩戒机制。

创新投融资机制。鼓励投资主体社会化与多元化，鼓励民间资本参与数字基建布局与前沿数字技术研发，充分发挥民营企业科技创新、市场应变等优势；严格合理地推动与社会资本的合作，提高资本的利用效率，同时也让政府自身能够合理地把握市场，有条不紊地发展建设；鼓励和引导金融机构和资本市场的各类投资者支持数字基建；鼓励商业银行提供适合数字基建企业发展特点的新型抵质押金融产品。

参考文献

［1］洪兴建：《数字经济：内涵、核算与评价》，《中国统计》2019 年第 8 期。

［2］黄建忠：《数字经济赋能构建新发展格局》，《中国社会科学报》2021 年 9 月 22 日，第 3 版。

［3］金星晔、伏霖、李涛：《数字经济规模核算的框架、方法与特点》，《经济社会体制比较》2020 年第 4 期。

［4］任保平、迟克涵：《数字经济支持我国实体经济高质量发展的机制与路径》，《上海商学院学报》2022 年第 1 期。

［5］胥培俭、丁琦、张思文：《数字经济时代中小企业数字化转型研究》，《信息通信技术与政策》2020 年第 3 期。

［6］曾燕主编《数字经济发展趋势与社会效应研究》，中国社会科学出版社，2021。

［7］郑正真：《"十四五"时期我国数字经济与实体经济高质量融合发展的路径研究》，《西部经济管理论坛》2021 年第 6 期。

B.13
河北发展数字经济的进展及成效研究[*]

武义青　李　涛[**]

摘　要：　随着互联网、大数据、云计算等技术加速创新并日益融入经济社
会发展各领域全过程，数字经济成为构建新发展格局的重要方向，
更是推动河北高质量发展的迫切需要。本报告分析认为，近年来
河北省数字经济发展表现出产业发展态势良好、数字经济结构持
续优化、数字经济创新能力不断提升等特征。报告指出，河北省
数字经济也存在产业层次不高、产业发展空间不均衡、对经济高
质量发展贡献偏弱等问题。报告从加快构建产业创新体系、优化
产业空间布局、加快改革创新和推进京津冀数字经济协同发展四
个方面提出河北省数字经济高质量发展的对策建议。

关键词：　数字经济　产业数字化　科技创新　河北

一　现状特征

（一）数字经济产业发展态势良好

随着大数据、云计算、人工智能等数字技术的不断发展，数字经济正在

---

* 本报告为河北经贸大学"京津冀协同发展"科研专项重点项目"京津冀数实融合协同发展路
径研究"（JXT2022ZD02）、河北省高等学校科学研究计划项目－人文社会科学研究优秀青年
基金项目（青年拔尖人才计划）"数字金融对河北经济高质量发展的影响机理与优化路径研
究"（BJS2022020）的阶段性成果。
** 武义青，博士，河北经贸大学副校长、研究员，研究方向为数量经济与区域经济；李涛，博
士，河北经贸大学商学院讲师，研究方向为城市经济与产业发展。

成为转变经济发展方式的高级形态。数字经济以数据为基础，通过数字技术应用对数据进行识别、选择、存储、分析等，最终优化资源配置。数字经济的快速发展，在微观上，企业数字化改造有利于提高企业生产率，增强企业竞争力；在宏观上，产业数字化催生产业发展的新业态和新模式，有利于推动产业转型升级。近年来，我国数字经济发展势头良好，根据中国社会科学院数量经济与技术经济研究所测算，2020年中国数字经济增加值规模为19.14万亿元，占GDP的比重约为18.8%。河北省委、省政府先后出台了《河北省数字经济发展规划（2020~2025年）》《关于加快发展数字经济的实施意见》等一系列政策文件，旨在促进数字经济发展，推动数字经济与实体经济深度融合，加快河北省经济高质量发展。

1. 产业注册资本逐步增加

河北省数字经济产业基础良好，数字产业化与产业数字化加速推进，数字经济通过与实体经济深度融合，已经成为河北省产业转型升级的重要支撑。在相关政策支持下，河北省数字经济新增注册资本快速增加，数字经济产业发展势头良好（见图1）。

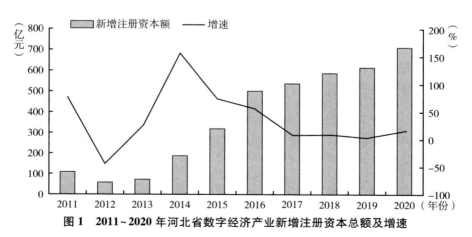

图1 2011~2020年河北省数字经济产业新增注册资本总额及增速

资料来源：龙信企业大数据平台。

由图1可知，河北省数字经济产业新增注册资本额从2011年的105.91亿元增加至2020年的712.28亿元，年均增速为23.59%，大大高于河北省

同期 GDP 年均增速。截至 2020 年，河北省数字经济产业累计注册资本额为 4101.44 亿元；2020 年数字经济产业新增注册资本额是 2011 年的 6.73 倍。

2. 对经济增长贡献稳步提升

2020 年，河北省数字经济产业增加值超过 1.2 万亿元，占 GDP 的比重为 33.4%。关键工序数控化率由 2015 年的 49.2% 提高到 2020 年的 55.3%，连续 5 年高于全国平均水平 3.5 个百分点以上，居全国第五位。2020 年，河北省电子及通信设备制造业和计算机及办公设备制造业主营业务收入分别为 511.2 亿元和 10.8 亿元，比 2011 年分别多 215.5 亿元和 0.21 亿元。2020 年，河北省信息传输、软件和信息技术服务业增加值为 742.1 亿元，增长 16.8%，明显高于 3.9% 的 GDP 增速。目前，数字经济部门产出增长已经对河北国民经济发展形成重要拉动作用，有研究表明，数字经济产出每增加 1 亿元，拉动国民经济总产出（总产值）增加 1.7 亿元，拉动 GDP 增加 0.6 亿元（宋辉等，2021）。数字经济产业快速发展，有力地推动了河北省深化供给侧结构性改革，也是推动经济高质量发展的重要支撑。

3. 数字产业化发展加速推进

在园区建设方面，河北省以京津冀大数据综合试验区建设为契机，加速推进数字产业化发展。目前，张家口、承德等地市大数据示范区初步建成，大数据存储、可视化应用、大数据公共服务平台、数据外包、数据挖掘分析等行业在园区发展迅速。在产业化方面，河北卫星移动通信终端芯片、6 英寸碳化硅晶片等 30 余个电子信息产品填补国内空白。同时，石家庄市鹿泉区光电照明和导航通信、廊坊市固安县新型显示等一批特色产业基地加速崛起。在数字化平台建设方面，目前，河北省在线政务平台已经实现省、市、县和乡四级全覆盖；省级垂直系统与一体化平台建设基本完成，365 个省级证照全部实现电子化；初步建立起覆盖 3000 多家基层医疗卫生机构和 5 万多家村卫生室的国内最大规模的省级基层医疗卫生机构管理信息系统。

4. 基础设施建设水平日趋完善

河北省数字经济产业发展迅速，相关的基础设施也日趋完善（见图 2）。

由图 2 可知，河北省互联网宽带接入端口数由 2011 年的 1150.40 万个

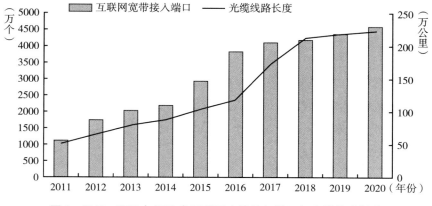

图 2　2011~2020 年河北省互联网宽带接入端口与光缆线路长度

资料来源：《中国统计年鉴》（2012~2021 年）。

增加到 2020 年的 4598. 20 万个，增加了 3447. 80 万个；光缆线路长度由 2011 年的 52. 48 万公里，增加到 2020 年的 223. 01 万公里，增加了 170. 53 万公里。2020 年，河北省新建 2. 1 万个 5G 基站，建成使用总数达 2. 3 万个，全省 11 个地级市主城区、雄安新区、北京冬奥会张家口赛区全部实现 5G 网络全覆盖。数字经济基础设施的快速发展，为河北省加快数字产业化和产业数字化奠定了坚实基础，以 5G 基站等为代表的"新基建"正不断为河北省经济高质量发展注入强大动力。

（二）数字经济结构持续优化

1. 数字化新模式不断涌现

"十三五"期间，河北省先后培育基于中车唐山机车车辆有限公司"基于 PDFP 方法构建网络安全云平台"、华北石油通信有限公司"基于大数据的工业物联网平台示范应用"、邯郸钢铁集团有限责任公司"基于工业互联网的信息化平台建设"等省级"制造业+互联网"模式应用类试点项目 139 个；认定中船重工派瑞特种气体公司、唐山凯伦新材料科技有限公司、河北华伦线缆有限公司等 18 家智能制造标杆企业。2021 年，河北省唐山冀东水泥股份有限公司"基于云平台的供应链管控能力"、秦皇岛信越智能装备有

限公司"铸工云工业互联网平台汽车行业典型应用"、新兴铸管股份有限公司"数字化生产管控能力"等19个项目入选工信部新一代信息技术与制造业深度融合发展试点示范项目名单。为推动企业上云上平台,更好地为企业服务,河北省确定阿里云计算有限公司、华为软件技术有限公司、北京东方国信科技股份有限公司等36家企业作为企业上云供给资源池云平台服务商。2021年,河北省新增上云企业超过2万家。

2. 产业数字化步伐明显加快

数字化新模式的不断涌现不仅推动了数字经济的快速发展,也加快了产业数字化步伐。"十三五"期间,河北省共有320家企业列入工信部工业互联网重点项目库,入库企业数量位居全国第三;工业企业关键工序数控化率提高了6.1个百分点,关键工序数控化水平居全国第五。2020年,河北省工信厅将邢台海裕锂能电池设备有限公司锂电池智能装备数字化车间、远大阀门集团有限公司高端锻造智能制造数字化车间等109个项目认定为数字化车间。2021年,河北省中车石家庄车辆有限公司"铁路火车造修工业互联网平台创新应用"、国网河北省电力有限公司"河北省能源大数据中心——'智慧绿能云'创新应用"等9个应用案例入选工信部2021年工业互联网平台创新领航应用案例名单。2021年,河北省工信厅将河钢数字技术股份有限公司"Weshare工业互联网平台"、中信戴卡股份有限公司"中信戴卡工业互联网平台应用"、龙星化工股份有限公司"工业互联网+能源管理"等49个项目认定为河北省工业互联网标杆示范案例。

3. 就业结构加速变革

河北省数字经济产业的高速发展,也带动了就业结构的变革。考虑到数据的可得性和行业代表性,本报告以河北省信息传输、软件业和计算机服务业就业人数表征数字经济产业就业人数,分析数字经济发展引发的就业结构变革(见图3)。

由图3可知,河北省信息传输、软件业和计算机服务业从业人数从2011年的5.9万人增加至2020年的10.4万人,增加了4.5万人,年均增速6.50%;占全省总就业人数比重由2011年的1.06%提高至2020年的

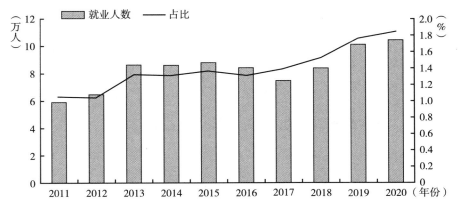

图3 2011~2020年河北省信息传输、软件和计算机服务从业人数及占比

资料来源:《中国统计年鉴》(2012~2021年)。

1.85%,增幅明显。近年来,河北省数字经济产业发展势头良好,一方面,有利于直接提高与数字经济产业直接相关行业的岗位需求,特别是高技术劳动力,改变原有的就业形态;另一方面,数字经济发展会对原有劳动力市场匹配过程产生冲击,通过技术革命形成大数据平台,进而推动劳动力通过数字化平台实现就业。

4. 社会数字化转型走向纵深

随着《河北省人民政府关于加快推进"互联网+政务服务"工作的实施意见》《关于加快推进新型智慧城市建设的指导意见》《河北省数字政府服务能力提升专项行动计划》等一系列政策文件的出台,河北省加速推进新一代信息技术与城市规划、建设、服务等方面全面融合,以数字要素智能化应用推进社会数字化转型。2020年4月,河北省与中国建设银行签署合作协议,通过数字化和智能化建设为企业和个人提供智慧政务服务。近年来,河北省加快推进公共资源交易全流程电子化建设,不断完善电子交易全流程系统。2020年,河北省公共资源交易电子化率已超过80%,已经在全省构建了170个省、市、县三级交易平台。目前,中国联通河北省分公司自主研发的基层治理服务平台已经在全省2000多个村推广应用,数字乡村系统可以对农技知识、惠农政策等及时更新,提升了河北省乡村信息化水平。依托已建成的河北省旅游产业运行监测与应急指挥平台，基本上实现了省、市、重点旅游县的旅游与公安、交通等部门的数据共享，通过大数据分析，不仅可以加快推动河北省旅游发展，同时，也会增强河北省应对突发事件的处理能力，加快推动河北经济社会高质量发展。

（三）数字经济创新能力不断提升

1. 科技创新投入持续增加

创新是引领河北省数字经济发展的关键动力，近年来，河北省数字经济产业创新投入持续增加，科技成果产业化步伐明显加快。考虑到数据的可得性和行业代表性，本报告以河北省电子计算机及办公设备制造业和电子及通信设备制造业科技创新投入情况代表河北数字经济核心产业，分析河北数字经济产业创新情况（见图4）。

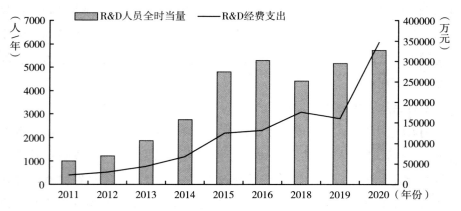

图4　2011～2020年河北省电子计算机及办公设备制造业和电子及通信设备制造业R&D人员和经费投入情况

资料来源：《中国高技术产业统计年鉴》（2012～2021年）。

由图4可知，不管是R&D人员投入还是R&D经费支出，河北数字经济核心产业中的电子计算机及办公设备制造业和电子及通信设备制造业科技创新投入持续增加。2011年，河北省数字经济核心产业R&D人员全时当量为987人/年，而到了2020年增加至5735人/年，增长了4.81倍；R&D经费支出由 2011 年的 21546 万元增加到 2020 年的 345779 万元，增长了 15.05 倍。R&D 人员全时当量和经费支出的增加有效支撑了河北数字经济产业发展。

2. 科技创新环境持续优化

作为科技创新活动的主体，企业在河北数字经济核心产业发展过程中的作用越来越明显，已经成为推动河北数字经济创新发展的重要支撑。

由图 5 可知，2011 年，河北省电子计算机及办公设备制造业和电子及通信设备制造业企业总数为 109 家，其中有 R&D 活动的企业仅为 22 家；到 2020 年，企业总数为 246 家，而有 R&D 活动的企业数为 122 家。从 2011 年到 2020 年，河北省数字经济核心产业有 R&D 活动企业数占比由 20.18% 提升至 49.59%，增幅明显。河北数字经济整体科技创新环境的持续优化激发了企业 R&D 活动，进而助推数字经济相关产业高质量发展。

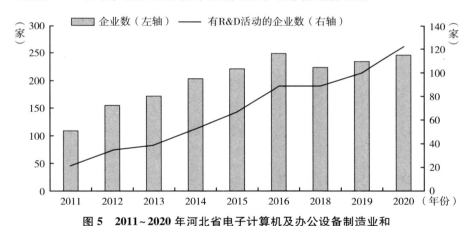

图 5　2011~2020 年河北省电子计算机及办公设备制造业和电子及通信设备制造业企业数和有 R&D 企业数

资料来源：《中国高技术产业统计年鉴》（2012~2021 年）。

3. 科技创新水平不断提升

随着数字经济科技创新投入的不断增加，河北省数字经济产业科技成果数量和质量不断提高，科技创新水平也不断提升（见图 6）。

由图 6 可知，2011 年，河北省数字经济产业实用新型专利和计算机软

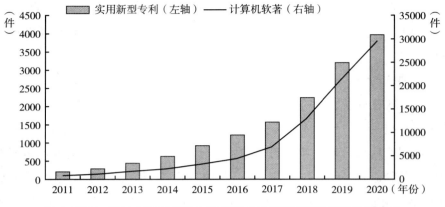

图 6　2011～2020 年河北省数字经济产业实用专利和计算机软著数量

资料来源：龙信企业大数据平台。

著数量分别为 203 件和 769 件；而到 2020 年，实用新型专利和计算机软著数分别为 3977 件和 29585 件，分别增长了 18.59 倍和 37.47 倍。这说明，数字经济产业高质量科技创新成果的快速增长为数字经济在河北省高质量发展提供了强大的科技支撑。

二　关键问题

（一）数字经济发展层次不高

1. 核心产能规模较小

虽然河北省数字经济产业发展迅速，但核心产能规模仍然偏小。

如图 7 所示，虽然在 2011～2020 年河北省数字经济核心产业主营业务收入有波动，但整体呈现上升趋势，主营业务收入由 2011 年的 306.27 亿元增加至 2020 年的 522.15 亿元，增长了 70.49%。然而，从全国层面来看，河北数字经济核心产业发展则相对缓慢，全国数字经济核心产业主营业务收入由 2011 年的 64369.88 亿元增加至 2020 年的 133155.74 亿元，增长了 1.07 倍。河北省数字经济核心产业主营业务收入占全国比重由 2011 年的

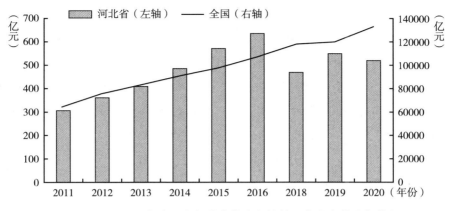

图7 2011～2020年全国和河北省数字经济核心产业主营业务收入

资料来源：《中国高技术产业统计年鉴》（2012～2021年）。

0.48%降至2020年的0.39%，进一步说明河北省数字经济产业发展相对滞后。

2.制造业数字化水平较低

目前，虽然河北省数字产业化发展正加速推进，但整体而言，制造业企业数字化水平较低。制造业企业的数字化建设主要集中在对既有自动化生产性改造、财务等单向应用上，处于集成提升阶段以上的企业占制造业企业总数的比重仅为12.6%。[①] 河北省制造业企业整体上在产品设计、生产制造、售后服务等方面数字化水平还不高。实际上，产业数字化不仅仅是企业建立财务系统、数据上云等环节，而是企业从产品设计、生产到最终的产品服务等各环节对数字技术的应用。河北省制造业企业在原材料采购入库、订单管理等方面升级改造较多，而设计智能化、生产敏捷化和服务智能化全流程综合改造较少。特别是，对中小企业而言，自身生产经营条件和市场化服务意识偏弱，数字化改造动力不足。

3.创新能力有待提升

从全国范围来看，虽然河北省数字经济相关领域的创新成果较多，但核

---

① 《河北省数字经济发展规划（2020～2025年）》，2020年4月。

心产业的科技创新能力还有待进一步提升。

由图 8 可知，河北省数字经济核心产业专利申请数由 2011 年的 128 件增加至 2020 年的 1409 件，特别地，2019 年申请数为 2643 件，为近 10 年来最高；与此同时，全国数字经济核心产业专利申请数由 2011 年的 72460 件增加至 2020 年的 250973 件。2011 年，河北省数字经济核心产业专利申请数占全国比重为 0.18%，到 2020 年，这一比重变为 0.56%。河北省数字经济发展迅速，但在全国占比仍然偏低，与广东、江苏等数字经济核心产业专利申请大省还有明显差距。

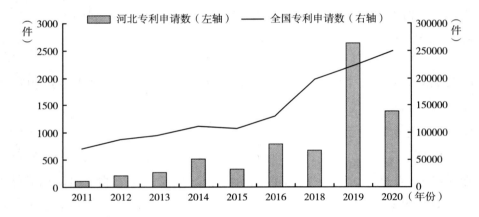

图 8　2011~2020 年全国和河北省数字经济核心产业专利申请数

资料来源：《中国高技术产业统计年鉴》（2012~2021 年）。

4. 新业态发展缓慢

与东部沿海发达省市相比，河北省居民收入、政务服务、企业家精神等方面发展相对有些滞后，创新创业氛围不足，人工智能、区块链、新零售等互联网新业态发展缓慢，这也导致河北省数字经济产业领域新产品销售收入相对较低（见图 9）。

由图 9 可知，河北省数字经济核心产业新产品销售收入由 2011 年的 10.12 亿元增加至 2020 年的 273.96 亿元，增长了 26.07 倍；而同期全国数字经济核心产业新产品销售收入由 18326.67 亿元增加至 55047.76 亿元，增

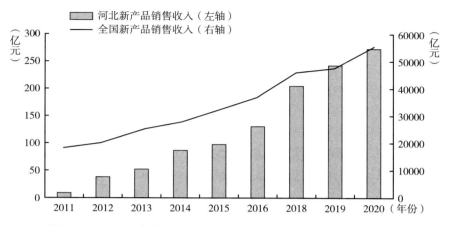

图9 2011~2020年全国和河北省数字经济核心产业新产品销售收入

资料来源：《中国高技术产业统计年鉴》（2012~2021年）。

长了2.00倍，河北省占比由2011年的0.06%提高至2020年的0.50%。河北省数字经济发展迅速，但核心产业新产品、新业态发展相对缓慢，新产品销售收入占全国比重仍然偏低。

（二）数字经济产业发展空间不平衡

1. 产业活动空间非均衡

虽然河北数字经济产业发展较快，但从空间尺度上看，河北省数字经济产业整体呈现空间分布非均衡状态。本报告选取数字经济全行业、互联网科技创新平台、集成电路设计、物联网技术服务等少数行业注册资本总额进行分析（见表1）。

表1 2020年河北省各市数字经济全行业及少数行业注册资本额

单位：万元

城市	注册资本总额	互联网科技创新平台	集成电路设计	物联网技术服务
保定	6638290.32	256795	20950	87080.27
唐山	3342933.34	5035	2390.488	83763

续表

城市	注册资本总额	互联网科技创新平台	集成电路设计	物联网技术服务
廊坊	3736598.18	21205	720	53000
张家口	2142001.85	2060	2493	8110
承德	1147154.05	1440	2129.99	8920
沧州	1447459.94	12607.88	50	15140
石家庄	13550006.24	92823	33920	205405.1
秦皇岛	2925595.37	510	10711	3590
衡水	1073920.51	3353	6200	5258
邢台	2018811.06	6785	6360	6917
邯郸	2991599.04	33854	2539.76	30661

由表 1 可知，与经济活动分布不同，河北省数字经济产业的空间分布非均衡性明显。从注册资本总额来看，石家庄和保定数字经济发展明显领先全省平均水平，全省平均注册资本总额为 3728579.08 万元，而石家庄和保定注册资本总额分别为 13550006.24 万元和 6638290.32 万元；廊坊数字经济产业注册资本总额为 3736598.18 万元，基本与河北省平均水平一致。河北省内其他城市数字经济产业发展较为滞后，特别是衡水（注册资本总额为 1073920.51 万元）、承德（注册资本总额为 1147154.05 万元）、邢台（注册资本总额为 2018811.06 万元）等城市发展缓慢。除石家庄、保定外，河北省多数城市数字经济产业发展缓慢很大程度上因为产业结构偏重，特别是钢铁、煤炭、化工等重工业数字化程度整体较低，数字经济促进产业转型升级的重要作用还未充分体现。

2. 科技创新活动空间非均衡

与产业活动相类似，河北省数字经济产业科技创新活动也呈现空间分布非均衡状态。本报告选取河北省各市数字经济产业实用新型专利总数和专业设计服务、信息技术咨询服务、信息系统集成服务等少数行业实用新型专利数表征河北省各市数字经济科技创新，进行综合分析（见表 2）。

表2 2020年河北省各市数字经济全行业及少数行业实用新型专利

单位：件

城市	实用新型专利总数	专业设计服务	信息技术咨询服务	信息系统集成服务
保定	544	188	108	47
唐山	849	37	14	87
廊坊	401	12	9	45
张家口	90	1	12	13
承德	24	0	6	9
沧州	145	48	1	10
石家庄	1527	182	90	283
秦皇岛	150	6	6	20
衡水	53	8	6	5
邢台	63	10	2	6
邯郸	131	2	5	21

由表2可知，河北省数字经济科技创新的空间分布非均衡特征明显。作为国家大数据综合示范区，石家庄数字经济发展迅速，海康威视产业园、新华三等大项目相继落户，正定数字经济产业园等园区建设加速推进，石家庄正成为京津冀区域数字产业资源汇聚地，着力打造"中国数字新城"。2020年，石家庄市数字经济实用新型专利总数1527件，占全省总数的38.40%，明显高于省内其他城市。秦皇岛、邯郸、邢台、衡水和承德的数字经济产业创新活动缺乏活力，实用新型专利占比分别为3.77%、3.29%、1.58%、1.33%和0.60%。

分行业来看，石家庄在信息系统集成服务方面的创新优势明显，实用新型专利数量为283件，远远高于河北省内其他城市；而在专业设计服务和信息技术咨询服务方面，石家庄和保定两城市优势明显，实用专利数量显著高于其他城市。河北省内多数城市的数字经济产业创新活动相对不活跃，很大程度上意味着相关产业创新能力不足，数字经济创新滞后，数字经济驱动经济高质量发展的作用仍未充分体现。

（三）数字经济对经济高质量发展贡献偏弱

1. 数字经济发展动能亟须增强

作为中国国际数字经济博览会永久落户地，河北省数字经济发展迅速，数字经济对经济高质量发展的促进作用显著提高。然而，河北省数字经济产业领域创新质量整体偏低，对经济高质量发展的贡献有待加强。电子及通信设备制造业是数字经济的核心产业，河北省营业收入、利润总额及利润率三项指标在全国的位置都相对靠后（见表3）。

表3　2020年全国部分省市电子及通信设备制造业主要经济指标

地区	营业收入（亿元）	利润总额（亿元）	利润率（%）
广东	41583.14	2195.72	5.28
江苏	16298.59	813.8643	4.99
浙江	6206.862	497.4032	8.01
江西	4269.83	223.9693	5.25
福建	4102.239	394.3859	9.61
北京	3794.512	206.2099	5.43
山东	2679.961	132.6985	4.95
重庆	2670.578	146.6217	5.49
湖南	2499.256	224.7189	8.99
陕西	1751.968	184.1762	10.51
云南	780.6	111.1458	14.24
辽宁	701.5594	144.4149	20.58
河北	511.1931	24.74049	4.84
贵州	490.6569	19.08049	3.89
宁夏	162.8356	28.96671	17.79
甘肃	147.5795	13.30643	9.02
青海	106.4448	9.30229	8.74
新疆	79.94567	13.28622	16.62
吉林	63.24696	6.2572	9.89
海南	11.45749	0.51719	4.51
全国	110086	6115.623	5.56

从营业收入来看，广东以 4.16 万亿元遥遥领先全国其他地区，河北电子及通信设备制造业主营业务收入刚过 500 亿元，与发达地区有明显差距，只有北京的 13.47%，仅占全国的 0.36%。从利润总额来看，河北为 24.74 亿元，只有北京的 12%，仅占全国的 0.40%。从利润率来看，河北电子及通信设备制造业利润率为 4.84%，这不仅低于广东、江苏等营业收入较高的地区，也明显低于宁夏、新疆、吉林、甘肃等营业收入较低的省份。河北数字经济核心产业利润率仅高于海南、贵州等少数省份，明显低于 5.56% 的全国平均利润率水平，这在一定程度上印证了数字经济产业在驱动经济高质量发展中存在动力不足的问题。

2. 劳动力供需失衡

数字经济的快速发展，不仅为河北省经济提质增效提供动力，也改变着河北省的就业结构与就业质量。根据《中国数字经济就业发展研究报告（2021 年）》测算，全国数字经济产业招聘岗位较多的省份主要集中在广东、北京、上海和浙江四个省份，这四个省份数字经济领域招聘岗位数量占全国总岗位数量的比重分别为 25.74%、17.79%、12.25% 和 8.46%。河北省数字经济招聘岗位规模占比超过 2%，列全国第 12 位。河北省数字经济高端岗位聚集度约为 0.97，这意味着河北省数字经济发展并未带动更多人才集聚，河北对高端人才的集聚能力不足，进而无法形成人才集聚效应，难以形成良性循环，长期看可能会进一步拉大与发达地区间的人才差距。

此外，通过对比《中国数字经济就业发展研究报告（2021 年）》中全国各省份数字经济产业输入输出岗位数据可知，在数字经济人才跨省流动排名中，河北省列全国第 18 位，数字经济产业就业输出岗位不足输入岗位的一半。这意味着，河北省数字经济产业就业岗位数较少，远低于跨省所提供的就业岗位数，在一定程度上反映了河北省数字经济产业劳动力结构供需失衡。

3. 创新链与产业链协调性有待提高

产业链与创新链能否实现精准有效对接，是影响数字经济助力河北经济高质量发展的重要基础。实际上，数字经济产业链与创新链的协调也会通过产业间前后向联系增强其他产业协调性与创新活动，进而影响河北产业转型升级过程。从河北省数字经济产业实用专利分布领域来看，创新活动主要集中在其他软件开发、信息系统集成服务、专业设计服务、信息技术咨询服务、应用软件开发等行业，这些行业实用新型专利占比达到83.20%。从注册资本行业分布来看，产业活动主要集中在其他软件开发、其他广告服务、信息技术咨询服务、文艺创作与表演、信息系统集成服务、基础软件开发、应用软件开发、互联网其他信息服务、互联网零售等行业，这些行业注册资本占比达到81.97%。产业链与创新链实现深度融合，是河北经济高质量发展的重要基础。目前，河北省数字经济产业链与创新链协调性有待提高（见表4）。

表4　2020年河北省数字经济领域主要行业注册资本和专利占比

单位：%

排名	行业	注册资本占比	行业	专利占比
1	其他软件开发	24.41	其他软件开发	45.69
2	其他广告服务	13.49	信息系统集成服务	13.73
3	信息技术咨询服务	8.77	专业设计服务	12.42
4	文艺创作与表演	7.84	信息技术咨询服务	6.51
5	信息系统集成服务	7.41	应用软件开发	4.85
6	基础软件开发	5.88	其他广告服务	2.54
7	应用软件开发	5.44	基础软件开发	2.49
8	互联网其他信息服务	5.13	互联网其他信息服务	2.16
9	互联网零售	3.60	其他卫星传输服务	1.73
10	其他互联网服务	2.43	其他互联网平台	1.68
11	专业设计服务	1.88	物联网技术服务	1.56
12	其他互联网平台	1.36	移动电信服务	1.31
13	物联网技术服务	1.24	其他电信服务	0.83
14	信息处理和存储支持服务	1.14	其他互联网服务	0.58
15	互联网数据服务	1.10	互联网零售	0.33
16	金融信息服务	1.10	互联网科技创新平台	0.28
17	互联网科技创新平台	1.06	互联网接入及相关服务	0.25
18	互联网生活服务平台	0.90	集成电路设计	0.23
19	互联网接入及相关服务	0.74	固定电信服务	0.20
20	互联网广告服务	0.66	文艺创作与表演	0.18

4. 在区域创新链中的影响力较弱

数字经济依托数据要素，通过信息通信技术创新融合应用，加快产业转型升级。数字经济发展不仅离不开创新，更凸显了创新的重要性。然而，河北省数字经济发展迅速，产业活动较为活跃，但在区域创新链中的影响力还有待提升。

由图10可知，2011～2020年，河北省专利申请量发展较快，数字经济产业创新能力得到显著提升。2011年，河北省数字经济领域专利申请203件，京津冀区域申请总量为2536件，河北占区域的比重为8.00%；到2020年，河北省数字经济专利申请量为3977件，京津冀区域申请总量为18594件，河北占比为21.39%。整体来看，河北专利申请量占区域比重过低。河北省在集成电路设计、互联网数据服务、其他电信服务、互联网零售、文艺创作与表演等数字经济分行业专利申请量与京津差距明显。专利申请占比过低反映了河北在数字经济区域创新链中的地位不高，数字经济基础研究薄弱、科技创新平台缺乏，不利于河北融入区域数字经济创新链，影响河北经济高质量发展。

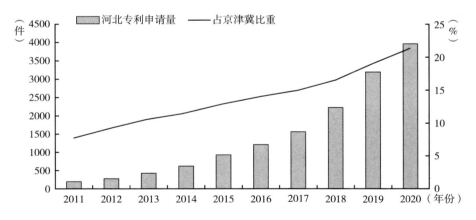

图10 2011～2020年河北省数字经济产业专利申请量及占京津冀比重

资料来源：龙信企业大数据平台。

三　发展策略

（一）加快构建产业创新体系，提升数字经济发展层次

1. 加强基础研究，夯实原始创新能力

科技创新是数字经济产业竞争力的重要根基，而基础研究则是产业科技创新的源泉。习近平总书记提出"基础研究是整个科学体系的源头，是所有技术问题的总机关"。《国务院关于全面加强基础科学研究的若干意见》中明确提出，把提升原始创新能力摆在更加突出位置，坚定创新自信，勇于挑战最前沿的科学问题，提出更多原创理论，做出更多原创发现。数字经济属于前沿科学领域，在集成电路、智能感知、人工智能、大数据、智能计算和量子通信等方向基础研究薄弱。河北应加快组织实施数字经济领域的重大科技基础研究、科技攻关和示范应用工程；推动企业、高校等多元创新主体在数字经济相关领域开展合作，加快构建政产学研用协同创新联盟。加快构建完善的体制机制和平台，积极吸纳和集聚京津及国内外数字经济创新要素资源，鼓励和促进企业、高校科研机构发挥各自的能力和优势，借助金融服务、政策支持、知识产权服务等平台建设，加速资源共享与整合，协作开展数字经济领域技术创新和科技成果产业化活动，构筑当今科技创新的新范式。

2. 加大人才培养力度，满足产业人才需求

一是强化数字化人才培养，完善人才评价与奖励机制。加快新兴学科布局，加强前沿数字技术等相关学科建设，大力培育数字经济技术人才和应用创新型人才。优化职业技能培训，全面提升数字技能和人才分布的区域均衡性。建立数字经济领域从业人员职业培训体系，完善相关配套政策。加快构建数字经济产业领域新业态人才评价体系与从业人员培养体系，开展数字经济领域相关技能提升培训活动，强化对数字经济领域人才的奖励支持力度。二是加强区域协作，加快教育资源共享。依托河北省在区位、产业等方面的

优势，以京津冀协同发展为契机，积极探索区域数字经济产业一体化，通过承接产业转移引进数字经济领域相关人才，增加河北省人才储备（王鑫垚等，2021），推动河北数字经济高质量发展。同时，积极利用数字技术，探索京津冀区域数字经济领域教育培训课程共享，推动京津5G、人工智能等领域成果在河北省推广应用。鼓励和支持数字经济领域培训机构跨地域开展相关课程培训，增强河北省数字经济从业人员素质。加强京津冀高校和科研院所合作力度，探索数字经济相关专业课程资源共享，提高在校大学生数字经济素养。三是制定符合河北省实际情况的数字经济稀缺人才奖励体系。鼓励地方结合实际情况，研究组织实施人才评价与奖励体系，以"不拘一格降人才"的理念，将新就业形态人才纳入本地人才评价体系，为新就业形态人才提供公平的户籍准入、子女教育、创业支持等政策。

3. 实施重大科技专项，推动创新成果孵化转化

随着国际环境日趋复杂多变和未来"双碳"目标的逐步落实，数字经济领域的科技创新变得越来越重要。为增强数字经济对经济社会高质量发展的积极作用，探索设立河北省级数字经济发展科技专项，持续推动数字经济领域科技创新。通过实施数字经济重大科技专项，加快数字技术创新和成果转化。通过大数据、云计算等数字技术的充分应用，将数字要素转变为经济高质量发展的动力。加强在人工智能、5G、物联网、云计算、网络安全、工业软件、核心元器件及材料、智能制造装备等数字经济关键领域的基础研究，加快组织实施一批在数字经济关键领域的重大科技专项，通过重大科技专项增强数字经济领域基础研究，开发一批战略性新产品。实施关键核心技术攻关工程，加快相关成果产业化，以一批重大科技创新成果解决数字经济领域面临的技术难题。

（二）统筹产业空间布局，推进全省产业数字化转型

1. 高标准建设雄安新区数字经济创新发展试验区，引领全省数字经济创新发展

充分发挥雄安新区在政策、产业等方面的综合优势，加速数字经济创新

要素集聚，高标准建设数字经济创新发展试验区。推动5G网络、人工智能等新一代信息技术与城市建设、产业发展、居民生活等多方面应用，加快雄安新区在数字经济领域体制机制、产城融合、产业融合等方面创新。积极开展生活场景数字化改造，加快智慧社区、智慧交通、智慧医疗等领域建设，打造智慧标杆城市。建立健全数字经济生产要素评估体系，构建大数据交易平台，通过全方位、多角度、多维度对数据要素进行全面评价，充分挖掘数据资源价值。加快雄安新区引进和培育数据资源价值评估、数据交易、数据分析等领域的企业，增强对数据要素深度分析和价值挖掘的能力。充分利用京津冀协同发展这一国家战略，开展跨地区数字经济基础研究与应用研究合作，一方面，加强与京津高校协作，探索成立跨区域的新型科研机构管理机制，以区域协作提升雄安新区数字经济基础研究能力；另一方面，以产业转移为重点，加强5G、人工智能、区块链、集成电路等领域区域协作，加快形成京津雄数字经济产业发展共同体。加快完善雄安新区政务信息系统建设，统筹推进公安、消防、税务、检察、司法等部门数据资源共享，增强雄安新区在城市运行监测、突发情况处置、自然灾害预警等方面的能力，提高城市治理数字化和智能化水平。

2. 加快数字化应用试点示范，打造特色鲜明的创新应用城市

以京津冀大数据综合试验区建设为契机，增强大数据、区块链、人工智能等数字技术在河北省应用，以数字技术试点示范加快数字经济高质量发展。作为河北省省会，石家庄是中国国际数字经济博览会永久举办地，又下辖中国（河北）自由贸易试验区正定片区。石家庄应依托中电科13所、54所、常山北明等一批行业领先的科研院所和优势企业，加快布局集成电路、卫星通信导航等领域研发资源集聚。构建大数据应用服务平台，推动数字技术与生物医药产业融合发展，加快生物医药领域产品创新。依托新型显示、智能终端等产业资源集聚，廊坊加快在大数据、云计算等数字经济产业领域创新应用，推动数字经济与航空航天、生物医药、高端装备制造等产业融合发展。张家口应以绿色大数据存储为切入点，统筹数字经济产业与城市绿色发展相协调，加快张北云计算产业基地、怀来大数据产业基地等园区建设，

推动产业数字化，通过数字经济与实体经济的深度融合，增强经济增长动力。承德应加快大数据中心项目建设，重点强化大数据灾备基地功能；加快智能平台建设，实现旅游、医疗、政务服务等智能化。秦皇岛应加快北戴河数据产业园、西港国际软件园等园区建设，推动数字技术在生物医药与生命健康、城市规划、社区治理等领域的应用。

3. 利用优势资源，推进数字经济重点园区建设

依托园区产业基础和发展方向，围绕数字经济核心产业，推动河北省数字经济重点园区建设。支持燕郊高新技术产业开发区、鹿泉经济开发区等园区建设，加速信息通信、软件、卫星导航、光电、芯片等产业资源集聚，加快形成数字经济领域核心产业集群化发展。加快京南·固安高新技术产业开发区、辛集经济技术开发区等园区发展新型显示产业，推动全息、激光、柔性等显示技术研发，提高 OLED 材料、功能膜材料、玻璃基板、液晶材料等材料研发，增强河北省新型显示产业竞争力。支持张北经济技术开发区、承德高新技术产业开发区等园区发展大数据、云计算和人工智能产业，增强区域协作，提高软件和信息技术服务能力，不断优化数据存储和开发应用能力，加快形成大数据全产业链条。以雄安（衡水）先进超级计算中心建设为契机，加快衡水高新技术产业开发区建设，优先发展大数据、云计算等产业，推动数字经济与传统产业融合发展。支持保定经济技术开发区、沧州经济技术开发区等园区发展智能网联汽车产业，推动车载智能 OBU 等研发制造，推进智能化道路建设和智能化路杆的研发与应用，加快自动驾驶与车路协同的试点建设。支持邢台经济技术开发区等园区建设，大力发展智慧能源产业，推动大数据、云计算、物联网、智能制造、区块链等与能源产业融合发展，推动多种能源数据的全链路智能化、互联化和数字化。

（三）加快改革创新步伐，以数字经济驱动产业优化升级

1. 推进市场化改革，充分发挥企业在数字化转型的主体地位

推动河北省全领域市场化改革，改善营商环境，充分发挥企业在产业结构转型升级中的主体作用。一方面，探索设立数字经济产业关键领域研发基

金，支持企业进行基础研究和产业化；另一方面，企业自身要积极开展基础研究、技术开发等创新活动，进一步提升核心竞争力（宣晓冬等，2021）。探索政府+企业联合设立专项基金，支持从产业发展中寻找关键科学问题。通过设立专项基金，集聚各方力量，联合在数字经济领域开展基础研究，共同解决数字领域产业共性和关键的科学问题。鼓励和支持企业应用工业互联网、5G、大数据、云计算、数字孪生、区块链等新一代信息技术，推进智能车间、智能工厂建设，提高绿色制造效率和效益。支持企业采用物联网、大数据等信息化手段开展信息采集、数据分析、流向监测、财务管理，推广"互联网+生产经营"新模式。鼓励区域间企业形成跨区域的数字经济产业创新联盟，在大数据、工业互联网等领域开展合作，建立共享的信息平台，实现信息共享、互相支撑和再创新。

2. 创新政策设计，推进数字技术与实体经济深度融合

数字经济助力河北经济高质量发展离不开科技创新，而完善的科技创新政策则是重要保障。河北省应加强对数字领域科技政策的宏观管理和微观精准，在宏观上，紧密结合数字经济领域国家科技计划项目，做好资金和政策支持，促进资源集聚，发挥国家级科技项目的重要支撑和引领作用；在微观上，结合河北省自身的数字经济基础和条件，在考虑产业发展态势的基础上，出台符合本省发展的具体政策细则。通过完善和创新相关政策，进一步培育和集聚数字经济领域生产要素特别是高端数字要素向河北集中，发挥集聚外部性，以数字经济高端化发展助推河北省经济高质量发展。建立健全数字经济领域科技成果孵化转化与共享机制，促进科技成果产业化。探索出台区域数字经济一体化政策、产业区域转移政策等，通过区域产业协作，深化数字经济领域产业分工。鼓励和支持数字经济领域专业化服务机构发展，为中介机构提供政策支持，发挥服务机构在培育和壮大数字经济产业主体过程中的重要作用。制定和完善数字经济领域科技投融资政策保障机制，充分发挥财政资金对数字经济支持的同时，鼓励企业、市场等增加对数字经济领域技术创新的资金支持，缓解创新过程中可能产生的融资约束。

3.优化创新生态，持续改善数字经济发展软环境

数字经济的健康发展离不开良好的产业生态环境，特别是软环境，是吸引和培育数字经济资源的重要因素。河北省大力发展数字经济产业，应着力优化产业发展软环境，营造良好的数字领域科技创新氛围，不断满足市场主体需求，持续改善科技创新和产业发展软环境。深化"放管服"改革。完善并落实企业经营许可事项清单管理，建立审批绿色通道，对数字经济领域符合条件的企业，加快审批时间。健全市场准入负面清单制度，落实公平竞争制度，营造公平、开放、透明的市场环境。整合科研机构、创业孵化、公共平台、股权投资、管理服务等各类要素，形成各主体深度链接的平台生态网络，发挥网络平台优势，发展数字经济。完善数字经济产业发展服务，提升产品认证、检验检测、成果推广、知识产权服务等综合公共服务能力。加快企业、高校、科研院所、科技服务机构等多元主体向重点园区集聚，完善园区公共服务，实现"科技+产业+城市+人文"多功能复合，构建资源要素集聚、产业环境优化、各类主体和谐共生的产业生态体系，提升数字经济产业集群和产业链核心竞争力。聚焦5G、大数据、云计算、物联网等产业链，实施产业强链计划，大力培育和引进一批技术引领型、市场主导型的"链主"领军企业，增强产业链细分领域主导能力，形成"链主"企业引领、中小企业配套、产业链上下游联动发展的良好的数字经济产业生态。

（四）主动对接京津，加快推进京津冀数字经济协同发展

1.加强顶层设计，以数字经济合作赋能区域协同发展

围绕京津冀数字经济领域和其他产业发展的重大需求，完善三地政府间沟通协调机制。加强顶层设计，探索成立统筹协调机构，统筹推进京津冀数字经济领域科技创新与产业发展的重大事项。充分考虑京津冀三地数字经济领域的资源禀赋与产业基础，明确产业分工，强化地区间产业协作，提升区域数字经济产业链协调性，促进京津冀数字经济协同发展。加快京津冀数字经济基础设施一体化建设，围绕新一代信息基础设施建设，优化区域间产业分工。对京津而言，加快电子信息、电信运营等产品研发与服务创新；河北

省则在新型显示、集成电路、芯片等具有优势的行业进行研发制造，积极开展数字基础设施的应用试点示范。完善京津冀大数据中心建设，协同开展数据资源存储、挖掘、分析等工作，科学评估京津冀区域大数据资源价值。推动形成区域统一的测绘地理信息服务，推进京津冀测绘数据整合，打造区域交通、市政等各类空间数据"一张图"。围绕京津冀协同发展中的交通、生态、产业等重点领域，探索跨地区智能化、数字化场景应用的合作，加快各类数据资源共建共享，推动京津冀在交通、医疗、教育等方面实现区域智能化管理。围绕数字经济核心产业，加快区域间企业相互协作，与高校、科研院所等共建京津冀数字经济工业互联网平台，推动区域产业数据共享。加强京津冀区域信用体系建设，整合信用信息资源，统一区域信用标准，推进区域信用联动奖惩。推动京津冀数字经济产业互联、政策互通、资源共享、平台共建、场景共用，构建跨界融合、共享共生的京津冀数字经济发展生态圈。

2. 推动区域协作，打造特色鲜明的数字经济产业集群

立足河北产业基础，围绕创新驱动、标准引领、工业设计、品牌营销、链条延伸、绿色转型、智能制造、高端产业、商务模式等发展路径，着力加强河北省内企业与京津优势企业开展合作，提升企业内生力、产业链竞争力和集群生态力建设。发展一批特色鲜明、规模效益好、创新能力强、品牌影响大、市场占有率高、产业链韧性足、绿色低碳、集约集聚、错位发展的数字经济领域特色产业集群。鼓励河北县市、重点产业园区等与京津互联网优势企业合作，推动特色产业集群电商化发展，提升"河北名品"知名度。积极推进石家庄、唐山等跨境电子商务综合试验区建设，打造综合公共服务平台，优化跨境电商园区、公共海外仓布局，培育一批外贸综合服务企业。依托数字经济资源基础，支持企业开展个性化设计和生产。加快构建基于产业内行业标准或区域标准的协同研发与设计平台，通过该平台共享设计、生产、检验检测、标准认证等数据资源或相关行业信息，提高企业产品设计、生产与服务品质，提升产业竞争力。持续支持箱包、童车、家具、裘皮皮革、羊绒、丝网、轴承、标准件、再制造、汽车零部件、乳制品、葡萄酒、

宠物食品、大数据等优势特色产业集群数字化，以产业数字化提质增效。加快精品钢、高端装备、生物医药、新材料、食品、应急产业、被动式超低能耗建筑等领域数字化升级，培育一批在国际国内具有竞争力的优势特色产业集群，打造县域经济高质量发展的主引擎。

参考文献

［1］宋辉、王笑阳、李元杰：《数字经济发展对河北经济拉动和贡献研究》，《统计与管理》2021 年第 2 期。

［2］王鑫垚、黄欣、康丽滢、孙雪峰：《数字经济对河北省就业结构的影响及对策》，《投资与创业》2021 年第 19 期。

［3］宣晓冬、傅啸、叶璟、魏澄莹：《推动企业参与基础研究的政策研究——基于浙江省数字经济核心产业的案例》，《中国科学基金》2021 年第 5 期。

Abstract

Digital economy has continuously become an important policy topic of global governance platforms and dialogue mechanisms such as OECD, world Internet Conference and G20 summit. Digital economy has had a profound impact on the world economic pattern, especially on the production efficiency of traditional industries, which goes beyond the scope of technological change in the general sense. All countries actively explore the path of digital transformation in the process of economic development. Developed countries are taking the lead in seizing the new highland of digital economy development by relying on their first mover advantage and technological advantage. Advanced planning and layout in the field of digital economy is conducive to the formation of new national competitive advantages in the future. The national level attaches great importance to the development and construction of digital economy. In July 2016, the outline of the national informatization development strategy clearly proposed to run informatization through China's modernization process, accelerate the release of the great potential of informatization development, drive modernization with informatization and build a network powerful country. The report of the 19th CPC National Congress proposed to develop digital economy and build "Digital China". The 14th five year plan for national economic and social development of the people's Republic of China and the outline of long-term objectives for 2035 propose to activate the potential of data elements and drive the transformation of production mode, lifestyle and governance mode with digital transformation as a whole.

As the spatial carrier of China's important regional coordinated development strategy. How can The Beijing-Tianjin-Hebei urban agglomeration effectively utilize digital economy to enable regional coordinated development in the digital era, and then promote the coordinated development of Beijing-Tianjin-Hebei to a higher level? Based on the systematic review of digital economy theory, location theory and governance theory and other relevant theoretical literature, this report finds that traditional location theory and governance theory are difficult in adapting to the development needs of the digital era. In the general report, we explored how digital economy promotes regional coordinated development from the theoretical level, searched for digital economy application scenarios based on key areas and actual needs of the coordinated development of Beijing, Tianjin and Hebei. In the points of the report, we analyzed the progress and achievement of digital economy in promoting the coordinated deveopment of Beijing-Tianjin-Hebei and explored the real problems appeared in the process of digital economy in boosting the coordinated development of Beijing-Tianjin-Hebei level. Then we presented solve paths around specific problems. The book consists of 13 chapters, including 2 general reports, 8 special reports and 3 regional reports.

Major achievements of this report:

(1) After systematically sorted out the connotation and characteristics of digital economy, analyzed the internal mechanism of digital economy in promoting the regional coordinated development. It is found the specific application scenarios of digital economy in the process of Coordinated development of Beijing-Tianjin-Hebei region based on the actual situation of Beijing-Tianjin-Hebei Region. The report finds that information resource (data) has become a new factor of production in the digital era, which weakens the space-time constraint of factor circulation to a certain extent, and provides a theoretical basis for breaking the main contradiction of unbalanced and inadequate regional development. The application of digital technology can improve the original regional cooper-ation mechanism of Beijing-Tianjin-Hebei from the whole process optimization, and form a systematic and standardized regional collaborative governance plat-form. Big data can serve as a new shared resource in the process of regional collaborative development, helping to alleviate information asymmetry in some key areas of cooperation between regions, and considering regional collaborative development from a higher perspective. Digital economy itself has a certain ecological integration ability, and multiple innovation chains can be derived around

the digital economy, providing a fusion carrier for the innovation collaboration of the three places. Digital economy can create virtual consumption places with no difference between urban and rural areas, and effectively tap and release the consumption potential of rural residents. In the scenario of industrial upgrading, digital technology can realize flexible transformation of production links, better match and adapt to demand side changes, and achieve cost reduction and efficiency increase. Digital economy model is conducive in supporting the construction of the national carbon trading market and forming a market-oriented incentive mechanism for enterprises to reduce carbon emissions.

(2) After compared and analyzed the development trend of digital economy in three urban agglomerations of Beijing, Tianjin and Hebei, Yangtze River Delta and Pearl River Delta, the study found that: From 2010 to 2020, the registered capital of digital services enterprises in Beijing-Tianjin-Hebei urban agglomeration always ranks first among the three major urban agglomerations in the east, and Beijing is in a significant dominant position. The development of digital information transmission industry in Beijing-Tianjin-Hebei urban agglomeration has obvious advantages compared with the Yangtze River Delta and Pearl River Delta. From 2016 to 2020, the innovation output of the digital information transmission industry, digital technology service industry and digital application service industry in Beijing-Tianjin-Hebei urban agglomeration show an overall upward trend, and the utility model patents of digital technology service industry ranked first. The main problem Beijing-Tianjin-Hebei urban agglomeration faced is the unbalanced spatial structure of digital economy development. Based on this, the following countermeasures and suggestions are put forward: Promote the digital transformation of small, medium and micro enterprises and improve the level of digitalization continuously. Guide the disruptive innovation of key core technologies and give full play to the important driving role of innovation in the development of the digital economy. Give full play to the advantages of Beijing, Tianjin and Hebei, and promote the coordinated development of the digital economy. Strengthen the cultivation and introduction of talents in digital technology, and create a highland of talents in digital economy.

(3) To study the innovation and development of digital economy in Beijing-

Tianjin-Hebei region and the evolution of regional spatio-temporal pattern, this report conducted measurement on innovation efficiency of digital economy in Beijing-Tianjin-Hebei region by constructing super-efficiency SBM-DEA and Malmquist index, and analyzed the spatial correlation of digital economy efficiency in urban agglomeration by constructing global Moran index. It is found that the innovation development efficiency of digital economy in urban agglomeration shows an upward trend, and the overall spatial distribution pattern is "high in the core and low in the periphery" with Beijing and Tianjin as the core. Technological progress promoted the innovation efficiency of digital economy in Beijing and Tianjin, and technological improvement became the main way to improve the innovation and development efficiency of digital economy in Hebei Province. The spatial correlation of innovation development efficiency of digital economy in urban agglomeration gradually weakened, and the distribution pattern began to evolve from "low and low agglomeration" to "low and high mixing". The main problems are as follows: the development of digital economy has encountered "bottleneck", and the basic research still has "shortcomings"; The regional innovation environment of digital economy develops imbalanced and the innovation factor is short; Key core technologies are missing, and industrial digital transformation is slowing down. Based on this, it is proposed to break through the key technologies of digital economy and build a digital innovation platform for Xiongan New Area, improve the utilization efficiency of innovation factors and deepen the open sharing of innovation resources in the digital economy, support key strategic industries and promote the integrated development of the digital economy, construct national laboratory actively, strengthen national strategic science and technology force and so on.

(4) To study the effect of digital economy platform enterprises in promoting high-quality development of Beijing-Tianjin-Hebei industry, this report specifically analyzed the development situation of digital economy platform enterprises in Beijing-Tianjin-Hebei region. It is found that the spatial development balance level of Internet platform economy in Beijing-Tianjin-Hebei region has been significantly improved, and Hebei Province has achieved remarkable results in scale and growth. From 2010 to 2020, the cumulative registered capital

proportion of Hebei's Internet platform enterprises in urban agglomeration increased 33.07 percentage points; The proportion of Internet production service platforms in Beijing, Tianjin and Hebei continues to rise, and the trend of agglomeration of Internet production service platforms is significant in key manufacturing agglomeration area of tianjin and Hebei. In order to explore whether the number of Beijing-Tianjin-Hebei economic development, especially the Internet platform to play obvious role in driving the regional industry development efficiency, build the threshold regression model, and carries on the empirical analysis. Found that when the Beijing-Tianjin-Hebei platform enterprise scale exceeds more than 1.4 billion yuan, the total factor productivity promotion of industrial development in the area of a significant promoting effect. The main problems are as follows: The development speed of Internet platform in Beijing, Tianjin and Hebei is lower than the national average, and its proportion in the whole country is declining. The registered capital scale of Internet platform in Beijing, Tianjin, Shijiazhuang and Baoding has reached the threshold value, while the development of Internet platform in the remaining cities has not yet formed a certain scale, and it is still difficult to significantly promote the improvement of regional industrial development efficiency through local Internet platform. In this regard, countermeasures and suggestions are put forward from several angels like cultivating the leading enterprises, constructing digital economy platform system, differentiately developing and promoting the collaborative governance of digital economy.

(5) To study the progress and effectiveness of digital economy in boosting consumption upgrading in The Beijing-Tianjin-Hebei urban agglo-meration, we firstly made specific analysis on the income level and the con-sumption ability of urban and rural residents in The Beijing-Tianjin-Hebei urban agglomeration. It is found that from 2010 to 2020, the income growth rate of rural residents is higher than that of urban residents. At the same time, the growth rate of consumption expenditure of rural residents in the three regions was significantly higher than that of urban residents, and the consumption purchasing power and willingness of rural residents were significantly improved, indicating that there is potential space for consumption upgrading. After empirical analysis,

the main problems of this part is that: the expansion effect of digital economic development on residents' consumption elasticity in urban areas is higher than that of rural areas, the gap of reality factors such as consumption idea and the new infrastructure construction level between rural and urban areas still restricts the rural residents consumption potential from release. In view of this problem, the following suggestions are put forward: supporting digital elements to drive industrial development, further optimize and improve the format and quality of online consumption scene; addressing the shortcomings of digital infrastructure in rural areas within the Beijing-Tianjin-Hebei region; providing infrastructure support for the release of consumption potential driven by digital economy; strengthening the construction of logistics distribution channels in rural residential areas; getting through the "last few kilometers" of rural residents' logistics distribution; improving the convenience of rural residents' online consumption and other specific countermeasures.

(6) To study the progress and achievement of the construction of Beijing-Tianjin-Hebei "2 + 11" digital city coordinated development pattern, the report conducts examination from three dimentions of , digital economic development foundation, development scale and development environment. It is found that the integral level of digital economic development within the urban agglomeration presents rising trend. Beijing has a high level of digital development in the Beijing-Tianjin-Hebei urban agglomeration, and can lead the Beijing-Tianjin-Hebei region and even the whole country to build a number of digital city pilot demonstration zones in accordance with Beijing model. The main problems are as follows: Although the development level of digital economy in Tianjin is higher than that in other parts of Hebei province, the gap between Tianjin and Beijing is still significant, and tianjin has not been able to effectively serve as the second core pole within the scope of Beijing-Tianjin-Hebei urban agglomeration; The digital economy development gap still exists between the cities of Hebei province and Beijing and Tianjin. On this basis, it is proposed that Beijing should continue to promote the construction of global digital benchmark city, and strengthen the driving effect to Tianjin and Hebei. Tianjin should combine its advantage of high-end manufacturing, lay out industrial Internet platforms and

intelligent manufacturing factories around high-end manufacturing, and form the second digital economy core city within the region. Hebei should identify the weak sides of digital city constructing process, focus on importing the constructive resources to complement the infrastructure shortcomings of digital economy development and other specific suggestions.

(7) To study the progress and effectiveness of Beijing in building a global digital benchmark city, the report makes a horizontal comparison by selecting typical domestic cities with better digital economy development, and conducts analysis from three dimensions of development basis, development scale and development vitality of digital economy. The research finds that, compared with typical domestic cities, Beijing takes the lead in the development of digital economy in China. In 2020, Beijing, Shanghai, Chengdu, Shenzhen, Hang-zhou, Chongqing, Guangzhou, Wuhan, Nanjing, Qingdao, Ningbo and Tianjin ranked from highest to lowest in terms of digital economy develop-ment level. Since the "National Big data Development Strategy" was put forward in 2015, Beijing has ranked first in the development level of digital economy in China every year. Beijing enjoys a leading position in the scale and vitality of digital economy, especially in the service industry. Beijing has strong basic conditions in cultivating a global digital benchmark city. From the perspective of problem solving, it is found that the scale of Beijing's digital economy service industry is expanding but its structure needs to be optimized. The application industry and digital factor driven industry have significant scale advantages, but the digital product service industry still has great potential for improvement. Beijing still needs to improve its data openness, ranking 7th among 16 provincial-level administrative units in 2020. On this basis, the paper puts forward the following suggestions: tapping the development potential of digital product service industry and Internet finance industry deeply; optimizing the industrial structure of digital economy; improving the degree of data openness in Beijing and other countermeasures.

(8) To study the progress and effect of digital economy in boosting the low-carbon development of Beijing-Tianjin-Hebei urban agglomeration and explore whether the digital economic development of Beijing-Tianjin-Hebei urban agglomeration can present promoting effect in reducing carbon emissions. We built

regression model for concrete analysis. It is found that among urban agglomeration, there is a significant negative correlation relationship between digital economic service industry and carbon emissions, which means that if the service industry development scale of digital economy increases by 1 percentage point, the overall carbon emission in urban agglomeration will decrease by 3. 047 percentage points accordingly. The promotion and application of digital economy has a significant promoting effect on carbon emission reduction in Beijing-Tianjin-Hebei cities. It is also found that the main problems faced by low-carbon development among Beijing-Tianjin-Hebei urban agglomeration are as follows: The overall carbon emissions of The Beijing-Tianjin-Hebei urban agglomeration are on the rise, and the spatial imbalance of carbon emissions is obvious. In 2020, Hebei accounted for 61. 00% of the total carbon emissions of The Beijing-Tianjin-Hebei urban agglomeration. The carbon emission intensity of Beijing-Tianjin-Hebei region is higher than the national average, and the production activities of traditional industries in Hebei province consume more fossil energy. On this basis, it is proposed to accelerate the collaborative innovation of digital technology in Beijing-Tianjin-Hebei urban agglomeration to improve energy efficiency, promote the integration of digital technology and traditional production in urban agglomeration, promote the low-carbon transformation of industries, integrate the regional carbon trading market with the help of digital technology and other specific countermeasures.

(9) To study the progress and effect of digital economy in promoting the efficiency of green economy in Beijing-Tianjin-Hebei Region. This report constructed the mechanism of digital economy influencing the efficiency of green economy from four aspects of factor structure rearrangement, new business forms, industrial transformation and upgrading, and pollution reduction and emission reduction. On the basis of Beijing-Tianjin-Hebei region digital economy has "core-periphery" pattern, and the green economic efficiency has "as the core in Beijing, east high peripheral low" pattern, this report builds space dob-erman model and has found that the digital economic efficiency of Beijing-Tianjin-Hebei green process presents a inverted "U" type features in time dimension and spillover effects in space dimensions; Informatization, urbanization, wealth acc-

umulation, industrial upgrading and digital economy development are intrinsically related, and these factors all have significant impact on the efficiency of green economy in Beijing-Tianjin-Hebei. The main problems of this section are as follows: at present, government expenditure, R&D expenditure and technological innovation in the Beijing-Tianjin-Hebei region are relatively insufficient to promote green economy, and the industrial linkage pattern of digital economy has not been formed. In this regard, the paper puts forward some specific ways to improve the efficiency of green economy, such as developing digital economy orderly, cultivating leading enterprises of digital economy, constructing Beijing-Tianjin-Hebei digital economy chain, increasing investment in green innovation research and development, and expanding the emission reduction effect of digital economy.

(10) To study the path of digital economy in governance reforming and governance efficiency promoting of Beijing-Tianjin-Hebei government, the report analyzes the current status of Beijing-Tianjin-Hebei government from the perspectives of digital governance, and analyzes the promoting effect of government digital governance in the coordinated development of Beijing-Tianjin-Hebei from the perspective of collaborative development goals. It is found that Beijing-Tianjin-Hebei places has compiled and introduced related planning. From the perspective of setting up functional organizations, the three places have set up new functional organizations of data management on the basis of the original departments through optimization and adjustment. In terms of building online government service platform, in 2019, the Beijing-Tianjin-Hebei regional government service "One Network and one Office" was incorporated into the national government service platform, gradually realizing the online operation of all common matters. The main problems are as follows: compared with other provinces and cities in China, the big data management departments in Beijing, Tianjin and Hebei have relatively low administrative rank, relatively single administrative function, and limited digital governance and command linkage ability; The construction of government public data opening platform in Beijing, Tianjin and Hebei is disjointed among regions and has not yet formed a contiguous development pattern that supports data collaboration, opening and sharing. Based on the above problems, specific suggestions are put forward, such as establishing the

coordination and promotion mechanism of Beijing-Tianjin-Hebei digital governance, integrating data resource pooling mechanism of Beijing-Tianjin-Hebei, supervising and evaluating the mechanism of Beijing-Tianjin-Hebei digital governance.

(11) After studied the progress and trend of Beijing's digital economic development, it is found that Beijing's digital economic policy takes the lead in China. It has issued policy plans such as "Beijing Action Plan for Promoting Innovative Development of Digital Economy from 2020 to 2022", "Beijing Implementation Plan for Accelerating Construction of Global Benchmark City of Digital Economy", and "Beijing Anti-monopoly Compliance Guidelines for Platform Economy". Beijing's digital economy is growing in scale, and the developing momentum of digital economy services is strong, especially software and information services, which take the lead wthin the country. The digital transformation of manufacturing industry has achieved remarkable results, the electronic information manufacturing industry has shown a steady improvement, the industrial digitalization has been constantly transformed and upgraded, the pace of digital infrastructure construction has been accelerated. Under the guidance of new infrastructure, 5G construction has been accelerated, which promotes the rapid development of the network communications industry. Innovation in the digital economy enjoys strong momentum, with the growth of many traditional digital economy industries declining while that of emerging digital economy industries accelerating. The main problems are as follows: insufficient leading force and influence in the global digital economy governance system, the supply of digital talents needs to be strengthened, and the global concentration of high-end digital talents needs to be enhanced. Based on the above problems, the report puts forward the following suggestions: vigorously enhancing Beijing's position within global digital economy governance system by relying on the construction of "two zones"; actively cultivating a number of world-class digital economy enterprises; attracting and gathering domestic and foreign digital economy-related talents and other specific measures.

(12) After researches on the development and trend of digital economy in Tianjin, the report finds that the policy environment of digital economy is

constantly improving, and the density of policy issuance is relatively high. Tianjin as launched the "Tianjin's overall plan of action on accelerating the intelligent science and technology industry development", "Tianjin's several policieson accelerating on the development of smartscience and technology industry", "Top ten special action plan" packaging policies, "Tianjin's 'Seven chain' precision innovation action plan on artificial intelligence from 2018 to 2020", "Tianjin's three-year action plan on speeding up the development of digital from 2021 to 2023". The construction of digital economy platform continues to improve, and the promotion effect of "to promote business" on digital platform construction is remarkable. With the rapid development of new infrastructure construction, the city has achieved full 5G coverage in urban area and key industries, and the mobile broadband download rate has risen from the 11th place in China to the top 3 in China. The industrial system is becoming more and more complete, with nine distinctive and superior industries represented by information and innovation, big data and cloud computing, and artificial intelligence. The application of digital economy integration has continued to expand, and 188 application scenarios have been successfully created in areas such as smart government and smart medical care. The main problems are as follows: the foundation of key and core technologies in the field of digital technology is weak, and the conversion rate of innovation achievements is low; The supply of digital economy professionals is insufficient, and there is a large gap of frontier talents and cross-border integration talents; the lack of data systems covering whole process and whole industry chain which leads to the dispersion of data resources. In this regard, it is proposed to strengthen the support of key technologies, especially the research on key and core technologies with independent intellectual property rights, focus on specific digital technology commercialization projects, the relevant government departments will lead the establishment of digital technology task force of the project to promote the transformation and application of digital technology achievements, pay more attention to the attraction and cultivation of technical and managerial talents in digital economy, and establish flexible talent attraction policies based on the talent gap field in the development of digital economy in Tianjin.

(13) After studied the progress and trend of digital economy development in

Hebei province, the report finds that in recent years, digital economy development in Hebei province shows a good trend and contributes steadily to economic growth. The pace of industrial digitalization has accelerated significantly. The digitalization rate of key processes increased from 49. 2 percent in 2015 to 55. 3 percent in 2020, and has kept mantaining 3. 5 percentage points higher than the national average for five consecutive years. The digital pilot zone is taking shape. Big data demonstration zones in Zhangjiakou and Chengde have been completed, and the Beijing-Tianjin-Hebei Comprehensive big data pilot zone is making steady progress. The construction of digital government affairs platforms has basically taken shape, and the online government affairs platforms of provincial, city, county and township levels have been fully covered. The development of provincial-level vertical systems and integrated platforms has been basically completed. The construction of new digital infrastructure is progressing in an orderly way. And the province's 11 prefecture-level cities, Xiongan New Area and Zhangjiakou Olympic Games area are among the first to achieve the full 5G network coverage. The main problems are: digital economy industry level still needs to be improved, industrial development space is not balanced. Based on the above problems. In this regard, it is proposed to speed up the construction of digital economy industrial innovation system of Hebei Province with " government-industry-university-research-use " collaborative innovation alliance as the carrier, optimize in the hebei province around the digital economy between the industrial division of labor pattern, further improve the quality and regional influence of shijiazhuang China international digital economy fair formats, rely on the green energy advantages of zhangjiakou to make big data green storage demonstration plot, cultivate big data medical health industry combined with Qinhuangdao's health care industry as well as other countermeasures and suggestions.

This report is the wisdom result of the collaborative efforts of authors from Beijing, Tianjin and Hebei. The authors are experts and scholars from Capital University of Economics and Business, Chinese Academy of Social Sciences, Nankai University, Hebei University of Business and Economics, Tianjin Institute of Administration and other institutions. This report is the stage result of

key project funded by Beijing social science "Beijing-Tianjin-Hebei development report (2022) - digital economy boosting regional coordinated development" (21 jcb056), and key project funded by Beijing natural science "The research of implementation path in Beijing-Tianjin-Hebei innovation driving development strategy-based on the perspective of social capital, regional innovation and efficiency" (9212002). It is also supported by Beijing Economic and Social Development Policy Research Base, Megalopolis Economic and Social Development Research Institute of Capital University of Economics and Business (Capital high-end think tank), and Collaborative Innovation Center of Megalopolis Economic and Social Development Center jointly built by the province and ministry.

Keywords: Beijing-Tianjin-Hebei; Digital Economy; Coordinated Development

Contents

I General Reports

Abstract： This report made systematic study on the connotation and cha-
racteristics of digital economy from theoretical level. It is found that the tradi-
tional location theory and governance theory is difficult to meet the needs of the
development of the digital age. In the process of combining the characteristics of
digital economy with the new national development concept and major strat-
egic layout, as well as the actual needs of key areas in the coordinated develo-
pment of Beijing, Tianjin and Hebei, we find the specific application scenarios of
digital economy in the coordinated development of Beijing, Tianjin and Hebei. By
analyzing the application progress and trend of digital economy in beijing-Tianjin-
Hebei coordinated development, it is found that the spatial development
equilibrium level of digital economy in Beijing-Tianjin-Hebei urban agglomeration
is lower than that in Yangtze River Delta and Pearl River Delta urban agglo-
meration. Technological progress promotes the innovation efficiency of digital
economy in Beijing and Tianjin, and technological improvement has became
the main way to improve the innovation and development efficiency of digital
economy in Hebei Province. The promotion and application of digital economy

play a significant role in promoting carbon emission reduction in Beijing-Tianjin-Hebei cities. The Internet platform plays a significant role in promoting the consumption level of residents in Beijing, Tianjin and Hebei. The Internet production service platform in some areas of Beijing, Tianjin and Hebei has already had a certain scale, which plays a significant role in promoting the total factor productivity of regional industrial development. Beijing, Tianjin and Hebei have successively established big data management departments and set up corresponding online government service platforms. At the same time, from the perspective of problem finding, it is found that the digital development gap in some fields have effects on the construction of digital coordinated development pattern of Beijing-Tianjin-Hebei urban agglomeration. The technological achievements of digital economy in urban agglomeration are concentrated in Beijing, but the spatial spillover effect is not significant. The Internet platform in most cities of Hebei province has not yet formed scale effect. The Beijing-Tianjin-Hebei urban agglomeration has not formed an obvious spatial development pattern for openning and sharing of government data. Based on this, it is proposed that the digital city construction should be utilized to narrow the digital development gap between regions and provide effective support for the construction of "2+11" coordinated development pattern of beijing-Tianjin-Hebei digital city. Give full play to Beijing's platform advantages and technological innovation advantages, and continue to deliver innovation momentum for digital economy development in Tianjin and Hebei. Explore the digital economy potential of Hebei province around the advantages of the field to provide an enabling platform for the high-quality development of the industry. To promote the progress of the construction of the government data opening platform in Beijing, Tianjin and Hebei.

Keywords: Beijing-Tianjin-Hebei; Digital Economy; Coordinated Development

Abstract: The development of digital economy has become an important choice around the world for driving economic development, and it is also the key to building a dual-cycle economic development pattern in China. Therefore, it is practically significant to study the development of digital economy in the three major urban agglomerations in the east. This report firstly makes a comparative analysis of the development of digital economy in the three major urban agglomerations in the east from the aspects of total volume, structure, gap and innovative output. Then, a panel regression model is constructed on this basis to further analyze the influencing factors of the digital economy of these urban agglomerations. The study found that the registered capital of the digital service enterprises of Beijing-Tianjin-Hebei urban agglomeration ranks first in the three major urban agglomerations in the east, and Beijing has a dominant position significantly. Compared with the Yangtze River Delta and Pearl River Delta, Beijing-Tianjin-Hebei urban agglomeration has obvious advantages in the development of digital information transmission industry, and the imbalance of digital economy development among cities is more prominent. The innovative output of digital service industry in Beijing-Tianjin-Hebei urban agglomeration is at a high level relatively, and the number of utility model patents in digital technology service industry ranks first. Industrial structure, innovation development level and government support are the key factors affecting the development level of digital economy in Beijing-Tianjin-Hebei urban agglomeration. On this basis, this study puts forward countermeasures and suggestions for the development of the digital economy in Beijing-Tianjin-Hebei urban agglomeration.

Keywords: Urban Agglomeration; Digital Economy; Digital Industry

II Special Reports

B.3 Innovative Development of Beijing-Tianjin-Hebei Digital

Economy and Evolution of Regional

Spatio-Temporal Pattern *Zhang Gui*, *Cai Ying* / 063

Abstract: This report selects the data of Beijing-Tianjin-Hebei region from 2009 to 2020, measures the innovative development efficiency of digital economy in three places by using super-efficiency SBM-DEA and Malmquist index method, and analyzes the spatio-temporal evolution of regional digital economy innovation and development based on the measurement results. The analysis shows that, on the whole, there is a strong correlation between the innovative development level of digital economy and the regional economic development level, and the innovation development efficiency of digital economy in Beijing, Tianjin and Hebei has shown a fluctuating upward trend in recent ten years. From the perspective of spatial evolution, the innovative development efficiency of digital economy in the central region of Beijing, Tianjin and Hebei is relatively stable, while the efficiency in the southern and northern regions changes dramatically. From the perspective of spatial correlation, the spatial positive correlation of the innovation efficiency of the Beijing-Tianjin-Hebei digital economy gradually weakens over time. Based on the above content, this report summarizes the problems existing in the innovative development of the Beijing-Tianjin-Hebei digital economy, and puts forward the key tasks and countermeasures: break through the key technologies of digital economy and establish a digital innovation platform in the Xiong'an New Area; Improve the utilization efficiency of innovation elements and deepen the opening and sharing of the digital economy innovation resources; Support strategic key industries and promote the integrated development of "double chains" of digital economy; Actively build national laboratories and strengthen national strategic technology forces; Accelerate the construction of collaborative innovation mechanism and improve the supporting environment of digital economy system.

Keywords: Digital Economy; Innovative Development Efficiency; Collaborative Innovation

B. 4　Enterprises Promoting Regional High-Quality Development

Ye Tanglin, Liu Zhewei / 092

Abstract: Digital economy platform is a new way of productivity organization, which lays the foundation for the development of the whole digital economy industry. This report analyzes the impact of digital economy platform enterprises on regional high-quality development by constructing processing effect model and threshold regression model. It is found that the scale of Beijing-Tianjin-Hebei Region Digital Economy platform enterprises has grown rapidly in recent years, but they are facing the problem of low proportion in the industrial structure of digital economy; The development pattern of "one super and three strong" with Beijing as the core has initially taken shape, and the differences of the sources of comparative advantages of digital economy platforms in various cities have gradually become prominent; Digital economy platform enterprises can effectively enlarge the role of digital economy industry in promoting regional high-quality development, but this role can be better played only when the scale exceeds 1. 409 billion yuan, and most regions have not yet reached this scale. Based on this, this report puts forward countermeasures and suggestions from the perspectives of head enterprise cultivation, digital economy platform sys-tem construction, differentiated development and promoting collaborative governance of digital economy.

Keywords: Digital Economy; High-Quality Development; Digital Industry; Platform Enterprises

B.5　Research on the Digital Economy Boosting Consumption

　　Upgrade of the Beijing-Tianjin-Hebei Urban Agglomeration

Ye Tanglin，*Liu Jia* / 114

Abstract：Since China's economy has entered a new normal，the integration of digital technology and various industries has accelerated，and the digital economy industry has flourished. New business formats and new models have emerged and penetrated into all aspects of residents' work and life，making residents' consumption presents new characteristics. Digital factor-driven industries are the core industries of the digital economy that are closely related to household consumption，and digital factor-driven industries are the basis for the development of the digital economy. This report starts from the perspective of digital factor-driven industries，takes the Beijing-Tianjin-Hebei urban agglomeration as the research object，and discusses the impact of digital factor-driven industries on residents' consumption. The study found that digital factor-driven industries have a significant impact on the consumption level of urban and rural residents in Beijing-Tianjin-Hebei. There are differences in the impact of different sub-sectors on the consumption level of Beijing-Tianjin-Hebei residents，among which the Internet wholesale and retail and Internet platform industries have a higher impact on residents' consumption. In terms of urban and rural areas，the impact of digital economy factor-driven industries on the consumption of urban residents is significantly greater than that in rural areas. In the digital age，if China wants to build a new development pattern dominated by domestic circulation，it needs to pay attention to the important driving role of digital factor-driven industries on residents' consumption，and to promote the continuous release of consumer demand.

Keywords：Beijing-Tianjin-Hebei Urban Agglomeration；Digital Factor-driven Industries；Resident Consumption

B.6　Research on the Development of Digital Economy in "2 + 11"

　　　Cities in Beijing-Tianjin-Hebei

Ye Tanglin, *Yu Xinping* / 136

Abstract：Digital economy has become a new highland of industrial development at home and abroad. China deeply understands and attaches importance to the development of digital economy. In recent years, China has promulgated many relevant policies such as the outline of national informatization development strategy. The coordinated development strategy of Beijing-Tianjin-Hebei is one of China's major development strategies. Beijing and Tianjin have unique advantages in developing digital economy. Hebei Province clearly put forward in the digital economy development plan of Hebei Province (2020 − 2025), that it is necessary to work with Beijing and Tianjin to jointly build a new height of digital economy development. This report constructs the evaluation index system of digital economy development level from the three dimensions of digital economy development foundation, digital economy development scale and digital economy development environment, subdivides the Beijing-Tianjin-Hebei Urban Agglomeration into 13 prefecture level cities for comparative analysis, summarizes the digital economy development of 13 prefecture level cities, and then looks for the unique advantages and existing problems of each city in the process of digital economy development. The research shows that Beijing and Tianjin have a high level in all aspects of the development of digital economy; There is a significant gap in the development level of digital economy between prefecture level cities in Hebei Province among Beijing and Tianjin; The spatial imbalance of digital economy industry in Hebei Province is significant; The construction of digital economy development environment in Baoding, Handan and Xingtai can't meet the needs of digital economy development in the city. Finally, the corresponding countermeasures and suggestions are put forward for the above research: First, give full play to the leading role of Beijing radiation to promote the intelligent transformation and upgrading of Tianjin Hebei service industry; Second, improve the digital technology industry chain and jointly

promote the rational layout of digital economy; Third, actively promote the development of Tianjin Hebei Digital strategy and solve its obstacles in the construction of digital economy; Fourth, promote the coordinated development of Beijing-Tianjin-Hebei and strengthen the governance capacity of digital economy.

Keywords: Beijing-Tianjin-Hebei Urban Agglomeration; Digital Economy; Entropy Method

B.7　Research on the Problems and Countermeasures of Building a Benchmark City of Digital Economy in Beijing

Ye Tanglin, Wang Chuanshu / 167

Abstract: Digital economy is gradually becoming a new driving force for China's economic development. As the capital of China, the development of digital city is of great significance to build a new competitive advantage of the capital in the future and promote China's industry to move towards the middle and high-end links of the global value chain. This report constructs the evaluation index system of digital economy development in the process of digital city construction from the three dimensions of development foundation, development scale and development vitality, makes a horizontal comparison of the development status of digital economy in typical domestic cities including Beijing, and then looks for the advantages and disadvantages of Beijing in the process of developing digital economy. The study found that compared with typical domestic cities, the development foundation of Beijing's digital economy still has some room for improvement; Beijing has a leading advantage in the development scale and vitality of digital economy, but Beijing's advantage is gradually weakened; Beijing's digital economy service industry is leading, but its development is uneven. Finally, on this basis, the corresponding countermeasures and suggestions are put forward: first, strengthen policy support and improve the software and hardware environment for the development of digital economy; Second, fully tap the development potential of digital product service industry and Internet finance industry; Third, enhance the innovation ability of key technologies and comprehensively enhance the leading edge of digital economy.

Keywords: Digital Economy; Benchmark City of Digital Economy; Digital Industry

B. 8   Countermeasures of Digital Economy Boosting Low-carbon
Transformation of Beijing-Tianjin-Hebei Urban Agglomeration
Ye Tanglin, *Li Mengxue* / 194

Abstract: Low-carbon development has become an important trend of economic development all over the world, and digital economy is an important starting point to achieve the goal of peak carbon dioxide emissions and carbon neutrality in China. Therefore, it is of great practical significance to study the digital economy to promote the low-carbon transformation of Beijing-Tianjin-Hebei urban agglomeration. This report first analyzes the status quo of digital economy development and carbon emission in Beijing-Tianjin-Hebei urban agglomeration. On this basis, the relationship between digital economy development and carbon emissions in Beijing-Tianjin-Hebei urban agglomeration is studied by building a panel regression model. The results show that the registered capital of the digital economy service industry in Beijing-Tianjin-Hebei urban agglomeration is on the rise, and the innovation achievements are greatly increased. Among them, the development scale of digital information transmission industry ranks first, but the development trend is slowing down. The development structure of digital economy service industry in Beijing, Tianjin and Hebei is different. Beijing is dominated by digital information transmission industry, while Tianjin and Hebei are dominated by digital technology service industry. The carbon emissions of Beijing-Tianjin-Hebei urban agglomeration are on the rise, and the

distribution is uneven. Hebei's carbon emissions are much higher than those of Beijing and Tianjin, and are constantly increasing. Tianjin's carbon emissions are slowly rising in fluctuations, and Beijing has successfully completed the peak carbon dioxide emissions target in 2012. The carbon emission intensity of all prefecture-level cities in Hebei is higher than that of Beijing and Tianjin, which has increased the overall carbon emission intensity of Beijing-Tianjin-Hebei urban agglomeration to some extent; Beijing's tertiary industry consumes the most energy, while Tianjin and Hebei consume the most energy in the secondary industry, and their industrial energy consumption structures are different. The development of digital economy has significantly reduced the carbon emissions of Beijing-Tianjin-Hebei urban agglomeration. On this basis, this paper puts forward some countermeasures and suggestions for digital economy to promote the low-carbon transformation of Beijing-Tianjin-Hebei urban agglomeration.

Keywords: Beijing-Tianjin-Hebei Urban Agglomeration; Digital Economy; Carbon Dioxide Emission

B.9 Research on the Influence of Beijing-Tianjin-Hebei Digital Economy on the Efficiency of Green Economy

Ye Tanglin, He Xiaoyan / 217

Abstract: Digital economy is a new economic format with data elements as the core and green and low-carbon characteristics, which is becoming an important engine to drive green economic transformation and high-quality development. As a prominent area of national ecological environment problems, Beijing-Tianjin-Hebei region urgently needs to tap the economic growth potential, cultivate new green economic formats and promote green and high-quality development in Beijing-Tianjin-Hebei region. On the basis of literature review, this study constructs the mechanism of digital economy affecting the efficiency of green economy from four aspects: the reset of factor structure, the birth of new formats, industrial transformation and upgrading, and pollution reduction and emission reduction. Based on the analysis of the present situation of Beijing-Tianjin-Hebei digital economy with "core-periphery" pattern and green economy efficiency with "Beijing as the core, high in the east and low in the periphery", through the construction of spatial Dubin model, it is verified that the process of digital economy's action on green economy efficiency has the characteristics of inverted U-shape in time dimension and spillover effect in space dimension, etc. At the same time, it is concluded that informationization, urbanization, wealth accumulation, industrial upgrading are closely related to the development of digital economy, and all of them will be. However, at present, the supporting role of government expenditure, R&D expenditure and technological innovation in Beijing-Tianjin-Hebei region for green economy is still insufficient, and the industrial linkage pattern of digital economy has not yet been formed. We should develop the digital economy in an orderly manner, cultivate leading enterprises in the digital economy, build the Beijing-Tianjin-Hebei digital economy chain, increase the investment in green innovation research and development, and expand the emission reduction effect of the digital economy, etc.

Keywords: Beijing-Tianjin-Hebei; Digital Economy; Green Economic Efficiency

B.10 Development Status and Future Approach of
Beijing-Tianjin-Hebei Government Digital Governance

Lin Tong, Pan Na and Wang Yiqing / 248

Abstract: Strengthening the digital governance of Beijing-Tianjin-Hebei government is not only in line with the historical trend of network power and digital China construction, but also an important means to promote regional coordination and high-quality economic development in Beijing-Tianjin-Hebei. Based on the connotation of government digital governance and the strategic goal of

coordinated development of Beijing-Tianjin-Hebei, this paper constructs the research framework of Beijing-Tianjin-Hebei government digital governance. The framework consists of two parts. One is to analyze the current situation of digital governance of Beijing-Tianjin-Hebei government from the perspective of digital governance, including six contents: strategy, subject, data, service, technology and security. The second is to analyze the promotion of government digital governance to the coordinated development of Beijing-Tianjin-Hebei from the perspective of coordinated development goals. Finally, based on the above analysis results, this paper puts forward the thinking of constructing the coordinated development path of Beijing-Tianjin-Hebei government's digital governance, and puts forward some countermeasures and suggestions to optimize the future Beijing-Tianjin-Hebei government's digital governance capacity from three aspects: governance subject, governance object and governance tool.

Keywords: Beijing-Tianjin-Hebei; Government Digital Governance; Coordinated Development

Ⅲ   Regional Reports

B . 11   Research on the Progress and Effect of Developing Digital
Economy in Beijing

Yang Kaizhong, Sun Yukang and Zhang Yanru / 269

Abstract: Beijing has superior conditions for developing digital economy, and is the forerunner and leader of China's digital economy development. In recent years, Beijing has introduced a series of measures to support the development of digital economy, and established the grand goal of building a global digital economy benchmark city. The digital economy is developing rapidly. This part first reviews the different stages of Beijing's development of digital economy since 1990s. Secondly, it systematically reviews the achievements of Beijing's digital economy development from the aspects of digital economy scale, development of digital economy-related services and manufacturing industries, digital infrastructure construction, digital governance application, digital economic policies, etc. Thirdly, using enterprise big data to evaluate the development of digital economy service industry in Beijing in recent 20 years; Fourthly, the experiences of London, New York and Shenzhen, three world-famous cities that are at the forefront of digital economy construction, are introduced in detail, which can provide reference for Beijing to develop digital economy.

Keywords: Digital Economy; Benchmark City of Digital Economy; Service Industry; Beijing

B.12 Research on the Progress and Effect of Developing Digital Economy in Tianjin

Wang Dexin, Sun Yuan / 300

Abstract: In recent years, Tianjin's policy environment and platform construction to support the digital economy have been continuously optimized, which has guided the digital economy to flourish in technological innovation, industrial system, industrial scale, integration and application, and promoted the formation of new advantages in economic development. Entropy method quantitatively fits the comprehensive index of digital economy development in Tianjin, and it shows that the digital economy in Tianjin has maintained a rapid growth since 2000. Further using ARIMA model to predict, Tianjin's digital economy will continue to maintain a rapid growth trend in the future; Through the calculation of the improved economic growth model, the digital economy has an important positive impact on the overall economic development of Tianjin. However, during the development of Tianjin's digital economy, there are still some problems in the independent innovation of digital technology, the supply of relevant talents and the integration with the real economy. It is also necessary to better release the digital dividend and promote the high-quality

development of Tianjin's real economy by supporting digital technology research and development, strengthening talent introduction and education, deepening the application of integrated innovation, and optimizing the supply of relevant systems and policies.

Keywords: Digital Economy; Beijing-Tianjin-Hebei Urban Agglomerations; Technical Innovation; Tianjin

B.13　Research on the Progress and Effect of Developing Digital Economy in Hebei Province

Wu Yiqing, *Li Tao* / 330

Abstract: With the Internet, big data, cloud computing and other technologies accelerating innovation and increasingly integrating into the whole process of economic and social development, digital economy has become an important direction to build a new development pattern, and it is also an urgent need to promote the high-quality development of Hebei. According to the analysis of this report, the development of digital economy in Hebei Province in recent years is characterized by good industrial development, continuous optimization of digital economy structure and continuous improvement of digital economy innovation ability. The report points out that the digital economy in Hebei province also has some problems, such as low industrial level, unbalanced industrial development space and weak contribution to high-quality economic development. Finally, the report puts forward countermeasures and suggestions for the high-quality development of digital economy in Hebei Province from four aspects: accelerating the construction of industrial innovation system, optimizing industrial spatial layout, accelerating reform and innovation, and promoting the coordinated development of digital economy in Beijing, Tianjin and Hebei. The report points out that the digital economy in Hebei province also has some problems, such as low industrial level, unbalanced industrial development space and weak contribution to high-quality economic development. Finally, the report puts forward countermeasures and suggestions for the high-quality development of digital economy in Hebei Province from four aspects: accelerating the construction of industrial innovation system, optimizing industrial spatial layout, accelerating reform and innovation, and promoting the coordinated development of digital economy in Beijing, Tianjin and Hebei.

Keywords: Digital Economy; Digitization of Industry; Science and Technology Innovation; Hebei

北京市哲学社会科学研究基地智库报告
系列丛书

推动智库成果深度转化

打造首都新型智库拳头产品

为贯彻落实中共中央和北京市委关于繁荣发展哲学社会科学的指示精神，北京市社科规划办和北京市教委自 2004 年以来，依托首都高校、科研机构的优势学科和研究特色，建设了一批北京市哲学社会科学研究基地。研究基地在优化整合社科资源、资政育人、体制创新、服务首都改革发展等方面发挥了重要作用，为首都新型智库建设进行了积极探索，成为首都新型智库的重要力量。

围绕新时期首都改革发展的重点热点难点问题，北京市社科联、北京市社科规划办、北京市教委与社会科学文献出版社联合推出"北京市哲学社会科学研究基地智库报告系列丛书"。

北京市哲学社会科学研究基地智库报告系列丛书

（按照丛书名拼音排列）

· 北京产业蓝皮书：北京产业发展报告

· 北京人口蓝皮书：北京人口发展研究报告

· 城市管理蓝皮书：中国城市管理报告

· 法治政府蓝皮书：中国法治政府发展报告

· 健康城市蓝皮书：北京健康城市建设研究报告

· 京津冀蓝皮书：京津冀发展报告

· 平安中国蓝皮书：平安北京建设发展报告

· 企业海外发展蓝皮书：中国企业海外发展报告

· 首都文化贸易蓝皮书：首都文化贸易发展报告

· 中央商务区蓝皮书：中央商务区产业发展报告

社会科学文献出版社

皮 书

智库成果出版与传播平台

❖ 皮书定义 ❖

皮书是对中国与世界发展状况和热点问题进行年度监测，以专业的角度、专家的视野和实证研究方法，针对某一领域或区域现状与发展态势展开分析和预测，具备前沿性、原创性、实证性、连续性、时效性等特点的公开出版物，由一系列权威研究报告组成。

❖ 皮书作者 ❖

皮书系列报告作者以国内外一流研究机构、知名高校等重点智库的研究人员为主，多为相关领域一流专家学者，他们的观点代表了当下学界对中国与世界的现实和未来最高水平的解读与分析。截至 2021 年底，皮书研创机构逾千家，报告作者累计超过 10 万人。

❖ 皮书荣誉 ❖

皮书作为中国社会科学院基础理论研究与应用对策研究融合发展的代表性成果，不仅是哲学社会科学工作者服务中国特色社会主义现代化建设的重要成果，更是助力中国特色新型智库建设、构建中国特色哲学社会科学"三大体系"的重要平台。皮书系列先后被列入"十二五""十三五""十四五"时期国家重点出版物出版专项规划项目；2013~2022 年，重点皮书列入中国社会科学院国家哲学社会科学创新工程项目。

皮书网

（网址：www.pishu.cn）

发布皮书研创资讯，传播皮书精彩内容
引领皮书出版潮流，打造皮书服务平台

栏目设置

◆ **关于皮书**

何谓皮书、皮书分类、皮书大事记、
皮书荣誉、皮书出版第一人、皮书编辑部

◆ **最新资讯**

通知公告、新闻动态、媒体聚焦、
网站专题、视频直播、下载专区

◆ **皮书研创**

皮书规范、皮书选题、皮书出版、
皮书研究、研创团队

◆ **皮书评奖评价**

指标体系、皮书评价、皮书评奖

◆ **皮书研究院理事会**

理事会章程、理事单位、个人理事、高级
研究员、理事会秘书处、入会指南

所获荣誉

◆ 2008 年、2011 年、2014 年，皮书网均
在全国新闻出版业网站荣誉评选中获得
"最具商业价值网站"称号；

◆ 2012 年，获得"出版业网站百强"称号。

网库合一

2014 年，皮书网与皮书数据库端口合
一，实现资源共享，搭建智库成果融合创
新平台。

皮书网

"皮书说"
微信公众号

皮书微博

权威报告·连续出版·独家资源

皮书数据库
ANNUAL REPORT(YEARBOOK)
DATABASE

分析解读当下中国发展变迁的高端智库平台

所获荣誉

- 2020年，入选全国新闻出版深度融合发展创新案例
- 2019年，入选国家新闻出版署数字出版精品遴选推荐计划
- 2016年，入选"十三五"国家重点电子出版物出版规划骨干工程
- 2013年，荣获"中国出版政府奖·网络出版物奖"提名奖
- 连续多年荣获中国数字出版博览会"数字出版·优秀品牌"奖

皮书数据库

"社科数托邦"
微信公众号

成为会员

　　登录网址www.pishu.com.cn访问皮书数据库网站或下载皮书数据库APP，通过手机号码验证或邮箱验证即可成为皮书数据库会员。

会员福利

- 已注册用户购书后可免费获赠100元皮书数据库充值卡。刮开充值卡涂层获取充值密码，登录并进入"会员中心"—"在线充值"—"充值卡充值"，充值成功即可购买和查看数据库内容。
- 会员福利最终解释权归社会科学文献出版社所有。

社会科学文献出版社 SOCIAL SCIENCES ACADEMIC PRESS (CHINA) 皮书系列

卡号：36631556 4373
密码：

数据库服务热线：400-008-6695
数据库服务QQ：2475522410
数据库服务邮箱：database@ssap.cn
图书销售热线：010-59367070/7028
图书服务QQ：1265056568
图书服务邮箱：duzhe@ssap.cn

基本子库
SUB DATABASE

中国社会发展数据库（下设 12 个专题子库）

紧扣人口、政治、外交、法律、教育、医疗卫生、资源环境等 12 个社会发展领域的前沿和热点，全面整合专业著作、智库报告、学术资讯、调研数据等类型资源，帮助用户追踪中国社会发展动态、研究社会发展战略与政策、了解社会热点问题、分析社会发展趋势。

中国经济发展数据库（下设 12 专题子库）

内容涵盖宏观经济、产业经济、工业经济、农业经济、财政金融、房地产经济、城市经济、商业贸易等 12 个重点经济领域，为把握经济运行态势、洞察经济发展规律、研判经济发展趋势、进行经济调控决策提供参考和依据。

中国行业发展数据库（下设 17 个专题子库）

以中国国民经济行业分类为依据，覆盖金融业、旅游业、交通运输业、能源矿产业、制造业等 100 多个行业，跟踪分析国民经济相关行业市场运行状况和政策导向，汇集行业发展前沿资讯，为投资、从业及各种经济决策提供理论支撑和实践指导。

中国区域发展数据库（下设 4 个专题子库）

对中国特定区域内的经济、社会、文化等领域现状与发展情况进行深度分析和预测，涉及省级行政区、城市群、城市、农村等不同维度，研究层级至县及县以下行政区，为学者研究地方经济社会宏观态势、经验模式、发展案例提供支撑，为地方政府决策提供参考。

中国文化传媒数据库（下设 18 个专题子库）

内容覆盖文化产业、新闻传播、电影娱乐、文学艺术、群众文化、图书情报等 18 个重点研究领域，聚焦文化传媒领域发展前沿、热点话题、行业实践，服务用户的教学科研、文化投资、企业规划等需要。

世界经济与国际关系数据库（下设 6 个专题子库）

整合世界经济、国际政治、世界文化与科技、全球性问题、国际组织与国际法、区域研究 6 大领域研究成果，对世界经济形势、国际形势进行连续性深度分析，对年度热点问题进行专题解读，为研判全球发展趋势提供事实和数据支持。

法律声明

"皮书系列"（含蓝皮书、绿皮书、黄皮书）之品牌由社会科学文献出版社最早使用并持续至今，现已被中国图书行业所熟知。"皮书系列"的相关商标已在国家商标管理部门商标局注册，包括但不限于LOGO（）、皮书、Pishu、经济蓝皮书、社会蓝皮书等。"皮书系列"图书的注册商标专用权及封面设计、版式设计的著作权均为社会科学文献出版社所有。未经社会科学文献出版社书面授权许可，任何使用与"皮书系列"图书注册商标、封面设计、版式设计相同或者近似的文字、图形或其组合的行为均系侵权行为。

经作者授权，本书的专有出版权及信息网络传播权等为社会科学文献出版社享有。未经社会科学文献出版社书面授权许可，任何就本书内容的复制、发行或以数字形式进行网络传播的行为均系侵权行为。

社会科学文献出版社将通过法律途径追究上述侵权行为的法律责任，维护自身合法权益。

欢迎社会各界人士对侵犯社会科学文献出版社上述权利的侵权行为进行举报。电话：010-59367121，电子邮箱：fawubu@ssap.cn。

社会科学文献出版社